KiWi
PAPERBACK
1069

Das Buch

Niemand hat mehr Missstände aufgedeckt als er. Millionen haben seine Bücher gelesen, junge Journalisten nehmen sich ihn zum Vorbild, wenn sie Rollen annehmen, um die dunklen Seiten der gesellschaftlichen Realität aufzudecken – eine Vorgehensweise, die im Schwedischen »wallraffa« genannt wird. Seit einiger Zeit ist Günter Wallraff wieder undercover unterwegs. Als »Michael G.« recherchierte er den Alltag in deutschen Callcentern – das Echo auf die in der »Zeit« veröffentlichte Reportage war gewaltig: Wallraff war Gast in Fernseh- und Hörfunksendungen; zahlreiche Callcenter-Mitarbeiter meldeten sich, die ihm von eigenen Erlebnissen berichteten. Der zweite Coup: Als Niedriglöhner arbeitete Wallraff bis zur Erschöpfung in einer Fabrik, die für Lidl Brötchen backt, erlitt mehrfach – wie auch seine Kollegen – Brandverletzungen. Im Winter 2008/2009 hat er am eigenen Leib erfahren, wie Obdachlose in Deutschland leben. Er quartierte sich in Obdachlosenheimen ein und verbrachte die kältesten Tage des Winters auf der Straße. Eine vierte Rolle wird erstmals mit diesem Buch enthüllt: Wallraff erkundet, wie es sich als Schwarzer in diesem Land lebt. In diesen und vier weiteren Reportagen – über Ausbeutung in der Luxusgastronomie und in der schönen heilen Kaffeewelt von Starbucks, die Bespitzelung kritischer Mitarbeiter der Deutschen Bahn und über Arbeitgeber, die unliebsame Mitarbeiter aus den Firmen herausmobben – dokumentiert Wallraff erstmals umfassend die Ergebnisse seiner neuen Recherchen, die er auch nach den Presseveröffentlichungen fortgeführt hat. Sein Fazit: In einem nach wie vor reichen Land leben heute immer mehr Menschen »ganz unten«, und das droht die Gesellschaft zu zerreißen.

Der Autor

Günter Wallraff, Jahrgang 1942, wurde nach Abschluss einer Buchhändlerlehre als Kriegsdienstverweigerer von der Bundeswehr zehn Monate lang zwangsrekrutiert. Anschließend arbeitete er in verschiedenen Unternehmen und verwertete die dabei gewonnenen Erfahrungen in dem Reportageband »Wir brauchen dich. Als Arbeiter in deutschen Industriebetrieben« (1966; 1970 unter dem Titel »Industriereportagen«, KiWi 250). In der Sammlung »13 unerwünschte Reportagen« (1969, KiWi 725) berichtete Wallraff über seine Erfahrungen etwa in der Rolle eines »Alkoholikers« oder eines »Obdachlosen«. 1973 erschien die Reportagensammlung »Ihr da oben, wir da unten« (mit Bernd Engelmann, KiWi 347). 1975 folgte die Dokumentation einer in Athen durchgeführten Protestaktion Wallraffs gegen das griechische Obristenregime (»Unser Faschismus nebenan«). Besonderes Aufsehen erregte Wallraff 1977 mit seinen verdeckten Recherchen innerhalb der Redaktion der »Bild«-Zeitung (»Der Aufmacher. Der Mann, der bei ›Bild‹ Hans Esser war«, KiWi 462, und weitere Bücher zum Thema). Als politisch besonders wirksam erwies sich die Reportage (in der Rolle des türkischen Arbeiters Ali) über den menschenverachtenden Handel mit Leiharbeitern (»Ganz unten«, 1985, KiWi 176). 2002 erschien das Buch »Ich – der andere« (KiWi 718).

Günter Wallraff
Aus der schönen neuen Welt

**Expeditionen
ins Landesinnere**

Kiepenheuer
& Witsch

Günter Wallraffs Reportagen auf DVD über
info@captatorfilms.com;
der Film »Schwarz auf weiß« über
www.schwarzaufweiss.x-verleih.de
Das Hörbuch »Aus der schönen neuen Welt«,
gesprochen von Günter Wallraff,
ist bei Random House Audio erschienen

Bildnachweis
S. 11, 25, 37: Pagonis Pagonakis / Captator Film; S. 51, 65 oben, 79 unten,
99, 197: Thomas Rabsch; S. 65 unten, 79 oben, 101, 309 rechts: Privatarchiv
Günter Wallraff; S. 163, 173: David Klammer; S. 309 links: factum/granville

1. Auflage 2009

© 2009 by Verlag Kiepenheuer & Witsch GmbH & Co. KG, Köln
Alle Rechte vorbehalten. Kein Teil des Werkes darf in irgendeiner Form
(durch Fotografie, Mikrofilm oder ein anderes Verfahren) ohne schriftliche
Genehmigung des Verlages reproduziert oder unter Verwendung
elektronischer Systeme verarbeitet, vervielfältigt oder verbreitet werden.
Umschlaggestaltung: Barbara Thoben, Köln
Umschlagmotiv: © (von links nach rechts) David Klammer; Thomas Rabsch
Autorenfoto Umschlagrückseite: © Jürg Buess
Gesetzt aus der Minion und der Helvetica
Satz: Buch-Werkstatt GmbH, Bad Aibling
Druck und Bindung: GGP Media GmbH, Pößneck
ISBN 978-3-462-04049-4

Inhalt

Schwarz auf weiß
Fremd unter Deutschen

Fürstlich sind die Gärten, an denen wir entlangfahren sollen. Der muskelbepackte Gondelkapitän empfängt uns in breitester sächsischer Mundart: »Ich begrüße Sie ganz herzlich hier bei uns an Bord bei Ihrer Gondelfahrt. Wir umrunden den Hauptteil des Fürstenparks Wörlitz, und zwar den Schlossgarten.«

Ich habe mich als Mitfahrer rechtzeitig eingefunden und als einer der Ersten auf dem kleinen flachen Ruderkahn Platz genommen, der ringsum mit Bänken versehen ist. Ich sitze hinten, neben mir bleibt alles frei, obwohl es nach und nach eng wird auf dem Boot. Einer der Gäste, ein auf den ersten Blick nicht unsympathisch wirkender Zeitgenosse – Typ Gymnasiallehrer Physik und Mathematik –, schiebt sich vorsichtig auf der Längsbank zu mir hin, schaut mich an und gibt eine Bestellung auf: »Ich hätt' gern zwei Bier.« Als ich nicht reagiere, wiederholt er: »Zwei Bier, bitte.«

Wie ist er auf die Idee gekommen? Ich habe keine Kellnerkluft an, keine Bierflaschen in der Hand, keine Gläser, kein Geschirrtuch, ich stehe nicht einmal, sondern sitze hier wie er.

»Kein Service, nix Service?« Er lässt nicht locker.

»Nee, nee«, antworte ich, »nix Service« und habe erst einmal Ruhe.

Dass ich ihm lächelnd Paroli geboten habe, macht mich in seinen Augen jedoch nicht sympathischer. Jedenfalls hält der schlanke, graue Herr Abstand, obwohl es auf dem Boot immer enger wird. Der Bootsführer fordert seine Gäste auf, doch bitte aufzurücken. Aber der Mann hält dagegen: »Ob wir das wollen, das ist hier die Frage. Ich will mal hier genießen meine Bootsfahrt.« Doch der Kapitän der Barke lässt keine Ausrede gelten und wiederholt seine Aufforderung. So setzt sich der Vorsichtige schließlich neben mich – »rutsch mal ein Stück hin« –, unter den mitleidig-belustigten Blicken der anderen Reisenden.

Es muss wohl an meinem Aussehen liegen. Ich bin schwarz. Auf dem Kopf trage ich eine Perücke mit krausen schwarzen Haaren. Aber, das hat mich schon bei meinen Recherchen als Türke »Ali« verblüfft, die meisten schauen nicht so genau hin und nehmen einem eine Verkleidung bereitwillig ab, auch wenn man ein eigenartiges »gebrochenes Deutsch« spricht wie ich in meiner Rolle als »Ali« oder sich eben als »Schwarzer« ausgibt.

Ein Jahr lang reise ich immer wieder als »Schwarzer« durch die deutschen Lande, in Ost und West. Ich will auf Straßenfesten mitfeiern, suche eine Wohnung, unternehme einen Bootsausflug, versuche einen Campingstellplatz mit meiner »schwarzen Familie« zu mieten, will in Diskos, in Kneipen, mische mich unter Fußballfans und spreche bei Behörden vor.

Wie lebt es sich als Schwarzer in Deutschland? Das will ich herausfinden.

Ist die Vorstellung vom unverbesserlich fremdenfeindlichen deutschen Wesen nur noch ein Klischee? Wird mein schwarzes Alter Ego das tolerante Deutschland kennenlernen, wie es zuletzt anlässlich der Fußballweltmeisterschaft 2006 so gepriesen wurde? Oder werde ich umgekehrt entdecken müssen, dass das von der Boulevardpresse so gern gepflegte Schreckbild vom Schwarzen als Dealer, Asylbetrüger und Kriminellen die Stimmung im Lande prägt? Ich will den Lackmustest auf die Stimmung im Lande machen und bin neugierig und besorgt zugleich.

Diese Rolle zu spielen entsprang keiner Augenblickslaune. Schon vor Jahren hatte ich einen ersten Anlauf gemacht, das Vorhaben aber wieder abgebrochen, weil ich glaubte, es nicht bewältigen zu können. Nicht, weil diese Rolle anmaßend wäre gegenüber schwarzen Migranten oder schwarzen Deutschen. Jede meiner Rollen ist auf eine bestimmte Art anmaßend. Ohne diesen Schritt auf »fremdes« Terrain, das eigene Ich zu überwinden, um ein anderer zu werden, ist meine Art der verdeckten Recherche nicht möglich. Nein, der Grund für mein Zögern lag in der Befürchtung begründet, dass man mich zu rasch »enttarnen« könnte.

Es gibt nämlich durchaus ein technisches Problem, wenn man sich als Weißer in einen Schwarzen verwandeln will. Theaterschminke reicht da nicht, es müssen intensivere Mittel sein. Einer, der sich da auskannte, war John Howard Griffin. Er reiste 1959 einen Monat lang als »gefärbter« Schwarzer durch die USA und schrieb in seinem Buch »Black Like Me«, auf Deutsch »Reise durch das Dunkel«, seine deprimierenden Erfahrungen nieder. Griffin starb viel zu früh, weil die Medikamente, die er regelmäßig einnahm, um seine Haut über längere Zeit dunkeln zu lassen, seine Leber extrem belasteten und schwere Erkrankungen auslösten.

Auch die rassistischen Aussprüche von Politikern haben meinen Wunsch nach der schwarzen Rolle über die Jahre wachgehalten: wenn etwa Edmund Stoiber, der ehemalige bayerische Ministerpräsident, vor einer »Durchrassung und Vermischung« der deutschen Gesellschaft warnte oder Ronald Schill, der frühere Innensenator von Hamburg, als »Richter Gnadenlos« sagte: »Von mir haben die Neger alle immer etwas mehr bekommen«[1]

(sollte heißen: ein höheres Strafmaß als weiße Delinquenten). Oder die rassistische Weltanschauung eines Wolf Schneider, angesehener Journalistenausbilder und Talkmoderator: »Die Neger sind nun mal nicht so intelligent wie die Weißen, weil sie nur auf Körperkraft hin gezüchtet worden sind. Wenn der Schöpfer doch so offensichtlich alle Menschen äußerlich verschieden gemacht hat, was die Hautfarbe, Beinlänge, den Augenschnitt usw. angeht, warum sollte er dann die Intelligenz auf einer Goldwaage abgemessen haben?«[2] Derartige Äußerungen bestärkten meinen Wunsch, am eigenen Leib zu erfahren, wie sich von oben angeheizter Rassismus im Alltag bemerkbar macht.

Vor einiger Zeit machte ich dann die Bekanntschaft einer Maskenbildnerin aus Paris, die mit einem besonderen Sprühverfahren arbeitet, mit dem Weiße »umgefärbt« werden können, sodass es einigermaßen »lebensecht« wirkt. Endlich konnte ich meinen lang gehegten Plan in die Tat umsetzen. Parallel zu dieser Recherche entstand ein Dokumentarfilm.[3] Das Team begleitete mich auf den meisten Stationen meiner Reise, wie ich ausgerüstet mit versteckten Miniaturkameras und Mikrofonen.

Zurück nach Wörlitz. Der Kahn gleitet über das Wasser und gondelt durch die zahlreichen Kanäle, manchmal nah am Ufer, sodass eine Dame die Gelegenheit nutzt, einen Farn abzupflücken und sich auf den Schoß zu legen. Als unser Ruderer wieder einmal dem Ufer ganz nahe kommt, strecke auch ich vorsichtig die Hand aus. Brennnesseln stehen da, und ich öffne unter den aufmerksamen Blicken der neben mir sitzenden Gäste meine Hand, um zuzugreifen. Gebannt schauen sie zu, sie mögen wohl nicht glauben, dass ich wirklich so ahnungslos bin und Brennnesseln pflücken will.

Der Kahn zieht träge seine Bahn, ich greife ganz langsam zu und ziehe mir eine Pflanze heraus. Staunen ringsherum, die Schadenfreudigen, deren Blicke ich in aller Ruhe habe studieren können, sind ein wenig enttäuscht: Sie sehen keinen Schrecken bei mir, hören keinen Aufschrei. Ich schüttele nur demonstrativ meine Hand, als wundere ich mich, dass diese Pflanze so brennt. Eine der Damen nimmt dies zum Anlass, sich als Wächterin der deutschen Fauna aufzuspielen, und weist mich zurecht: »Das machen wir hier nicht! Wir reißen hier nichts ab, sonst sieht das so schlimm aus, wenn das jeder macht.« Und dann klärt sie mich auf: »Das ist ne Brennnessel, da kriegst du gleichzeitig noch ne Rheumabehandlung.«

Die Bootsfahrt geht weiter. Unser Kapitän, der Ruderer, legt sich schwitzend ins Zeug und klärt uns gleichzeitig über die verworrenen Familienverhältnisse des Fürstengeschlechts auf: »Fürst Franz wurde damals gezwungen, seine Frau auf Geheiß des preußischen Königs zu heiraten, obwohl er eine andere liebte. Der wollte Engländer werden … Da hat der König bestimmt, du bleibst in deinem Land und regierst weiter und heiratest meine Cousine. Da dachte er, nehm ich das kleinere Übel und heirate halt die Cousine.«

»Das ist doch verboten«, kann ich mir nicht verkneifen, zur Belustigung der Fahrgäste beizutragen. »Das ist eine – wie sagt man – arrangierte oder Zwangsehe, na, so was!«

»Damals nicht«, belehrt mich mein Nachbar knapp.

Als die Rundfahrt schließlich beendet ist und ich mich erhebe, sieht er sich veranlasst, mich wie ein Kind zu behandeln: »Gemach, gemach! Wir sind die Letzten.« Dann will er wissen: »Woher sprichst du so gut Deutsch?«

Wir sind uns zwar auf der Sitzbank, was die räumliche Distanz betrifft, schließlich doch näher gekommen, doch das »Du« ist unpassend. Die anderen Passagiere, soweit sie sich nicht näher kennen, siezen sich, und normalerweise sind die Ossis mit dem »Du« viel zurückhaltender als die Wessis. Immerhin stellt er mir eine persönliche Frage, und das habe ich als Schwarzer selten erlebt.

Ich antworte, dass ich drei Jahre am Goethe-Institut in Daressalam Deutsch gelernt hätte.

Ob ich Arbeit hätte? Nein, antwortete ich. Und da endet das Gespräch so herablassend, wie es begonnen hat. Er schlägt mir vor, ich solle es doch als Kuli versuchen, am besten gleich hier. »Rudern, rudern!«, sagt er und zeigt auf das Boot, das wir gerade verlassen haben.

Dass die Abneigung gegen Schwarze keine Altersfrage ist, erlebe ich später in einer Fußgängerzone in Cottbus. Ich komme an einem Juweliergeschäft vorbei und will mich dort nach einer Armbanduhr mit Stoppfunktion umschauen. Eine spontane Idee – ich denke an mein Lauftraining –, die nichts mit meiner Rolle zu tun hat. Die junge Verkäuferin behauptet, als ich eintrete, so etwas führe sie nicht. Doch ich habe im Schaufenster eine solche Uhr gesehen und weise sie darauf hin. Die Frau lässt sich dann doch auf ein Verkaufsgespräch ein und zieht schließlich eine teure goldene Uhr hervor. Ich würde sie, allein schon um das Gewicht einschätzen zu können, gerne in die Hand nehmen. Mit verkniffenem Lächeln hält sie die Armbanduhr jedoch krampfhaft fest.

Ich kann mir nicht vorstellen, dass die Frau schon einmal Erfahrungen – gar schlechte – mit schwarzen Kunden gemacht hat. Aber Fremdenfurcht, genau wie Antisemitismus, hat ja auch nichts mit realen Erfahrungen zu tun, sie tritt sogar umso häufiger auf, je seltener Menschen Fremden begegnen.

Ein Kollege aus unserem Team, der den Laden betritt, als ich ihn gerade frustriert verlasse, bittet die junge Frau ebenfalls darum, ihm die Uhr über den Tresen zu reichen, und fragt mitfühlend, ob sie gerade Angst gehabt hätte um das gute Stück.

Ihre Antwort: »Ja, Sie sehen noch den Angstschweiß. Das weiß man immer nicht im Vorfeld.«

Er, mein weißer Kollege, darf die Uhr in die Hand nehmen. Kein Problem.

In den nobleren Regionen der Republik brauche ich solche Demütigungen übrigens nicht einzustecken. Weder in einem Luxusrestaurant auf Düsseldorfs Prachtstraße, der Königsallee, noch in einem der edelsten Schmuckgeschäfte ebendort und auch nicht bei der Probefahrt eines protzigen Bentley, die man mir problemlos gewährt, weil ich in der für diesen Zweck gewählten Verkleidung nach viel Geld aussehe. Acht Monate Wartezeit muss in Kauf nehmen, wer die 250 000 Euro für einen solchen Wagen aufbringen kann. Kein Wunder, dass so viel Geld tolerant macht. Freuen kann ich mich darüber in Zeiten grassierender Armut nicht.

Aber solche Ausflüge zu »denen da oben« sind die Ausnahme. Meist verzichte ich in meiner Rolle auf eine persönliche

Geschichte, bin – wenn ich, selten genug, danach gefragt werde – ein Flüchtling aus Somalia, der nicht zurück in seine Heimat kann und kein flüssiges Deutsch spricht. Vielleicht erginge es mir als perfekt Deutsch sprechendem schwarzem Arzt, als schwarzem Musiker besser. Aber so habe ich keine Arbeit (wie all jene Flüchtlinge, die in Deutschland einem Arbeitsverbot unterliegen) und kann weder mit besonderen Fähigkeiten noch Erfahrungen punkten, ich bin nicht Kollege unter Kollegen wie in meinen Rollen als türkischer Hilfsarbeiter, BILD-Redakteur, Bäcker oder Callagent. Selbst als Obdachloser war ich Gleicher unter Gleichen – aber als Schwarzer unter Weißen?

Ich bin einfach nur der Fremde, der schwarze Fremde, und biete mich dieser auf Leistung getrimmten Gesellschaft als Wehrloser an, ohne vorzeigbaren Wert. So können diejenigen, denen ich begegne, ihre rassistischen Reflexe – wenn sie denn wollen – unbelastet von Respekt für einen bestimmten Beruf, ein bestimmtes Einkommen, eine freche Schnauze oder einen starken Bizeps auf mich loslassen.

»So schwarz wie der Heidi Klum ihrer«

Es ist ein schöner Frühlingsmorgen, ich bin auf Wohnungssuche unterwegs, in Nippes, einem zentral gelegenen Stadtteil von Köln. Die Vermieterin öffnet mir: eine auf ihr Äußeres bedachte Mittfünfzigerin, energisch im Auftreten, die gleich zur Sache kommt: die Miethöhe, kalt, warm, Nebenkosten, Einzugstermin – eben das, was üblicherweise besprochen wird bei einem solchen Termin. Sie führt mich derweil durch die kleine, leer geräumte Wohnung, zeigt mir die zwei Zimmer, das Bad, den Blick nach draußen.

Ein bisschen halten wir uns beim Thema Treppenreinigung auf, die Mieter zahlen monatlich 26 Euro dafür. Ich frage, ob man das nicht selbst machen könne, aber sie winkt ab: Sie habe ihre Leute dafür, dann sei gewährleistet, dass immer alles sauber sei. Über die Dusche im Bad verhandeln wir auch ein wenig. Ich stelle fest, mehr so für mich, dass da noch ein Vorhang fehle.

Sie greift die Bemerkung auf und meint, ich wolle ja wohl nicht den Duschvorhang des Vorgängers übernehmen – »womit einer schon geduscht hat!«.

Ich zucke mit der Schulter und erwidere: »Warum eigentlich nicht?« Hauptsache, er sei sauber.

So weit, so gut. Ein Gespräch von vielen, wie sie bei Wohnungsbesichtigungen geführt werden. Ich habe bereits ein gutes Dutzend hinter mir, aber keine einzige Zusage bekommen – halt, nein! Einmal habe ich echte Chancen gehabt; der überfreundliche Vermieter hatte, wie er meinem Team bei einem späteren Besuch bedeutete, trotz meiner schwarzen Haut und meiner krausen Perücke den Verdacht, mit mir stimme was nicht, ich hätte eine gewisse Ähnlichkeit mit einem Schriftsteller, der die Angewohnheit habe, sich zu verkleiden; nur der Name sei ihm nicht eingefallen.

Nun, in dieser Zweizimmerwohnung, spüre ich eine gewisse Reserviertheit und Strenge bei meiner potenziellen Vermieterin, eine professionelle und distanzierte Höflichkeit. Diskriminierung? Nicht wirklich. Da erlebe ich ganz andere Sachen.

Die Vermieterin meint jedenfalls abschließend, ich solle die Sache überschlafen, und begleitet mich hinaus. Ich verabschiede mich und danke ihr.

»Bitte sehr, gern geschehen«, höre ich noch hinter mir ihre Stimme.

Dann tritt »Familie Hildebrandt« auf, auch aus unserem Team, ebenfalls auf Wohnungssuche und bestückt mit verdeckter Kamera und Mikrofon.

Vor dem endgültigen Schnitt des Films haben wir die unfreiwilligen Mitspieler um ihre Zustimmung gebeten. Meine potenzielle Vermieterin hat zugestimmt, sie hat nichts dabei gefunden, dass wir das, was ich im Folgenden als wörtliches Protokoll ihres Gesprächs mit »Familie Hildebrandt« wiedergebe, im Film zeigen:

Frau Hildebrandt: »Wir sind ein bisschen zu früh …«

Vermieterin: »Macht ja nichts. Ich war eben grad so erschrocken, da kommt so ein Mieter, den kann ich nicht so ins Haus nehmen, so einen Schwarzen.«

Herr Hildebrandt: »Ach so, der war das doch, der da grad ging.«

Vermieterin: »Der passt nicht da rein, der wollt sich das mal ansehen. Ich kann das ja nicht am Telefon sehen, wie der aussieht, aber das passt nicht ins Haus.«

Frau Hildebrandt: »Was wohnen denn hier für Menschen im Haus?«

Vermieterin: »Was soll ich jetzt sagen. Also keine Ausländer in dem Sinne. Wollte ich eigentlich nicht, überhaupt nicht, aber … nicht so ein Schwarzer. Ganz schwarz, ganz schlimm. Gehen Sie schon vor in die zweite Etage, ja?«

Ich hätte es nicht für möglich gehalten, für maßlose Übertreibung oder platte Polemik, wenn mir jemand berichtet hätte, dass diese Frau sich jetzt so echauffierte und so außer Atem und außer Rand und Band geriet. Sie hatte mich doch immerhin mit einigem Anstand behandelt und mit mir gesprochen, als wäre ich ein halbwegs normaler Mensch.

Vermieterin: »Der war so was von schwarz und dann die Haare und … nein! Ich komm da gar nicht drüber weg. Ich kann das am Telefon ja gar nicht erkennen. Er hat heut Morgen angerufen.«

Frau Hildebrandt: »Und dann?«

Vermieterin: »Er sprach ja ein gutes Deutsch.«

Frau Hildebrandt: »Ach so.«

Vermieterin: »Das kann man ja nicht sehen, ob der schwarz ist. Also, der war so schwarz wie der Heidi Klum ihrer. Deswegen war ich so entsetzt.«

Heidi Klum ist als Model bekannt aus den Boulevardmedien, und auch ihrem Mann, Seal, einem prominenten Musiker nigerianisch-brasilianischer Abstammung, ist die hiesige Presse wohlgesonnen. Aber das hat die Hausbesitzerin keineswegs zu mehr Toleranz bewogen, höchstens vielleicht verhindert, dass sie mir die Tür direkt vor der Nase zuschlug, als sie den schwarzen Mann sah.

Und jetzt muss sich die Frau ihren Widerwillen, ihren Schock von der Seele reden. »Familie Hildebrandt« hört zu.

Vermieterin: »Ich meine, die Schwarzen laufen ja auch schon mal hier rum auf dem Markt, aber wo die wohnen, weiß ich nicht. Aber hier nicht. Er meinte nur, die Treppenreinigung wäre zu teuer, und er könnte das selber machen. Und ein Duschvorhang wäre auch nicht da. Ja, sag ich, den kann ich ja nicht hängen lassen, womit andere geduscht haben, oder mögen Sie das? Ach, das wäre ja nicht schlimm. Das sind Menschen, die haben eine andere Kultur. Die passen nicht. Das hat nichts mit Ausländerfeindlichkeit zu tun. Aber die passen nicht. Die kann ich hier nicht reinholen. Was meinen Sie, wenn der womöglich mit irgendwelchen scharfen Gewürzen kocht, dann riecht das ganze Haus danach, nicht? Nein, das mach ich nicht, nein. Dann warte ich – dann bleibt sie leer, bis mal einer kommt und der passt.«

Ich habe keinen Zweifel, dass die Frau wirklich überzeugt ist, ihr Gerede, ihre Ängste und ihr Abscheu hätten »nichts mit Ausländerfeindlichkeit zu tun«. Sie war allerdings so klug oder zu feige, mir direkt ins Gesicht zu sagen, dass sie mich wegen meiner Hautfarbe als Mieter ablehnt. Denn dann hätte ich sie nach dem neuen Antidiskriminierungsgesetz verklagen können. Niemand muss einem Schwarzen eine Wohnung vermieten – man darf nur nicht sagen, dass die Hautfarbe der Grund für die Ablehnung ist.

Wanderidyll

»Wo gibt's denn hier Brummbeeren?«

Ich erwarte nicht, dass die kleine Gruppe von älteren Herrschaften, die sich in Gummersbach im Bergischen Land zu ihrer Wanderung aufgemacht hat, mich gleich überschwänglich begrüßt und als Wandernovizen in ihrer Mitte aufnimmt. Deshalb will ich das Eis mit einer kleinen Eulenspiegelei brechen. Denn wer sich so unbedarft und unfreiwillig komisch in gebrochenem Deutsch nach dem örtlichen Vorkommen an Brombeeren erkundigt, vor dem muss man sich nicht fürchten.

Doch den Senioren bin ich offenbar suspekt. Von zwei Damen aus der Gruppe, die sich sichtlich um Fassung bemühen, bekomme ich nur zu hören, sie seien »nicht von hier«. Und der noch recht rüstige und energische ältere Herr in kurzer Hose, mit einem Schirm bewaffnet, offenbar der Anführer der sonst nur aus Frauen bestehenden Gruppe, weist in eine andere Richtung und behauptet, dort gebe es bestimmt Brombeeren.

Die Teilnahme an diesem Wandertreff, den die Stadt Gummersbach anbietet, steht jedermann offen. Ich bin zu spät zum angegebenen Treffpunkt gekommen und habe die Seniorengruppe erst am Rande der Ortschaft eingeholt. Meine höfliche Entschuldigung für die Verspätung überhört man geflissentlich. Deshalb der Versuch mit den »Brummbeeren«.

Nun mag solch eine betagte Wandergruppe – einige kennen sich untereinander offenbar recht gut – Fremden gegenüber zunächst eine gewisse Zurückhaltung zeigen – doch hier schlägt mir offene Ablehnung entgegen.

Auch wenn ich auf meine freundliche Frage »Kann ich nicht doch mitwandern?« keine Antwort erhalte, laufe ich weiter neben der Gruppe her und biete den Wanderfreunden sogar Äpfel an – vergeblich.

Eine – natürlich weiße – Kollegin aus dem Filmteam ist auch mitgegangen und fragt zwei ältere Damen, was ich denn wolle. Die schütten ihr Herz aus: »Brombeeren suchen. Wahrscheinlich will der was ganz anderes.«

Was das denn sein könne? »Das wissen wir ja noch nicht. Jedenfalls wollen wir den nicht dabei haben.«

Wie gesagt, ich schaue eher unbedarft drein, ich trage keinen Dolch im Gürtel, habe nur eine Einkaufstasche in der Hand. Ich bin allem Anschein nach ein an der Natur interessierter Mensch, der einfach nur mitwandern will. Aber ich bin schwarz.

Ich erkundige mich weiterhin nach den »Brummbeeren«, und die Wanderer behaupten steif und fest, auf ihrem Weg seien keine zu erwarten, obwohl sie sich hier sehr genau auskennen, wie ich später erfahre. Es ist fast schon zum Lachen. »Vielleicht dort lang? Vielleicht da drüben?«, meint der ältere Herr, ganz Kavalier, der die furchtsamen Damen von meiner Anwesenheit erlösen will, und er weist mir den Weg in eine ganz andere Richtung. Zu meiner Kollegin gewandt, sagt er flüsternd: »Man sollte einfach hier in ein Haus verschwinden. Allein ist er ja nicht gefährlich, aber wir wissen ja nicht, wo der noch welche rumhängen hat. Ich hab gestern XY [die ZDF-Fahndungssendung ›Aktenzeichen XY ungelöst‹] geguckt. Wenn Sie bedenken, was da alles …«

Plötzlich wimmelt es am Wegesrand nur so von Brombeerhecken – das überrascht mich selbst, denn der Anbändelungsversuch mit der Frage nach den Wildfrüchten war nur als Gag gedacht. Jetzt rufe ich mit einer gewissen Empörung: »Hier! Sie sagen: ›Keine Brummbeeren‹. Alles voll!«

Das ist natürlich peinlich für die Seniorinnen und Senioren. Sie sehen sich der Lüge überführt. Entsprechend kläglich fallen ihre Entschuldigungen aus. »Ja, woher sollen wir das wissen? Das ist Zufall, dass die hier am Weg stehen«, meint eine der Damen. »Ja, aber sie sind ja noch nicht reif«, sagt eine andere, und eine dritte assistiert: »Wir bleiben ja nicht hier. Wir gehen ja weiter.«

Meiner weiterhin tapfer mitwandernden Kollegin vertraut unterdessen eine der Frauen an, man werde hinterher noch gemeinsam Kaffee trinken. Einige Wanderminuten später erkundige ich mich, ob man denn später einen Kaffee bekommen könne. Das sei nicht geplant, wird mir unfreundlich beschieden.

Ich versuche den einzigen Mann in der Gruppe in ein Gespräch über seinen Regenschirm zu verwickeln: »Und der Schirm ist auch gegen Sonne?«, frage ich arglos. Da hebt er den Schirmstock wie eine Waffe, schwingt ihn durch die Luft und lässt mich mit drohendem Unterton wissen: »Ja, das ist Vorsicht. Gegen Regen. Vorsichtsmaßnahme.«

Nach einer gut zweistündigen Wanderung auf ihrem Lieblingskurs haben wir den Parkplatz erreicht, von dem die Gruppe gestartet war. Ich frage noch einmal nach dem Kaffeetrinken. Essen und Trinken ist ja auf allen Fernsehkanälen ein beliebtes Thema in Deutschland, und ich habe schon den ganzen Weg über gehofft, damit zu punkten: Brombeeren, Äpfel … Inzwischen ist mir der Spaß mit den »Brummbeeren« längst vergangen. Ich bin mir meiner schwarzen Haut gar nicht mehr bewusst, sondern empfinde nur eine schmerzliche Verunsicherung, nachdem mich die Senioren, neben denen ich hergelaufen bin, die ganze Zeit auf Distanz gehalten haben.

Die Wanderer flüchten nun in ihre Autos. »Wir fahren jetzt

nach Hause!«, lügen mich die Damen aus dem ersten Wagen an, und im Wegfahren kann ich ihre erleichterten Gesichter sehen.

Der zweite Tross entfernt sich und murmelt meiner Kollegin, die an ihr Mitgefühl appelliert hatte, ich wäre doch gerne mitgekommen zum Kaffeetrinken, noch zu: »Ach nein, das wollen wir nicht.«

Auch die einzige Dame, die während der Wanderung ein wenig aufgetaut zu sein schien und die meine naive Herzlichkeit wohl gerührt hat, dringt nicht durch. Ihre Bemerkung, ich suche doch nur Anschluss, verhallt ungehört. In den Wanderverein, nach dem ich mich gerade noch erkundigen kann, will mich auch niemand hineinlassen. Nicht mal die Aufnahmegebühr nennt man mir. Ich solle mich »an die Stadt wenden«. Auch sieht sich keiner imstande, mich in die Stadt mitzunehmen. Energisch bedeutet eine der Damen der Fahrerin eines Vans: »Macht die Türen zu und fahrt ab!«

Die Szene hat gewiss etwas Absurdes. Im Film ist das überdeutlich und reizt zum Lachen. Ich habe allerdings am eigenen Leib gespürt, wie viel Demütigung diese Seniorenwandergruppe einem Fremden allein wegen seiner schwarzen Hautfarbe zuteilwerden lässt.

Stellplatzsuche auf Schwarz

Mein nächster Zugehörigkeitstest findet auf einem Campingplatz in der Nähe von Minden im Teutoburger Wald statt. Ich bin dort mit Mercedes und Wohnwagen vorgefahren, und ich bin nicht allein, sondern es tritt eine komplette schwarze Familie auf: Papa, Mama, zwei Töchter, die eine schon fast erwachsen, die andere süß und klein, alle hübsch angezogen. Ein Freund von der Deutsch-kongolesischen Gesellschaft hatte mir den Kontakt vermittelt. Ob sie bei einem Filmprojekt mitmachen würden, hatte er sie gefragt. Die drei sind wirklich schwarz und sie glauben, dass auch ich ein Schwarzer sei; die kleine Tochter »meiner« Frau hat mich gleich als Ersatzpapa adoptiert, und wir haben im Nu eine herzliche Beziehung zueinander entwickelt.

Vor der Rezeption des Campingplatzes hocken ein paar Dauercamper, Menschen also, die fast jedes freie Wochenende und meist auch ihre Urlaube dort verbringen, wenn sie sich nicht ohnehin als Rentner mehr oder weniger das ganze Jahr über dort einquartiert haben. Um die mehr als 100 Stellplätze herum, auf denen die Wohnwagen mit den abmontierten Rädern stehen, sind kleine Hecken gepflanzt, manchmal auch niedrige braune Jägerzäune gesetzt. Die Bewohner solcher Plätze kennen sich oft seit Jahren, die Kinder spielen zusammen, sogar Ehen werden hier gestiftet. Hinzu kommen Feriengäste und Durchreisende aus europäischen Nachbarstaaten.

Und hier stehe ich nun und frage nach einem Dauerplatz. Den Campern, die an ihrem Tisch beim Bier sitzen, fällt fast die Kinnlade herunter. Der Platzwart und Eigentümer versucht mich abzuwimmeln: »Aber ist nicht zum Wohnen.« Er verrenkt sich gehörig, denn er weiß, dass er jedes Wort, das er an mich richtet, vor den Dauercampern wird rechtfertigen müssen.

»Ob die Sie akzeptieren …«, versucht er mir die Idee auszureden, einen Stellplatz zu mieten. »Ich sage das ja bloß, weil das ein kleiner Platz ist.«

Ich gebe vor, ihn nicht zu verstehen, und frage, wo denn das Problem sei.

»Ja, Problem … der Mensch, wo der wegkommt, würde ich sagen.«

Ich habe gar nicht gesagt, woher wir kommen – ob aus Wanne-Eickel, Hoyerswerda, Timbuktu oder sonst woher. Und meinen Pass hat er nicht sehen wollen. Also frage ich, was er meint.

Endlich ringt sich der Platzwart durch: »Ja, wie soll ich sagen. Das ist die Hautfarbe, ob man eben schwarz ist oder weiß. Das ist ein Problem. Die werden immer einen Bogen um Sie machen.«

Ich lenke ein und schlage vor, dass wir uns erst mal für eine Nacht einquartieren. Dem stimmt der Campingplatzleiter schweren Herzens zu. Wenigstens ist das Problem erst mal aufgeschoben. Einem von unserem Team ins Rennen geschickten weiteren Stellplatzinteressenten klagt er dann sein Leid: »Alle sind Deutsche, Luxemburger, Holländer – aber ich sag mal: Weiße.«

Mein Teamkollege fragt, ob er schon mal Erfahrungen mit

Schwarzen gemacht habe. Der Platzwart antwortet: »Bis jetzt noch nicht. Aber alle, die ich weiß, leben von unserem Geld. Uns ist es egal, wo ich mein Geld herkriege. Ob die das bezahlen [er weist mit dem Kopf zu uns, die wir im Hintergrund miteinander Ratschlag halten], aber die anderen laufen weg. Die haben ganz klar gesagt: ›Die Zigeuner, lässt du die hier rein, dann packen wir.‹« Eine sonderbare Begriffsverwirrung, aber irgendwo in seinem Unterbewusstsein muss es da eine Verbindung zwischen Schwarzen und »Zigeunern« geben.

»Ich weiß ja auch nicht, was das für Leute sind«, meint der Platzwart zu unserem Teamkollegen. »Er spricht Deutsch, die anderen alle nix; das sind immer so Sachen …«

Das ist nun kompletter Blödsinn, »meine« Frau und »meine« Kinder haben bislang kein Wort gesagt. Sie sind eingeschüchtert, verletzt und traurig.

Am nächsten Morgen versuche ich noch mal mein Glück, einen dauerhaften Standplatz festzumachen. Aber der Herr der Stellplätze dreht uns den Rücken zu und biedert sich stattdessen bei den Kollegen des Filmteams an, die am Nebentisch sitzen: »Ist das noch immer in Köln so mit den Kellnern, dass die ›Köbesse‹ heißen, und das mit dem Karneval? Mit allem Drum und Dran. Die sind ja immer gut drauf: Gib ihm!« Wir geben auf und packen ein.

Hinterher unterhalten wir uns. »Meine Frau«, die seit acht Jahren in Deutschland lebt und mit einem bekannten Fußballspieler liiert ist, meint lakonisch: »Für uns war das normal. Wir wissen, dass viele Weiße Schwarze nicht mögen.«

»Die dummen Sprüche«, ergänzt »meine« Tochter, die 15 Jahre alt ist, in der Schule zu den besten Schülerinnen gehört und perfekt Deutsch spricht. »Von Jugendlichen höre ich manchmal ›Neger‹ oder ›Schokolade‹. Die denken, ich würde das nicht verstehen. Die sagen auch: ›Hat es hier irgendwo gebrannt?‹ Ich bin dann traurig und möchte wieder zurück in meine Heimat, dort, wo mich alle verstehen. Dort, wo mich alle mögen, wie ich bin.«

Während dieser Unterhaltung in unserem Wohnmobil werde ich abgeschminkt. Das ältere Mädchen ist leicht konsterniert, als ich mich als Weißer entpuppe. »Meine« kleine Tochter ist geradezu empört und rückt von mir ab. Sie fühlt sich von mir betrogen. Ein Glück, dass wir noch einige Zeit zusammensitzen; ich erkläre mein Vorhaben und den Zweck der gerade gemeinsam durchgestandenen Szene und stelle erleichtert fest, dass sie ihr Vertrauen zu mir zurückgewinnt.

Es war Mouctar Bah, mein Freund und gelegentlicher Berater bei dieser Rolle, der die Idee hatte, mir für die Campingplatz-Episode eine »schwarze Familie« zuzulegen. 2009 hat er die Carl-von-Ossietzky-Medaille erhalten – einer der wenigen Lichtblicke in einem Drama, das mich zutiefst erschüttert hat. Mouctar Bah war ein Freund des afrikanischen Asylbewerbers Oury Jalloh, der 2005 in Dessau in einer Polizeizelle verbrannte. Angeblich hatte er sich mit einem Feuerzeug selbst angezündet – obwohl er nachweislich an Händen und Füßen gefesselt war. Mouctar Bah gründete die Initiative »Oury Jalloh«, drängte mit anderen massiv auf juristische Aufklärung. 2006 verlor er seine Lizenz als Inhaber eines Internetcafés in Dessau, eines Treffpunkts von Afrodeutschen und schwarzen Migranten. Im Dezember 2008 wurden die wegen fahrlässiger Tötung angeklagten Polizeibeamten freigesprochen.

Der »Neger« im Schrebergarten

Eine Schrebergartenkolonie ist auch nicht mehr das, was sie mal war – oder doch? Ich stehe als Schwarzer auf dem sorgfältig gepflegten Rasen vor dem Vereinshaus der Kolonie im Berliner Stadtteil Marzahn, schaue mich neugierig um, was hier gefeiert wird – und komme gleich durcheinander. Mir fällt eine Gruppe von Kindern auf, die die Vorführung eines Bauchtanzes vorbereiten. Diese arabisch-muslimische Note verblüfft mich, denn das einzige andere exotische Element auf diesem Frühlingsfest der Schrebergärtner bin ich. Ich werde entsprechend beäugt, die Leute glauben bestimmt, ich sei vom Wege abgekommen und durch eine Verkettung unglücklicher Umstände hier gelandet.

Nur die Leiterin der Kinderbauchtanzgruppe, eine junge Frau mit blonden Haaren, schaltet schnell. Sie hat gerade ein Mädchen

Mit meinem Freund und Berater Mouctar Bah

Mit »meiner« schwarzen Familie

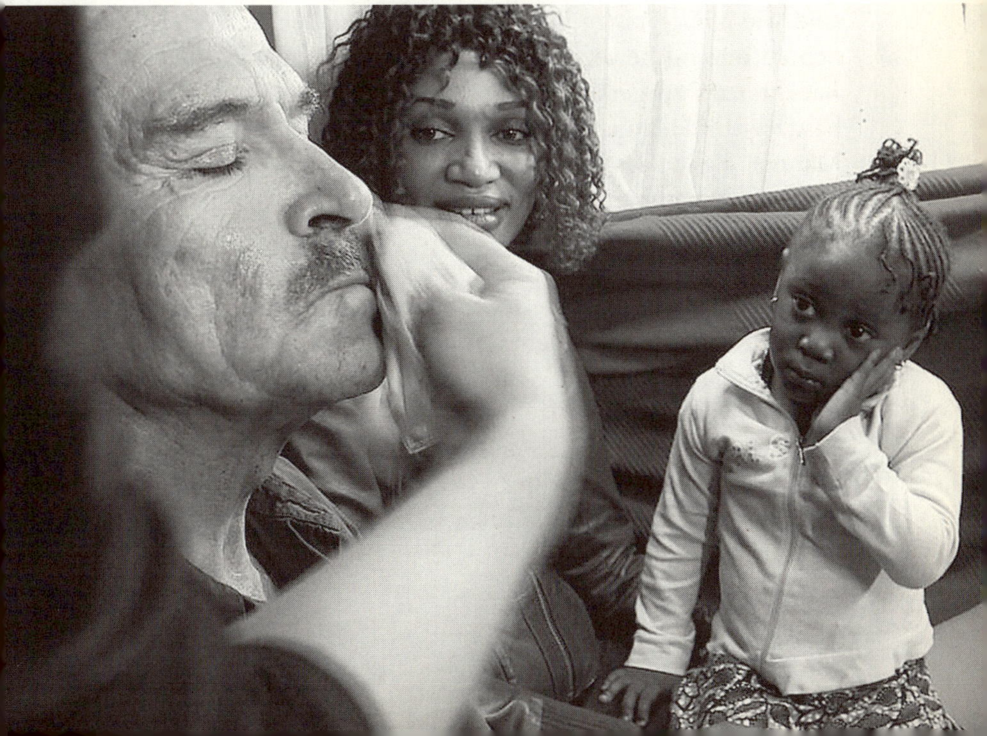

losgeschickt, das einem der anwesenden Herren einen Turban aufsetzen soll. Ihm, dem Prinzen aus dem Morgenland, soll der lange einstudierte Bauchtanz gewidmet werden. Die Leiterin schickt das Mädchen zu mir: »Vielleicht nimmst du gleich den Schwarzen hier vorne, guck mal. Der sieht schon so lustig aus.« Das Kind wagt sich nicht an mich heran und wendet sich einem anderen Mann zu. »Nein, Sarah, damit bin ich jetzt nicht einverstanden, das ist dein Papi«, sagt die junge Frau. »Nimm bitte einen Fremden.« Und als das Mädchen nun doch gehorsam auf mich zusteuert: »Also denn doch den. Wie ist denn der Name von unserem Freund?«

Das alles ist in keiner Weise inszeniert, der Zufall führt mal wieder Regie und stellt mich plötzlich in den Mittelpunkt des Festes. Ich antworte dem Mädchen, das jetzt vor mir steht, überrascht, ja überfordert, weil ich die grienenden Blicke der anderen Festbesucher in meinem Rücken spüre: »Kwami.« Es dauert ein bisschen, bis der fremdländische Name bei der Tanzlehrerin angekommen ist. Dann bekomme ich den Turban aufgesetzt, werde nach vorne geführt und direkt vor der Tanzgruppe platziert. Ich komme als »Exot« für die exotische Tanzdarbietung offenbar wie gerufen.

Einige der Mädchen, die allmählich in die Pubertät kommen, sind wie junge Frauen herausgeputzt und sollen sich offensichtlich aufreizend bewegen, um den erotischen Ansprüchen eines Bauchtanzes zu genügen. Ich fühle mich unwohl, als Haremsbesitzer von kleinen Mädchen vorgeführt zu werden. Einige der Männer, die ich aus dem Augenwinkel beobachten kann, stecken die Köpfe zusammen, kichern anzüglich und zeigen mit dem Finger auf mich.

Die Mädchen führen also ihren Bauchtanz vor, ich schaue, wenn auch von herausgehobener Stelle aus, zu, werde danach von meiner Kopfbedeckung befreit und – das war's. Ein weiterer Kontakt mit den Gästen des Schrebergartenfestes kommt nicht zustande. Wie eine Mauer steht meine eben noch so willkommene schwarze Fremdheit zwischen mir und den anderen.

Nur die Tanzleiterin geht auf mich zu, um mir kurz zu danken. Ich kann sie noch fragen, ob ich mir hier in der Kolonie einen

Garten mieten könne. Eine Frau, an die sie mich verweist, nennt mir die Adresse des zuständigen Amtes.

Ein paar Tage später mache ich mich zu einer Nebenstelle des Bezirksamts auf. Die joviale Angestellte duzt mich sogleich, korrigiert ihre Anrede nach ein paar Sätzen aber, wohl, weil sie merkt, dass ich der deutschen Sprache doch so mächtig bin, dass ich ein Du von einem Sie zu unterscheiden vermag. Der Rest ist Abwimmeln. Weder will sie mir sagen, ob noch Gärten frei sind, noch mag sie Auskunft geben, wie viele Menschen denn in so einem Gartenhäuschen Platz fänden; auch die gewünschte Aufklärung über Grillgewohnheiten und Festvorschriften bekomme ich nicht.

Dabei erzähle ich frohgemut davon, dass ich mit meiner Familie auch gerne mal ein Fest feiern wolle und mich darauf freuen würde, Fleisch am offenen Feuer zu braten – so wie ich das bei den Deutschen auf jeder zweiten Wiese beobachten könne. Ich übertreibe ein bisschen – der Eulenspiegel kommt wieder durch –, um die Dame mit meiner Hoffnung auf völkerverbindende Gartenfeste ein wenig zu foppen. Ironie und Provokation sind ja nicht nur dem deutschen Eulenspiegel eigen, sondern werden auch von vergleichbaren afrikanischen und türkischen verwandten Gestalten beherrscht, dem Abu Nuwas zum Beispiel oder dem Nasreddin Hodscha.

Die Schrebergartenvorsitzende hat aber augenscheinlich keinen Humor. »Sie dürfen eigentlich ja gar kein Feuer machen«, behauptet sie und beendet die kurze Unterredung mit einem »Also, wie Sie sich das vorstellen, so einfach geht das nicht«. Ich solle mich erst einmal als Gartenbewerber anmelden, mit Pass und ausgefülltem Formular. Das hält sie mir vor die Nase, mitnehmen darf ich es nicht. Ich versuche dennoch, das Stück Papier in die Hand zu bekommen, um es überhaupt lesen zu können, aber sie will es partout nicht herausrücken. Es entspinnt sich ein regelrechter Kampf um das Formular, das bestimmt zerrissen wäre, hätte der Klügere nicht doch noch nachgegeben, in diesem Fall: mein schwarzes Ich.

»Ich würde das Formular gerne mit meiner Frau zusammen ausfüllen«, gebe ich ihr zu verstehen. »Oder ist das etwa geheim?«

»Ja, das ist geheim«, erwidert sie trotzig und reißt das Formular an sich. In der folgenden Woche könne ich ja wiederkommen, dann sei Anmeldetermin. Und raus.

Danach allerdings geht es drinnen weiter. Denn die ganze Szene hat sich vor Publikum abgespielt: Interessenten, die sich hier versammelt haben, um sich die aufgelisteten freien Gärten anzuschauen. Sechs oder acht Menschen, zu denen ich mich nicht hatte setzen dürfen, waren im Raum. Der ein oder andere hat auch gefeixt, als unser eigenartiger Kampf um das Formular tobte. Den Rest der Veranstaltung hat eine potenzielle Schrebergartenpächterin miterlebt, die zu unserem Team gehört. Und das hört sich wörtlich so an:

Vorsitzende: »Ist ein anderer Lebensstil, eine andere Mentalität. Wollen wir eigentlich nicht. Machen wir nicht, weil die wirklich nur feiern wollen. Nichts gegen diese Mentalität, aber es entspricht nicht dem, was wir wollen.«

Interessent 1: »Die bauen ja nichts an. Da hast du nur Ärger. Rasen mähen tun sie nicht …«

Interessent 2: »Anderer Kulturkreis.«

Vorsitzende: »Da hab ich auch nichts dagegen, aber das war wohl eindeutig, dass der überhaupt nicht hier reinpasst, wie wir uns das vorstellen. Dann soll er nach Kreuzberg, auf die Wiese grillen gehen. Wir haben hier schon genug Theater, dort fällt das dann auch nicht mehr auf.«

Interessent 3 (unser Team): »Das ist doch nicht verboten, das Grillen.«

Interessent 2: »Schon, bloß die haben so eine Mentalität. Wenn, dann muss das kein Schweinchen sein, sondern gleich ein Schwein. [Warum bloß ein Schwein!? Im Übrigen esse ich der grausamen Tierhaltung wegen grundsätzlich kein Schweinefleisch; außerdem hätte ich doch Muslim sein können!] Und dann, wie es schon rauskam! Ohne Holzkohle, sondern mit richtig Holz! Vom Dach wahrscheinlich.«

Vorsitzende: »Tanzen und Musik: nichts dagegen. Aber nicht auf die Art und Weise. Also, den wimmeln wir von vornherein ab, deswegen war das so übertrieben von mir. Und in der nächsten Woche, wenn der mit seiner Frau wiederkommt, übertreibe ich noch mehr, dass die direkt wieder gehen. Ich meine, was soll das!«

Das soll wohl die moderne Variante des Rassismus sein: ›Ich hab ja nichts gegen die. Aber bitte woanders. Die passen nicht hierher.‹ Der altbackene Rassismus spricht dem Fremden ganz generell die Menschenwürde und das Existenzrecht ab, und ganz handgreiflich dann, wenn der Fremde sich ins Hoheitsgebiet des Weißen wagt. Der moderne Rassist behandelt den Fremden anders. Er erkennt dessen Menschenwürde und Existenzrecht abstrakt an, solange er auf Distanz bleibt. Aber im eigenen Dunstkreis wird der Fremde immer noch unwürdig behandelt. Der Unterschied ist durchaus nicht nur theoretischer, sondern auch handgreiflicher Natur – das habe ich später noch erleben müssen –, wenn auch, wie ich zugeben muss, die Übergänge fließend sind.

Ich mache noch eine zweite Erfahrung mit behördlichen Autoritäten, diesmal in Bayern. Zusammen mit einem Freund, einem schwarzen Deutschen, will ich mich nach den Voraussetzungen für den Erwerb eines Jagdscheins erkundigen. Wir spazieren also frohgemut in die zuständige Amtsstube und fragen freundlich, wie denn die Bedingungen für eine Jagdprüfung seien und wie lange so ein Kursus dauern würde. Die Dame hinter dem Schreibtisch ist völlig verdutzt über unser Erscheinen und ruft sofort ihren Vorgesetzten aus dem Nebenzimmer. Da gebe es keine Möglichkeit, teilt der uns mit wichtiger Miene mit.

Wir beharren auf unserem Anliegen und fragen nach den voraussichtlichen Kosten. Der Amtschef reagiert erbost: Nein, zuerst einmal sei ein Ausweis vonnöten, den hätten wir ja wahrscheinlich nicht.

Wie albern. Als ob sich »illegal aufhältige Migranten«, wie sie im Amtsdeutsch heißen, freiwillig zur Obrigkeit begeben würden. Ich versichere ihm, wir seien deutsche Staatsbürger und würden unsere Ausweise gerne holen. Jetzt wollten wir nur wissen, ob wir schon mal einen Antrag ausfüllen könnten und ob noch weitere Dokumente mitzubringen seien.

Der Beamte wehrt uns immer heftiger ab: Wir sollten jetzt gehen, es sei genug, und er droht, er würde die Polizei holen, wenn wir nicht sofort das Gebäude verließen. Man bedenke: wegen des Antrags auf einen Jagdschein!

Für schwarze Deutsche sind solche Erlebnisse Alltag. Ob auf Behörden, auf Bahnhöfen, bei Zollkontrollen in Zügen, sie stehen ihrer Hautfarbe wegen unter Generalverdacht, werden als Einzige kontrolliert oder barsch nach dem Ausweis gefragt. Im August 2009 beklagte sich der ehemalige deutsche Weltmeister im Dreisprung, Charles Friedek, in einem Zeitungsinterview über diese alltägliche Form des Rassismus: »Ich bin inzwischen so reif und so alt, dass mich das nicht mehr großartig tangiert. Kürzlich habe ich mich aber total geärgert. Ich komme aus dem Flieger, alle gehen durch, wer wird wieder angehalten? Ich. Warum? Weil ich der einzige Farbige war.«

»Volle Esse in die Fresse! Die Deutschrunde!«

Wie viele Menschen in Deutschland noch rassistisch-aggressiv gegen Schwarze eingestellt sind, ist bei Soziologen umstritten. Fest steht, dass nicht unerhebliche Teile der Gesellschaft den Rassismus als ideologisches Klebemittel brauchen, um sich ihrer »nationalen« Identität und ihrer eingebildeten Großartigkeit zu versichern. Sie gehören zu der unangenehmsten Sorte Mensch, die mir auf meiner Reise begegnet ist. Zwischen 30 und mehr als 60 Prozent der Bevölkerung – eine gewaltige Spanne – haben rassistische Vorurteile, schätzt die Forschung.[4] Und man kann davon ausgehen, dass etwa ein Drittel der Deutschen bekennende Rassisten sind.

Obwohl eine Minderheit, vergiften sie die Atmosphäre und geben den Ton auf der Straße und überall dort an, wo sie auftauchen, wenn die »schweigende Mehrheit« abduckt, sich still verhält, wegsieht und die krakeelende Minderheit machen lässt. Entsprechende Berichte sind in jeder Zeitung nachzulesen; zu Zeiten des Fußball-»Sommermärchens« 2006 wurde auch über »No-go-Areas« für Schwarze in Ostdeutschland berichtet.[5] Auch wenn der schwarze Brasilianer Grafite (VfL Wolfsburg) 2009 bei der Wahl des Magazins *Kicker* Fußballer des Jahres wurde und der ebenfalls schwarze Cacau vom VfB Stuttgart im selben Jahr sein Debüt in der deutschen Nationalmannschaft gab – die Rassisten haben nicht aufgegeben.

Vor dem Fußballstadion des FC Energie Cottbus will ich es im Selbstversuch erleben. Heute ist Dynamo Dresden zu Gast. Bei Spielen sind in Cottbus immer wieder Schmährufe gegen schwarze Fußballspieler zu hören gewesen. Anpöbeleien und Schlägereien sind an der Tagesordnung – und die Vereinsführung gibt sich machtlos. Im Juli 2009 sagte sie sogar ein Freundschaftsspiel mit dem Fußballverein FSV Germania Storkow (»Mit Energie für Toleranz«) ab, weil die NPD mit Protesten gedroht hatte. Über sieben Prozent haben die Neonazis in Cottbus bei der letzten Kommunalwahl erzielt. Das Freundschaftsspiel hatte eigentlich »ein Zeichen gegen den Rechtsextremismus« setzen sollen.

Ins Stadion selbst will ich nicht. Ich halte mir lieber Fluchtwege offen, bleibe draußen, spaziere ein wenig herum wie andere auch, trete zu der einen oder anderen Warteschlange vor einer der Kassen – und ängstige mich. Dies ist wirklich Feindesland. Glatzen. Wütende Blicke. Gespannte Atmosphäre, angespannte Bizeps. Die Kleidung etlicher junger Männer strotzt nur so von kaum verheimlichter NS-Symbolik: Ziffernkombinationen wie »88« oder »18« (nach der Stelle im Alphabet stehen die Codes für »Heil Hitler« bzw. »Adolf Hitler«) sind ebenso zu sehen wie Jacken der englischen Marke Lonsdale, deren Schriftzug die Buchstaben »NSDA« enthält – deutlich genug für alle bekennenden Nazis, auch wenn das »P« fehlt. Einer trägt stolz sein Urgermanentum zur Schau: »Wotan statt Christus«.

Trotz des mulmigen Gefühls, das mich beschleicht, versuche ich, mit den Fans ins Gespräch zu kommen. »Was bedeutet der Aufdruck auf Ihrem T-Shirt?«, will ich z. B. von einem wissen, der in Frakturschrift »Deutschland« auf seiner breiten Brust prangen hat.

»Weiß ich nicht«, knurrt er mich an.

»Wer gewinnt heute?«, frage ich ein paar junge Männer – eigentlich naheliegend vor einem Fußballspiel.

»Du nicht«, presst einer die bedrohlich knappe Antwort zwischen den Zähnen hervor.

Ich gebe nicht auf: »Können wir wetten?«

»Lauf weiter«, sagt ein anderer mit aggressiver Verachtung in der Stimme, er hätte mir am liebsten eine verpasst. Aber er will ja noch ins Stadion und verzichtet deshalb vielleicht auf eine Prügelei, die ihn nur aufgehalten hätte. Und immerhin halten sich Polizisten, wenn auch unauffällig, in Sichtweite auf.

Nach dem Spiel mache ich einen neuen Anlauf. Es ist 1:1 ausgegangen, also kein Grund zur Trauer für die Cottbuser Fans. Auf meine Frage, wie das Spiel ausgegangen sei, schiebt mich einer mit den Worten weg: »Ich war nicht drin.«

Als ich bekenne, dass ich das Spiel nicht habe sehen können, weil mir das Geld für eine Karte fehle, bekomme ich zu hören: »Dann geh arbeiten!« Mit dem wutschnaubenden Nachsatz: »Aber nicht in diesem Land.« Von einem etwa 30-jährigen Stiernackigen erhielt ich auf meine Frage, wer denn nun gewonnen habe, die mir schon vertraute Antwort: »Du jedenfalls nicht!«

Vor dem Stadion besteigen die Fans von Dynamo Dresden ihre Busse. Ich frage, ob ich mitfahren kann.

»Du willst nach Dresden? Dann fährst du über die Elfenbeinküste, über Afghanistan, Mosambik einen großen Bogen machen, dann bist du da. In zwei Tagen.« Großes Gelächter der Umstehenden.

Ein anderer Fan weist auf die geöffneten Gepäcktüren des Busses und meint: »Da unten, da, bei den Kästen ist noch Platz, leg dich rein.«

Ich taumele durch die bedrohliche Szenerie – einer hebt den Arm zum Hitlergruß –, erwarte von irgendwoher einen Schlag, frage in meiner Verunsicherung einfach weiter, was denn der Aufdruck auf dem T-Shirt eines der jungen Männer bedeute.

»Deutschland den Deutschen, heißt das.«

Ich spüre, wie sich was zusammenbraut, und gehe zu dem Einsatzleiter der Polizei, der lässig an seinem Wagen lehnt. »Die sind alle hart drauf«, sage ich zu ihm, »die sind alle unheimlich, Faschos.«

»Nein«, antwortet er kurz und bündig. Als ich insistiere, meint er nur: »Ist mir bis jetzt noch nicht aufgefallen.«

Ich glaube, ich habe in diesem Augenblick va banque gespielt, ich will es wissen. Wie weit werden diese Typen gehen? Ich steige in den Fanzug nach Dresden ein, den die Bahn bereitgestellt hat. Voll besetzt ist er, meist junge Männer, aber auch einige junge Frauen, Fußballbräute. Es ist eng und laut, die Atmosphäre alkoholgeschwängert, ich habe Angst. Und ich trete aus der sprachlichen Beschränkung meiner Rolle heraus, ich muss mich einfach wehren, wenigstens mit Worten. Der Dialog mit einem vielleicht 20-jährigen Anführer, der sich vor seinen Leuten produzieren will und sich auf dem schmalen Weg zwischen den Sitzreihen an mir vorbeidrängt, geht so:

»Ey, Schwarzer, mach mal Platz.«

»Weißer.«

»Ey, was Weißer? Ich bin dein Meister, ja, das ist richtig.«

»Nee, ich habe gesagt: Weißer.«

»Weiß ist deutsch, Junge.«

»Was ist denn deutsch? Sag es mir, erklär es.«

»Hier mein Arsch.« (Streckt mir demonstrativ das Hinterteil entgegen)

»Das glaube ich dir. Du bist am Arsch.«

»Volle Esse in die Fresse! Die Deutschrunde!«

Bei dieser Ansage überlege ich, den Waggon zu verlassen. Mein Kontrahent ist zwar mittlerweile an mir vorbei, rotzt seine Drohung aber laut genug aus dem Schutz seiner Gruppe heraus. Aber ich kann gar nicht weg, wird mir plötzlich bewusst. Ich bin umzingelt von diesen Fratzen. Im nächsten Waggon, im übernächsten.

Fast der ganze Zug ist von ihnen in Besitz genommen. In ihrem Jargon »eine national befreite Zone« auf Rädern. Ich kann mich nicht verstecken. Ich bin über alle Maßen sichtbar, schwarz auf weiß!

Einige fangen an, mich zu stoßen, nach mir zu grapschen. Ich muss in die Offensive und sie dazu bringen, mich in Ruhe zu lassen. Der Wortführer wird unflätig:

»Du kannst mir einen runterholen!«

»Das kannst du selber machen.«

»Was?«

»Kannst du selber machen, wenn du es überhaupt noch schaffst.«

»Dir zieh ich gleich die Haut ab! Zieh aus, Alter! Zieh aus aus diesem Land! Dieses Land wird weiß!«

Seine Truppe hält ihn zurück. Vielleicht ist er zu betrunken und traut sich eine Prügelei nicht zu. Oder er hat die Polizisten gesehen, die im Zug mitfahren.

Ich sage ihm, um ihn endgültig in die Ecke zu drängen, dass er einen schwarzen Deutschen vor sich hat.

»Du deutsch? Hah.«

Seine Freundin assistiert ihm: »Hab ich noch nie gesehen, einen schwarzen Deutschen.«

Zu DDR-Zeiten hatten Schwarze aus »befreundeten« afrikanischen Staaten dort studiert oder waren in den Betrieben ausgebildet worden. Allerdings verhinderte die Staatsführung ein gleichberechtigtes Zusammenleben dieser »Gäste« mit der Bevölkerung genauso, wie es die westdeutsche Politik in den fünfziger und sechziger Jahren mit den sogenannten Gastarbeitern tat. Hier wie dort wurden die Ausländer in Lagern oder gesonderten Unterkünften untergebracht. Während im Westen schon allein durch die stetig wachsende Zahl von ausländischen Arbeitern diese Politik nicht ewig aufrechtzuerhalten war, dauerte die Ausgrenzung im Osten Deutschlands bis zum Ende der DDR an. Nach 1989 wurden zahlreiche Schwarze aus den dann »neuen« Bundesländern abgeschoben. Ein wirklicher Kontakt zur Bevölkerung kam nie zustande. Im Gegenteil, offener Rassismus brach sich hier noch mehr Bahn als in den »alten« Bundesländern. Die Übergriffe gegen Schwarze liegen in Ostdeutschland prozentual deutlich über denen im Westen – bei einer erheblich geringeren Zahl von Ausländern.[6]

Ein anderer der stolzen Deutschen hat sich unterdessen erhoben und stellt sich mir in den Weg. Wieder eskaliert die Situation, wir stehen dicht voreinander. Da mischt sich eine junge Polizeibeamtin ein. Mutig, wie ich finde, denn sie schlägt sich auf meine Seite. Sehr bestimmt und mit lauter Stimme sagt sie: »Lass ihn durch! Verstehst du mich nicht!?«

Gegröle, Gelächter – sie geben nach.

»Warum lacht ihr?«, frage ich noch einen der kraftstrotzenden Typen.

»Weil du schwarz bist, deswegen lachen wir!«

»Deutschland den Deutschen«, brüllt ein anderer aus ihrer Truppe« und versetzt mir einen Stoß. Zum Glück hält der Zug gerade an. Ich gebe meinen Plan auf, bis Dresden mitzufahren, und steige aus.

Draußen auf dem Bahnsteig skandieren sie: »Bambule! Randale! Sieg heil! Randale!« Wir sind in Ruhland, und mir zittern die Glieder. Jeden Augenblick hätten sie über mich herfallen können. Dieser Hass, diese Verachtung, dieser Vernichtungswille. Wenn sie könnten, wie sie wollten … Ich bin kein Schwarzer, ich kann aus meiner Haut wieder raus. Ich fühle mich trotzdem getroffen, um meine Würde gebracht. Die mutige Polizistin und wohl auch ihre Kollegen im Hintergrund haben mich vor Schlimmerem bewahrt. Ich muss zugeben, dass ich noch nie so innige Gefühle für Polizeibeamte gehegt habe. Nur gut, dass der Einsatzleiter, der keine Faschos sehen wollte, nicht zur Begleitmannschaft dieses Fanzuges gehört hat.

Die Antirassistische Initiative ARI aus Berlin listet Jahr für Jahr die ihr bekannt gewordenen rassistischen Übergriffe gegen Flüchtlinge in Deutschland auf. Seit 1993 wurden demnach 761 Flüchtlinge, weil sie »ausländisch« aussahen, schwer geschlagen und verletzt, 67 Flüchtlinge wurden bei Brandanschlägen getötet, 15 starben durch rassistische Angriffe auf der Straße. Allein 2008 wurden 17 Menschen bei Anschlägen auf Flüchtlingsunterkünfte und bei Bränden schwer verletzt.[7]

Die Amadeu Antonio Stiftung zählt 138 Morde aus rassistischen Motiven, die seit 1990 in Deutschland begangen wurden. Die Dunkelziffer, so die Stiftung, dürfte erheblich höher liegen.[8] ReachOut, eine Berliner Beratungsstelle für Opfer rechter, rassistischer und antisemitischer Gewalt, verzeichnet für das Jahr 2008 insgesamt 148 Angriffe allein in Berlin. Sie sind um 40 Prozent gegenüber 2007 gestiegen.[9]

Die Bundesregierung hat, wie von den UN vorgeschrieben, einen »Nationalen Aktionsplan zur Bekämpfung von Rassismus, Rassendiskriminierung, Fremdenfeindlichkeit und Antisemitismus« ausgearbeitet. Gewerkschaften, Kirchen und Menschenrechtsorganisationen werfen der Regierung bislang unzureichende Anstrengungen vor und sehen Defizite, was die Bekämpfung rassistischer Einstellungen angeht, besonders in den Bereichen Bildung und Erziehung, bei der Polizei und den Behörden.[10] Wenn in den Kindergärten und Schulen die gegenseitige Anerkennung und Freundschaft zwischen Menschen unterschiedlicher Hautfarbe und aus verschiedenen Kulturen nicht gefördert, wenn in den Wohngebieten Ghettobildung nicht verhindert und in der Arbeitswelt der Diskriminierung von Migranten nicht Einhalt geboten wird, kann auch der Rassismus nicht überwunden werden.

»Wo ist Roberto Blanco?«

Ein Biergarten, irgendwo im Osten von Berlin. Eine Gruppe von Gästen zeigt mit den Fingern auf mich, als ich eintrete, und steckt die Köpfe zusammen. »Oh, ein kleiner Sarotti-Mohr«, höre ich und sehe sie grinsen. Das kenne ich schon: Mein Erscheinen löst regelmäßig ein dümmlich-arrogantes Grinsen aus, dazu das Gefuchtel mit dem Zeigefinger – es muss sich um eine weitverbreitete neurotische Störung handeln. Dabei bringt man doch schon Kindern bei, dass man mit dem Finger nicht auf fremde Leute zeigt.

Ich setze mich und nehme die Speisekarte zur Hand. Die Kellnerin nähert sich und sagt – sie merkt offenbar, wie angespannt ich in der Karte blättere: »Gucken Sie sich das alles in Ruhe an, bleiben Sie mal einfach ruhig jetzt. Es reicht, wenn ich hier hin und her renne.« Im Weggehen sagt sie zu den anderen Gästen: »Vielleicht kann er das gar nicht richtig lesen«, aber als ich ihr zu verstehen gebe, ich könne ihre Speisekarte sehr wohl entziffern, bedient sie mich ganz normal und freundlich. Das empfinde ich fast schon als Auszeichnung. So schnell interpretiert man es als Zuwendung, wenn der andere auf die üblichen abwertenden Gesten und Worte verzichtet. So viel Empathie war selten.

In einer stinknormalen Kneipe in Rosenheim im bayerischen

Chiemgau wird es noch besser. Da schiebe ich mich in den voll besetzten, dicht verqualmten Raum und bekomme ohne weitere Umstände die »Clubmitgliedskarte« für zwei Euro ausgehändigt, die obligatorisch für den Besuch dieses Raucherlokals ist. Die anderen aus unserem Team müssen zwar nichts bezahlen, aber sei's drum.

Im Nu werde ich angepöbelt, auch das bin ich gewohnt. »Du bist ein Neger«, brabbelt einer an der Theke, er hat schon ziemlich glasige Augen, und ich befürchte, er will mich anpacken oder sogar zuschlagen. Ich schrecke kurz zurück und schaue ihn dann ärgerlich und herausfordernd an. Das scheint ihn zur Räson zu bringen, und er geht in die Defensive: »Aber ich tu dir nichts.«

Zwei andere Gäste nehmen die Vorlage auf und pöbeln ebenfalls los. Mit »Ramba-Zamba«-Schlachtruf schubst mich einer zur Seite, ein anderer holt zum Schlag aus. Irgendwer brüllt in den Raum: »Wo ist Roberto Blanco?«

Den Namen des schwarzen Entertainers, der seit fünfzig Jahren im deutschen Showbusiness unterwegs ist (den CSU-Hardliner Franz Josef Strauß bezirzte er anlässlich dessen Kanzlerkandidatur 1980 mit den Worten: »Wir Schwarzen müssen zusammenhalten«), höre ich in diesen Monaten dutzende Male auf der Straße und in den Kneipen – nach der Devise: Mit *einem* von deiner Sorte haben wir genug. Den haben wir adoptiert und können ihn so gerade noch verkraften.

Jetzt geschieht etwas, womit ich nicht mehr gerechnet habe: Ein Kneipenbesucher weist den Schubser zurecht, und ein zweiter Gast blafft den anderen Krakeeler, als der zum Schag ausholt, an, er solle jetzt Ruhe geben, »aber ganz schnell!« – und dann ist Ruhe.

»Woher kommst du?«, fragt er mich.

»Aus Somalia«, antwortete ich, »aus dem Krieg. Ich kann nicht mehr zurück.«

Da sagt mein Nebenmann, ein ruhiger, aber, wie sich gezeigt hat, auch durchaus entschlossener Mann in den Dreißigern: »Bleib nur hier.«

Ich bin gerührt, weil jemand so eindeutig Partei für mich ergreift und mich, einen »Schwarzen«, willkommen heißt. Derartiges habe ich in diesem Jahr geliehener schwarzer Identität nur ganz selten erlebt – neben all den Anpöbeleien, Beleidigungen, feinen Spitzen und groben Worten, die ich schon gar nicht mehr zähle.

Wir trinken dann einen Schnaps zusammen, ich will ihn einladen, aber er besteht darauf, für uns beide zu bezahlen. Eine Unterhaltung ist in der lauten Kneipe zwar kaum möglich, aber wir stehen, an die Theke gelehnt, dicht beieinander, und ich erfahre immerhin, dass er sich als Zugereister ein wenig einsam fühle unter den bayerischen Einheimischen. Wir lächeln uns hin und wieder freundlich an, und schließlich verabschiede ich mich mit den Worten: »Freund! Alles Gute!« Er gibt mir viele Grüße an meine Familie in Somalia mit.

Als Nächstes begehre ich Einlass in der Diskothek »P2«. »Kein Ausweis«, sagt der Türsteher, »tut mir leid.«

»Kann ich den hier bekommen?«

»Komm ein anderes Mal wieder.«

»Wo kriegt man den Ausweis?«

»Komm bitte ein anderes Mal wieder.«

»Warum?«

»Egal warum.«

»Was kostet ein Ausweis? Wo bekomme ich den her?«

»Komm ein anderes Mal wieder.«

»Wann?«

»Nächste Woche.«

»Wann nächste Woche?«

»Egal wann, nächste Woche.«

Zwei junge Frauen drängen sich zu dem Kontrolleur nach vorn, der so gar nicht dem Klischee des ungeschlachten Türstehers entspricht. »Habt ihr schon einen Mitgliedsausweis?«

»Nein, wir müssen noch einen kaufen.«

»Geht einfach mal rein, zwei Euro zahlen.«

Der Türsteher lässt sie ganz selbstverständlich vorbei, genau wie einige junge Männer – auch sie ohne Mitgliedsausweis –, die den beiden Frauen folgen.

Ich ziehe durch das duster-trübe Vergnügungsviertel der Stadt Rosenheim. Vis-à-vis ist die Bar »Mojito«. Ich nehme all meinen

Mut zusammen und versuche an zwei Männern vorbeizukommen, die vor mir herumhopsen und mir den Zugang verwehren. Sie wedeln wild mit den Armen – keine Hip-Hopper, sondern richtige Brecher in angriffslustiger Alkohollaune.

»Warum so aggressiv?«, spreche ich sie an.

»So, da sind die Berge, und da geht's runter«, erklärt mir der eine mit einer weit ausholenden Armbewegung, die ihn beinahe aus dem Gleichgewicht bringt, »und weiter übers Mittelmeer, und da kommt sofort Afrika. Da gehörst du hin«, und baut sich drohend vor mir auf.

Ein falsches Wort, eine falsche Bewegung, und sie fallen über mich her. Sie lauern geradezu darauf, das spüre ich. Es wäre auch vergebliche Liebesmüh, sich mit ihnen auf eine Diskussion einzulassen. In solchen Situationen hilft es, die Aggression einfach zu ignorieren, sich dumm zu stellen und ihnen ganz freundlich beizukommen: »Verstehe nicht«, sage ich und lächele ihn dabei an.

Stupid-stereotyp kotzt er es noch mal raus: »Weil, äh, Afrika für Affen, Europa für Weiße.« Und weil ich immer noch so tue, als ginge mir das nicht in den Kopf, wiederholt er's noch mal, jede Silbe betonend: »Afrika für Affen. Europa für Weiße!«

Wie das die Besucher der verschiedenen Stadtteilfeste gesehen haben, die ich auf meiner Tour als »Schwarzer« besucht habe, weiß ich nicht. Es hat niemand mit mir geredet. Auch der Zapfer an der Bierbude auf einem Fest in Magdeburg würdigt mich keines Blickes, geschweige denn eines Wortes, als ich »ein Dunkel« bei ihm bestelle. Vielleicht kann er nicht mit Ironie umgehen. Ich stehe mir jedenfalls eine geschlagene Viertelstunde die Beine in den Bauch, bis er, als kein anderer Gast mehr eine Bestellung aufgibt, sich bequemt, mir ein Bier einzuschenken.

Immerhin kann ich mich an einen der Holztische vor der Bude setzen. Schlagermusik dröhnt aus den Boxen. Ein Conferencier fordert uns auf, die Bierbänke zu besteigen und zu schunkeln. Die Damen, mit denen ich am Tisch sitze, rücken von mir ab, immer weiter, und lassen mich schließlich allein zurück. Die Schlager künden von Herz und Schmerz, Sehnsucht und Freundschaft, von fern wird wieder mit Fingern auf mich gezeigt, und ich sitze mutterseelenallein in meiner Ecke. Afrika in Magdeburg. Europa für Weiße.

Erkannt

Auf dem Magdeburger Straßenfest hat auch ein Autohändler einen Stand aufgebaut. Ich gehe auf ihn zu, um eine Probefahrt zu machen. Er stutzt kurz und sagt dann: »Herr Wallraff, ich kenne Sie.«

Mir fährt der Schreck in die Glieder. Wenn das rauskommt! Wenn das morgen in der Presse steht! Dann kann ich weitere »schwarze« Reisen vergessen. Mir fällt nichts ein, nur eine spontane Geste: Ich lege den Finger auf die Lippen, eine deutliche Bitte, mich nicht zu verraten. Und ich eile davon.

Aber der Automensch kommt hinter mir her, ich renne, er rennt, ich verschwinde im Getümmel und atme schon auf, da steht er plötzlich wieder vor mir, zückt sein Fotohandy. Ich kann gerade noch die Hand vors Gesicht reißen.

Ich habe eine unruhige Nacht und befürchte schon, dass die Rolle beendet ist, bevor sie richtig begonnen hat. Am nächsten Tag suche ich den Mann auf seiner Arbeitsstelle auf und erzähle ihm von meinem Plan, als Schwarzer durch Deutschland zu reisen. Er kennt zum Glück meine Arbeit und findet mein Vorhaben gut, offene oder verdeckte rassistische Vorurteile aufzudecken. Er hat nur die Befürchtung, dass ich das »Klischee vom ausländerfeindlichen Osten« bedienen könnte. Ich versichere ihm, dass ich mich im Westen genauso wie im Osten umschauen wolle. Er verspricht mir, mich nicht zu verraten.

Sein Versprechen hat er auch gehalten – fast jedenfalls. Gegen Ende meiner Tour als Schwarzer gebe ich einer Magdeburger Tageszeitung ein Interview. Der Redakteur fragt mich, ob ich während meiner Reisen in die deutschen Befindlichkeitslandschaften (so viel hatte ich über mein Projekt verraten) eigentlich schon einmal erkannt worden sei. »Ja«, antworte ich. »Ein Mal, sogar hier, in Ihrer Stadt.«

»Das weiß ich«, sagt der Journalist, und mir wird heiß und kalt.

»Sie waren als Schwarzer unterwegs. Der Sohn des Mannes, der Sie erkannt hat, war Praktikant bei mir. Aber Sie können unbesorgt sein, ich verrate Sie nicht. Ich stehe hinter Ihrem Vorhaben. Es wird hoffentlich dazu beitragen, die Fremdenfeindlichkeit in unserem Land abzubauen.«

Es hat mich sehr gefreut, dass mich Menschen wie er und der Autoverkäufer still auf meiner Reise begleitet haben. Danke dafür.

Mein Dank gilt übrigens auch einem Kollegen bei Weinzheimer, der Großbäckerei, die ihre schlechten Brötchen für Lidl backt (siehe Seite 157). Er hat während der ganzen Zeit, in der ich dort geschuftet habe, kein Sterbenswörtchen verlauten lassen – auch nicht zu mir. Erst als ich meinen Job beendet hatte, kam er zu mir. »Ich wollte dich nicht verunsichern«, meinte er, »du solltest deine Sache machen, ohne die Sorge, dass dich jemand verpfeift.« Es hat mich richtig glücklich gemacht, so viel Unterstützung zu erhalten.

Wie ein Hund

Über eine grüne Wiese und einen engen Buschpfad entlang geht es zum Bahndamm, von fern höre ich schon Hundegebell, und dann liegt die umzäunte Anlage vor mir. Ich öffne die angelehnte Tür und betrete den Hof vor der lang gestreckten braunen Bretterbude, wo der Verein für Hundeausbildung zu Hause ist. Ich gehe auf die Herren im besten Alter zu, die hier offensichtlich ihre Freizeit verbringen, und frage in die Runde, ob ich meinen Hund zur Schutzausbildung anmelden könne.

»An und für sich haben wir einen Aufnahmestopp«, fällt dem Reaktionsschnellsten von ihnen ein. Feines Grinsen auf den anderen Gesichtern.

Ich überhöre die Abfuhr und appelliere an Tierliebe und Kompetenz der Hundefreunde: »Er ist im besten Alter jetzt, zwei Jahre, ein Schäferhund. Ich bin zweimal attackiert worden von Skins. Und da will ich, dass er mich schützt.«

Deutsche Schäferhunde haben nicht das beste Image, man denkt an Herrenmenschen und brutale Wachmannschaften oder

Grenzschützer – aber dafür können ja die Hunde nichts. Warum sollte ich mir also nicht einen Schäferhund zulegen? Wie ein Schild am Eingang stolz vermeldet, bildet der Verein auch Polizei- und Schutzhunde aus – genau das Richtige, um »meinen« Schäferhund gegen Angriffe von Rechtsradikalen zu trainieren.

Wieder reagiert der Mann – der Vorsitzende, wie sich später herausstellt – verblüffend schnell: »Wir haben hier einen Jahresbeitrag von 300 Euro und eine Aufnahmegebühr von 250 Euro.« Erneut ein kaum merkliches Grinsen auf den anderen Gesichtern, und ein weiterer Herr sekundiert, mit gespieltem Bedauern und feiner Ironie in der Stimme: »Wird aber jetzt alles erhöht.«

Doch, es gibt einen gewissen Anstand in Deutschland, auch unter Rassisten. Die Männer klopfen sich in meinem Beisein nicht auf die Schenkel und biegen sich nicht vor Lachen darüber, wie sie mich für dumm verkaufen. Das haben sie wahrscheinlich später gemacht.

Eine junge Frau, unser Teammitglied, die nach meinem Abgang die Anlage betritt, an ihrer Seite eine zweijährige Hündin – aus dem gleichen Wurf wie mein Rüde –, wird mit offenen Armen empfangen. Die Vereinsmitgliedschaft – aber gerne und am besten sofort – kann sie für einen Jahresbeitrag von 65 Euro erhalten, die einmalige Aufnahmegebühr beträgt 60 Euro.

Anpöbeln, ignorieren, verhöhnen, bedrohen – zu den Methoden der Demütigung und Erniedrigung, derer sich Rassisten bedienen, zählt auch das zielbewusste Verarschen. Die Scherzbolde fühlen sich bei dieser Sorte spaßigen Rassismus offenbar besonders toll.

Kurz nach meiner aufs Freundlichste verabschiedeten Kollegin erscheine ich erneut auf der Bildfläche. Diesmal mit Hund. »Ich komm mit dem Hund, um eine Schutzausbildung zu machen«, erläuterte ich selbstbewusst, den kraftstrotzenden Rüden an der Leine.

»Nein, nein! Sie sind hier fehl am Platz«, raunzt der Vereinsvorsitzende.

Ich kann die Feindseligkeit mit Händen greifen, auch mein stolzer Schäferhund bellt verunsichert. Ich biete noch an, das

Gelände zu verlassen und meinen Hund erst nach dem Training wieder abzuholen: nichts, keine Chance.

»Wenn Sie jetzt bitte gehen.« Der Mann baut sich bedrohlich vor mir auf.

»Warum?«, wage ich zu fragen.

›Weil du schwarz bist‹, will er nicht sagen. »Darum. Gehen Sie jetzt!«

Gut, dass ich einen Hund zu meinem Schutz dabeihabe, denke ich, deute auf ihn und sage in einem letzten verzweifelten Versuch, dass doch der Hund (wenigstens er) »gut« sei. Sein Stammbaum als Deutscher Schäferhund nutzt ihm und mir jetzt aber auch nichts.

Die Leute lauern, es riecht nach Schlägerei. Mit letzter Beherrschung stößt der Vereinsvorsitzende zwischen den Zähnen hervor: »Sie sollen jetzt gehen!« Und mit einer unwirschen Handbewegung drängt er mich samt Hund hinaus.

Zurück im schönen Köln

Wenn ich von Osten her über eine der Rheinbrücken fahre, mit dem Auto oder mit dem Zug, überkommen mich heimatliche Gefühle: die große Stadt am großen Fluss, das tolerante, das weltoffene, multikulturelle Köln mit seinen Bewohnern aus allen Teilen der Welt. Eine Stadt mit 2000 Jahren Einwanderungsgeschichte, gelebtes Miteinander.

Es gibt auch hier Stress, keine Frage, aber die Gelassenheit, mit der zum Beispiel in meinem Stadtteil Ehrenfeld die Menschen unterschiedlichster Kulturen und unterschiedlichsten Aussehens einander ertragen, wirkt auf mich außerordentlich beruhigend. Ja, sie ertragen einander nicht nur, häufig begegnen sie sich, wie ich immer wieder erfreut auf der Straße sehe, auf liebevolle Weise. Die wachsende Zahl von Paaren aus ganz verschiedenen Ecken der Welt, die sich hier gefunden haben, lässt mich hoffen, dass der Rassismus irgendwann zu einem den Nachgeborenen nur schwer verständlichen Abschnitt in den Geschichtsbüchern wird.

An diesem Abend meiner Rückkehr nach Köln will ich vor

dem Abschminken noch ein Kölsch trinken. Vorsichtshalber ein paar Straßen von meiner Wohnung entfernt, sonst würde man mich womöglich erkennen. Ich finde eine Fankneipe des 1. FC Köln, »Kölsch-Treff« mit Namen.[11] Was mich an die Bläck Fööss erinnert, eine Kölner Mundartband, deren Lied »Drink doch ene mit« zu kölscher Bierverbrüderung mit den Einsamen und Ausgeschlossenen auffordert.

Musik und Lachen dringen auf die Straße. Ich betrete den Schankraum. Offensichtlich hatte der Erstligist heute nicht verloren, das reicht in der Domstadt, um die Fans zu Freudentänzen hinzureißen. An der Theke, an den diversen Stehtischen geht es hoch her. Ich genieße mein erstes Kölsch, proste meinem Nebenmann zu, wie das hier so üblich ist, und bekomme auch ein einigermaßen freundliches »Prost« zurück.

Ich bin alles andere als ein Draufgänger. Aber an einem der Tische sehe ich eine Frau, mit der ich gern ins Gespräch kommen würde. Ich gehe zu ihr und den drei Männern, die bei ihr stehen. Ich weiß nicht, ob den Herren in diesem Augenblick das Klischee vom sexuell potenten Schwarzen durch den Kopf geht, jedenfalls stößt mich einer der Männer gleich weg.

Wie bestellt betritt ein Rosenverkäufer die Kneipe. Ich kaufe ihm einige Rosen ab und überreiche sie der netten Frau am Stehtisch. Sie bedankt sich mit einem Lächeln. Der neben ihr steht, scheint Besitzansprüche geltend zu machen und bemerkt leicht angesäuert: »Was will der, den kenne ich nicht.«

»Aber mich kennst du ja auch nicht«, stellt sie fest. Daraus muss ich folgern, dass ihr Nebenmann nicht ihr Freund ist, vielmehr auch gerade erst ihre Bekanntschaft gemacht hat. Deshalb traue ich mich, sie zu fragen, ob sie mit mir tanzen will. Es läuft nämlich eine ganz gute, schräge Musik, und ein paar Gäste tanzen bereits.

Eigentlich also eine unverfängliche Situation: Ich spanne keinem der anwesenden Herren die Dame aus, mische mich nicht in ein bereits in Fahrt gekommenes Techtelmechtel ein, starte mit den gleichen Chancen wie andere in einen kleinen Wettlauf um die Gunst der netten Frau – und die hat offensichtlich nichts dagegen. Wo ist also das Problem?

Ich bin das Problem. »Hör mal, du machst dich hier gerade ein bisschen unbeliebt«, gibt mir der Wirt zu verstehen und wiederholt den Satz auf meine Nachfrage noch einmal. »Ich sag's dir nur!«, fügt er noch zweimal hinzu. Das riecht nach Stress, die aufkommende Aggression steht ihm und einigen der Gäste ins Gesicht geschrieben.

Jetzt mischt sich auch die Wirtin ein: »So, einmal bezahlen, bitte.«

»Was ist denn los?«

»Zehn Euro. Einmal zahlen.«

»Warum?«

»Weil ich das so möchte.«

Okay, die Wirtin will keinen Ärger, will es sich nicht mit ihrer Stammkundschaft verderben, das verstehe ich. Aber warum fragt sie nicht erst mal nach, was eigentlich los ist, versucht zu schlichten und wieder Frieden einkehren zu lassen in ihrer Kneipe? Die resolute Endvierzigerin will mich aus dem Raum drängen, aber ich stelle mich stur und möchte wenigstens noch austrinken.

Derweil beginnt um uns herum die Volksseele zu kochen. Der Wirt zieht zwei besonders rabiate Jungs aus der Frontlinie. Sie gehören zu einer Clique, die ihre Kraftkörper in T-Shirts mit dem Aufdruck »Kölsch Bloot« (Kölner Blut, in Fraktur) gezwängt hat und ganz offensichtlich auf deftige Betätigung hofft. Solche Typen gibt es natürlich auch in der Stadt des Frohsinns. Ein 22-jähriger Kongolese ist von Rassisten in Bomberjacken und Springerstiefeln ein Jahr zuvor mitten in der Innenstadt angegriffen und zusammengeschlagen worden.

Jetzt schaltet sich wieder der Wirt ein. Er redet auf mich ein, auf die kumpelhaft »kölsche« Art, dass ich mich falsch verhalten hätte, dass ich besser still und ruhig an der Theke stehen geblieben wäre und mich jetzt verziehen solle. Als ich einen Gast, der sich neutral verhält, auf meine Seite ziehen will und ihn bitte, mit mir auf meine Kosten noch einen zu trinken, geht der ebenfalls auf Distanz.

Köln ist meine Stadt, Ehrenfeld ist mein Stadtteil, in der Kneipe bin ich zwar zum ersten Mal, aber fremd ist mir auch hier nichts. Nur ich bin hier fremd.

»Ihr macht ja auch Ringelpietz«, versuche ich mich zu rechtfertigen. Mir ist schon klar, dass man mich als stillen Gast vielleicht geduldet hätte. Aber ein Schwarzer, der Lust auf einen Flirt hat und sich so weit vorwagt, das geht nicht, da sind sich plötzlich alle in der Kneipe einig.

»Diskutier nicht, geh«, sagt der Wirt und drängt mich aus dem Lokal. »Du kennst uns nicht, und wir kennen dich nicht«, muss ich mir draußen vor der Tür noch anhören. »Wir kennen uns hier alle. Verstehst du! Ende!«

Schwarzen Deutschen und schwarzen Zuwanderern wird ein normales Leben in dieser Gesellschaft immer wieder und immer wieder verwehrt: in der Kneipe, im Verein, auf Festen, im Schrebergarten, auf den Plätzen und Straßen dieses Landes, seiner Städte, seiner Dörfer. Bestenfalls werden sie geduldet – und nicht brutal vertrieben, mit Fäusten oder mit Worten. Wenn es noch besser läuft, erobern sie sich hier und da einen Platz: mit ungeheurer Anstrengung, mit täglicher Entschlossenheit und einem wahnsinnigen Kraftaufwand, um die Gemeinheiten und Demütigungen zur Seite zu schieben. Ich bewundere die Frauen und Männer und die Kinder, die dem alltäglichen Rassismus standhalten und diesem Land nicht den Rücken kehren, das sie so dringend braucht.

Denn ohne sie wären wir ärmer. Das weiß ich als bekennender Ehrenfelder, der die positiven Seiten der hier gelebten multikulturellen Nachbarschaft zu schätzen weiß, sehr genau. Umso mehr hat mich mein letztes Erlebnis, vor meiner eigenen Haustür, schockiert.

Welche Freude wäre es, wenn die Mehrheit in diesem Land endlich den Mut aufbrächte, den Rassisten offen entgegenzutreten, sobald sie zu pöbeln oder zu prügeln anfangen. Überall und zu jeder Zeit.

Unter null
Die Würde der Straße

Heiligabend, kurz nach 17 Uhr, die Kölner Innenstadt ist wie aus-gestorben, hier und da läuten Kirchenglocken. Der 24. Dezem-ber sei der »gefühlt wichtigste Tag des Jahres«, hat der Juniorchef eines großen Kölner Verlagshauses in seiner Zeitung verkündet, aber mir ist alles andere als weihnachtlich zumute.

Der Pförtner in Kölns ältestem und größtem Nachtasyl, dem Johanneshaus in der Annostraße, wirft mir einen misstrauischen Blick zu. Vielleicht habe ich es auch übertrieben mit meiner Klei-dung: Die zerschlissene, zehn Jahre alte Hose habe ich zusätzlich mit Löchern versehen und eine Jacke aus einer Kleidersammlung an einigen Stellen zerfetzt. Die klobigen, verschmutzten Schuhe sind Arbeitsschuhe aus meiner Zeit als türkischer Arbeiter »Ali« bei Thyssen in den achtziger Jahren. Die Hornbrille aus meiner Jugendzeit hilft mir bei der Verfremdung. Ich trug sie als 22-Jäh-riger, als ich ein halbes Jahr auf Tramptour die Nachtasyle Skandi-naviens besuchte und meine erste Reportage über Deutschlands größtes Obdachlosenasyl, das Hamburger Pik As, veröffentlichte. Ich trage eine alte Reisetasche mit zusammengerollter Isomatte und einen Rucksack bei mir.

Mein Ausweis ist von einem Freund entliehen. Ich lernte ihn kennen, als ich hörte, es gebe einen Doppelgänger, der ständig mit mir verwechselt werde. Er tat mir den Gefallen, sich beim Einwohnermeldeamt wohnungslos zu melden. Dort bekam er ei-nen Aufkleber in den Pass: »Ohne festen Wohnsitz«. Ohne diesen Aufkleber darf man nicht in Notunterkünften übernachten. Auch der Notfall hat seine Regeln. Die Bürokratie, das werde ich in nächster Zeit oft zu spüren bekommen, macht einem das Leben auch dann noch schwer, wenn man ganz unten angekommen ist.

Wieder bin ich unterwegs, doch diese Reise im Winter führt mich nicht in die Arbeitswelt, sondern in die Welt derer, die schon längst keinen Job und keine Wohnung mehr haben. Ich lerne Menschen kennen, die auf der Straße leben, manchmal in Nachtasylen unterkommen, die vom Betteln leben oder von dem einen oder anderen Gutschein eines Sozialamtes – vielfach verachtete Menschen. Menschen, die auch Angst machen. Denn sie scheinen uns zu zeigen, was geschieht, wenn alle sozialen und familiären Netze reißen. In den Zeiten der Krise wächst die Angst vor dem sozialen Absturz. Deshalb will ich mich bei denen umsehen, die anscheinend nichts mehr zu verlieren haben.

Mindestens 30 000 Menschen in Deutschland haben kein Dach über dem Kopf. Sie leben und übernachten auf der Straße, manchmal kreuzen sie in einer »Notschlafstelle« auf, dem, was wir üblicherweise als Obdachlosenunterkunft bezeichnen. Diese Menschen tauchen in keiner Statistik auf. Sie gehören auch nicht zu den »Wohnungslosen« in Deutschland, die in städtische Notunterkünfte eingewiesen wurden. Ihre Zahl liegt laut Bundesarbeitsgemeinschaft Wohnungslosenhilfe bei etwa 350 000, und es werden immer mehr, seit die Arbeitslosigkeit zunimmt.

Die Menschen, die wir gemeinhin als »Obdachlose«, »Trebegänger«, »Berber« oder mit menschenverachtendem Dünkel als »Penner« bezeichnen, heißen in der Amtssprache »Nichtsesshafte«. Sie sind die Nichtgröße der datenverliebten Bürokratie, die Gespenster des Elends, die Verdammten der Nacht, die aus allen Netzen Herausgefallenen. Um ihren Alltag kennenzulernen, quartiere ich mich über Monate in Obdachlosenunterkünften ein, in Köln, Frankfurt, Hannover, Koblenz und anderswo.

Im Johanneshaus ist ein etwa Zwanzigjähriger vor mir dran. Er kann sich kaum artikulieren, steht offenbar unter Drogen und lässt sich vom Mann an der Pforte widerstandslos hinauskomplimentieren: »Raus mit dir! Geh mit Gott, aber geh!« Mir gewährt er Einlass: »Anmeldung im ersten Stock!«

Ich bin nicht der Einzige, der an diesem Feiertag hier unterkommen will. Auf dem schmalen Gang sitzen oder stehen noch sechs andere traurige Gestalten. Alle tragen ihr Hab und Gut in Rucksack, Tasche oder Seesack bei sich und lassen es nicht aus

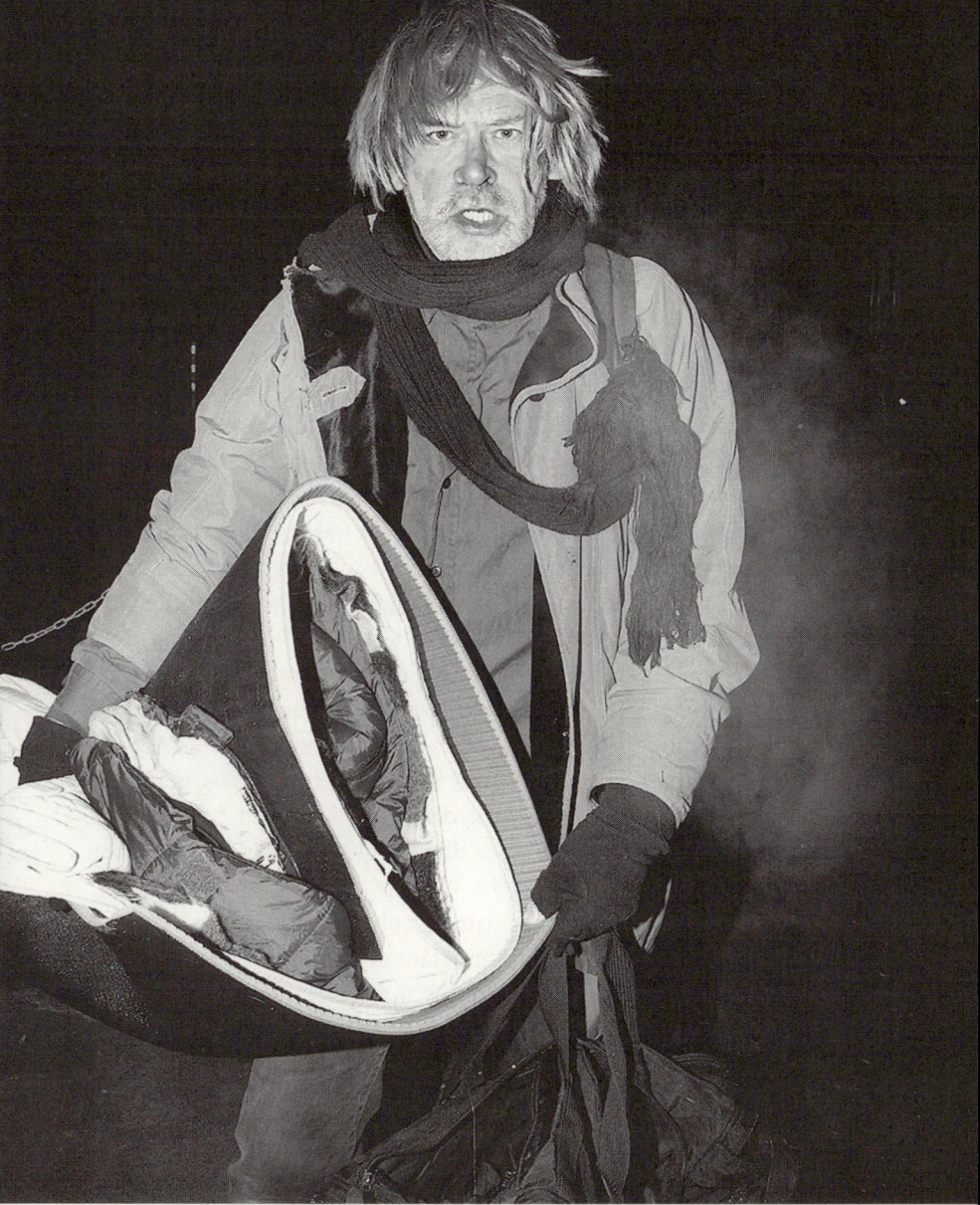

Nach einer Kältenacht auf der Straße

den Augen. In der Annostraße, das hatte mir ein Obdachloser erzählt, müsse man alles »festnageln«, sonst werde es geklaut.

Hier auf dem Flur beim Warten lerne ich Helmut und Micha kennen, Vater und Sohn, beide seit vielen Jahren obdachlos und ein unzertrennliches Paar. Der Vater, 53, war über zwanzig Jahre Bierkutscher. Aber der Laden machte dicht, und Helmut wurde erst arbeits- und dann wohnungslos. Der Sohn von Helmut ist 34 Jahre alt und in Heimen aufgewachsen, denn die Familie brach auseinander, als er vier Jahre alt war. Micha lernte Schlachter und zog sich bei der harten Arbeit einen Bandscheibenschaden zu. Er verlor seine Stelle und landete ebenfalls auf der Straße.

Vor drei Jahren wollte er in einer Grünanlage bei Aachen Quartier machen, einige Leute lagen da schon; er fragte, ob er sich dazulegen könne, und bekam die Erlaubnis. »So kam ich mit einem der Männer ins Gespräch«, erzählt er. Im Laufe der nächsten Stunden hätten sie bemerkt, dass viele Geschichten von früher irgendwie übereinstimmten. »Irgendwann haben wir uns erkannt und fielen uns weinend in die Arme. Wir werden uns nie mehr auseinanderbringen lassen.« Die beiden tragen seitdem die gleichen schlichten schwarzen Freundschaftsringe.

Ein etwa Fünfzigjähriger, dessen relativ adrette Kleidung auf den ersten Blick nicht auf Obdachlosigkeit schließen lässt, kommt kopfschüttelnd aus dem Aufnahmebüro und schimpft: »Jetzt soll ich nach Hamburg zurück, weil ich da wohnungslos gemeldet bin. Aber ich habe nicht mal Geld für die U-Bahn. Ist ihnen egal, sie meinen, länger als drei Tage dürften sie mich als Ortsfremden hier nicht aufnehmen.«

»Was hat dich denn nach Köln verschlagen?«, frage ich.

»Meine Tochter hat mich eingeladen, bei ihr Weihnachten zu feiern. Aber ihr neuer Partner, der ihr die Wohnung finanziert, will keinen Penner in seinem Haus. So bin ich hier gelandet.« Er erzählt noch, dass er technischer Zeichner gewesen und sein Arbeitsplatz nach 25 Jahren wegrationalisiert worden sei. »Dann das Übliche. Drei Jahre Arbeitslosengeld, dann Hartz IV. Ich konnte die Miete nicht mehr bezahlen. Zwangsräumung. Über hundert Bewerbungen. Aber in meinem Alter und ohne feste Adresse? Chancenlos.«

»Und jetzt?«

»Ich habe einen Schlafsack dabei und könnte Platte machen [d. h. im Freien übernachten]. Aber da habe ich mir schon mal eine Lungenentzündung geholt. Also werde ich wohl ohne Fahrschein nach Hamburg fahren. Sollen sie mich ruhig erwischen, da komme ich als Wiederholungstäter über den Winter für ein paar Monate in den Knast.«

Ich habe »Glück« bei der Aufnahmeprozedur. Ich will erst mal nur für eine Nacht aufgenommen werden. Der Angestellte schüttelt zuerst den Kopf: »Sie können nicht nur eine Nacht bleiben. Das geht nur bei Ortsfremden.« Das verstehe ich nicht. Aber wenn er mich länger hier haben will, nun gut, dann bleibe ich halt über die Weihnachtstage und »feiere« auch noch Neujahr hier. Das ist dem etwa fünfzigjährigen, gutmütig dreinschauenden Sozialarbeiter aber wieder zu viel, und er entscheidet: »Ich drücke ein Auge zu. Das dürfte ich an und für sich nicht. Wer nur eine Nacht schläft, gilt als Tourist. So sind die Regeln.«

Die »Regeln« sind allerdings von Stadt zu Stadt verschieden und nicht leicht zu durchschauen. Und auch in Köln sind sie nicht so, wie es mir der freundliche Angestellte erklärt hat. Offiziell gibt es keine Mindestaufenthaltsdauer. Allerdings ist der Aufenthalt begrenzt auf fünf Tage im Monat, davon drei Tage am Stück. Will man häufiger die Nacht in einem Haus verbringen, muss man sich entweder fest in eine städtische Notunterkunft einweisen lassen (mit Vertrag und allem Drum und Dran), also die Stufenleiter zum »Wohnungslosen« hinaufklettern – oder weiter »nicht sesshaft« bleiben und wechselnde Asyle aufsuchen. Oder auf der Straße übernachten.

Während der Angestellte auf das Foto im Ausweis meines Doppelgängers starrt, fragt er unvermittelt: »Kennen Sie einen Herrn Wallraff?« Ich befürchte schon, enttarnt zu sein, bevor es überhaupt anfängt, und tue so, als wüsste ich nicht, wovon er spricht. Dann wiederholt er mit Nachdruck und schaut mich dabei durchdringend an: »Kennen Sie den Wallraff?«

»Nee, wer soll das sein?«, antworte ich unschuldig.

Zum Glück betritt in diesem Moment ein neuer Kandidat das Büro und lenkt den Sozialarbeiter ab. Dann wendet er sich wieder

Manfred, Softwareunternehmer
(Eine Begegnung im Johanneshaus)

Ich hatte eine kleine Computerfirma mit zehn Angestellten. Wir haben Systeme für Großfirmen programmiert. Eine dieser Firmen, Zulieferer für Audi-Ersatzteile im Raum Stuttgart, hat mich um 1,2 Millionen Euro gebracht. Dieser Firma wurde wegen Subventionsbetrugs der Prozess gemacht. Der Staat hat als Erster zugegriffen. Ich habe für meine Arbeit nichts mehr bekommen. Stattdessen wurde ich wegen Insolvenzverschleppung verurteilt, weil ich zu lange versucht hatte, meine Firma, mein Lebenswerk, zu retten. Den wahren Zustand hatte ich verschleiert. Ich habe fünf Monate gesessen. Nach der Haft hatte ich nichts mehr, keine Wohnung, Geld sowieso nicht. Seitdem, seit einem Jahr, kenne ich Obdachloseneinrichtungen.

Ich habe von Nord nach Süd in der gesamten BRD versucht, Arbeit zu finden. Aber das ist natürlich schwer: ein vorbestrafter Diplom-Ingenieur! Der stellt doch nur noch ein Sicherheitsproblem dar.

Früher war ich in meiner Heimatstadt im Kirchenvorstand, hatte ehrenamtlich für die »Tafel« Essen ausgefahren. Jetzt habe ich oft nicht mal den einen Euro, den man als Bedürftiger bei der Tafel zahlen muss. Und musste erleben: Man hat mich stehen lassen. Ich habe nichts gekriegt.

Manchmal habe ich draußen geschlafen. Wenn in einer Übernachtungseinrichtung kein Platz frei war und die nicht bereit waren, mit Notbetten zu helfen, dann stand ich da. Zuletzt in Karlsruhe. Bin die ganze Nacht rumgelaufen.

Eins der schlimmsten Erlebnisse war Frankfurt, das Containerdorf im Ostpark. Vier Leute in einem Minicontainer! Jeder Hund hat mehr Platz. Zwei Doppelstockbetten – wenn man oben liegt, hat man ungefähr 30 Zentimeter Platz bis zur Decke –, ein Tisch, der ist festgeschraubt, zwei Hocker. Das heißt, nur zwei Mann können gleichzeitig essen. Der Ort ist verrufen, weil die Menschen da wie in einem Lager gehalten werden.

Aber ich habe dort auch sehr schöne Sachen erlebt. Es war wie in einer urchristlichen Gemeinde, die Leute haben alles untereinander geteilt. Man musste einfach teilen, es ging nicht, dass sich einer hinsetzte und aß, und die anderen schauten nur zu. Dieser Zusammenhalt war erstaunlich, und man hat's irgendwie fast nicht geglaubt, dass es so etwas heutzutage noch gibt.

Was schlimm war: München. Da habe ich bei der Heilsarmee geschlafen, am Sendlinger Tor, mit 16 Leuten in einem Raum, im Keller. Man bekam eine Bettkarte, auf meiner stand drauf »Keller 1«. Da war kein Fenster drin, gar nichts, nur ein Lichtschacht mit Glasbausteinen. Hygiene? Man musste zum Waschen oder Duschen fast nackt 20 bis 25 Meter über den Hof laufen. Man konnte dort nämlich nicht einmal seine Sachen aufhängen.

In Frankfurt hab ich einen Sparkassendirektor kennengelernt, der durch eine Scheidung plötzlich abgestürzt ist. Der das nervlich nicht verkraftet hat. Auch ein Maschinenbauer war mit uns im Container. Ich hab Menschen aus allen Berufsschichten kennengelernt, vom Bäckermeister bis hin zum Koch. Viele hatten ihr gesamtes Hab und Gut verloren, waren psychisch am Ende. Auch ein Arzt war dabei, der seine Approbation verloren hatte, wegen Alkohol. Ein Problem, das durch die Regeln in den Notschlafstellen sogar noch verschärft wird. Es gibt einen Begriff dafür, »fest machen«. Das heißt, wenn man eine feste Unterkunft haben möchte, muss man mindestens Drogen- oder Alkoholprobleme vorweisen. Tatsächlich fangen welche genau deshalb an zu trinken! Absurd.

Früher hatte ich zu alldem natürlich eine andere Meinung. Man lässt sich anstecken von diesen sogenannten Grundsätzen: »Wer nichts leistet, der ist Abschaum« und so weiter. Obwohl ich mich ja sozial engagiert habe. Aber das war so eine Art Ablassbrief. Das eigentliche Problem habe ich nicht hinterfragt. Seitdem ich selbst obdachlos bin, weiß ich, wie schnell man da reingerät.

mir zu und stellt die wohl üblichen Fragen: »Wieso sind Sie wohnungslos?« – »Wo übernachtet in der letzten Zeit?« – »Wovon leben Sie?« Ich antworte offenbar zu seiner Zufriedenheit, meine Frau hätte mich rausgeschmissen, geschlafen hätte ich draußen und gelebt hätte ich vom Betteln. Der Angestellte schließt die Registrierung ab. Ich bekomme einen Platz in einem Vierbettzimmer zugewiesen.

Einst war das Johanneshaus mit seiner demütigenden Atmosphäre berüchtigt, es hieß, man hole sich da die Krätze, Ungeziefer krieche durch die Räume. Auf den ersten Blick scheint es hier aber sauber zu sein, und man hat mir frische Bettwäsche gegeben (vor Weihnachten ist immer Großreinemachen angesagt). Es bleibt die Trostlosigkeit des kahlen Raumes mit seinen vier Betten, die Luft ist verqualmt und überhitzt.

Mario M., 31, ist mein Bettnachbar. Er hat sich vor zehn Jahren mit HIV infiziert. Die Krankheit ist ausgebrochen, heute lassen ihn die ständigen Schmerzen kaum mehr schlafen. Ich helfe ihm, sich aufzurichten. Mit tonloser Stimme erzählt er mir in dieser »heiligen« Nacht aus seinem Leben: »Gestern haben sie mich nach zweiwöchigem Aufenthalt aus dem Krankenhaus entlassen. Ich war nur am Husten, habe Blut gespuckt. Vor einem Jahr war ich schon mal drin, hatte einen Abszess an der Wirbelsäule. Der war so groß wie eine Pampelmuse. Da hat man mich in der Uniklinik aufgeschnippelt, und sie haben mir ein Metallgitter reingepflanzt, damit der Knochen daran wieder hochwachsen kann. Ich hatte einen Schlauch im Rücken, der war so fett wie mein kleiner Finger. Ich lag vier Tage im künstlichen Koma. Als ich wach wurde, habe ich nur noch geheult.«

Mario ist gelernter Friseur. Er arbeitete in einigen noblen Kölner Friseursalons zur Zufriedenheit der Kunden, bis er eine Stammkundin mit einer Bemerkung vergrätzt habe und ihm daraufhin fristlos gekündigt worden sei. »Danach begann mein Absturz. Arbeit verloren, konnte die Miete für meine Wohnung in der Innenstadt nicht mehr bezahlen. Rausgeklagt. Dann ein Jahr lang am Aachener Weiher im Freien gepennt, unter einer Trauerweide.« Marios größter Wunsch: »Eine feste Bleibe und wenn's nur ein ganz kleines Zimmer ist. Das wäre super.« Er darf wie alle anderen im Monat maximal fünf Tage in der Annostraße übernachten und kann erst von 18 Uhr an ins Obdachlosenheim, morgens um neun wird er wieder vor die Tür gesetzt. An den anderen Tagen wird er von Einrichtung zu Einrichtung geschoben. Eigentlich braucht Mario ständige Pflege und Betreuung. Aber die Plätze in den Einrichtungen sind rar, und jetzt sind erst mal Feiertage, die Ämter bleiben geschlossen. Mario sagt, er hätte es vorher nicht mehr geschafft, sich um eine längere Aufnahme in den Billigunterkünften der Stadt zu kümmern; aber er wäre ohnehin überfordert, die notwendigen Behördengänge zu erledigen und die Anträge auszufüllen.

Mario ist mit zwölf ins Heim geflohen, weil ihn sein Stiefvater ständig geschlagen hatte. »Das mag ich gar nicht erzählen, sonst fang ich wieder an zu heulen«, meint er und erzählt dann doch, dass der Stiefvater auch seinen sechsjährigen Bruder und seine Mutter immer wieder übel zugerichtet habe. Zu seiner Mutter hat er heute wieder Kontakt. Aber er will nicht bei ihr wohnen; sie wäre mit der Pflege und den Kosten überfordert.

Es ist kurz vor drei in der Nacht als Mario mit seiner Erzählung zu Ende ist. Er bietet mir noch an, meine langen wilden Haare ein bisschen eleganter zu schneiden. »Vorne, das Gesicht, das bleibt. Aber die Seiten würde ich dir ein bisschen kürzen. Fasson. Aber nicht mehr als fünf Zentimeter.« Dann meint er, ich käme ihm doch irgendwie verdammt bekannt vor: »Du erinnerst mich an irgendeinen Schauspieler.«

»Aus welchen Filmen denn?«, will ich wissen.

»Ich glaub, aus so Krimis. Eher so 'n Bösewicht.« Wir sagen uns Gute Nacht.

Ich versuche später, Mario wiederzufinden. Das ist schwierig, die Behörden haben sich offensichtlich auch weiterhin nicht veranlasst gesehen, ihn menschenwürdig unterzubringen. Monate später finde ich ihn dann in einem Wohnheim der Kölner Aidshilfe, die ihn für ein Jahr aufgenommen hat. Er erzählt, dass er am Neujahrstag von der Polizei in der Annostraße abgeholt wurde, um eine zweimonatige Gefängnisstrafe anzutreten. Der Grund: Er konnte eine Geldstrafe wegen wiederholten Schwarzfahrens nicht bezahlen.

Am nächsten Tag mache ich mich auf zum Hauptbahnhof. In der Zeitung habe ich gelesen, dass der Kölner Oberbürgermeister Fritz Schramma (CDU) am ersten Weihnachtstag höchstpersönlich Obdachlose und Bedürftige mit Wildschweinbraten verköstigen will. Ich reihe mich ein in die lange Schlange, die sich seit elf Uhr morgens vor der Eingangstür des Sozialdienstes Katholischer Männer (SKM) neben dem Hauptbahnhof gebildet hat.

»Wen ich kenne, der kommt zuerst rein«, stellt der ehrenamtliche Türsteher, ein Sportdozent, klar, als der Pulk Frierender nach einer Stunde zu drängeln beginnt. »Wir wussten nicht, dass ihr diesmal so viele seid, aber keine Sorge, keiner wird leer ausgehen«, beschwichtigt er. »Wer fertig gegessen hat, kommt raus, dann kann der Nächste rein.« Er scheint hier sehr viele persönlich zu kennen, denn erst nach fast zwei Stunden Wartezeit werde ich mit zwei anderen eingelassen.

Der Kölner OB serviert zusammen mit seiner Frau das Dreigängemenü. Das Essen schmeckt. Die beiden sind ständig in Bewegung; man merkt ihnen an, dass diese christliche Geste von Herzen kommt. Meine Tischnachbarin, eine gut Fünfzigjährige, deren gepflegtes Äußeres (noch) nicht verrät, dass sie seit einem halben Jahr obdachlos ist, überschlägt sich vor Dankbarkeit: »Das ist ja wie im Sechssternehotel, wie unser Oberbürgermeister das hier macht!«

»Hat jeder sein Hauptgericht bekommen?«, fragt der Bürgermeister. Dann reicht er mir den Nachtisch und schaut mich dabei freundlich an. Zum Glück erkennt er mich nicht, obwohl er mich vor nicht allzu langer Zeit zusammen mit Salman Rushdie bei einem Empfang getroffen hat. Ich nehme die Gelegenheit wahr und stelle ihm eine Frage. Zwei Wochen zuvor war nämlich bekannt geworden, dass sein Parteifreund, Nordrhein-Westfalens Ministerpräsident Jürgen Rüttgers, 1,1 Millionen Euro für Obdachlosenprojekte aus dem Landeshaushalt gestrichen hat. »Wie kann er das verantworten, wo immer mehr Menschen arbeitslos werden und auf der Straße landen? Ist das denn christliche Politik?«

Ich hatte gehofft, der Oberbürgermeister würde ohne Presse und Öffentlichkeit die Parteiräson einmal beiseitelassen. Aber er weicht aus: »Die Gelder sind nur umgeschichtet worden. Es werden künftig andere Maßnahmen unterstützt. Ich kann das jetzt nicht im Einzelnen erklären. Jedenfalls ist mit dem Geld viel Mist gemacht worden. Außerdem hat die Stadt so viele Angebote, dass eigentlich niemand obdachlos sein muss.« Eine kühne These, bei geschätzten zwei- bis dreihundert Menschen, die in Köln auf der Straße leben, und weniger als hundert Betten in den Nachtasylen.

Dann wird er wieder weihnachtlich: »Ich möchte euch jetzt allen schöne Feiertage wünschen. Für jeden gibt's jetzt noch eine Weihnachtstüte mit schönen Sachen drin. Wem die Sachen nicht passen, der kann ja mit anderen tauschen.« Mit Handschlag überreicht er mir eine Geschenktüte von Galeria Kaufhof. »Ich freu mich drauf!«, steht drauf. Ich bedanke mich und ziehe als Erstes eine edle schwarze Jeans von Pierre Cardin aus der Weihnachtstüte. Mehrfach preisreduziert, wie ich feststelle, zuletzt auf 25 Euro. Vielleicht liegt es an der Größe. »Size 66«, da passen zwei von meiner Sorte rein. Normalerweise trage ich Größe 32. Ich würde die Hose natürlich gern tauschen oder verschenken, aber auch in den kommenden Wochen wird mir kein derart umfangreicher Obdachloser begegnen. Das Gebäck, das mir dann entgegenkrümelt, entsorge ich vorsichtshalber. Das Haltbarkeitsdatum liegt ein halbes Jahr zurück.

Die Zuständigkeitsfrage

Am ersten Weihnachtstag, ich bin auf der Suche nach einem Schlafplatz – ich will »Platte machen« –, treffe ich gegen 21 Uhr vor dem Kölner Hauptbahnhof einen jungen Mann. Tränen laufen ihm übers Gesicht, er macht einen verwirrten Eindruck und kann sich kaum verständlich machen. Das Hemd ist ihm aus der Hose gerutscht, er zittert vor Kälte. Stockend berichtet er, dass er aus einem Heim für betreutes Wohnen in Bad Honnef, einem Städtchen dreißig Kilometer südlich von Köln, weggelaufen sei, seit drei Tagen auf der Straße schlafe und in der letzten Nacht ausgeraubt worden sei.

Ich hake ihn unter, und gemeinsam suchen wir die Bahnhofspolizei auf. Dort nennt er seinen Namen, Thomas S., und sein Geburtsdatum. Der Polizist schaut in den Computer: »Also, unter dem Namen ist er nicht gemeldet. Da können wir dann leider nichts machen.«

»Aber er braucht dringend Hilfe«, wende ich ein, »es ist Frost angesagt für heute Nacht.«

»Tut mir leid«, wehrt der Polizist ab. »Sie können ja mal zur Bahnhofsmission mit ihm gehen, die sind für solche Fälle zuständig.«

Am Gleis 1 finden wir die Bahnhofsmission und schauen durch die Fenster. Auf unser Klopfen öffnet ein Bärtiger vorsichtig die Fensterluke und mustert uns. Als ich nach einer Unterkunft für den Hilflosen frage, wird er ungehalten: »Was fragen Sie denn jetzt um diese Uhrzeit! Ich meine, der Tag hat 24 Stunden! Ich verstehe so was einfach nicht. Der Mann ist seit gestern hier und heute auch schon da rumgeturnt.«

Ich appelliere an sein Mitgefühl: »Aber er kann unmöglich draußen schlafen, er hat keinen Schlafsack und ist nur leicht bekleidet. Da erfriert er noch. Und schließlich ist Weihnachten.«

Der Diensthabende bleibt ungerührt: »Na, der wird ja nicht gleich … Wenn er sich tagsüber nicht an die entsprechenden Stellen wendet, können wir jetzt auch nichts mehr machen.« Er ist der Ansicht, die Polizei sei zuständig. Mein Hinweis, dass die uns gerade zu ihm geschickt habe, interessiert ihn nicht. Der Mann beendet das Gespräch und schließt sein Fenster.

Also zurück zum SKM, wo ich mittags meinen Wildschweinbraten genossen habe. Die Eingangstür ist verschlossen. Eine junge Frau kommt dazu, sie spricht kaum Deutsch, auch kein Englisch. Aus Russland komme sie, so viel kann ich verstehen. Und dass sie durch die Stadt geirrt und nirgends untergekommen sei, entnehme ich ihren Gesten.

Nach einigem Suchen finden wir die Sprechanlage, eine jüngere Frauenstimme antwortet. Weil ich weiß, dass der SKM am Hauptbahnhof ausschließlich Suchtkranke betreut, behaupte ich, mein orientierungsloser Freund sei drogenabhängig und die junge Russin auch. Die Mitarbeiterin des SKM will uns nicht einlassen, immerhin rückt sie zwei Adressen raus. Dort könnten die beiden wohl noch unterkommen. Thomas soll in das sogenannte Notel in der Viktoriastraße, in der Nähe des Bahnhofs. Die Russin könne ins Elisabeth-Fry-Haus, eine Notaufnahmestelle speziell für Frauen, etwas weiter weg.

Mittlerweile weht der Wind immer eisiger über den Bahnhofsvorplatz. Einige Reisende hasten zu den Taxis, eng in ihre Mäntel oder Jacken gehüllt. Es ist halb elf, um elf schließen die beiden Heime. Ich missachte wieder mal den vielfach bemühten Leitsatz des Vorzeigejournalisten Hajo Friedrichs, der da lautet: »Sich nicht mit einer Sache gemeinmachen, auch nicht mit einer guten«, und begleite ganz unjournalistisch die beiden abgerissenen Gestalten zum Taxistand. Die Adressen der Heime notiere ich auf einem Zettel und will ihn einem Taxifahrer reichen. Er schaut uns angewidert an und weigert sich, die beiden zu befördern. Der zweite reagiert ähnlich und murmelt, er kenne die Adressen nicht. Im dritten Taxi lässt eine Frau die Scheibe herunter. Sie wirft einen Blick auf unsere nicht gerade weihnachtliche Kleidung und winkt ebenfalls ab. Da versuche ich es mit einer Notlüge. Sehr energisch sage ich: »Ich warne Sie. Ich mache gerade einen Test für die Taxiinnung. Es geht darum, ob die Fahrer ihre Beförderungspflicht ernst nehmen.« Die Frau beißt die Zähne zusammen und quittiert die 25 Euro, den doppelten Fahrpreis, den ich im Voraus zahle.

Schlafplatz auf dem Asphalt

Ich nehme meine Suche nach einem Schlafplatz wieder auf. Einige Geschäftseingänge der größten Kölner Einkaufsstraße, der Hohe Straße, in der tagsüber Zehntausende shoppen, sind bereits belegt. Im weiträumigen Eingang eines Schuhgeschäfts hat sich ein jüngeres Paar in seine Schlafsäcke vergraben. Ich steuere auf sie zu. »Habt ihr was dagegen, wenn ich mich neben euch niederlasse?«, frage ich. Es ist trocken hier und einigermaßen windstill.

Der junge Mann, Anfang zwanzig, leicht schlaftrunken, grummelt: »Ja, da hinten kannste Platte machen.«

Aber seine Gefährtin, plötzlich hellwach und sehr energisch, verteidigt ihr Revier: »Nä, Alter, komm, geh weiter! Zieh ab.«

»Ihr habt das nicht gepachtet hier«, sage ich und werfe mein Alter in die Wagschale: »Außerdem bin ich schon länger auf der Straße!«

Sie wird ärgerlich: »Geh weiter, nicht hier bei uns! Raffst du es nicht?«

Ihr Freund erklärt mir die Situation: »Das ist unser Platz. Seit einem halben Jahr. Musst du verstehen. Wir haben die Erlaubnis von den Inhabern des Schuhgeschäfts. Wir passen auf, dass hier keiner einbricht.«

Ich gebe nach, wünsche den beiden eine Gute Nacht und suche weiter.

Auch in anderen Schlafecken handele ich mir Platzverweise ein. Erst am Appellhofplatz, vis-à-vis des historischen Gerichtsgebäudes, direkt neben einem der Eingänge zum Westdeutschen Rundfunk (WDR), der sich mit seinen hässlichen Neubauten krakenartig dieses Teils der Innenstadt bemächtigt hat, heißt man mich willkommen. Ein Grauhaariger mit weißem Vollbart hält mir eine Flasche zum Willkommenstrunk hin. Ich lehne dankend ab. Er knurrt irgendetwas und macht eine wegwerfende Handbewegung. Ein anderer Alter ergreift meine Hand und zieht mich zu sich runter.

Die drei älteren Männer kommen aus Polen, der jüngere ist Russe; sie schlagen hier schon seit einigen Wochen ihr Lager auf, wie sie mir erzählen. Zu jeder Tag- und Nachtzeit halten sie die Stellung und erbetteln auch ihren Lebensunterhalt hier. Manchmal, das erlebe ich später, gesellt sich noch eine jüngere Frau zu ihnen, die meistens stark angetrunken ist. Auch heute haben sie wohl einiges an Alkohol konsumiert, wie zwei leere Wodka- und mehrere Bierflaschen verraten, die an der Hauswand abgestellt sind, direkt unter dem Schild »Notausstieg freihalten«. Ob die brennenden Kerzen dem Weihnachtsfest geschuldet sind, erfahre ich nicht.

»Du deutsch?«, fragt jetzt der, der mich zu sich hinuntergezogen hat.

»Nicht direkt«, antworte ich, »ich bin Internationalist.«

Bei meiner Antwort leuchten seine Augen, er umarmt mich und hält mir seinen Becher mit erbettelten Münzen hin. »Nimm, Bruder«, sagt er und bietet mir seinen Schlafplatz über einem Gitter an, wo warme Luft aus dem WDR-Keller nach oben strömt. Mir ist zum Heulen zumute, ich lehne dankend ab und breite meine Isomatte seitlich von ihm unter einem grellen Licht aus, dem einzigen noch freien Platz.

Mir ist in der letzten Stunde eisig kalt geworden, und ich verkrieche mich in meinen Schlafsack. Als ich irgendwann das Schnarchen meiner Nachbarn vernehme, falle auch ich in einen unruhigen Schlaf. Es mag gegen drei Uhr nachts sein, als ich aufschrecke. Ich rieche eine Alkoholfahne direkt vor meinem Gesicht und spüre eine Hand, die an mir rüttelt. Ich befürchte, beklaut zu werden oder dass mich jemand im Delirium versehentlich abmurkst.

Es ist aber nur der junge Russe, der seine warme Schlafstelle verlassen und sich ohne Schutz neben mich auf das nackte Pflaster gelegt hat. Er versucht, mit den paar Brocken Deutsch, die er kann, ein Gespräch mit mir zu beginnen. Ich verstehe nicht, was er sagen will, höre Krieg und immer wieder »Druschba«, Freundschaft. Irgendwann kommt er auf den russischen Dichter Fjodor Dostojewski zu sprechen, warum auch immer. Ich steige ein, und wir bringen mit der wiederholten Beschwörung Fjodor Dostojewskis unsere gemeinsame Verehrung zum Ausdruck. Dann begibt sich Wolodja – so hat er sich mir vorgestellt – wieder zu seiner warmen Schlafstelle über dem Gitterrost.

Später übersetzt mir jemand seine Worte, die ich auf Tonband festgehalten hatte: »Die Welt ist aus den Fugen geraten. Ich habe alles verloren. Meinen Traktor, meine Frau, meine Kinder. Ich hatte hier Arbeit auf dem Bau – 12 Stunden am Tag, 5 Euro die Stunde. Aber den Lohn der letzten drei Monate habe ich nicht mehr bekommen«. Da wo ich umfalle, da schlafe ich ein.«

Morgens gegen halb sieben kriecht die Kälte so richtig in meinen Schlafsack, und ich verabschiede mich von meinen ausgenüchterten Gastgebern, die mich anstarren, als hätten sie mich nie gesehen.

Zum Jahresende ziehe ich nach Frankfurt weiter. Das dortige Containerlager für Obdachlose liegt im Ostpark an einem Bahndamm. Die über 50 Container stehen dicht an dicht, zu zwei Stockwerken gestapelt. Es ist 22.30 Uhr, der letzte Tag im Jahr. Ein jüngerer Wachhabender registriert meine Personalien und weist mir einen Schlafplatz in einem Container des ersten Stockwerks zu. Dort stehen zwei Doppelstockbetten in dem winzigen Raum, ein festgeschraubter Tisch, zwei Hocker für vier Personen. Ich komme mir vor wie in ein Schubfach gesteckt.

Da begebe ich mich lieber in die Kälte nach draußen. Ein auffallend adrett gekleideter Mann Mitte dreißig spricht mich an. Er meint, ich sollte mir nach den Feiertagen mal »anständige Klamotten« geben lassen, und nennt mir eine Adresse. »Die Sachen sind top, alles aus Kleidersammlungen. Das Richtige für dich. Du gehörst doch auch nicht hierhin und hast sicher mal bessere Tage gesehen.«

»Wer gehört schon hierhin?«, entgegne ich verlegen.

Da gibt er mir recht und meint: »Hier zeigt die Geldmetropole ihr wahres Gesicht. Darum hat man uns auch so weit weg von den Bankentürmen ins Abseits verbannt.« Henning, so heißt er, hat in Frankfurt eine Banklehre absolviert und war auf dem besten Wege, selbst so ein »Anlageberater-Fuzzi« zu werden. »Dann habe ich im Suff den Fehler meines Lebens begangen. Seitdem bin ich das schwarze Schaf der Familie.«

Was denn gewesen sei, frage ich ihn.

Er schaut zu Boden und flüstert fast: »Ich habe einen Menschen totgeschlagen.« Nach einer kurzen Pause fügt er hinzu: »Es war Notwehr, der hat meine Frau angefasst. Ist in einer Disko passiert. Da kam ein Kollege zu mir und sagte: Geh mal zu deiner Frau rüber an die Bar, die hat Probleme. Ich bin dann dazwischengegangen, als ich sah, dass jemand sie attackierte und betatschte.«

»Und deine Frau stand zu dir?«

»Ja, bis zu meiner Entlassung, ich habe viereinhalb Jahre gesessen«, sagt er. »Sie hatte Schuldgefühle, weil ich ja ihretwegen im

Im Containerlager Frankfurt-Ostpark

»Platte machen« vor dem WDR in Köln

Gefängnis war. Aber als ich draußen war, hat sie die Scheidung eingereicht.«

Seit seiner Entlassung vor fünf Jahren ist er arbeitslos. »Ein vorbestrafter Bankangestellter kriegt keine zweite Chance.«

Von Weitem sind dumpfe Knaller zu hören, die den bevorstehenden Jahreswechsel ankündigen. Eine jüngere Kolumbianerin bietet uns einen Schluck aus ihrer Sektflasche an. Für sie begann der Absturz, als ihr Mann, ein Deutscher, starb. Ein Jahr hat sie noch als Kindermädchen bei einer wohlhabenden türkischen Familie gelebt. Aber die sei streng religiös gewesen, habe alles verboten. »Dann bin ich da weg und lebe seit über einem halben Jahr in solchen Heimen.«

Ein hagerer 40-Jähriger gesellt sich zu uns: »Ich bin Thüringer«, stellt er sich vor. Er habe 13 Jahre in Bayern in der Gastronomie gearbeitet. »Dann habe ich vier Monate wegen Geldschulden gesessen.«

»Ist doch harmlos«, beschwichtige ich.

Das sieht er anders: »Meine Frau hat's nicht verkraftet. Sie musste arbeiten und hat unser dreimonatiges Kind weggegeben zur Adoption.« Er schluckt. »Ich werd nicht fertig damit, ich will mein Kind wiederhaben«, murmelt er und wendet sich ab, damit wir nicht sehen, wie ihm die Tränen übers Gesicht laufen.

Kurz vor Mitternacht stoßen noch zwei durchfrorene und für die heutigen Minusgrade viel zu leicht bekleidete Männer zu uns. Ein gesprächiger 52-Jähriger und sein stillerer 25-jähriger Begleiter. Sie seien, erzählen sie, seit morgens zehn Uhr durch Frankfurt geirrt und von einer Einrichtung zur nächsten geschickt worden. Bis sie dann hier gelandet seien. Geld hätten sie keins, und auch bei den verschiedenen Anlaufstellen habe ihnen keiner etwas zugesteckt. Sie hätten eine Therapie bei einer Suchthilfeeinrichtung abgebrochen, wo es zu viel Druck und strenge Regeln gegeben habe, und müssten jetzt sehen, wie sie klarkommen. »Im Ostpark haben wir nichts zu essen bekommen, nicht mal einen Kaffee, obwohl wir doch mittellos sind«, erzählt der Ältere. »Wurden irgendwo untergebracht mit Leuten, die Suchtprobleme hatten. Die Leute lagen in den Betten, haben mit Spritzen hantiert. Das ist eine Katastrophe für mich, auch wenn ich schon längere Zeit clean bin. Es war arschkalt und zog überall rein. Ein Glück, dass wir euch getroffen haben.«

Man merkt ihm an, dass er das alles mal rauskotzen muss, er ist froh, dass ihm jemand zuhört, ohne blöde Fragen zu stellen: »Ich bin damals eigentlich mit den besten Absichten in diese Therapieeinrichtung in Frankfurt-Niederrad gegangen. Ich wollte eine freiwillige Therapie machen, ohne Druck vom Gericht. Freie Entscheidung. Aber was ich da erlebt habe, war so krass. Es gab keine Suchtberater, es sind alles ehemalige Süchtige, es ist ein reines Arbeitslager. Man wird geknechtet von morgens bis abends. Man muss acht Stunden arbeiten, es ist wie im Bootcamp. Man putzt den ganzen Tag, putzt, putzt, putzt. Auch wenn alles längst blitzblank ist. Man darf sich nicht hinsetzen, nicht mal anlehnen, man wird nur geknechtet. Man darf nicht ins Zimmer nach der Arbeit, man ist genötigt, bis 20.45 Uhr im Aufenthaltsraum die Zeit totzuschlagen. Man darf sich nicht hinlegen, obwohl man hart gearbeitet hat. Das Geld wird einem abgenommen, das Konto aufgelöst. Man muss alle Beziehungen nach draußen, auch die familiären, kappen.«

Unser Mann ist empört. Er friert, aber er merkt es gar nicht. Er erzählt in einem fort und redet sich das Elend von der Seele. Ich staune über die anderen, über uns alle, die wir ihm zuhören, obwohl jeder von uns schon so viele Geschichten gehört hat: wahre, erdichtete, ausgeschmückte, zusammenfantasierte, dürre, auf Fakten beschränkte. Alles Mögliche.

Wir hören weiter zu: »Es ist unglaublich. Deshalb habe ich auch abgebrochen. Ich hab nämlich draußen eine Freundin, die hat kein Drogenproblem. Ich lass mir nicht mein soziales Umfeld zerstören. Die verlangten eine totale Kontaktsperre, obwohl meine Freundin, die eine feste Arbeitsstelle hat, der einzige wirkliche Halt in meinem Leben ist. Mir kam das Ganze vor wie eine Sekte, wie eine Gehirnwäsche. Ich hätte dort zwei Jahre bleiben sollen, danach wäre ich wahrscheinlich im Eimer gewesen, gebrochen. Deswegen habe ich den Entschluss gefasst zu gehen. Aber das Geld haben sie behalten.«

In der Einrichtung würden viele nur aus Angst bleiben. Denn sie befürchteten, wieder ins Gefängnis gesteckt zu werden. Die

Gerichte lassen nämlich verurteilte Drogenabhängige nur dann vorzeitig frei, wenn sie eine Therapie durchhalten. »Aber dort gibt es keine Therapeuten. Die sind nicht einmal auf meine Suchtproblematik eingegangen! Ich bin nur zum Arbeiten abkommandiert worden!«, empört er sich noch einmal.

An dieser Stelle mischt sich sein jüngerer Begleiter ein: »Ich habe wegen Beschaffungskriminalität zweimal zwei Jahre kassiert. Dann durfte ich raus, zur Bewährung, in diese sogenannte Suchthilfe. Ich habe es zwei Monate ausgehalten und keinen Tag länger. Jetzt droht mir zwar der Haftbefehl, und dann muss ich die vier Jahre voll absitzen. Aber lieber das, als in Niederrad zum seelischen Krüppel gemacht zu werden!«

Ich habe mich später in Niederrad erkundigt. Die »Suchthilfe Fleckenbühl« (seit 2009 heißen sie »die Fleckenbühler«) betreibt auch das Haus in Frankfurt-Niederrad, in dem die beiden waren. Die »Fleckenbühler« arbeiten tatsächlich nach den geschilderten Prinzipien. Für viele mag das Konzept passen. Immerhin leben über zweihundert Menschen in den verschiedenen Einrichtungen des Projekts, fast die Hälfte des Budgets wird durch eigene Betriebe erwirtschaftet.

Jedem neuen Bewohner wird eine sechsmonatige Kontaktsperre auferlegt. Damit sollen Rückfälle verhindert werden. Der Entzug, ein sogenannter kalter Entzug, also ohne Ersatzdrogen, geschieht im Haus. Es gibt in dieser Einrichtung, die 1984 in einem kleinen Ort in der Nähe von Kassel gegründet wurde und dort noch heute einen Hof bewirtschaftet, keine Ärzte und keine Therapeuten »und auch niemanden, der behandelt werden muss. Denn wir glauben, dass jeder Mensch die Fähigkeit hat, sein Suchtproblem selbst in den Griff zu bekommen – unsere Gemeinschaft hilft dabei«. Das ist der konzeptionelle Grundsatz der Selbsthilfegruppe. Problematisch, das geben auch die Macher zu, wird es allerdings, wenn Menschen gezwungenermaßen in die Einrichtung kommen – weil sie vom Gericht geschickt werden oder dem Gefängnis entkommen wollen. Viele von ihnen halten das Programm nicht durch, verlassen bald wieder die Einrichtung, »scheitern«, weil sie das Gefühl haben, sie kommen von einem Zwang in den anderen.

Bei den »Fleckenbühlern« dürfen kein Alkohol, keine Drogen und kein Tabak konsumiert werden. Und »in Gesprächskreisen – den sogenannten Spielen – werden Probleme, die ein Einzelner mit sich selbst oder anderen hat, diskutiert und gelöst«. So steht es in den Statuten. Doch die eigentliche Therapie, wenn man so will, besteht im regelmäßigen Arbeiten, angefangen mit Hilfstätigkeiten wie dem sinnlosen Putzen, auch wenn alles längst sauber ist, dann weiter mit den »besseren« Jobs in den eigenen Betrieben oder in der eigenen Landwirtschaft.

Aber unsere beiden Mitbewohner haben sich nur noch unter Druck gesetzt gefühlt, geradezu verfolgt von einem Kollektiv, das ihnen fremd war, dessen Regeln nicht die ihren waren, dessen Ziele sie nicht verstanden und nicht geteilt haben. Aber weil die Kriminalisierung von Drogen, von Drogengebrauch und von Drogenabhängigkeit freie Entscheidungen unmöglich macht, konnten sie nicht einfach gehen, wie man geht, wenn das Umfeld einen zu zerbrechen droht. Sie mussten regelrecht fliehen, befanden sich noch auf der Flucht und steckten jetzt erst einmal im Containerlager fest, hinter ihnen die Suchteinrichtung, vor ihnen der Knast und die totale Verarmung.

In der Ferne ist ein Feuerwerk zu sehen oder eher ein Widerschein davon, das Krachen dumpf grollender Böller dringt von weit her bis zu uns. Keinem ist danach, ein »frohes neues Jahr« zu wünschen. Es würde wie Hohn klingen. Eine halbe Stunde nach Mitternacht gehe ich in meinen Container und quetsche mich auf mein Hochbett. Drei andere haben sich bereits zum Schlafen niedergelegt. Ein irakischer Kriegsflüchtling antwortet auf meine Frage, wie er nach Deutschland gekommen sei, auf Englisch: »Gott hat mich hergeschickt.« Er macht einen völlig verstörten Eindruck und wendet sich gleich wieder von mir ab. In der Nacht spricht er im Schlaf, zwischendurch höre ich ihn schluchzen.

Die Gedanken drehen sich in meinem Kopf. Wir leben immer noch in einem reichen Land. Diese Menschen aber haben keine Lobby, sie haben keinen, der sich für sie interessiert. Hier könnte man so manchem raushelfen, davon bin ich überzeugt. Aber nur wenn man den Einzelnen und sein jeweiliges Problem ernst nimmt. Gerade im reichen Frankfurt sollte man erwarten, dass mehr getan wird. Aber diejenigen, die sich auskennen und auch in anderen Städten waren, sagen: Frankfurt sei mit das Schlimmste. Eine Kälte und Verachtung, die ihnen hier entgegenschlage. »Die Menschen sehen uns als Dreck an«, habe ich von vielen gehört. Die Bankentürme bestimmen das Bild der Stadt. Der Unterschied zwischen Arm und Reich ist drastisch sichtbar. Und »die da unten« fühlen sich noch mehr verachtet als anderswo.

Endlich schlafe ich ein. Nachts träume ich, dass ich auf den Gleisen liege und ein Zug auf mich zurast. Ich schrecke auf und höre nun wirklich einen donnernden Zug. Er rauscht dicht neben den Containern vorbei.

Nachdem ich meine Erfahrungen mit dem Frankfurter Containerlager veröffentlicht habe, reagieren die Verantwortlichen betroffen. Die Sozialdezernentin der Kommune versucht zwar zu relativieren und meint, man müsse das Containerlager im Zusammenhang mit anderen »Hilfestellungen« sehen, keiner solle dort ja für längere Zeit bleiben. Aber Peter Hovermann, Geschäftsführer des Frankfurter Vereins für soziale Heimstätten, Träger der Übernachtungsstätte Ostpark, geht in die Offensive. Ihm sind die Zustände dort auch ein Gräuel. Viel zu wenig Geld werde für dieses Notasyl bereitgestellt. Aber jetzt sei die Stadt aufgeschreckt, Mittel seien zugesagt worden. Mittlerweile ist ein Beratergremium für das Containerlager eingerichtet worden, an dem sich Aktivisten, Betroffene, Schriftsteller, Künstler und Architekten beteiligen. Die Stadt erwägt, die Container abzubauen und eine menschenwürdigere Unterbringung zu schaffen.

Einer der Experten ist Richard Brox,[12] der selbst 25 Jahre auf der Straße gelebt hat. Ein halbes Jahr ist er Gast bei mir zu Hause gewesen, er hat mir bei der Recherche geholfen, und ich konnte ihm eine eigene Wohnung besorgen. In Frankfurt setzt er seine Erfahrungen nutzbringend für andere ein. Auch ich bin ehrenamtlich an diesem Pilotprojekt beteiligt.

Nach neuesten Meldungen aus Frankfurt wird die Notübernachtungsstätte Ostpark, das Containerlager, geschlossen. Als

Ersatz wird im Frühjahr 2010 ein Modellprojekt eröffnet, das aus mehreren sogenannten mobilen Wohneinheiten für jeweils kleinere Gruppen von 25 bis 30 Menschen besteht. Die Wohneinheiten sind um einen Innenhof gruppiert und stellen jedem Bewohner eine eigene, abgeschlossene Unterkunft mit Fenstern zum Hof und einem eigenen Eingang zur Verfügung. Das Projekt nennt sich »O16« und wirbt mit einer neuen Einstellung zu obdachlosen Menschen: »In O16 dürfen Menschen sein und bleiben, wie sie sind. O16 bietet Möglichkeiten für Veränderungen und Entwicklung.«

Kalte Angst

Im neuen Jahr kehre ich nach Köln zurück und verbringe dort meine zweite Nacht im Freien. Es ist der 6. Januar 2009. Die Stadt ist schneebedeckt, völlig unüblich für das Rheinland, die Seen locken mit einer dicken Eisschicht zum Schlittschuhlaufen. Die kälteste Nacht dieses Winters, bis zu minus 15 Grad, ist angekündigt.

Meldungen, es seien bereits Menschen auf der Straße erfroren, schockieren mich jetzt auf ganz andere Weise. Köln, so höre ich, will es anderen Städten gleichtun und Leute, die im Freien übernachten, einsammeln und in Wärmenotquartieren unterbringen.

Draußen ist von dieser Samariteraktion nichts zu spüren. Gegen 23 Uhr zähle ich allein in Bahnhofs- und Domnähe über ein Dutzend Menschen, die sich unter Decken oder in Schlafsäcken der extremen Kälte aussetzen. Zu mir kommt in dieser Nacht jedenfalls niemand, der mich in eine Notunterkunft bringen will.

Dabei schlage ich mein Schlafquartier an zentraler Stelle auf, vor dem Obdachlosencafé Gulliver hinter dem Hauptbahnhof, ganz in Rheinnähe. Hier haben fünf Berber schon seit Monaten Quartier bezogen. Sie kennen sich und leben hier wie eine Großfamilie. Der Älteste, Thomas, ist 61 und lässt mich gewähren, als ich mein Gelumpe zu einem Lager auszubreiten beginne. »Aber nur für eine Nacht«, stellt er klar, »wir sind hier nur geduldet. Es dürfen nicht mehr werden.« Seine kräftige Nase gibt ihm einen entschiedenen Ausdruck, sein bis auf die Schultern wallendes weißblondes Haar umrahmt sein Gesicht würdevoll. Aber die Augen! Rot gerändert, matt. Thomas ist gesundheitlich angeschlagen, sein ständiges Husten geht in ein Röcheln über. Er ist seit Oktober hier, nachdem er in der Annostraße, wo er ab und zu mal übernachtet hat, ausgeraubt wurde. Seitdem sieht er die Kälte als das kleinere Übel an. »Alles, was ich mir nach und nach angeschafft hatte und mit meinem Fahrradanhänger hinter mir herzog, war weg.«

Thomas ist gelernter Maler und Putzer, seit 26 Jahren lebt er auf der Straße. Er gehört zur aussterbenden Gattung der echten Vagabunden. Die Hände sind kräftig, geschmückt mit vielen Ringen, eine Uhr am tätowierten Handgelenk. »Warum hast du deine Arbeit verloren?«, frage ich.

»Ich hab sie nicht verloren, ich habe selbst hingeschmissen. Ich bin Aussteiger«, betont er nicht ohne Stolz. Er hat auf Baustellen in Frankfurt malocht, nicht schlecht verdient. »Aber das Arbeitsklima, der Druck, der Stress und das Tempo haben mir nicht gefallen. Da hab ich gesagt: Feierabend! Ohne mich.« Er hustet heftig und anhaltend. »Ich habe die Welt kennengelernt – bis zur Südspitze Italiens.« Er bereut, wie er sagt, seinen Ausstieg nicht.

Thomas weist mir einen Schlafplatz neben seinem »Stiefsohn« Matthias zu, der, an seinen Hund gekuschelt, an der Wand liegt. Matthias ist dreißig, hat rote Strähnen und ein paar geflochtene Zöpfe im Haar. »Ich nenne Thomas meinen Vater, weil ich mit ihm wahlverwandt bin und viel von ihm lernen kann.« Matthias ist seit über zehn Jahren in ganz Deutschland unterwegs. Ursprünglich kommt er aus München, wo er in Heimen aufwuchs. Zwei Lehren hat er als Schreiner und Verkäufer angefangen und wieder hingeschmissen. Auch er zieht die Straße den Notunterkünften vor. Selbstbewusst erzählt er, in einen dicken bunten Pullover und eine schwarze Weste gehüllt, das freundliche Gesicht mir zugewandt.

Er lacht: »Hier draußen gibt's keine Käsefüße. Du hast etwas mehr Zufriedenheit und Ordnung. Auf einem kleinen Fleck kann man gemütlich mit den Leuten leben, zu denen man gehört.« Zwischendurch jobbt Matthias als Tagelöhner auf dem Bau, auf einem Ökobauernhof und als Schausteller. »Ich bin als Berber groß geworden, in München habe ich mit Mooshammers Vater unter der Donaubrücke gepennt. Das war noch ein Mensch.« (Richard Moshammer nahm sich als Obdachloser das Leben. Sein Sohn Rudolph, ein Münchener Original aus der Modebranche, wurde Anfang 2005 ermordet.)

Die Nacht wird kälter, wir liegen in unseren Schlafsäcken, der Hund zwischen uns, und Matthias erzählt mir von einem »Höhepunkt seines Lebens«, auf den er »besonders stolz« sei. Das sei in München gewesen. Da habe er mit einer Gruppe Jugendlicher Edmund Stoiber, den damaligen bayerischen Ministerpräsidenten (CSU), mit Eiern beschmissen. »Das war die Zeit, als Stoiber seine Nazisprüche gegen Ausländer losließ und von ›unzulässiger Durchrassung und Vermischung‹ quatschte.« Matthias grinst fröhlich. »Schade, dass ich ihn nicht getroffen habe.« Andere hätten glücklicherweise besser gezielt.

Aber es gab ein Polizeifoto, auf dem zu sehen gewesen sei, wie er ein Ei wurfbereit in der Hand hielt. Matthias wurde angeklagt und, wie er sagt, zu sechs Monaten Gefängnis verurteilt. Die habe er absitzen müssen, weil er noch eine Bewährungsstrafe wegen eines früheren Drogendelikts offen hatte. »Es war die schönste Zeit meines Lebens, denn die Mitgefangenen, viele Ausländer dabei, haben mich groß gefeiert.«

Marco G., Anfang vierzig, ist der Schweigsamste in der Runde. Er gibt nur preis, dass er aus Berlin komme und seit zwei Jahren »alles hinter sich gelassen« habe. Er wirkt in sich gekehrt, verfolgt aber wohl, was wir miteinander reden. Schließlich sind wir alle müde, ich ziehe mir den Schlafsack bis übers Kinn, der Hund von Matthias knurrt und bellt. Ich streichle ihn noch mal, da leckt er meine Hand. Ich fühle mich irgendwie aufgehoben in dieser kleinen Gemeinschaft. Besonders die sehr persönlichen und auch politischen Bekenntnisse meiner Schlafgenossen haben mich berührt; ich hatte das nicht erwartet, so viel Reflexion und Bewusstheit. Aber ich habe auch Angst vor der Nacht, vor der Kälte. Ich denke an Geschichten von Menschen, die gar nicht merken, wie der Frost sie holt. Sie wachen einfach nicht mehr auf.

Und in meinen Schlafsack zieht die Kälte, als wäre er nur ein dünnes Leinentuch. Ein Leichentuch, denke ich und zittere. Wie ich erst später erfahre, bietet mein Schlafsack nach Herstellerangaben nur bis null Grad ausreichend Schutz. Ich versuche bibbernd, mich wach zu halten und meine eisigen Zehen zu bewegen, schlage mit den Beinen gegeneinander und mit den Armen an meinen Körper, um irgendwie die nach mir greifende Kälte zu vertreiben. Gegen drei Uhr falle ich dann doch in den Schlaf und werde erst morgens gegen sieben Uhr steif und zitternd wieder wach. Aber ich habe Glück gehabt: Von einem schweren Schnupfen abgesehen, habe ich die Nacht bei minus 15 Grad und trotz der in den Morgenstunden vom Rhein hochziehenden feuchteisigen Luft unbeschadet überstanden.

Marco, der Schweigsame, das erfahre ich zwei Wochen später, ist nach weiteren Kältenächten eines Morgens plötzlich tot zusammengebrochen. Wahrscheinlich vor Entkräftung. Da den Behörden keine Angehörigen bekannt sind, wird ein Begräbnis in einem anonymen Armengrab angeordnet. Aber offenbar haben sich die Behörden auch keine sonderliche Mühe gemacht, Marcos Angehörige ausfindig zu machen. Es wäre so einfach gewesen. Wie alle, die ihn vom Café Gulliver kannten, weiß ich, dass er aus Berlin stammt. Die Telefonauskunft im Internet führt 31 Einträge unter Marcos Nachnamen auf.

Ich will sie der Reihe nach anrufen. Gleich bei der ersten Nummer meldet sich, eine Frauenstimme. Ich frage, ob sie vielleicht einen Marco G. kennt.

»Warum?«, fragt sie zurück.

Ohne groß nachzudenken, erzähle ich, was vorgefallen ist: »Weil er vor Kurzem verstorben ist. Ich bin ein Kumpel von ihm und suche nach Angehörigen.«

Da höre ich, wie die Frau in heftiges Schluchzen ausbricht. Sie ist seine Mutter und hat ihren Sohn vor zwei Jahren das letzte Mal gesehen. Nach seinem Verschwinden hatte sie eine Vermisstenanzeige aufgegeben. Erfolglos. Ich erfahre, dass Marco in Zockerkreise geraten war, hohe Spielschulden hatte. Um seine Familie, die ihm immer wieder Geld geliehen hatte, nicht weiter zu belasten, brach er schließlich alle Brücken hinter sich ab und wählte das anonyme Leben auf der Straße. Aber vielleicht ist alles viel komplizierter. Ich weiß es nicht. Jedenfalls bedankt sich sein Bruder bei mir. Er erreicht, dass Marcos Leiche, die wegen der Obduktion noch nicht beigesetzt war, nach Berlin überführt wird. Dort wird Marco im Familiengrab bestattet.

Ausgestoßen, weggeschlossen

Ich ziehe weiter nach Hannover, zu einem kolossalen Betonklotz in der Innenstadt. Die bunten Graffiti nehmen dem Kriegsrelikt ein wenig das Bedrohliche. Doch als ich die schwere Stahltür aufstoße, überkommt mich ein beklemmendes Gefühl. Die gewaltigen Mauern drücken mir aufs Gemüt. Der Bunker aus dem Zweiten Weltkrieg ist fensterlos, die Luft stickig. Ein Aushang weist darauf hin, dass Rattengift ausgestreut wurde.

Die Notschlafstelle der Stadt Hannover ist letzte Zuflucht für Menschen, die fast alle Hoffnung verloren haben. Es ist ein Freitag im Februar, kurz vor 23 Uhr, die letzte Möglichkeit, eingelassen zu werden. Ruppig notiert der Bunkerwart meine Personalien und weist mir einen Schlafplatz zu. Irgendwo dahinten im Dunkeln. Ich kann mich nicht recht orientieren, es ist finster. Die Schlafräume, die links und rechts des Gangs abgehen, haben keine Türen; Stoffvorhänge sollen so etwas wie Privatsphäre schaffen. Die sanitären Anlagen stammen noch aus Kriegszeiten. Die Toilettentüren sind nicht verschließbar und nur halbhoch, jeder kann hineinsehen. Vier eiserne Bettgestelle warten in »meinem« Raum auf mich, mit stark verschmutzten Matratzen. Ich suche mir eines der »Betten« aus, lege meine Sachen ab, drehe vorsichtshalber die Matratze herum, um zu sehen, ob da auch keine Tierchen krabbeln, ziehe die Schuhe aus, schalte das Licht aus und krieche in voller Montur in meinen Schlafsack. Es ist Mitternacht. Kaum bin ich eingeschlafen, dröhnt aus dem Schlafraum gegenüber laute Musik. Nach einer Viertelstunde pelle ich mich aus meinem Schlafsack. Ich trete auf den Gang, räuspere mich vor dem Vorhang meines Nachbarn. Als ich eine belegte Stimme sagen höre: »Was willste?«, schiebe ich den Vorhang zur Seite. Mein Nachbar ist allein im Raum. Der Mann von kräftiger Statur, vielleicht Ende dreißig, sitzt angezogen an einem Tisch und hat ein Messer neben sich liegen.

»Entschuldige bitte«, sage ich betont freundlich, »kannst du vielleicht dein Radio ein bisschen leiser stellen? Ich bin direkt gegenüber und kann nicht schlafen.«

Er schaut mich herausfordernd an: »Sieh mal an, du kannst nicht schlafen!«

»So ist es«, sage ich. »Du kannst ja weiter deine Musik hören. Nur ein bisschen leiser bitte. Schaffst du das?«

»Schaff ich«, antwortet er, »aber nicht für dich.«

»Das weiß ich zu schätzen«, ignoriere ich seinen Affront, wünsche ihm Gute Nacht und verkrieche mich wieder in meinen Schlafsack.

Die Musik plärrt weiter, und ich höre, wie er sich, immer lauter vor sich hin monologisierend, in Gewaltfantasien hineinsteigert: »Schieß dir in die Schädeldecke! Fuck die Hure, ich hab die Schnauze voll! Wegen der sind wir ja obdachlos … Dem hab ich so ins Maul getreten, ist seit zwei Wochen schon im Krankenhaus … Das ist nicht Einschüchterung, nur Überzeugungstechnik. Dann werd ich gleich mal in Palermo anrufen und Bescheid sagen … Warum bin ich so zerrissen?«

Irgendwann merke ich, dass er seine verbalen Gewaltausbrüche immer deutlicher an mich richtet: »Kann nicht schlafen«, äfft er mich nach. »Einen in die Schnauze hauen, dann kann er schlafen. Wenn so 'n Typ da drüben rülpst und furzt, dann lass ich mich nicht provozieren. Ich hätte den am liebsten rausgeballert wie eine Rakete. Das ist dein Problem, wenn du nicht pennen kannst, nicht meins. Ich mach dir Löcher in den Leib, da macht's richtig bumms. Erschießen! Erstechen am besten! Ich geh mal zu dem Penner rüber.«

Eigentlich bin ich kein ängstlicher Mensch, aber mein Gefühl als Angst zu beschreiben wäre untertrieben. In mir kommt Panik auf, die mich völlig lähmt. Wie banal, denke ich, dass es dich ausgerechnet hier erwischt. Es ist wohl die blitzartige Erinnerung an überstandene Gefahren, die mich endlich aus der Erstarrung löst.

Ich stehe auf, nehme meine Schuhe in die Hand, raffe den Schlafsack unter den Arm und schleiche auf Zehenspitzen an dem Vorhang meines bedrohlichen Nachbarn vorbei. Nichts wie raus, und wenn es draußen minus 20 Grad sein sollten! Ich stehe vor der Eingangstür aus Stahl und will sie aufziehen. Nichts. Ich rüttle daran, immer heftiger. Nichts. Die Tür ist verschlossen, ich erkenne ein dickes Vorhängeschloss. Bombensicher. Auch die Tür zur Pforte des Bunkerwarts ist abgeschlossen. Auf mein Klopfen öffnet keiner. Ich eile den Gang, der an den Schlafräumen vorbeiführt, entlang und versuche in einem anderen Raum unterzuschlüpfen. Aus dem Dusteren höre ich eine ärgerliche Stimme: »Alles besetzt!« Schließlich finde ich eine Ecke hinter einem Vorhang, wo ich mich hinkauere.

Mir ist, als ob die Luft immer stickiger würde. Wenn hier ein Schwelbrand ausbricht! Es reicht, wenn eine Matratze durch eine Zigarette in Brand gerät. Alle wären gefangen und würden an Rauchvergiftung krepieren. Bis um vier Uhr halte ich mich wach, und bei jedem Geräusch auf dem Gang schrecke ich hoch. Aber mein Nachbar hat die Suche nach mir offenbar aufgegeben. Ich nicke ein.

Als ich am nächsten Morgen dem Bunkerwart sage, dass ich mich bedroht gefühlt hätte, und ihn frage, warum die Eingangstür verschlossen gewesen sei, rechtfertigt er sich: »Wenn wir nicht abschließen, kann's sein, dass morgens dein Zeug weg ist.«

»Aber das muss doch auch anders gehen«, sage ich, immer noch ziemlich aufgelöst. »Man kann uns doch hier nicht einfach einsperren!«

Da wird er ungehalten. »Was willst du? Gib endlich Ruhe! Willst du Messer in Rippe oder was?«

Ich gebe es auf, mit ihm weiter zu verhandeln. Aber ich will mit meinem aggressiven Nachbarn reden, auch, um mich von meiner Angst dieser Nacht zu befreien. Ich nehme meinen restlichen Mut zusammen und suche den Mann an seiner Schlafstelle auf. Er ist schon angezogen und kämmt sich gerade sorgfältig sein Haar. »Du warst ja diese Nacht hart drauf«, begrüße ich ihn, »du wolltest mich alle machen!«

»Ja, logisch«, sagt er ungerührt.

»Warum denn, ich hab dir doch nichts getan?«

Da wird er zugänglicher: »Weil ich sauer war. Hier hat es noch keiner gewagt, sich bei mir zu beschweren, noch keiner.«

Die nächste Stunde unterhalten wir uns, er heißt Fred und ist 41 Jahre alt, zuerst in seinem Schlafraum, dann auf einer Bank direkt vor dem Bunker. Und ich lerne eine ganz andere, verzweifelte, sogar sanfte Seite von ihm kennen. Er erzählt mir von seiner Drogenabhängigkeit, von seinen Krankheiten, davon, wie er angefixt wurde und nicht mehr davon wegkommt, trotz eines Methadonprogramms, an dem er teilnimmt.

Ein anderer Schläfer aus dem Bunker gesellt sich zu uns. Viktor, 57, ist abgemagert, sein Gesicht zerfurcht. Er hat seit drei Tagen nichts gegessen, wie er sagt. Ihn erwartet eine dreimonatige Gefängnisstrafe, weil er zum wiederholten Male schwarzgefahren ist und die Geldstrafe nicht bezahlen kann. »Ich war mal wieder aus dem Bunker rausgeflogen, weil man nicht länger als zwei Tage hierbleiben darf. Es war eine eisige Nacht. Ich habe dagesessen und gefroren ohne Ende. Da freust du dich, wenn dann morgens wieder die erste Bahn fährt, und die fährst du dann schwarz, du hast ja kein Geld, um eine Tageskarte zu kaufen. Und du fährst von morgens bis abends hin und her.«

Viktor hat auch bessere Zeiten gesehen. Er hatte eine Transportfirma. Vor ein paar Jahren verlor er seinen größten Kunden und konnte den Verlust nicht mehr kompensieren. Dann ging alles ziemlich schnell. Arbeitslos, Haus weg, Familie kaputt. »Ich war dreißig Jahre verheiratet und habe eine Tochter und ein Enkelkind. Und du kriegst dann ohne festen Wohnsitz noch nicht mal mehr Hartz IV! Hartz IV ist das größte Verbrechen, das es nach dem Krieg gab, dank Herrn Schröder. Du kannst dreißig Jahre arbeiten, was ich ja gemacht habe, und nach einem Jahr bist du automatisch wie ein Sozialhilfeempfänger, der in seinem Leben überhaupt noch nicht gearbeitet hat.«

Fred stimmt ihm zu: »Hartz IV ist wie Sozialamt. Und ich war stolz, dass ich nie zum Sozialamt gehen musste. Ich hab früher Mülltonnen geleert, ich war bei der Stadt angestellt. Aber dann kommst du in so eine Situation und bist am Arsch. Und kommst auch nicht mehr raus. Weil du einen Stempel aufgedrückt be-

Mit dem HIV-infizierten Mario im Kölner Johanneshaus

Mit dem früheren Unternehmer Viktor in Hannover

kommen hast. Du hast ihn auf der Stirn stehen. Die wollen uns alle knien sehen. Das siehst du schon beim Amt, da drohen sie uns: ›Wenn Sie nicht ruhig sind, kriegen Sie nichts.‹ Sie haben die Staatsmacht, okay, sie haben das Hausrecht. Aber als ich einen neuen Ausweis brauchte, weil man mich beklaut hatte, musste ich 30 Euro bezahlen. Wie soll das gehen? Ich muss doch auch essen. Das interessiert die nicht.«

Hartz IV – das ist für die Männer kein letztes Auffangnetz, eine soziale Hängematte schon gar nicht. Sondern Zwangsmittel, um die Leute zu schikanieren, sie endgültig rauszuwerfen aus der Gesellschaft. Viktor sieht das illusionslos: »Einige Bekannte aus meiner früheren Zeit waren in einem festen Arbeitsverhältnis. Dann sind sie wegen Insolvenz der Firma oder sonst wie erst mal in die Arbeitslosigkeit gerutscht. Und dann in Hartz IV. Die werden irgendwann hier mit mir auf der Bank sitzen, das wette ich. Das kommt automatisch, weil's immer schlechter geht.«

Ich überrede Viktor, mit mir zum Wohnungsamt zu gehen, und verspreche ihm, seine Geldbuße zu überweisen, damit er nicht ins Gefängnis muss. Für uns ist ein jüngerer Sachbearbeiter mit langer Mähne zuständig. Er ist lässig gekleidet, auf den ersten Blick sieht er aus wie einer von uns. »Dann werdet ihr jetzt erst mal verarbeitet«, sagt er und sucht nach einer »dauerhaften Lösung«.

Er blättert lange in einer Liste, dann scheint er fündig geworden zu sein. Er nennt uns ein Heim an der Stadtgrenze von Hannover. »Drei Häuser, pro Haus ungefähr vierzig Insassen.« Ich solle nur ein paar Formulare unterschreiben, dann sei alles klar. Auch Viktors Daten trägt er ein, schiebt ihm ebenfalls die Formulare zur Unterschrift zu. Dann muntert er ihn auf: »Sie sehen so abgekämpft aus, fahren Sie besser mit Straßenbahn und Bus dahin, sonst machen Sie noch schlapp. Miete kostet im Monat 159 Euro. Können Sie sich aber vom Arbeitsamt wiedergeben lassen.«

»Gibt's auch Verpflegung?«, will ich wissen.

»Ne, aber einen Aldi in der Nähe.«

»In welchem Alter sind die Insassen?«, frage ich.

»Von 18 bis 80«, antwortet er. »Manche wollen da gar nicht mehr weg. Manche nur noch mit den Füßen voran …«

Ich zögere, die Formulare zu unterschreiben. Er hat uns ihre

Bedeutung nicht erklärt; da steht irgendetwas von »TBC-Untersuchung innerhalb der nächsten drei Tage« und von einer »Abtretungserklärung«, mit der wir das Arbeitsamt ermächtigen, die Hartz-IV-Gelder direkt an das Heim zu überweisen. Muss so viel Selbstentmündigung sein? Wir wollen das nicht.

Aber da wird der lockere Beamte plötzlich ärgerlich und droht: »Wenn Sie nicht unterschreiben, dann kommen Sie auch nicht mehr in den Bunker.« Punkt. Auch in Hannover wird offenbar die mir schon aus Köln bekannte Methode angewandt, wie die »Penner« auf die Leiter nach oben zu bugsieren sind: Entweder sie lassen sich aus der Notschlafstelle in die Notunterkunft verfrachten, oder sie bleiben ganz auf der Straße, und selbst die Notschlafstelle wird ihnen versperrt. Viktor begreift, was vor sich geht. Er lenkt ein, und wir unterschreiben. Unsere letzte Frage: »Und wie sollen wir in das Heim kommen? Kriegen wir einen Fahrschein?«

»Ich habe keine Fahrscheine«, sagt der Beamte, jetzt wieder ganz der gewiefte Kumpel, »ich würde einfach mal Leute fragen, die aussteigen.«

Mit den Formularen, die wir im Heim vorlegen müssen, machen wir uns auf die Reise. Nach einer Stunde U-Bahn- und Busfahrt und einem längeren Fußweg stehen wir vor einem düsteren Gebäudekomplex vom Anfang des 20. Jahrhunderts. Schulenburger Landstraße 335. Eine jüngere Sozialarbeiterin nimmt erneut unsere Personalien auf. Wir reichen ihr unsere Papiere. Das wichtigste ist die »Zuweisung einer Unterkunft wegen Obdachlosigkeit«. Laut Bescheinigung wird jedem von uns ein Bettplatz zur Verfügung gestellt, bis zum 04.02.2010. Jetzt bin ich ein amtlich beglaubigter Obdachloser.

Das Hannoveraner Obdachlosenmagazin »Asphalt« hat einige »Gäste« des Bunkers befragt, die meine Erfahrungen überwiegend bestätigten. »Zwei Nächte war ich mal im Bunker. Das hat fürs Leben gereicht«, fasst Jürgen zusammen, »Gestank, Aggressivität, das Gefühl, eingesperrt zu sein – und ein Wachpersonal, das sich um nichts kümmert.«

»Ein bisschen kann man das auch verstehen, denn die sind ja wahrscheinlich zu Dumpinglöhnen beschäftigt«, vermutet Thomas. Holger erinnert sich: »Ich habe die Nächte da überlebt, besser kann man das, was da abgeht, nicht nennen. Ich wurde oft beschimpft und bedroht, Schlägereien gab es auch. Die Portiers waren allesamt höchst unfreundlich, uninteressiert und ganz offenbar überfordert.« Jürgen berichtet: »Im Bunker wird geklaut, und es stinkt, die Hygiene ist unzureichend. Ich musste morgens auf die Toilette, aber das habe ich mir verkniffen und mich später lieber im Stadtwald erleichtert. Außerdem musste man höllisch aufpassen, dass man nichts auf die Rübe kriegt. Das ist sehr aggressiv. Ob die Wachleute dann einschreiten? Guter Witz. Die sah man ab 22 Uhr überhaupt nicht mehr. Das ganze Ding muss weg, das ist eine Zumutung. «

Auch in Hannover reagieren die Behörden und Politiker, als ich meine Erfahrungen aus dem Bunker veröffentliche. SPD-Oberbürgermeister Stephan Weil will den Bunker allerdings nicht schließen, er soll nur besser werden. Der stellvertretende SPD-Fraktionschef und baupolitische Sprecher Thomas Hermann hingegen fordert: »Wir sollten den Bunker schnellstmöglich schließen. Die Unterbringung ist menschenunwürdig. Wir brauchen andere Lösungen, die Individualität, vernünftige sanitäre Anlagen und auch die Sicherheit der Menschen gewährleisten.« Die Verwaltung solle »zügig Vorschläge« unterbreiten.

Die liegen auch ein halbes Jahr später noch nicht vor. Zwar liefen Gespräche und Verhandlungen, um im innerstädtischen Bereich bessere Notunterkünfte anzubieten, so Thomas Hermann Anfang Juli 2009. Aber so lange werde der Bunker noch aufgehalten, mit besserer Beleuchtung, ausgeschilderten Notausgängen und Sichtschutz vor den sanitären Anlagen.

Oder wird das humane Konzept, das die SPD-Fraktion angemahnt hat, angesichts der Krise der öffentlichen Haushalte letztlich ganz unter den Teppich gekehrt?

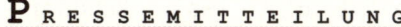

PRESSEMITTEILUNG

9. März 2009

Bunker am Welfenplatz schließen, Obdachlose zeitgemäß und menschenwürdig unterbringen

„Die Verwaltung sollte so schnell wie möglich die Unterbringung von Obdachlosen am Welfenplatz überdenken. Wir sollten den Bunker schnellstmöglich schließen," sagt Thomas Hermann, baupolitischer Sprecher und stellvertretender Vorsitzender der SPD-Ratsfraktion. „Die Unterbringung dieser sehr individualistisch geprägten Menschen in Mehrbettzimmern ist einfach nicht mehr zeitgemäß und menschenunwürdig. Dazu brauchen wir andere Lösungen, die Individualität, vernünftige sanitäre Anlagen und auch die Sicherheit der Menschen gewährleisten!"

Der baupolitische Sprecher reagiert damit auf die massive Kritik an der Unterkunft, die durch den Journalisten Wallraff ausgelöst wurde. „Gerüchte gibt es schon seit Jahren. Doch auch die Zahlen sprechen ihre eigene Sprache: Von den 44 zur Verfügung stehenden Betten sind im Schnitt nur 6 bis 10 Betten belegt. Selbst im Winter bei minus 15 Grad schlafen diese Menschen lieber auf der Straße. Das hat doch Gründe!"

Hannover hat in den vergangenen 15 Jahren mit seinem Programm zur Vermeidung von Obdachlosigkeit und der Aufwertung der Schlichtwohngebiete sehr erfolgreich gearbeitet. „Wir sind im bundesweiten Vergleich der Großstädte gut aufgestellt. Eine Fortführung des Bunker-Betriebs würde Hannover in ein falsches Licht rücken", so Hermann. „Das sollten wir nicht zulassen."

„Die Verwaltung sollte jetzt schnell handeln und zügig Vorschläge für eine individuellere Unterbringung sowie eine andere Betreuung als durch Wachpersonal unterbreiten;" fordert Thomas Hermann.

Sollte es individuelles Fehlverhalten gegeben haben, so sei dies zu verurteilen und abzustellen. An den offensichtlich fehlerhaften Strukturen und baulichen Mängeln würde sich dadurch aber nichts ändern: „Wir sollten wir uns vielmehr auf einen zeitgemäßen Neuanfang konzentrieren."

Weiterführende Informationen erhalten Sie bei:

Thomas Hermann, baupolitischer Sprecher

»Penner«, Verrückte, Trinker und andere auffällige und merkwürdige Gestalten weit weg zu verbannen – das war schon immer eine Methode, um den braven und angepassten Gesellschaftsmitgliedern den Anblick von »arbeitsscheuem Gesindel« zu ersparen. In der Stadt, aber auch auf dem Land. In der Nazizeit wurden Wohnungslose als »Asoziale« registriert, in der Aktion »Arbeitsscheu« in Konzentrationslager gesperrt und dort mit besonderer Brutalität gequält. Viele der Opfer, die einen braunen oder schwarzen Winkel an der Häftlingskleidung tragen mussten, überlebten die Torturen nicht. Nach der Befreiung wurde den Überlebenden in der Bundesrepublik und meist auch in der DDR jegliche Entschädigung verweigert. Das Stigma »asozial« überdauerte die Hitlerzeit.

Sieben Kilometer von Weeze entfernt, einer sauberen Kleinstadt am Niederrhein, nahe dem Wallfahrtsort Kevelaer, liegt das Petrusheim. Vor hundert Jahren wurde diese »katholische Arbeiterkolonie« erbaut. Beide Kirchen errichteten um die Wende zum 20. Jahrhundert Dutzende solcher Einrichtungen, um »Landstreicher« und »Wanderbettler« wieder ans Arbeiten zu gewöhnen und der herrschenden Arbeitsdisziplin zu unterwerfen. Die Mittel waren häufig drakonisch: Arbeitszwang zu Niedrigstlöhnen, eine autoritäre Heimleitung, Prügel.

Das Petrusheim ist auch heute noch eine »Kolonie«, ein Wohn- und Arbeitsort für etwa zweihundert Insassen. Die Hälfte von ihnen lebt im dortigen Altenheim. Die anderen in den Wohnungen der eigentlichen Arbeiterkolonie. Dann gibt es noch eine dritte Gruppe mit denjenigen, die zum Arbeiten nicht mehr in der Lage sind und für das Altersheim noch zu jung, den »Behinderten«.

Vom Petrusheim hatten mir einige meiner obdachlosen Freunde erzählt. Die städtischen Behörden aus ganz Nordrhein-Westfalen weisen dort ihre »Klienten« ein. Man kann aber auch aus freien Stücken dort unterkommen, für einige Tage oder länger. Man kann sogar für immer dort bleiben, auf dem heimeigenen Friedhof, der neben den Wohn-, Arbeits- und Verwaltungsgebäuden, der Kirche, den Stallungen für das Vieh und die landwirtschaftlichen Geräte und der hauseigenen Schlachterei zum Areal gehört.

Ich bin mehrmals im Petrusheim gewesen. Man braucht ziemlich lange zu Fuß, die Straße zwischen Weeze und dem Heim zieht sich, hin und wieder zischt ein Auto an mir vorbei. Irgendwann taucht rechter Hand der Eingang auf. Ein von Büschen gesäumter Weg führt auf die »Hauptstraße«, an deren Ende ich die von hohen Bäumen gesäumte Kirche sehe. Dann geht es rechts ab in einen Innenhof, der von den zahlreichen Gebäuden gebildet wird, wie ein riesiger Gutshof. Die Häuser selbst und der Innenhof mit Blumen, Bäumen und Bänken machen einen gepflegten Eindruck. Das Ganze wirkt wie ein kleines Dorf auf mich, abgeschieden von allem sonstigen Leben, zwischen Wiesen und den mit Mais, Getreide oder Kartoffeln bestellten Feldern. 240 Hektar landwirtschaftliche Nutzfläche gehören zum Petrusheim.

Die Sonne scheint, es ist später Vormittag, ich sehe ein paar Leute, einige rauchen, manche haben Bierflaschen in der Hand. Etliche Bänke sind besetzt. Das Petrusheim ist eine »nasse« Einrichtung, man darf trinken, es sollte nicht zu viel sein. Was ist »zu viel«? Im Keller gibt es eine Art Kiosk mit mehr oder weniger regelmäßigen Öffnungszeiten. Kein schöner Anblick da unten, es riecht muffig, ein Verwaltungsangestellter verkauft Alkohol, Zigaretten und dies und das. Nicht gerade glücklich schaut er drein, die Schlange vor dem Tresen wird nur langsam kürzer. Einer der Kunden hat angeblich schon zu viel angeschrieben, er kriegt nichts und hat Tränen in den Augen. »Seitdem ich hier jenseits von Gut und Böse bin«, kommentiert ein anderer die Szene, »hab ich keinerlei Freiheit mehr. Hier muss man fast die ganze Rente abgeben, kriegt 94 Euro im Monat Taschengeld. Das ist hier die Vorstufe zur Urne.«

Ich lerne schon am ersten Tag einige der Bewohner kennen. Man hat Zeit hier, nichts lenkt ab, auch die, die zur Arbeiterkolonie gehören, hängen rum. Früher hat das Petrusheim mit seinen Leuten die Landwirtschaft zum großen Teil selbst betrieben. Heute machen das Leute von draußen, bezahlte Landarbeiter.

Timo *(eine Begegnung im Petrusheim)*

Er ist 23, der Jüngste hier. Er ist in sich gekehrt und spricht kein Wort, hört aber aufmerksam zu, wenn die Älteren ihre Erinnerungen austauschen. Seit einem halben Jahr ist er im Petrusheim, nachdem er zuvor zwei Jahre mehr oder weniger auf der Straße gelebt hat. Eines Morgens nach dem Frühstück spreche ich ihn an: »Ich hab den Eindruck, du gehörst hier nicht hin. Du hast doch dein Leben noch vor dir!« Da taut er auf und ist bald nicht mehr zu stoppen: »Der Hauptgrund, dass ich zu Hause weg bin, waren die Drogen. Als meine Eltern das rausbekommen haben und mein Stiefvater handgreiflich wurde, da ging das nicht mehr. Da bin ich abgehauen. Rausgeschmissen hätten sie mich so oder so. Ja, und da hab ich angefangen, draußen zu übernachten. Es kam halt auch durch Freunde. Hab mal Marihuana probiert und dann bis zum Speed. Aber weiter bin ich nie gegangen, bei Spritzen, Heroin war für mich Schluss.

Ich hab den Hauptschulabschluss. Auch eine Lehre hab ich angefangen. Aber abgebrochen. Ich hatte sogar eine eigene Wohnung. Aber die konnte ich dann nicht mehr finanzieren und bin wieder auf die Straße. Dann habe ich es noch mal versucht. Ich habe ein paar Hundert Bewerbungen geschrieben und mich beworben als Koch, Tischler, Maler und alles, aber keinen Job bekommen. Vor zwei Jahren habe ich bei minus 16 Grad auf einer Parkbank übernachtet. Ich bin dann morgens im Krankenhaus aufgewacht, wusste nichts mehr von der Nacht. Mich hat wohl jemand dahin gebracht; ich hab vier Tage im Krankenhaus gelegen. Ein guter Freund hat mich bei sich zu Hause aufgenommen, da bin ich von den Drogen weggekommen. Ich hab gesagt: bis hierhin und nicht weiter. Meine Eltern würden mich wieder aufnehmen, aber nur wenn ich eine Lehrstelle habe.

Das Schlimmste hab ich hier ganz in der Nähe in einer Obdachlosenunterkunft in Goch erlebt. Das Gebäude sieht aus, als wenn es aus den Überresten von Abrisshäusern zusammengeflickt wäre. Die Türen kann man nicht richtig abschließen. Total versifft auch die Leute dort drinnen. Da hatten wir welche, die haben sich geritzt; überall Narben. Drogenabhängige, Alkoholiker. Da standen morgens zwei Mitbewohner, die Dealer waren, an meiner Schlafstelle und wollten mir Heroin verkaufen. Als ich sagte, so was nehm ich nicht, hielten sie mich fest, und der eine wollte mit der Nadel an meinen Arm, um mich anzufixen und abhängig zu machen. Ich hab schon von Natur aus tierische Angst vor Nadeln und bin ausgerastet, konnte mich losreißen und abhauen. Jetzt verstehst du, warum ich mich hier einigermaßen sicher fühle, obwohl hier auch welche schon mal mit drei oder vier Promille ausflippen.«

Timo ist hier trotzdem fehl am Platz. Aber das Petrusheim finanziert sich durch die Pro-Kopf-Zahlungen der Behörden; möglichst viele Plätze müssen belegt sein. Also findet nicht statt, was in Timos Fall sofort hätte stattfinden müssen: ihn rausholen aus diesem Milieu meist alter und alkoholkranker Männer, eine betreute Wohngruppe ausfindig machen, in der er leben kann und wieder auf die Beine kommt, ihm also eine Perspektive bieten, die ihm weiterhilft.

Die Insassen brächten zu wenig Leistung, seien nicht motiviert und würden nicht mehr so zum Arbeiten gezwungen wie früher, rechtfertigt sich die Heimleitung. Zwar steht im »Betreuungskonzept« der Einrichtung: »Neben den pflegerischen Maßnahmen finden unsere Bewohner ein vielseitiges Beschäftigungsfeld im Petrusheim. In verschiedenen Arbeitsbereichen, wie z. B. der Hauswirtschaft, Technik, Schlosserei, Schreinerei, dem landwirtschaftlichen Betrieb, der eigenen Metzgerei, Gärtnerei und dem Tierpark können sie sich individuell integrieren und weiterentwickeln.« Aber der Alltag sieht anders aus. Er besteht nach meinem ersten Eindruck aus rumhängen, sich langweilen, rauchen, trinken, vielleicht noch fernsehen. Im Alltag ist auch wenig von den »Hilfeplänen« zu spüren, die das Heim mit jedem Bewohner aus der Arbeiterkolonie vereinbart und dem Landschaftsverband Rheinland vorlegt. Der zahlt dafür einen festgelegten Tagessatz, und so wird das Petrusheim heute zum größten Teil fremdfinanziert.

»Ich wisch hier manchmal stundenlang den Boden«, sagt mir Thomas. »Man muss zeigen, dass man was tut. Dann kriegt man auch die Prämie.« Prämie? Ja, zusätzlich zum monatlichen Taschengeld von 94 Euro bekommt man im Petrusheim Geld fürs Arbeiten. Eine »Prämien-Information« hängt aus. Danach gibt es 30 Cent pro Stunde »bei ausreichender Leistung«, 40 Cent für »befriedigende bis gute Leistung« und 50 Cent »bei sehr guter Leistung«. Das hat mit »individueller Integration und der Weiterentwicklung«, wie es im Hauskonzept heißt, wenig zu tun. Wie viele Bewohner lassen sich von den paar Euro motivieren, dem erdrückenden Klima von Perspektivlosigkeit und Mattheit zu entfliehen, das sich hier ausbreitet? Das ist das Kardinalproblem dieser »Arbeiterkolonie«: Als Ghetto weitab von allem Leben ist sie für viele wirklich die Endstation. Das steckt sogar die Jüngeren an, die sich selbst noch nicht aufgeben würden, hätte die Gesellschaft sie nicht längst schon aufgegeben und abgeschrieben. »Ich komme hier erst mit den Füßen voran wieder raus«, sagt Thomas.

»Hast du keine Außenkontakte«, frage ich ihn, »Familie, Kinder oder so?«

»Das liegt alles weit hinter mir in einem anderen Leben, als ich noch Arbeit hatte«, sagt er. »Und meine Freundin lebt drüben im Frauentrakt!«

»Wenn du ein bisschen Geld hast, dann legst du das auf den Tresen da unten im Keller«, erzählt Thomas. »Das war schon mal anders. Da hatten wir einen echten Kiosk, den hat ein Kumpel von mir geführt. Das war super. Der hat sogar selber kassiert. Dann haben sie uns den wieder weggenommen. Wir werden manchmal behandelt wie die Blöden. Zu doof, um ein paar Euro zusammenzuzählen. Klar, hier leben welche, die sich das Gehirn weggesoffen haben. Für die ist der Laden natürlich auch da. Aber es ist nicht gut, dass die abschätzig behandelt werden, wie Abschaum manchmal. Und außerdem gibt es eben auch andere.«

Es haben sich noch ein paar Leute zu uns gesetzt, alles Ältere mit einem Haufen Erfahrung. Einer von ihnen mischt sich jetzt ein. »Von wegen doof: Ich kapiere schon lange, was hier läuft.

Wir sitzen auf dem platten Land und können nicht weg. Eigentlich soll einmal am Tag unser Kleinbus rüberfahren nach Weeze. Fährt auch meistens. Aber wer mitkommen kann – das ist Roulette. Und manchmal fährt er gar nicht. Dann liefert er gerade Fleisch an den Vorstand. Denen geht es gut. Die kriegen super Fleisch hier vom Hof für die Hälfte des Ladenpreises. Und das sind Direktoren!«

Das Petrusheim wird vom Rheinischen Verein für Katholische Arbeitskolonien e. V. geführt. Im Vorstand sitzen der Diözesancaritasdirektor aus Aachen, der Diözesancaritasdirektor aus Münster, ein Vertreter der Erzdiözese Köln und einige Pfarrer aus der Umgebung. Unter ihnen Domkapitular Prälat S. aus Wesel, dem ein ehrenamtlicher Mitarbeiter laut *Rheinischer Post* vorgeworfen hatte, er liebe den Pomp und schikaniere seine Untergebenen »wie ein absolutistischer Willkürherrscher«.

»Die interessieren sich einen Scheißdreck für uns«, pflichtet Thomas seinem Kumpel bei. »Die zocken ab. Ein früherer Heimleiter hat sich sogar sein Haus von Arbeitern bauen lassen, die beim Petrusheim angestellt waren. So sieht das aus!«

»Lass gut sein«, meint ein anderer. »Ich hab hier den Arsch warm, danke. Alles andere ist doch Politik. Interessiert mich nicht. Interessiert hier keinen.« Er nimmt seine Flasche und geht rüber zum Haus, wo die anderen stehen und klönen oder manchmal wirres Zeug reden oder schweigen.

Da knurrt ein anderer, er heißt Matthias: »Immer den Kopf in den Sand! Ich war lange genug im Büro und weiß, was hier läuft. Die haben sich mal ein Programm von irgendeiner Softwarefirma gekauft, zehnmal so teuer wie vom Marktführer. Abrechnungssachen und so. 250 000 Euro! Ich hab ja früher mal selbst in der Branche gearbeitet und nur den Kopf geschüttelt. Nicht nur, weil es viel zu teuer war. Es konnte auch nicht klappen, die hatten keine Ahnung, aber irgendwie die Finger drin. Verwandte, Bekannte, was weiß ich. Es hat natürlich nicht geklappt. 250 000 Euro in der Tonne. Möchte mal wissen, ob da einer den Kopf für hingehalten hat.« (Ich habe später ganz offiziell nachgefragt: Dafür hat niemand den Kopf hinhalten müssen; die Sache wurde als bedauernswertes Vorkommnis verbucht und abgehakt.)

Walter, Berufskraftfahrer *(Begegnung im Petrusheim)*

Walter war jahrelang als Lkw-Fahrer im internationalen Fernverkehr unterwegs, von Norwegen, Schweden und Finnland bis Italien, Frankreich, Spanien, Portugal und sogar Marokko.

»Letztes Jahr musste ich einen größeren Motor runterbringen nach Agadir, Marokko. Erst mal mit Begleitschutz der Polizei quer durch Frankreich. Am Morgen, nachdem wir losgefahren waren, zehn nach vier, bekam ich einen Anruf vom Chef. Ich solle den nächsten Rasthof anfahren, den Schwertransport abkuppeln und schnellstmöglich zurückkommen. Warum, hat er nicht gesagt. Ich war nach dreieinhalb Stunden wieder in unserer französischen Niederlassung. Unsere Disponentin meinte, sie dürfe mir nichts sagen. Deshalb hab ich zu Hause angerufen, ob irgendwas passiert war. Ich kam aber nicht durch, weil permanent besetzt war. Dann sagte mir der Chef: Fahr mit der Zugmaschine nach Hause, du hast jetzt mal Urlaub. Ich hab nur blöd geguckt. Bin dann nach Hause gefahren mit Polizeibegleitschutz. Die wussten nämlich, was Sache war. Sie durften mir auch nichts sagen, war vielleicht besser so.

Ja, und dann kam ich über die luxemburgische Grenze rein und sah unten im Ort nur noch Blaulicht. Ich bin langsam die Straße runtergefahren, da kamen mir schon Nachbarn entgegen und winkten. Dann sah ich unser Haus – der Giebel war weg. Aber auch in diesem Moment hab ich nicht an meine Eltern und an meine Partnerin mit unserem Sohn gedacht. Ein Polizist stoppte mich und meinte, ich könne nicht weiterfahren. Ich nannte ihm meinen Namen. »Oh«, sagte er, »das ist was anderes. Wir machen direkt die Straße frei.« Vor unserem Haus waren Hunderte von Menschen, Feuerwehrmänner, Rettungswagen.

Ja, und dann kam der schwerste Moment. Eine Nachbarin kam auf mich zu und sagte: »Es tut mir furchtbar leid. Sie sind alle vier tot.«

Ich sagte: »Wie bitte? Das glaub ich nicht.« Vier Menschen, mein Vater, meine Mutter, meine Lebensgefährtin und unser Kind. Eine Gasexplosion, hieß es. Ich hab es wirklich nicht begriffen. Dann kam erst mal ein Seelsorger zu mir rüber. Ja, und das war dann das Ende der Fahrt. Bis zum heutigen Tag. Jetzt, nächste Woche, wäre das Jahrgedächtnis.«

Walter hat das alles ohne Zögern erzählt, ohne Pause. Jetzt lehnt er sich zurück, denkt einen Moment nach. Dann spricht er weiter: »Nach der Katastrophe, die ich erlebt habe, bin ich nach Südfrankreich zu einem Kollegen. Da konnte ich etwas abschalten, hab dann aber Heimweh bekommen. Bloß dass da nichts mehr war. Nichts. Ich hab dann im Hotel übernachtet, später nur noch am Wochenende. Die Zwischenzeit hab ich im Auto verbracht, Gott sei Dank nicht draußen auf der Bank. Fast sechs Monate hab ich nur im Auto gelebt, hab überall gestanden, in der Eifel, am Niederrhein, zeitweise auf Autobahnraststätten, und dann wieder kurz im Hotel zum Duschen.

Ich habe alle Kontakte abgebrochen, war auf mich allein gestellt, weil ich es so wollte. Sonst wäre ich nie zur Ruhe gekommen. Innerlich bin ich immer noch aufgewühlt. Da lässt sich wohl nichts dran ändern. Aber den ziemlich großen Freundeskreis unter den Lkw-Fahrern habe ich behalten, das geht weltweit. Man hat mich aus Marokko und Schweden angerufen und mir Glück gewünscht. Und den Frieden, dass ich wieder zu mir selber finde. Zwei SMS hab ich noch immer auf meinem Handy, die schaue ich regelmäßig an, weil sie mir sehr viel bedeuten.«

Walter ist schon seit einiger Zeit im Petrusheim. Er macht bei der Arbeitstherapie mit, hat zweimal in der Woche Gespräche mit den Sozialarbeitern und ist dankbar, dass man ihm zu helfen versucht. Ob er zurück in seinen Beruf will? Nicht als einfacher Lkw-Fahrer und auf keinen Fall im Fernverkehr, sagt er.

»Das Leben eines Lkw-Fahrers schlaucht total, die Fahrer kriegen keine vierzig, fünfzig Stunden Schlaf die Woche, wie es nötig wäre. Ich bin mal 48 Stunden durchgefahren. Von Norwegen runter mit dem Schwertransport bis nach Marokko, von dort leer zurück nach Paris, in Paris hab ich was aufgenommen für Würzburg. Und alles in einem Zug durch. Zweieinhalb Stunden Schlaf in zwei Tagen. So sieht die Realität aus.«

Ich schaue ungläubig. Das ist unmöglich, denke ich, auch wenn ich selbst nicht viel Schlaf brauche.

Walter lächelt: »Dafür braucht man natürlich Aufputschmittel, Koffeintabletten, davon sollte man nicht zu viel nehmen, mehr als vier sind nicht ratsam. Dann kann man eine ganze Woche durchfahren, weil die so lange anhalten, dass man gar nicht müde wird. Außerdem nehmen wir alle viel Kaffee, auch Kaffee mit Kognak. Ist natürlich verboten, wird aber in Maßen von der Polizei geduldet. In manchen Wochen hatte ich nur sechs Stunden Schlaf. Ich bin im Ausland permanent durchgefahren. Ja, Zeit ist Geld, man hält sich gerade so über Wasser.

Aber ich möchte nicht mehr so weite Strecken fahren. Ich hab genug Schlechtes, auch Gutes gesehen auf meinen Fahrten durch die vielen Länder. Ich brauch das nicht mehr. Ich brauche so etwas wie ein normales Leben.«

Jetzt ist Rainer, der schon die ganze Zeit zugehört hat, nicht mehr zu bremsen. »Manchmal wird man wie ein Kleinkind behandelt«, schimpft er. »Das Taschengeld, das uns laut Gesetz zusteht, wird den meisten gar nicht ausgezahlt. Man kriegt Gutscheine, die man in diesem Kellerloch einlösen kann für Bier oder irgendeinen Mist. Dagegen habe ich mich allerdings erfolgreich gewehrt. Ich habe ein Recht auf die paar Kröten. In bar.« Er zieht an seiner Zigarette und beruhigt sich etwas. »Na gut, ansonsten muss man sich natürlich irgendwie arrangieren, die Regeln einhalten. Aber ich bin immer auch so ein bisschen Rebell in so einer Einrichtung. Kann meinen Mund nicht halten. Vor allem bei der Obrigkeit nicht. Ich ärgere mich einfach über diese Bezahlung bei der Beschäftigungstherapie. Aber ich mach's trotzdem, Tischlerei, Hauswirtschaft, Telefondienst und so was. Na ja, und Putzen. Keine Höchstleistungen, können sie auch nicht erwarten bei dem Geld. Aber ich geh bald wieder, ich brauch das hier nicht auf Dauer. Dann krieg ich wieder meinen Stempel in den Pass ›Ohne festen Wohnsitz‹. Und zieh los. Ich bin Vagabund, ja, das bin ich eigentlich.«

Jetzt, wo es wieder wärmer wird, kann ich mir Rainer als selbstbewussten Clochard gut vorstellen. Seine Augen leuchten, wenn er von seinem baldigen Aufbruch erzählt. Es gibt nicht nur arme Schweine unter den Leuten auf der Straße, denke ich. Es gibt auch die anderen, zu denen Rainer gehört. Auch wenn er mir später erzählt, dass er so einiges hinter sich hat. 15 Jahre am Stück war er auf der Straße. »Das ist harte Arbeit, das stresst den Körper mehr, als irgendwo in einem Büro zu sitzen. Wir sind ständig unterwegs, wir wissen nicht, was morgen ist.« Dann berichtet er von zwei Erlebnissen, die ihn fast das Leben gekostet hätten. »Im schönen Oberschwaben, direkt am Lech, hab ich Platte gemacht. Da war so eine Uhr mit Thermometeranzeige. Als ich wach geworden bin morgens, zeigte die minus 23 Grad. Nachts musste es also noch kälter gewesen sein. Als ich dann meinen Schlafsack zusammengerollt hatte und die Isomatte einpacken wollte, ging das nicht. Die war festgefroren, weil sich durch mein Schwitzen Kondenswasser gebildet hatte, das zu Eis geworden war.«

Wenn das noch wie eine Landsergeschichte im Kampf ums Überleben klingen mag, dann kann das Folgende nur einem Obdachlosen passieren: »Da bin ich mal in Baden-Württemberg von drei Skinheads, also so Rechtsradikalen, zusammengetreten worden. Die hatten aber erst gewartet, bis ich im Schlafsack drin war und mich kaum noch wehren konnte. Bis ich da wieder rauskam, das dauerte eine Weile. Die haben mich richtig zusammengetreten. Das war echt unangenehm.«

Er erzählt auch dieses Erlebnis auf seine lakonische Art. Manche Ereignisse werden besser untertrieben. Sonst lähmt die Angst vor einer Wiederholung zu sehr. Rainer aber hat sein Leben auf der Straße nicht aufgegeben. Auch wenn er manchmal körperlich am Ende ist: »Wir haben ständig zu schleppen. Ich habe einen Rucksack dabei von vierzig Kilo, den muss man erst mal sein halbes Leben auf dem Buckel haben. Das macht dich auf die Dauer kaputt. Ich habe Arthrose in allen Gelenken, habe zwei künstliche Hüftgelenke. Mit 45!«

Und dennoch: »Das Leben auf der Straße ist wie eine Sucht. Aber eine Sucht, die auch frei macht. Man kann Glücksmomente haben. Kleinigkeiten sind das. Wenn es grün wird draußen, wenn der Frühling kommt. Wenn die Knospen über Nacht sprießen.

Das macht mich glücklich. Weil dann weiß ich, es kommt wieder eine Zeit, wo es mir gut geht.«

Rainer schwärmt davon, wo er überall war, dass er es nirgendwo länger ausgehalten hat. »Das ist ein Wandertrieb. Ich weiß nicht, wo der herkommt. Aber bei mir ist er ganz stark.« Rainer ist gelernter Gärtner, hat ein Seemannsbuch, war ein halbes Jahr in Australien und hat dort Schafe geschoren, drei Jahre hat er in Afrika gelebt, zuerst in Marokko, dann weiter im Süden. Er war aber auch fünf, sechs Jahre Vollalkoholiker, zu nichts anderem als zum Saufen in der Lage, bevor er »Vagabund« wurde. Er verfügt jedenfalls über das, was man Lebenserfahrung nennt. Und er kann das rüberbringen.

»Die Straße verändert die Menschen, manchmal zu ihrem Vorteil, manchmal zu ihrem Nachteil, es kommt ganz darauf an. Ich kenn Leute, die waren Professoren, Ärzte, und die sind heute auf der Straße. Sie sind einfach plötzlich rausgefallen aus diesem System, konnten sich nicht mehr finanzieren. Dann kamen vielleicht noch ein, zwei Schicksalsschläge dazu, und die haben sie dann auf die andere Bahn gebracht. Nicht auf die schiefe Bahn, das kann man, glaube ich, so nicht sagen. Aber auf eine andere Bahn, in ein anderes Leben geworfen.«

Rainer steht auf, will sich ein bisschen die Beine vertreten. Ich schließe mich an. Wir verlassen den großen Innenhof und schlendern zuerst zum Friedhof. Am Ende der »Hauptstraße« liegt das große Geviert. Etwa dreihundert grobschlächtige Kreuze aus Beton in Reih und Glied und immer gleichem Abstand, mit Namensschildern aus Metall, vermitteln den Eindruck eines Soldatenfriedhofs. Aber anders, als es die Uniformität und Gleichmacherei nahelegt, sind die hier bestatteten Obdachlosen nicht im »Kampf fürs Vaterland« gefallen. Sie sind gestorben in ihrem ganz individuellen Kampf um ein menschenwürdiges Leben. Doch die Institutionen, die sich ihrer annahmen, haben ihnen nicht einmal im Tod Respekt gezollt. Keine Büsche oder Blumen oder immergrüner Pflanzenschmuck, nichts als kahle Erde oder Gras und die Steine. Kalt, unpersönlich, gleichgültig. Kein Ort der Trauer und des Gedenkens.

Aber Rainer weiß auch hier mehr: »Das ist schon besser als ein normales Armengrab. Da gibt's nur Holzkreuze. Und vorher werden die Toten nach Holland gekarrt, weil dort das Verbrennen billiger ist. Oder sie bleiben gleich da, und ihre Asche wird verstreut. Das ist noch billiger.«

Ich entdecke an zwei frischen Gräbern Blumenschmuck, Schnittblumen, die langsam verwelken. »Vielleicht Angehörige«, sagt Rainer. »Oder ein Partner aus dem Heim. Das gibt es nämlich auch: Liebe im Petrusheim.«

Das tröstet mich wenig. Der Eindruck von tiefer Trostlosigkeit bleibt. Wir verlassen den Friedhof. Am anderen Ende der »Hauptstraße« liegt die Kirche. Wir gehen hinüber. Ein schwarzes Auto überholt uns, zwei Männer steigen aus und wuchten einen Sarg von der Ladefläche.

»Mein Beileid«, sagt Rainer. »Bringt ihr jemanden?«

»Irgendwer vom Haus«, antwortet einer der Männer. »Packt mal mit an.« Der Sarg ist schwer, er kracht auf den Boden, als wir ihn aus dem Auto herausheben. Rainer mahnt zur Vorsicht, und ich frage die beiden, wie sie den Sarg denn hätten allein in die Kirche transportieren wollen. Sie wären mit dem Wagen reingefahren, meinen sie, bis zum Altar, kein Problem. Wir heben den Sarg wieder an, gehen mühsam weiter. Als wir ihn endlich am Altar haben und absetzen, schlage ich vor, eine Kerze anzuzünden, einen Moment zu verweilen, mir geht die Hektik auf die Nerven, mit der hier der Tote abgeladen wird. Es kommt mir vor wie eine Entsorgung von irgendwelchem Müll. Die Männer winken ab und gehen. Wir bleiben noch eine Weile, in uns versunken, und kehren dann auch um.

Im »Dorf« gehe ich noch einmal zum Aushang mit der »Prämien-Information«. Ich hatte so eine vage Erinnerung. Da steht tatsächlich im letzten Absatz unter »Prämien für das Bierabladen und für Beerdigungen«: »Für das Bierabladen gibt es eine Prämie von 2,50 Euro. Für das Sargtragen bei Beerdigungen wird auch eine Prämie von 2,50 Euro gezahlt.«

Bei vielen meiner Begegnungen mit den Gestrandeten und Ausgestoßenen muss ich an Friedrich Nietzsches Gedicht »Vereinsamt« denken:

Die Krähen schrein
Und ziehen schwirren Flugs zur Stadt:
Bald wird es schnein –
Wohl dem, der jetzt noch Heimat hat.

Nun stehst du starr,
Schaust rückwärts, ach! wie lange schon,
Was bist du Narr
Vor Winters in die Welt entflohn?

Die Welt – ein Tor
Zu tausend Wüsten stumm und kalt;
Wer das verlor,
Was du verlorst, macht nirgends Halt.

Nun stehst du bleich,
Zur Winter-Wanderschaft verflucht,
Dem Rauche gleich,
Der stets nach kältern Himmeln sucht.

Flieg, Vogel, schnarr
Dein Lied im Wüstenvogel-Ton.
Versteck, du Narr,
Dein blutend Herz in Eis und Hohn.

Die Krähen schrein
Und ziehen schwirren Flugs zur Stadt:
Bald wird es schnein –
Weh dem, der keine Heimat hat!

Bei Anruf Abzocke
Unter Callagenten

Silbrig glitzernd ragt das Hochhaus in den Himmel über Köln, acht Meter höher als der Dom. Der KölnTurm im MediaPark ist mein Ziel an diesem Morgen, die neue deutsche Arbeitswelt, in der nichts mehr qualmt und rußt wie einst in Fabriken und in Zechen, die vielmehr staubfrei hinter Stahl und Glas versteckt ist. Eine automatische Drehtür schiebt mich ins Foyer, vor den Empfang. Ich trage falsche Haare, Kontaktlinsen, habe meinen Schnauzbart abrasiert, und das Marathontraining hat mich zusätzlich verjüngt. Ich bin 49 und heiße von nun an Michael G. – mein Name und damit meine Identität ist von dem Freund eines Freundes entliehen.

Die junge Dame am Empfang erkundigt sich auf der Zieletage, ob ich erwartet werde. »Mit dem Anwachsen der Geschäftsvolumina steigen in gleicher Weise die Diskretionsbedürfnisse«, lautet die KölnTurm-Eigenwerbung. Deshalb »schützt Sie das Lift-look-Aufzugssystem vor ungebetenen Gästen«. So viel Diskretion wird Gründe haben. Im KölnTurm haben sich Unternehmen niedergelassen, die sich nur ungern in die Karten schauen lassen: Finanzdienstleister, Makler, Beratungsfirmen, Callcenter. Der Bürokomplex ist ein Paradebeispiel der schönen neuen Arbeitswelt. Ganz unbescheiden stellt er sich in eine Linie mit dem Rockefeller Center und dem Empire State Building in New York oder dem Philipp Street Commercial Office Tower in Sydney. Im hauseigenen Werbeprospekt sind diese und andere Weltberühmtheiten unter den Bürohochhäusern kommentarlos auf der ersten Doppelseite abgelichtet. Im KölnTurm, so die Betreiber der »Primelocation«, residieren Unternehmen, die »zu den führenden Adressen zählen«. Ich will zu CallOn, dem zweitgrößten Vermarkter von Lotterielosen in Deutschland. CallOn ist ein Call-center, einer der Big Player in diesem neuen Wirtschaftszweig.

Mehr als 6000 Callcenter gibt es in Deutschland. 440 000 Beschäftigte hatte die Branche 2007. Eine Wachstumsbranche. Jahr für Jahr sollen 40 000 Mitarbeiter hinzukommen. Es scheint, als seien Callcenter die Bergwerke der Neuzeit: Zigtausende arbeiten im Verborgenen, werden unsichtbar – und ihre Arbeitsbedingungen auch. Die Branche wächst schnell und verändert sich rasant: Nur noch ein Drittel der Firmen ist mit sogenannten In-bound-Geschäften betraut, nimmt also im Auftrag eines Unternehmens Anfragen, Beschwerden oder Anregungen von Kunden entgegen. Zwei Drittel widmen sich teilweise oder vollständig dem Outbound: Verkaufsgeschäften. Allgemein bekannt ist, dass diese Callcenter Lotterielose und Zeitschriftenabonnements verkaufen, weniger bekannt, dass sie im Grunde mit allem Möglichen handeln: mit Nahrungsmitteln, Versicherungsverträgen, Reisen oder Hedgefonds. Was auch immer sie verkaufen: Meist ist es überteuert, von minderer Qualität, oft wertlos. Fast immer ist der Kunde der Betrogene. Die Callcenter rufen tagein, tagaus bei den Deutschen an – in der Regel ungebeten. Weit über eine Million unaufgeforderte Anrufe, schätzt der Bundesverband der Verbraucherzentralen, werden täglich von Callcentern aus geführt. In 95 Prozent der Fälle fühlen sich die Verbraucher belästigt.

Die Branche selbst spricht 2009 von 24 Millionen »Kundenkontakten« täglich. Das klingt schön neutral, aber die Verbraucherzentralen berichten über eine zunehmende Zahl von nervtötenden Telefonanrufen, mit denen Kunden über angebliche Gewinne bei Glücksspielen »informiert« und zu Anrufen bei teuren 0900er-Nummern gelockt werden, um sich ihre »Gewinne« abzuholen. Tatsächlich flattern den so Hereingelegten wenig später Rechnungen über Hunderte von Euro ins Haus.

Wer belästigt da? Wer will, soll, muss verkaufen? Ich will eintauchen ins Zentrum der heiß laufenden Drähte. Zu diesem Zweck habe ich mich auf eine Anzeige in einer Regionalzeitung gemeldet. Zwei Tage später werde ich in den KölnTurm einbestellt, wir sind ein Dutzend Bewerber. Hoffnungsfrohe Menschen beiderlei

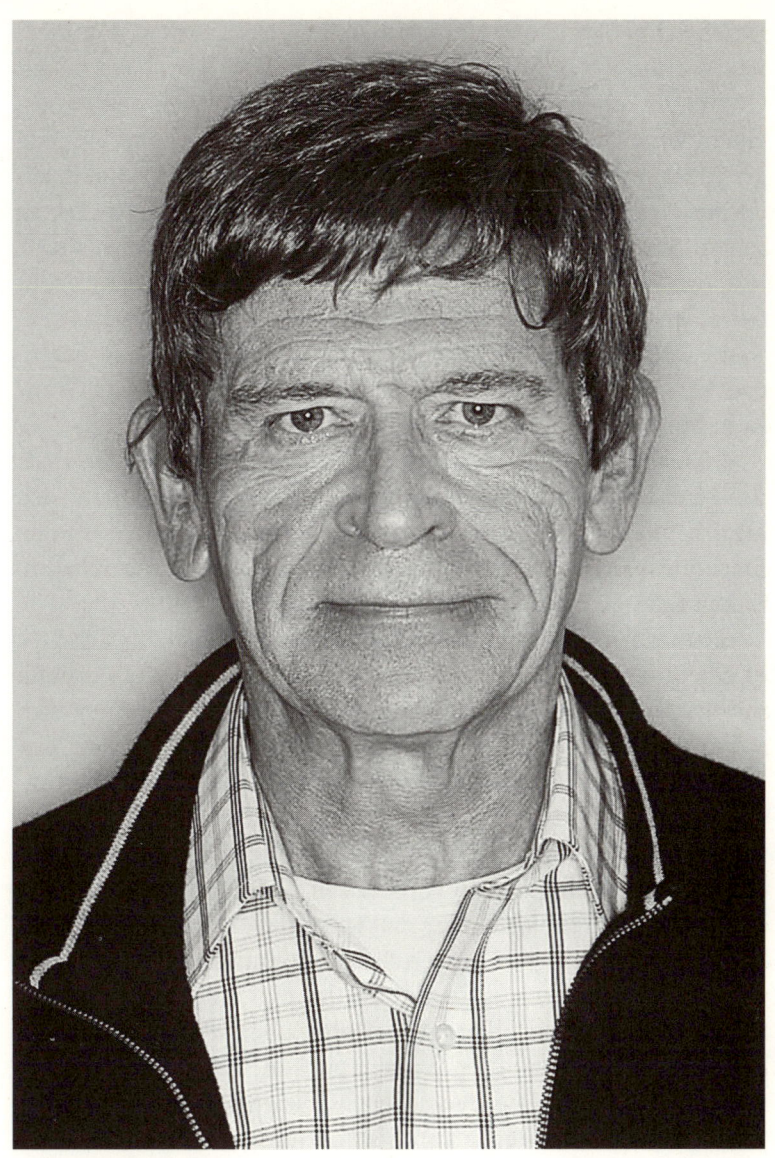

Als Callagent Michael G.

Geschlechts und jeden Alters haben den Weg hierher gefunden. Jetzt warten wir auf das Vorstellungsgespräch. Nervosität, kaum Gespräche untereinander, ein paar von uns rauchen hektisch in einem winzigen Glaskasten mit Abzug. Dann erscheint ein junger Mann mit federndem Schritt und offenem Jackett und geleitet uns zu den Aufzügen. Keine Tasten oder Knöpfe sind dort zu sehen. Stattdessen hält er einem der Aufzüge eine Scheckkarte hin, die Türen öffnen sich, und wir treten ein in die Schlagader des Turms. Automatisch fährt der Aufzug – auch drinnen ist kein Tastenfeld angebracht – in die gewünschte Etage. Teils beeindruckt, teils verunsichert schreiten wir in das weiß gestylte Großraumbüro.

»Frischfleisch«, ruft einer der Altgedienten. Ein flotter Enddreißiger kommt uns entgegen, verbindlich lächelnd stellt er sich als »Teamleiter« vor und zeigt auf die Arbeitsplätze. Neben den Flachbildschirmen hängen Spiegel. Darunter lese ich: »Schau in diesen Spiegel. Was du siehst, ist einmalig!«

»Immer wieder da reinschauen und lächeln, lächeln, lächeln«, empfiehlt der Teamleiter, »das hebt die Stimmung. Wir sind hier gut drauf. Viel lachen und positive Energie. Das überträgt sich auf den Kunden.« Aldous Huxleys Zukunftsvision »Brave New World« fällt mir ein, die freiwillige Unterwerfung, Autosuggestion und Selbsthypnose.

Wenig später beginnen die Vorstellungsgespräche. Ein gewiefter Verkaufsprofi stellt sich vor, der seit zwei Jahren arbeitslos ist und sich in seiner Not immer mal wieder als Versuchskaninchen für Pharmafirmen verdungen hat. Ein ungelernter Türsteher schaut etwas verlegen in die Runde, der diplomierte Sportlehrer, der neben mir steht, plaudert gelassen über seinen noch nicht gelungenen Berufseinstieg. Alle brauchen Geld. Und Arbeitsplätze sind rar. Die meisten sagen, sie seien wegen der Anzeige hier. Die Friseurin wurde von der Arbeitsagentur geschickt. Sie ist Mitte zwanzig und hat ein Kind; freiwillig ist sie nicht zu diesem Termin gekommen. Aber der Personalverantwortliche will gar nicht wissen, woher wir kommen, er will auch keine Dokumente sehen.

Der Teamchef prüft, ob wir gewandt oder stockend reden, wie

chau in diesen Spiegel.
as du siehst ist einmalig.

»Lächeln, lächeln, lächeln« – bei CallOn

überzeugt und überzeugend wir unsere Biografien und Motive vortragen.

Wenige Tage später werden einige von uns unterrichtet, dass sie zur Probearbeit anfangen dürfen. Nicht alle dürfen. Ich darf. Außerdem noch der Verkaufsprofi, die Werbefachfrau, die Friseurin und zwei Studentinnen.

CallOn zählt mit mehr als 600 Beschäftigten in fünf Niederlassungen und einem Jahresumsatz von 70 Millionen Euro zur Oberklasse der Branche. Firmenchef Eckhard Schulz will, so sagt er der Presse, weitere 700 Stellen schaffen, überdies seien 2000 Heimarbeitsplätze geplant. Das Unternehmen gibt sich erfolgreich – daran haben auch ein lange schwebendes Verfahren wegen Steuerhinterziehung in zweistelliger Millionenhöhe und die vorübergehende Inhaftierung von Eckhard Schulz nichts geändert. Unser Teamleiter stellt klar: CallOn ist ein anständiges Haus. Dreimal am Tag kommt das Reinigungsteam. Und es gibt eine Kleiderordnung. »Jeans sind verboten und Turnschuhe unerwünscht. Aber sonst sind wir hier ganz locker drauf. Wir haben flache Hierarchien und duzen uns«, sagt unser Instrukteur und stellt sich mit seinem Vornamen vor. Ich kann es mir nicht verkneifen, auf einen Widerspruch hinzuweisen: »Wir telefonieren doch nicht am Bildtelefon, da sieht uns doch keiner!« Der Teamleiter hält dagegen: »Euer Äußeres überträgt sich auf eure innere Haltung. Das spürt der Kunde.« Später sagt er: »Wer sich als Callagent mit vielen Abschlüssen besonders hervortut, hat die Chance, in unseren Stützpunkt auf Mallorca versetzt zu werden, mit Cocktails und Partys und so.«

CallOn telefoniert im Auftrag der Firma LottoTeam, die der Firmeninhaber aus juristischen Gründen nach Holland ausgelagert hat, und verkauft Systemlotto-Scheine. Woche für Woche spielen die Deutschen für 20 Millionen Euro Lotto, einzeln oder in Tippgemeinschaften. LottoTeam sammelt pro Tippgemeinschaft jeweils 240 Spieler, die sich einen teuren Systemschein für knapp 700 Euro teilen und dafür wöchentlich 77 verschiedene Sechser-Kombinationen spielen. Der Trick besteht darin, dass dem Angerufenen verschwiegen wird, dass er sich in einer Tippgemeinschaft befindet. Die Chance, mit einem einzelnen Lottoschein einen Hauptgewinn zu erzielen, liegt bei eins zu 14 Millionen. Um ihre Chancen auf sechs Richtige mit Zusatzzahl auf angeblich eins zu 7000 zu erhöhen, zahlen die Kunden von CallOn zwölf Euro pro Woche. Der mögliche Gewinn würde allerdings drastisch sinken. Sollte eine Tippgemeinschaft wirklich mal eine Million Euro gewinnen, blieben für den einzelnen Spieler vom erträumten Millionenglück klägliche 4200 Euro.

Im Großraumbüro herrscht das Prinzip »Learning by doing«. Keiner sagt direkt: Ihr müsst betrügen. Der Teamleiter empfiehlt stattdessen: »Spitzt eure Ohren. Orientiert euch an den Erfolgreichen. Wer Erfolg hat, hat recht.« Einer der Erfolgreichsten ist Michael Fischer. Er hat in Wirklichkeit einen anderen Namen, wie fast alle hier. Seine Verkaufsmasche ist äußerst primitiv, aber sehr effektiv: Offensichtlich hat er gerade jemanden am Angelhaken: »Michael Fischer ist mein Name. Von der Firma CallOn. Kennen Sie Lotto? Sagen Sie mal ganz leise: ›Ich gewinne!‹ Nein, nicht so, sondern mit Elan! Sagen Sie noch mal: ›Ich gewinne!‹ Noch ein bisschen lauter jetzt! Sehen Sie. Ich schicke Ihnen die Unterlagen zu. Sie prüfen das bitte. Und ab dem 2. Juni können Sie dann mitspielen.«

»Der hat angebissen«, wendet er sich uns zu und widmet sich schon seinem nächsten Opfer: »Wenn Sie ab 10 000 Euro aufwärts gewonnen haben, dann laden Sie mich auch mal ein?! Okay? Haben Sie was zu schreiben? Dann gebe ich Ihnen jetzt meinen Namen, damit Sie wissen, mit wem Sie telefoniert haben. Das ist Michael Fischer. Nee, Michael wie der heilige Michael. Und Fischer, wie der Joschka Fischer, der Verbrecher. Bitte? Nee, ich bin der heilige Michael! So. Und für den Anfang der Bargeldgewinne ab 2500 Euro und für den monatlichen Spielbetrag in Höhe von 64 Euro muss ich noch wissen, mit welcher Bank Sie zusammenarbeiten. Ist das die Kasseler Sparkasse?«

Auf dem Bildschirm des Callagenten tauchen parallel zum Wohnort des Angerufenen auch die Banken auf, die es am Ort gibt. Michael Fischer tippt ins Blaue auf die Kreissparkasse. Treffer. Das schafft Vertrauen.

»Das ist richtig? Okay. Dann schauen Sie mal bitte auf Ihre Karte, die Bankleitzahl ist doch 520 503 und die 53. Ist die mit Ihrer Bankleitzahl identisch? Ist richtig, okay. Und die dazugehörige Kontonummer lautet wie? Ja, das wäre schön, ja. Die trage ich hier jetzt ein, und Sie bekommen das dann zugeschickt.«

Hier allerdings hakt es dann. Das Gegenüber will die Kontonummer nicht rausrücken. Michael Fischer setzt nach: »Sie sind doch selbstständig, oder?« (Auch diese Information hat der Bildschirm bzw. der Adresslieferant ausgespuckt.) »Wenn ich mich bei Ihnen behandeln lasse, kriege ich doch bestimmt eine Rechnung von Ihnen? Und was finde ich dann in der Fußzeile? Die Kontonummer von Ihnen, richtig? Sehen Sie, ich bekomme am Tag 30 bis 40 Kontonummern. Wenn ich damit etwas anfangen könnte, wäre ich schon längst auf den Bahamas. Und Sie würde ich auch mitnehmen, weil Sie sich so nett anhören. Sie können bestimmt gut Volleyball spielen, oder? Nee? Ah, Fußball. Auch gut.«

Der »Kunde« zögert anscheinend noch immer, Michael Fischer legt nach: »Also, ich trage das hier in die Daten ein, das bekommen Sie dann zugeschickt. Wir arbeiten mit dem stinknormalen Firmen-Lastschriftverfahren. Für den Fall, dass Sie nicht mitspielen, werden Ihre Daten gelöscht. Dazu sind wir laut Bundesdatenschutzgesetz verpflicht.«

Mit so viel Gesetz und Normalität scheint der Callagent den potenziellen Lottospieler endlich rumzukriegen. Aber da kommt offensichtlich noch eine letzte Gegenwehr, die Angst vor dem Datenmissbrauch. »Aber das wissen Sie doch als Heilpraktiker, Sie können ja auch nicht dem Kunden B erzählen, was der A hat, oder? Sehen Sie. Also, wie lautet die Kontonummer?«

Michael Fischer verdreht die Augen. Es hat diesmal nicht geklappt. Der andere hat aufgelegt.

In dem Telefonat, das der Callagent da mit einer einschmeichelnden, ja hypnotisierenden Stimme geführt hat, taucht auch an anderer Stelle nie die Information auf, dass der potenzielle Mitspieler mit einem Zweihundertvierzigstel des Gewinns abgespeist wird, wenn es denn mal klappen sollte. Auch wurde nicht gesagt, dass ein Gewinn unter 50 Euro gar nicht ausgezahlt, sondern für die nächste Spielrunde einbehalten wird. Eine Kollegin meint dazu: »Die meisten Leute, die hier arbeiten, wissen schon, was sie da tun. Die wissen, sie betrügen Kunden, und tun das tagtäglich mit einer Systematik, die unvorstellbar ist. Ich glaube, auch wenn man sich das nicht eingesteht, dass man da bleibende Schäden davontragen kann.«

Aber das Geschäft brummt, und das ist die Hauptsache. Es brummt so, dass sich die Kölner Niederlassung von CallOn die Miete in Höhe von 36 000 Euro monatlich für zwei Etagen im KölnTurm leisten kann. Allein vom Lottoscheinverkauf! Allerdings: »Wir verkaufen ein Produkt und kein Widerrufsrecht!«, meint unser Coach mit Verschwörermiene. Der Verkauf der Lottoscheine am Telefon sei legal und voll und ganz gesetzeskonform. Weil daran gleich mehrere der Callagenten in spe zweifeln, wiederholt er das noch einmal. Auch meine Kollegin, die Friseurin, hat davon gehört, dass man nicht so ohne Weiteres jeden beliebigen Bürger zu Hause anrufen und ihm ein Geschäft anbieten darf, bloß weil er ein Telefon besitzt. Die Rechtsprechung sagt eindeutig: Ohne ausdrückliche und konkrete Aussage, man wolle angerufen werden, darf ein Callcenter die Nummer eines erhofften Neukunden nicht wählen. Alles andere verstößt gegen das Gesetz gegen unlauteren Wettbewerb. Wir bei CallOn verstoßen – mit modernster Technik.

Mit Headset in der Hühnerbatterie

Wir geben uns aber zufrieden mit der Versicherung unseres Teamleiters, dass alles legal zugeht bei CallOn, und werden endlich auf die Menschheit losgelassen: mit Elektronik vom Feinsten, wenn auch hühnerbatteriegleich dicht nebeneinander. Im Großraumbüro hinter der Glasfront sind 100 Computerarbeitsplätze installiert. Der Lärm ist ohrenbetäubend. Wie hält man das aus über Stunden und Stunden?

Die Ausstattung der Arbeitsplätze allerdings überzeugt: Flachbildschirme, Headsets, eine Software, die eingespeicherte Telefonnummern nach einem Mausklick anwählt. Sobald eine Verbindung zustande kommt, erscheinen auf dem Bildschirm die Anschrift des Teilnehmers und die Herkunft der Adresse. Ver-

Die Adressenverkäufer

Adresslieferanten arbeiten bekanntlich am Rande der Legalität – und oft auch weit außerhalb. Sie bieten Adressen, geordnet nach Orten oder Verbrauchervorlieben oder sonst welchen Eigenschaften an. Und unterschreiben bei ihren Abnehmern, dass die aufgeführten Personen mit der Weitergabe ihrer Daten und möglichen Anrufen einverstanden sind. Falls das Gesetz solche Zustimmung verlangt.

Oft sind die Adresslieferanten dieselben, die mit diesen Adressen Schindluder treiben. Banken ordnen ihre Kundendaten so, dass sie für eigene (oder beauftragte) Callcenter nutzbar werden; Versicherungen nutzen die Angaben ihrer Klienten, um mit ihnen weitere Geschäfte machen zu können; Versandhäuser durchleuchten das Kaufverhalten ihrer Kundschaft und bereiten solche Daten für Inbound- und Outbound-Anrufe auf.

Walter-Services, ein Callcenter mit 19 europäischen Standorten (Eigendarstellung), wirbt mit der erfolgreichen Aufbereitung solcher Datensätze. »Unser Kunde gehört zu den Top 3 der deutschen Banken mit klassischer Filialstruktur. Das Produkt-Portfolio der Bank sollte bei Bestandskunden eine verbreiterte Durchdringung finden.«

Dass Verbraucherdaten inklusive der individuellen Bankkonten vom Adresshandel verkauft werden, wurde im August 2008 erstmals bekannt.[13] Eine CD mit 17 000 Bankdaten war der Verbraucherzentrale Schleswig-Holstein zugespielt worden. Der Medienriese Bertelsmann war in den Skandal verwickelt, er selbst vertreibt über seine Tochter AZ Direct Adressdaten. Eckard Schulz, CallOn-Chef, sagt dazu, der Handel mit Daten sei lukrativer als die Verkaufsabschlüsse, die mithilfe solcher Daten getätigt werden könnten. Er selbst habe mehrfach 2,5 Millionen Datensätze im Stück verkauft. Im März 2009 wurde gemeldet, dass der größte Kabelnetzbetreiber Deutschlands, die KDG, Hunderttausende Kundendaten für die Akquise von Neukunden für Internet- und Telefondienste an unseriöse Telefonverkäufer weitergegeben und das Adressmaterial von insgesamt 9,1 Millionen Kunden Callcentern zur Verfügung gestellt habe.[14]

Programme wie Data Warehousing oder Data Mining[15] beschleunigen die Aufbereitung von Daten. Auch die millionenfache Verwendung von Kunden- oder Paybackkarten im Einzelhandel spült den Firmen und möglichen Adresslieferanten das Kaufverhalten ihrer Kunden in ihre Pools[16] und schafft so den gläsernen Konsumenten. Denn ihre persönlichen Angaben haben die Inhaber in der Regel mit der klein gedruckten »Einverständniserklärung« versehen, dass diese Daten weiterverwandt werden können.

schlüsselt, versteht sich. Da steht z. B. »McCrazy200608« oder »215Umzugsdaten200607_09« oder »153EasyCoupon_2006_07«. »BMW-Gewinnspiel« ist da noch eine vergleichsweise nachvollziehbare Angabe. Diverse Internetanbieter, die Gewinnspiele betreiben, verdienen mit dem Verkauf der Teilnehmerdaten viel Geld, z. B. PLANET49 GmbH. Als Adressverkäufer betätigen sich aber auch »seriöse« Firmen wie Banken, Versicherungen, Telefonbetreiber. Der Handel mit Adressen geht in die Millionen und bringt Millionen.

Unser Teamchef behauptet, die Adressen, die hier angewählt werden, stammten sämtlich von Menschen, die bei irgendwelchen Gewinnspielen angekreuzt hätten, sie wollten die Weitergabe ihrer Adressen nicht verbieten. Oder die vergessen hätten, genau das anzukreuzen. Das sagt er mit einem Augenzwinkern. »Die können wir anrufen, völlig legal.« Eine Auskunft, die definitiv falsch ist.

Sowohl CallOn als auch LottoTeam haben ihren Hauptsitz in den Niederlanden. Beide gehören Eckhard Schulz. 1999 erstattete die staatliche Lotteriegesellschaft WestLotto Strafanzeige gegen LottoTeam wegen Lottosteuerhinterziehung und illegalen Glücksspiels. Die Staatsanwaltschaft Düsseldorf ermittelte, Lotto-Team-Konten in Höhe von 192 Millionen Euro wurden eingefroren, im März 2004 wurde Anklage erhoben, und Eckhard Schulz nahm sich vier Anwälte. Am 17. November 2006, nach 17 Verhandlungstagen, beantragte die Staatsanwaltschaft die Einstellung des Verfahrens. Sie hatte vermutet, dass Schulz die Gelder der Spieler überhaupt nicht eingesetzt, sondern auf Konten geparkt hatte. Die Gewinne, die den Spielern theoretisch, entsprechend der deutschen Lottoziehung, zustanden, habe er zwar von diesen Konten gezahlt. So habe er jedoch die anfallenden Lottosteuern umgangen. Der Firmenchef besaß so viele Gesellschaften und Treuhandgesellschaften in Deutschland, Spanien und den Niederlanden, dass es unmöglich war, den Geldfluss nachzuvollziehen. Die Staatsanwältin kapitulierte schließlich und einigte sich mit Schulz' Anwälten darauf, das Verfahren gegen Zahlung von 750 000 Euro Bußgeld einzustellen.

Ich setze das Headset auf. Mir wird eine ältere Dame aus Süddeutschland zugeschaltet. Sie hört sich geduldig meinen Spruch an und sagt: »Nein, da hab ich eigentlich kein Interesse.« Ich bedanke mich artig.

Der Coach neben mir schüttelt den Kopf. Er rät mir, beim nächsten Mal zu sagen: »Aber Sie haben doch Interesse, Geld zu gewinnen, oder etwa nicht?« Beim zweiten Anruf bemerke ich, dass mir der Drang fehlt, einer jungen Mutter, ein weinendes Kind im Hintergrund, mit derlei Suggestivfragen auf die Pelle zu rücken.

Ein älterer Mann klagt: »Ich lebe von Hartz IV. Wissen Sie, die zwölf Euro in der Woche bräuchte ich dringend, aber zum Leben. Ich habe heute nicht mal ein Stück Brot zu essen.«

»Dann entschuldigen Sie bitte die Störung«, sage ich, »es tut mir aufrichtig leid.«

Der Coach reagiert verärgert: »Da hast du ja einen Sentimentalen hingelegt!« Als ich ihm den Fall schildere, sagt er nur: »Ihr braucht hier keine Gewissensbisse zu haben. Euer Gewissen könnt ihr zu Hause lassen!«

Viele der Angerufenen legen auf, bevor wir ihnen etwas versprechen können. Einer brüllt: »Ich zeige Sie an, Sie sind jetzt schon der Dritte heute, der mir was andrehen will.« In solchen Fällen lautet unsere Instruktion: das Gespräch sofort beenden. Unsere Telefonnummer wird ohnehin unterdrückt.

Eine jüngere Frau hört sich kommentarlos meinen Spruch an. Dann sagt sie leise, aber sehr bestimmt: »Glücksspiele sind uns verboten.«

»Wer verbietet Ihnen das? Wir leben doch in einem freien Land.«

»Es sind religiöse Gründe.«

»Darf ich fragen, welcher Religionsgemeinschaft Sie angehören?«

»Islam.«

»In welcher Sure steht das denn geschrieben?«, frage ich aus echtem Interesse und kann ihr nicht verübeln, dass sie auflegt.

Einmal gerate ich an einen mathematisch versierten Experten. Bevor ich ihm unser Gewinnsystem erklären kann, fällt er mir ins Wort: »Ich habe das längst durchgerechnet. 52 Prozent der Lottoeinnahmen werden gar nicht ausgeschüttet. Lotto ist die reinste Strafsteuer auf mathematischen Unverstand. Die Chance, vom Blitz erschlagen zu werden, ist 45-mal höher als sechs Richtige.«

Eine ältere Dame aus Ostdeutschland beschwert sich mit weinerlicher Stimme: »Jetzt wollen Sie mir den Schwindel schon wieder andrehen. Ich habe gerade gekündigt, und die Kündigung wurde nicht angenommen.«

»Aber Sie haben doch sicher schon Gewinne eingesteckt«, versuche ich sie zu beschwichtigen.

»Ja, 2,50 Euro«, antwortet sie, »aber die wurden mir nicht ausgezahlt, die würden mit einem neuen Spiel verrechnet.« Da konnte ich nicht dagegenhalten.

Zumal völlig undurchschaubar ist, wie viel Prozent der Einnahmen sich CallOn und die einzelnen Telefonverkäufer einstecken und wie viel tatsächlich in den Ankauf von Lottolosen geht. Darüber spricht bei solchen Callcentern niemand. Und wissen werden es wahrscheinlich nur Eckhard Schulz und einige seiner Getreuen.

Schließlich gerate ich an eine Leipzigerin, die sich als altgediente Kollegin herausstellt. Sie lässt mich all meine geheuchelten Argumente herunterleiern, dann erst gibt sie sich zu erkennen. »Mir können Sie nichts vormachen«, sagt sie, »ich arbeite seit drei Jahren im Callcenter und weiß, wie man Leute übers Ohr haut.«

»Dann können Sie mir ja mal ein paar Tricks verraten. Ich bin nämlich neu hier.«

»Das sind Betriebsgeheimnisse, da müssen Sie schon selber draufkommen«, sagt sie, »ich musste mir das auch erst mühsam erarbeiten. Allerdings haben wir es einfacher als Sie. Wir verkaufen Lose der Süddeutschen Klassenlotterie. Da ist uns der Herr Jauch eine große Hilfe.« Günther Jauch ist Moderator der SKL-Show auf RTL und allgegenwärtiger Werbeträger der staatlichen Lotteriegesellschaft.

Insgesamt belästige ich an diesem ersten Arbeitstag an die 80 Menschen. Das Wort »Kunden« widerstrebt mir, korrekt wäre »potenzielle Opfer«. Bei keinem habe ich den Eindruck, dass der Anruf erwünscht gewesen wäre. Die meisten reagieren verärgert und genervt. Viele geben zu verstehen, dass sie es als Telefonterror empfinden, fortwährend mit immer neuen Angeboten belästigt zu werden. Ich habe etliche Telefonnummern heimlich notiert. Am nächsten Tag rufe ich dort von zu Hause aus an und frage, ob die Telefon-»Kunden« von CallOn an einem Preisausschreiben teilgenommen oder eine Einverständniserklärung unterschrieben haben, in der sie einem derartigen Anruf ausdrücklich zugestimmt hätten. Alle – ohne Ausnahme – verneinen. Niemand hatte sich »willentlich oder wissentlich«, wie es die Rechtsprechung verlangt, dazu bereit erklärt.

Das Ziel eines jeden Anrufes bei CallOn ist es, eine Kontonummer zu ergattern, für die Abbuchung. Von uns Neulingen schafft das niemand. Nur eine von uns kommt überhaupt dazu, nach der Bankverbindung zu fragen, doch der Angerufene verweigert die Antwort. Unser Teamleiter sagt: »So geht das nicht! Das darf gar nicht als Frage kommen. Du musst sagen, dass der Gewinn nur überwiesen werden kann, wenn wir die Kontonummer haben. Und mitspielen kann natürlich auch nur der, der zahlt. Ist doch klar.«

Er empfiehlt uns: »Das Gespräch weich aufbauen, dann festklopfen! Behauptet, wir hätten vor Jahren schon mehrfach den Jackpot geknackt. Das können die ja doch nicht überprüfen. Und immer nur positiv argumentieren. Wenn euch jemand blöd kommt mit dem Argument ›Ich will gar kein Lotto spielen‹, haltet dagegen: ›Das ist ja richtig, deswegen rufe ich Sie ja an.‹« Hartz-IV-Empfängern und anderen Mittellosen sollen wir flüstern:

»Auch Sie sollten endlich mal auf der Sonnenseite des Lebens stehen! Haben Sie nicht auch mal Lust, in die Karibik zu fahren?« Wen das nicht anmache, dem dürfe man deutlicher kommen. »Unsere Mädels haben gerne den Spruch drauf: ›Wenn Sie dann den Scheck von uns kriegen, fahren wir zusammen in die Karibik!‹«

In der Nähe der Küchenzeile stehen zwei Tische mit zehn Stühlen. Hier können die Mitarbeiter ihre Pause verbringen, vorgeschrieben ist eine Viertelstunde pro Schicht. Zu unserem leicht frustrierten Fünferhaufen setzt sich Frank, ein Vollprofi. Er macht täglich zwei Schichten, die eine von 9.30 Uhr bis 14.15 Uhr, die andere von 15.30 Uhr bis 20.15 Uhr. Und er macht, behauptet er, täglich zehn Abschlüsse, mindestens.

Frank rät uns, im Gespräch mit möglichen Kunden auf die Reihenfolge zu achten. »Wer zuerst von den Kosten redet, der kriegt die Bankverbindung nie. Wenn die fragen, wieso brauchen Sie denn meine Bankdaten, müsst ihr gegenhalten: ›Ja, wir müssen schließlich wissen, wohin wir Ihnen den Gewinn überweisen sollen!‹ Behauptet einfach: ›Weil wir mal 55 000 Euro Gewinn auf ein falsches Konto überwiesen haben, und da ist das Geld futsch gewesen!‹ Die Reihenfolge ist wichtig. Und um die geht es, um nichts anderes, das müsst ihr im Schädel haben, Leute: die Bank, die Bank, die Bank.« Und wer Skrupel habe, solle sich einfach einen Künstlernamen zulegen, »das machen alle hier«.

Um sich gegen Kundenklagen abzusichern, lässt CallOn seine eigenen Mitarbeiter Folgendes unterschreiben: »Ich erkläre hiermit, dass alle geworbenen Kunden über die Modalitäten ausreichend von mir informiert worden sind und ich nur die wahrheitsgemäßen Zahlen, Daten und Fakten weitergegeben habe. Ich bin über meine Verpflichtung, den Kunden nur wahrheitsgemäß die Angaben zu übermitteln, ausreichend informiert worden.«

Wer nach diesen Anweisungen verkauft, verkauft nicht. Wer deshalb lügt oder Informationen unterschlägt, hat das selbst zu verantworten. Das hat CallOn von jedem seiner Mitarbeiter schriftlich. Die Firma wäscht ihre Hände in Unschuld, wenn sich Kunden beschweren oder wenn Rechtsanwälte oder Verbraucherzentralen das Unternehmen angehen: Schuld hat immer der einzelne Agent.

Und im Arbeitsvertrag gibt's einen Wink mit dem Zaunpfahl: Da ist wiederholt und vieldeutig vom »Verkäufergeschick« die Rede: »Von dem Verkäufer wird erwartet, dass er jeweils bezogen auf einen Kalendermonat durchschnittlich einen Bruttoabschluss stündlich tätigt. Mit einem Bruttoabschluss im vorgenannten Sinne ist gemeint, dass der Arbeitnehmer durch sein ›Verkäufergeschick‹ einen Kunden akquiriert.« Dass das eine Umschreibung für Tricks, Lug und Trug ist, wird dem Neuling erst bewusst, wenn er dem System auf Gedeih und Verderb ausgeliefert ist.

Die Pleiten überwiegen bei den Telefonaten. Abschlüsse sind auch für die Besten in der Regel nur bei einem von zwanzig Anrufen drin. Trotz aller Schulungen und Trainingsmaßnahmen, die von CallOn u. ä. Einrichtungen als »innerbetriebliche Fortbildung« durchgeführt werden. Das hört sich auf einer Schulungsmaßnahme im KölnTurm so an (der Ausbilder ist Jurist und hat zusätzlich Psychologie studiert):

»Wir müssen den Kunden führen. Wir wissen, wo es hingeht. Schon vor dem ersten Satz – ›Schönen guten Tag!‹ – wissen nur wir, dass wir zur Kontonummer wollen. Das weiß der Kunde natürlich noch nicht. Im Verkauf spielt eine ganz starke Rolle, dass der Verkäufer die Konventionen und Höflichkeitsregeln ausnutzt, die man in unserer westlichen Gesellschaft verinnerlicht hat. Deshalb gibt es viele, die die Festigkeit nicht hinkriegen und einfach nicht sagen können: ›Lasst mich in Ruhe!‹

Das Tempo spielt eine große Rolle. Das ist wie im Hollywood-Actionkino: schnelle Schnittfolgen, Bildergewitter, Verfolgungsjagden. Da rast ein Auto um die Ecke, na klar, ich nehme das wahr, aber sofort kommt die nächste Information und die nächste Information und die nächste. So kann ich erreichen, dass der andere sich gedanklich einlässt. Denn wenn ich zu viele Pausen mache, fällt der Kunde wieder auf seine eigene Haltung zurück, die ja prinzipiell ablehnend ist.

Wenn der Kunde sagt: ›Meine Kontonummer gebe ich grundsätzlich nicht über Telefon raus!‹, dann haben wir ihn schon zur Hälfte. ›Grundsätzlich‹, ›im Prinzip‹, ›prinzipiell‹ – das sind Verkaufsindikatoren. Weil der Kunde damit sagt: ›Ich mach das im Prinzip nicht, es sei denn, du gibst mir einen Grund dafür. Für dich mach ich eventuell eine Ausnahme.‹ Und so versuche ich‹ wie die Termite am Fundament seiner Einwände zu nagen. Ich versuche, sie zu zerbröseln.«

Die »Fortbildung« ist wie eine Gehirnwäsche, die Callagenten sind Versuchskaninchen, damit sie am eigenen Leibe spüren, wie Wankelmütige überzeugt werden müssen: »Nur ja keine Pausen entstehen lassen! Gegenenergie aufbringen! Ich zerbrösele die Haltung des Kunden, so wie die Termite das Fundament.« Die Termite hat es dem Teamleiter angetan! »Und dann betoniere ich seinen Einwand. Hauptsache, ich bringe keinen Satz, der eine Negation enthält. Kein ›Nicht‹, kein ›Nein‹, kein ›Aber‹! ›Ich bräuchte Ihre Bankverbindung!‹ – absolut falsch. Da spürt der Kunde doch, ich greife in sein Portemonnaie und raube ihm sein Geld. Stattdessen ganz unpersönlich: ›Wir nehmen jetzt die Bankdaten auf.‹ Eine Situation der Unvermeidlichkeit suggerieren: ›Ich habe früher auch immer Angst vorm Zahnarzt gehabt. Aber irgendwann muss man ja dahin. Wie lautet Ihre Kontonummer?‹ Das ist wie Voodoo.«

Schriftliches bekommen die Callagenten bei CallOn auch noch an die Hand. Unter dem Titel »Zusätzliche Einwandbehandlung« gibt es seitenlang Vorschläge. Die lesen sich dann so, z. B. zum »Problemkomplex Vertrauen«: »Herr Mustermann, wissen Sie, ich vertraue Ihnen ja auch, dass Sie mir die richtige Kontonummer geben. Sie könnten mir ja auch einfach die Ihres Nachbarn geben, weiß ich ja auch nicht. Sicherlich machen wir eine Plausibilitätsprüfung, aber in erster Linie vertraue ich auch Ihnen.«

Umgekehrt klappt es mit dem Vertrauen nicht unbedingt. Call-On-Eigentümer Eckhard Schulz vertraut seinen Agenten jedenfalls nur zum Teil. Als sich Mitarbeiter seiner Niederlassung in Dortmund im September 2006 entschlossen, einen Betriebsrat zu gründen, reagierte er heftig auf diesen Versuch, ein gesetzlich verbrieftes Recht in Anspruch zu nehmen. Die Firmenleitung behauptete, es gebe eigentlich nur einen Drahtzieher, einen ganz gefährlichen, und streute das Gerücht, dieser habe die Firma sogar mit Geldforderungen erpressen wollen. Eine Klage wegen eines solchen immerhin hochkriminellen Delikts reichte CallOn allerdings niemals ein. Die Firmenleitung steckte den Mitarbeiter lieber in einen unbeheizten Extraraum und unterwarf ihn in doppelter Hinsicht einer Zitterpartie: Er musste Telefonlisten von toten Anschlüssen abtelefonieren und wurde danach als unfähig dargestellt. In einem Hörfunkinterview bezeichnete Schulz die Betriebsratsgründer als »Parasiten« und den Kandidaten für den Betriebsratsvorsitz als »gewaltbereiten Rambo«. Und er verstieg sich: »Sie kennen das aus den Schulen, wo einer einen Colt zieht und andere umschießt. Der hat sich schon an toten Gegenständen vergriffen. Einmal hat er eine Vase kaputt gemacht mit seinen Füßen. So geht's los. Wann sind Menschen dran?!« Kurz darauf tauchte eine Unterschriftenliste im Betrieb auf. Ein Großteil der Mitarbeiter erklärte darin, man wolle nicht mehr mit dem »Aufrührer« zusammenarbeiten, nachdem der Unternehmer gedroht hatte, er würde den Laden dichtmachen, falls es zur Bildung eines Betriebsrates kommen sollte. Die Unterzeichner händigten ihrem Arbeitgeber »zum Zeichen unserer Unternehmenstreue« schließlich die ausgefüllte Unterschriftenliste aus. Und schenkten ihm in aller Ergebenheit noch zwei Flaschen Wein dazu.

Trotzdem hat Eckhard Schulz seine Dortmunder Niederlassung geschlossen und macht unter anderem Namen – mit demselben Produkt, »Vollsystem-Lotto«, denselben Führungskräften und demselben Mobiliar – weiter. Da waren die »willigen« Callagenten natürlich enttäuscht und rückten mit der Wahrheit heraus. Tatsächlich seien sie nämlich zu der Erklärung, sie würden nicht mehr mit ihrem Betriebsratskandidaten zusammenarbeiten, von der Betriebsleitung genötigt worden.

Eckhard Schulz' Geschäftsidee, mit der Illusion vom Millionengewinn selbst über 200 Millionen zu erwirtschaften, hat er im vertrauten Kreis seiner Geschäftsführer auf die griffige Formel gebracht: »Die meisten träumen doch ein Leben lang von der Million vergeblich. Ich aber habe jeden Monat meine Million gemacht.« Obwohl er davon lebt, dass seine Einflüsterer ihre Lügen und Betrügereien sprachlich fehlerfrei und ohne zu stocken an den Kunden bringen, hat er selbst große Probleme und wohl unterbewusst eine sprachliche Hemmung, wenn er der Öffentlichkeit gegenüber sein Geschäftsgebaren als seriös zu verkaufen versucht. Er streut dann einen völlig sinnlosen Laut, der so klingt wie »verdang«, in seine Ausführungen ein. Das folgende Statement gab er vor zwei Jahren einem lokalen Rundfunksender in Dortmund:

> *»Wir haben hier oben in der 5. Etage verschiedene Mitarbeiter sitzen, die nichts anderes zu tun haben, als nur die Qualität der Gespräche zu prüfen. Die wir vorher mit Einverständnis der Mitarbeiter aufgezeichnet haben … Betriebsratswahlen brauchen wir nicht zu unterbinden. Wir haben nicht nur Call-On-Team 3, sondern wir haben auch CallOn-Team 2 und 1 und 4 und 5 in den anderen Standorten. Und wir leben nicht nur hier mit einem Betriebsrat oder wir werden nicht hier nur einen Betriebsrat haben, sondern an den anderen Standorten sind auch Betriebsräte. Aber bloß wir müssen natürlich einen Betriebsrat haben, so wie das in der Verfassung drinsteht. Hier ist ein Vernichtungsprozess zugange, vom feinsten. Und die Medien spielen da mit!«*

Das Aufzeichnen der Gespräche erfolgt in Wirklichkeit illegal. Kein Kunde wurde darüber unterrichtet, und in keinem seiner Filialen existiert ein Betriebsrat!

Ehrenwerte Gangster

Zwei Bewerber haben am Ende des ersten Probetages bereits genug gesehen, der schöne Schein von Köln-Turm, Sakko, Stoffhose und geschlossenen Schuhen kann es eben doch nicht verbergen: Bei diesem Job werden Menschen widerrechtlich zu Hause angerufen und mit fragwürdigen Argumenten zu einem noch fragwürdigeren Vertragsabschluss gedrängt. Die Bewerber schmeißen hin und tauchen am nächsten Tag nicht wieder auf.

Die Fluktuation in der Callcenterbranche ist extrem hoch. Die wenigsten halten es länger als ein paar Monate aus, sich derart zu verleugnen. Entsprechend hoch ist auch der Krankenstand, nämlich doppelt so hoch wie in der sonstigen Wirtschaft. Nervenzusammenbrüche, psychosomatische Erkrankungen, Drogenmissbrauch und Burn-out-Syndrome bringt diese Art von Arbeit zwangsläufig mit sich.

Ein ehemaliger Ausbilder von CallOn berichtet mir: »Wir mussten in den Tageszeitungen unserer Standorte ständig große Anzeigen schalten, um genug Leute zu rekrutieren. Denn im Laufe eines Monats war über die Hälfte weg, und nach einem halben Jahr blieben vielleicht noch zehn Prozent übrig. So sind wir auf die Idee gekommen, eine Prämie von bis zu 3000 Euro für die Anwerbung eines Spitzenverkäufers auszuloben.«

CallOn wäre übrigens nach dem »Ehrenkodex« der Branche kein schwarzes Schaf. Das Call Center Forum Deutschland (kurz: CCF), einer der zwei Lobbyverbände, hat diesen Ehrenkodex Ende 2006 beschlossen. Der dreieinhalbseitige Text versammelt Selbstverständlichkeiten und die einschlägigen Paragrafen des UWG, des Gesetzes gegen den unlauteren Wettbewerb. Aber eine Kritik am »cold call«, dem Anruf ohne vorherige Einwilligung, sucht der Leser vergebens. Empfohlen wird nur, dass »der Kontakt, der derzeit nicht erwünscht ist, sofort beendet wird«. Aber weiß der Callagent nicht ohnehin besser, was der Kunde wünscht!? »Outbound« ohne konkreten Auftrag des angerufenen Kunden ist nach diesem Kodex jedenfalls nicht ehrenrührig; und wer nicht gerade »die geschäftliche Unerfahrenheit insbesondere von Kindern und Jugendlichen ausnutzt« (die ohnehin keine Vertragsabschlüsse am Telefon tätigen können), darf nach diesem Ehrenkodex weiter »kalt«, aber ehrenvoll telefonieren.

Bei CallOn lerne ich eine Kollegin kennen, die von der Arbeitsagentur zu einem Callcenter namens ZIU-International geschickt worden war. Dort, erzählt sie mir, seien ihr Verkaufspraktiken abverlangt worden, die sie mit ihrem Gewissen nicht habe vereinbaren können, da sie eindeutig kriminell gewesen seien. Nachdem sie der Arbeitsagentur den Fall unterbreitet hatte, informierte die nicht etwa die Gewerbeaufsicht oder die Kriminalpolizei, sondern bestrafte die Frau mit einer Sperrzeit. Man darf keine Skrupel haben im Callcenter. Und mancher kann sich einfach keine Skrupel leisten.

Mein nächstes Callcenter wird also ZIU-International. Auf dem Weg dorthin kommt es zu einer denkwürdigen Begegnung. Meine morgendliche Abfahrt habe ich möglichst lange hinausgezögert, noch einen zusätzlichen Espresso getrunken, die Tageszeitung überflogen und meine Perücke korrigiert. Es ist schon eine Überwindung, sich derart zu verleugnen und einen Menschen zu spielen, der man nicht sein will. So kommt es, dass ich den Stau auf der Zoobrücke nicht einkalkuliert habe, auf dem Pfälzer Ring mit überhöhter Geschwindigkeit Zeit zu gewinnen versuche, schließlich hinter dem Wiener Platz verkehrswidrig abbiege und dabei auch noch den Gegenverkehr behindere. Im Rückspiegel erkenne ich, wie ein Polizist auf dem Motorrad hinter mir herrast, sich dann mit schwungvoller Eleganz vor mich setzt und mich zum Halten veranlasst. Mir wird mulmig. Ich habe weder Fahrzeug- noch Führerschein, noch Personalausweis dabei.

Ich versuche es mit einem Bluff: »Herr Kollege, ich bin verdeckt im Einsatz und habe es sehr eilig.«

»Welche Dienststelle?«, fragt er routiniert. »Haben Sie Ihren Dienstausweis bei sich?«

Bevor ich mir wegen einer doch eher harmlosen Verkehrsübertretung am Ende eine Anzeige wegen »Amtsanmaßung« einhandle, gebe ich mich doch lieber zu erkennen. »Ich meine das mit dem verdeckten Einsatz natürlich im übertragenen Sinne«, stammele ich, »ich bin wirklich bei der Aufdeckung einer ganz kriminellen Sache. Mein Name ist Günter Wallraff.«

Da schaut er mich durchdringend an, schüttelt den Kopf und sagt: »Der sind Sie nicht, das Gesicht kennt man doch.«

Ich kläre ihn auf, über die falschen Haare, die fehlende Brille, den fehlenden Bart. »Punkt neun muss ich an meinem Einsatzort sein«, sage ich, »sonst ist die ganze Sache gefährdet. Ich kann Ihnen ja ein Bußgeld zahlen.«

Ich scheine den Polizisten überzeugt zu haben, denn er winkt ab und verzichtet auf das Bußgeld. Wir verabschieden uns mit Handschlag. Er ruft mir noch nach: »Viel Erfolg. Und schreiben Sie auch mal was Gutes über die Polizei.«

Guten Tag [_____] mein Name im Auftrag für den Deutschen Jugendschutz.
Den Chef oder die Chefin Bitte ! (Wie ist der Name)

Herr/Frau_____ sie haben ja eine Jugendschutztafel in ihrem Betrieb hängen?

Die von wann?

Es gab dieses Jahr schon Erneurungen vom Jugendschutzgesetz Wir kümmern uns darum das sie immer informiert werden, wenn sich etwas ändert, damit sie keinerlei Busgelder befürchten müssen.

Die Bundesjugendministerin wird auch noch weitere Änderungen vornehmen, da die Jugend immer Frühreifer wird nicht wahr Herr/Frau_____.
Und wir müssen das Stoppen Herr/Frau_____ nicht die Politiker haben den direkten Kontakt zu den Jungendlichen sondern WIR!!

WIR müssen diese Entscheidungen die die Politiker treffen weitergeben.
(Die Jugendlichen Rauchen mit 10 Jahren Trinken mit 12 Jahren das muss gestoppt werden)

(Bestätigung vom Kunden holen)

Für die deutliche Darstellung des Jugendschutzgesetzes sorgt der neue Grosse Aluminium Klapprahmen Rahmen, wie der Gesetzgeber das vorschreibt.
Und wir senden ihnen immer die Aktuellste Version der Jugendschutztafel zu.

Ich mach dass für sie Fertig Herr/Frau_____ damit sie auf der sicheren Seite stehen

Wir nehmen keine Monatlichen Beiträge nur eine einmaligen Bearbeitungsgebühr von nur 89€ .

Notieren sie sich bitte noch meine Daten.

Mein Name ist [_____] von Ziu-Service.

Unsere Tel.:
Und der betrag von 89€ ist per Nachnahme beim Boten fällig.

Sie werden den Rahmen in den nächsten 3 Tagen zugestellt bekommen Herr/Frau_____
Haben sie noch Fragen?

Gut dann Wünsche ich Ihnen noch einen schönen tag.

Auf Wiederhören.
(Warten bis der Kunde Auflegt)

Interne Verkaufsanleitung von ZIU-International

»Darauf können Sie sich verlassen«, erwidere ich.

ZIU-International ist ein junges, aufstrebendes Unternehmen, das auch in den Internetstellenanzeigen der Arbeitsagentur zu finden ist. Im Gegensatz zu CallOn will man bei ZIU-International einen Lebenslauf von mir. Den habe ich mir in der Nacht zuvor zusammengebastelt, nun stelle ich mich in Köln-Mülheim vor. Der Inhaber, Mitte 30, überfliegt meinen Lebenslauf mit respektvollem Nicken. Ich habe einige Auslandsaufenthalte angegeben, die sich nur schwer überprüfen lassen, »Entertainer auf Kreuzfahrtschiffen (östliches Mittelmeer und Nordatlantik-Route)« und »drei Jahre Reiseführer in Namibia«. Er scheint etwas misstrauisch, denn er fordert mich auf, Näheres über meine Tätigkeit zu erzählen.

»Och«, weiche ich aus, »ich war bei den Safaritouristen sehr beliebt, denn mir eilte der Ruf voraus, dass ich den Löwen immer am nächsten kam.«

Er scheint beeindruckt. Er selbst, sagt er, habe seine »innovativen Verkaufstechniken« beim Callcenter der ECS-Group gelernt und später weiterentwickelt. Ich soll für ihn »einzigartige ökologische Reinigungsprodukte« verkaufen, die er angeblich »in Zusammenarbeit mit dem europäischen Umweltministerium« (was es nicht gibt) vertreibt. Das täten in seinem Unternehmen Mitarbeiter verschiedenster Kulturen. »Ohne irgendwelche Spannungen und Probleme, einträchtig zusammen«, sagt der Chef, »einem gemeinsamen Ziel verpflichtet, nämlich Umsätze zu machen.« Freundlich schaut er mich an und fügt hinzu: »Wir sind hier fast wie eine Familie«, und geht auch schon zum Du über. Ich erfahre, dass er dabei ist, sich zu vergrößern, 450 Quadratmeter Parterre sollen dazugemietet werden, seine Experten entwickelten gerade weitere Verkaufsideen.

Aber bevor ich an das ökologisch konkurrenzlose Reinigungsmittel gelassen werde, soll ich bei ZIU-International erst einmal Jugendschutzgesetzblätter an Kneipiers, Wirte und Imbissbudenbetreiber verkaufen. Die eine Seite aus dem Jugendschutzgesetz hat der ZIU-Chef selbst kopiert. Auch die Idee, mit dem Gestus einer Behörde (»Wir sind vom Deutschen Jugendschutz e.V.«) aufzutreten, ist von ihm. Die jeweils aktuelle Fassung sofort auszuhängen, sei Pflicht, so müssen die Callagenten bei ZIU-International erzählen, auch die Industrie- und Handelskammer weise darauf hin. Das meiste davon ist schlicht gelogen. Nicht einmal den »Deutschen Jugendschutz« (manchmal mit, manchmal ohne e. V.) gibt es.

Das Papier mit dem aktuellen Jugendschutzgesetz wird von ZIU in einen Ikea-Rahmen gesteckt, der 4,50 Euro kostet, und per Barnachnahme für 69 Euro an den Käufer geschickt. Dass man sich den Text im Internet kostenlos herunterladen kann, wissen die wenigsten Wirte.

Ich frage mich: Warum geben sich die Callagenten dafür her? Wer zwingt sie dazu? Die Frau bei CallOn, die bei ZIU ausgestiegen war, hatte ihre früheren Kollegen in Schutz genommen: Es seien oft Verzweifelte, die über lange Zeit arbeitslos gewesen seien und sich an den letzten Strohhalm klammerten. Die nun am Telefon Energie und gute Laune versprühen müssten, obwohl es ihnen dreckig gehe. Aber welche Auswirkungen hat eine solche Arbeit auf die Beschäftigten? Einmal unterstellt, dass hier keine gelernten Betrüger am Werke sind, die lustvoll andere ausnehmen.

Schon die Einrichtung des Büros gibt eine Antwort: An der Wand hängt eine Tafel, auf der die Verkaufsabschlüsse namentlich erfasst werden. Wer einen neuen Abschluss zustande gebracht hat, geht nach vorn und notiert das. So entsteht automatisch Erfolgs- und Konkurrenzdruck. Und alle können stolz sein auf ihre Tätigkeit, sie handeln schließlich im höheren Auftrag, im staatlichen Interesse zum Schutze der Jugend. Eine sanfte, vertrauenerweckende Stimme neben mir sagt gerade sehr überzeugend: »Sie bekommen das wirklich nirgendwo außer bei uns. Das war früher mal so, dass Sie das im Einzelhandel und in der Metro kaufen konnten. Aber weil die Gastronomen sich nicht gekümmert haben, wurden wir beauftragt, es Ihnen zu schicken.« Eine Lüge. Bei der Metro ist das aktuelle Jugendschutzgesetz mit Rahmen für 10,70 Euro zu haben.

Bei türkischen Dönerbudenbesitzern, griechischen Taverneninhabern und italienischen Eisverkäufern funktioniert die Masche von ZIU-International besonders gut. Viele der Angerufenen haben sprachliche Defizite, sind leicht zu verunsichern und glauben, es mit einer Behörde zu tun zu haben, deren Anordnungen sie unbedingt Folge leisten müssen.

Besonders rigoros springt unser türkisch-deutscher Teamleiter Murat mit seinen Landsleuten um. Schon seine Stimme überbietet an Lautstärke und Gewichtigkeit alle anderen. Er meldet sich: »Horst Müller ist mein Name. Ich rufe im Auftrag des Deutschen Jugendschutzes an. Jetzt gehen Sie erst mal nachschauen, von wann Ihre Jugendschutztafel überhaupt ist!«, ordnet er an und zwinkert mir dabei zu. Dann droht er: »Herr Turan, jetzt hören Sie mir mal gut zu. 1985! Die ist seit mehr als zwanzig Jahren ungültig! Wenn das Ordnungsamt kommt, zahlen Sie 300 Euro Strafe. Verstehen Sie, das sind Gesetze, das ist Pflicht. Wir kommen sonst mit dem Ordnungsamt vorbei.« Dann erklärt er mit verbindlicher Beamtenstimme: »Es handelt sich nur um eine einmalige Bearbeitungsgebühr von 69 Euro. In drei Tagen wird Ihnen der Briefträger das neue Jugendschutzgesetz per Nachnahme bringen. Und tragen Sie dafür Sorge, dass es auch gut sichtbar aushängt.« Danach sagt Murat zu mir: »Der ist schon 15 Jahre hier, betreibt einen Dönerladen und spricht kaum Deutsch.«

»Warum sprichst du mit deinen Landsleuten kein Türkisch?«, will ich wissen.

»Vor den Deutschen haben sie mehr Angst und Respekt«, antwortet er – und außerdem: »Isch bin ene kölsche Jung.« Clarissa, laut Favoritentafel die Zweittüchtigste im Team, zieht es wie Teamleiter Murat vor, ihre Verkaufsgespräche unter einem Tarnnamen zu führen. »Ich habe den Namen der Frau angenommen, die ich am meisten hasse«, sagt sie. Einmal zeigt sie echtes Mitgefühl mit ihrem Opfer. Im Nachhinein. »Ich hatte eben so einen Süßen dran. Der tat mir richtig leid, der fraß mir förmlich aus der Hand. Der hätte sich den Text besser mal selber ausgedruckt.«

Die Einzige, die sich nicht hinter einem falschen Namen versteckt, ist Daniela, die Dienstälteste. Der Chef stellt sie mir als leuchtendes Vorbild hin. »Daniela ist hoch motiviert. Wenn sie das nicht verkauft, verkauft das keiner.« Daniela ist vor zwei Jahren – anlässlich der Hochzeit mit ihrem arabischen Ehemann – zum Islam konvertiert und trägt seitdem wie eine Nonne ein wallendes weißes Gewand, den Kopf verhüllt, nur das Gesicht ist frei. Sie zieht bei ihren Verkaufsgesprächen alle Register. »Herr Konstantinos«, dringt ihre Stimme vom anderen Ende des Raums zu mir herüber, »ich mach das nicht zu meinem Spaß. Ist das erst mal klar. Nein, wir verdienen nichts daran. Es geht nur um eine einmalige Aufnahmegebühr. Dann sind Sie auf der sicheren Seite und haben ein für alle Mal Ruhe. Ich wünsche Ihnen noch viel, viel Erfolg für Ihre Geschäfte und weniger Stress.« Nach ihren erfolgreichen Abschlüssen strahlt sie uns triumphierend an. Sie identifiziert sich voll mit ihrer Arbeit, und manchmal nimmt sie die telefonischen Debatten sogar sehr persönlich.

Die folgende Strafpredigt ist wörtlich wiedergegeben: »Wie ist denn Ihr Name?! Wenn Sie mir jetzt nicht sofort die Telefonnummer Ihrer Tochter geben, schick ich Ihnen das Ordnungsamt auf den Hals. Sie stellen sich mir gegenüber gerade quer. Ihren Namen will ich wissen! Darum kriegen Sie auch alles schriftlich, weil wir keine Betrüger sind. Weil anscheinend nur Ihre Tochter fähig ist, mir korrekt zu antworten. Ist das denn so schwer, Ihren Namen zu sagen? Haben Sie denn irgendwas zu befürchten? Weil ich wissen muss, mit wem ich gesprochen habe. Weil das in Deutschland so üblich ist. Weil wir uns nicht irgendwo in der Dritten Welt befinden, sondern in Deutschland leben. Auch Sie müssen lernen, wie man sich in Deutschland verhält. Haben Sie was zu schreiben in der Hand? Können Sie überhaupt schreiben? Sind Sie schwarz in Deutschland? Haben Sie keine Papiere? Wenn Sie schon so lange in Deutschland sind, dann ist es üblich, seinen Namen zu sagen. Ich kann Ihnen doch kein Schriftstück zuschicken ohne Namen. Ich möchte mich jetzt mit Ihnen auch nicht länger streiten. Ich hab genug zu tun den ganzen Tag. Wo haben Sie denn gelernt, dass man Sie betrogen hat? Haben Sie jemals gehört, dass der Deutsche Jugendschutz einen betrügt!? Ja, dann gucken Sie lieber nicht so viel Fernsehen, das kann schädlich sein. Also, ich möchte jetzt mit Ihnen nicht weiter diskutieren. Ich finde das äußerst kindisch. Bleiben Sie bei Ihren schlechten Erfahrungen. Ich schick Ihnen gar nichts. Dann haben Sie eben Pech gehabt. Fertig, aus! Ich schicke Ihnen jetzt das Ordnungsamt!«

Nachdem Daniela sich dermaßen abreagiert hat, ist sie in ihrem nächsten Gespräch die Liebenswürdigkeit selbst. »Das hatte ich schon lange nicht mehr. Gleich zwei Jugendschutztafeln auf einen Streich! Und das bei einem Deutschen!«

Lisa, an die 40, meine direkte Sitznachbarin, war lange Zeit arbeitslos. Sie ist nicht so unbekümmert und gut drauf wie die Jüngeren. Ihre Stimme klingt bedrückt und manchmal leicht gereizt. Sie versucht, ihre geringe Erfolgsquote zu erhöhen, indem sie den Schwerpunkt ihres Verkaufsgesprächs auf die angeblich drohenden Geldbußen des Ordnungsamtes lenkt. Sie spricht auch nicht von Geldbußen, sondern juristisch doppelt falsch von »Strafen« bis zu 300 Euro. Und als sie bis zur Mittagspause nur einen Abschluss zustande bringt und die anderen auf der Favoritentafel schon mit vier bzw. fünf »Abschüssen« (wie die Abschlüsse hier auch genannt werden) uneinholbar an ihr vorbeigezogen sind, erlebe ich, wie sie ihre Strafandrohung drakonisch auf 1000 Euro erhöht.

Nach der Arbeit rufe ich bei der Stadt Köln an. Ich erhalte die Auskunft, dass ein Wirt, der sich trotz mehrfacher Aufforderung weigert, einen aktuellen Aushang des Jugendschutzgesetzes anzubringen, allenfalls mit 25 Euro Ordnungsgeld rechnen muss.

Vom Mitspieler zum Mittäter

Ich muss gestehen, dass ich bereits an meinem zweiten Arbeitstag in dieser geschlossenen Anstalt mit den anderen um die Wette telefoniere. Mein Selbstversuch, das Outbound-Geschäft zu erkunden, um die Drahtzieher aus eigener Erfahrung überführen zu können, leitet allmählich eine mir selbst unheimliche Persönlichkeitsveränderung ein. Anfangs bin ich noch erleichtert, wenn ich auf eindeutige Ablehnung stoße; vor allem die deutschen Kneipiers wehren sich. Dann gibt mir der Teamleiter zu verstehen: »Jetzt mach endlich mal 'n Abschluss. Geh an die Ausländer ran!« Nach meinem ersten erfolgreichen Abschluss gratulieren mir der Chef und der Teamleiter, und die anderen applaudieren. Ich bin aufgenommen in die Betrugsfamilie. »Du machst das richtig routiniert. Du machst das sicher nicht zum ersten Mal«, lobt mich

Vanessa. Vom Mitspieler zum Mittäter – so schnell geht das also. Ich erschrecke. Und erfahre von vielen Kollegen, dass es ihnen ähnlich ergangen ist. Moralische Skrupel der Callagenten werden in dem fatalen Klima aus innerem Gruppendruck und Angst vor Arbeitslosigkeit und Hartz IV erstickt. »Du kannst nur mitmachen oder aufhören«, sagt mir einer, der dann wirklich aufgehört hat. »Wenn man die Leute am Telefon hört, dass da jemand nur eine kleine Rente hat und auch so alleine ist, und du hast vor dir diesen Leitfaden liegen, nach dem du dich richten musst, um den Leuten das Geld aus der Tasche zu ziehen: Da bekommt man ein sehr schlechtes Gefühl. Das hat mich sogar noch zu Hause beschäftigt.«

Ich muss nicht um meinen Job fürchten wie die anderen. Ich rufe abends von zu Hause aus die von mir zum Kauf Überredeten an und mache ihnen klar, dass sie die Tafel nicht anzunehmen brauchen und den Gesetzestext besser selbst kostenlos aus dem Internet herunterladen können. Aber das ist auf Dauer keine Lösung.

Am fünften Tag versuche ich, während der Pause unser kriminelles Treiben, das die Straftatbestände Betrug in Kombination mit Nötigung und eventuell noch Amtsanmaßung vereint, im Kollegenkreis zur Sprache zu bringen. Um kein Misstrauen zu erwecken, spreche ich das Thema sehr vorsichtig an: »Dürfen wir wirklich sagen ›im Auftrag des Deutschen Jugendschutzes‹? Hat uns da noch nie jemand angezeigt? Ist da noch nie was passiert? Und der Trick, dass es die Tafel nirgendwo sonst gibt?«

Zuerst betretenes Schweigen, dann antwortet Vanessa fast beschwörend: »Da wird auch nix passieren, da wird nix passieren.« Und alle behaupten und glauben es am Ende selbst: Der Chef hat es so gesagt und damit allein zu verantworten, es geht alles mit rechten Dingen zu! Von ihrer Unschuld am stärksten überzeugt ist Daniela: »Die Erste, die hier nicht mehr arbeiten würde, wenn ich was mit meinem Gewissen und Glauben nicht vereinbaren könnte, das wäre ich.«

»Und ich würde dir folgen«, beeilt sich Gerda, ihr beizupflichten.

Nach der Pause kommt der Teamleiter. »Neue Order vom Chef.

Die Jugendschutztafel läuft ganz fantastisch. Wer 69 Euro dafür ausgeben kann, der zahlt auch 89. Und jetzt statt mit Holz- mit Aluklapprahmen.«

Da ziehe ich es vor, mein Gastspiel zu beenden. »Ich muss dringend zum Zahnarzt«, sage ich.

»Bleib nicht zu lange weg und bring eine ärztliche Bescheinigung mit«, ermahnt mich der Chef, »du hast wirklich Talent als Callagent.«

Einen Kollegen von mir hat diese Art krimineller Verkaufsgeschäfte buchstäblich in den Wahnsinn getrieben. Ich lernte ihn bei CallOn kennen, wo es im Vergleich zu ZIU nicht ganz so kriminell zuging. Ich will ihn Holger nennen, ein gewissenhafter junger Mann mit einem ganz normalen Gefühl von Gut und Böse, von richtig und falsch. Wir sind in Kontakt geblieben, Holger hat mir später seine Protokolle geschickt, die er über seine Arbeit bei CallOn verfasst hat. Als er nicht mehr weiterkann, als er – wie er schreibt – »in den Irrungen vollkommen enttäuschter Erwartungen an das Idealbild eines seriös operierenden Callcenters« verloren geht, will er kündigen: »In diesem Moment sehe ich klar vor mir nur drei Perspektiven. 1. Mittäterschaft: Ich werde zum Betrüger und mache mich strafbar, weil ich lüge, um zu verkaufen. 2. Unterordnung: Ich bleibe ehrlich, erniedrige mich aber zum Dauer-Tischleiter [ein spezieller Job bei CallOn, bei dem jeweils einer bestimmt wird, der seinen Kollegen den Kaffee an die Telefone bringen muss]. 3. Wahrheit: Ich verwende alle Anstrengungen auf einen Ausbruch aus dieser rechtlichen Falle. Um jeden Preis. Das ist der einzige Weg, den ich gehen kann.«

Was sich im Nachhinein etwas überzogen anhört – warum kann Holger nicht einfach kündigen und gehen? –, ist für ihn tatsächlich zu einem Spießrutenlauf geworden. Holger will, dass sein Arbeitsvertrag zerrissen wird oder im Reißwolf landet, vor seinen Augen – so als ob er niemals hier gearbeitet habe. Der Geschäftsführer aber will den Vertrag fürs Archiv behalten, sonst könne er keine Gehaltszahlungen rechtfertigen. Er begreift das Anliegen von Holger nicht. Der will ungeschehen machen, dass er betrügerisch tätig war. Holger will wieder unschuldig sein. Er steigert sich in diese Idee mit wilder Hoffnung hinein. Ein Wort gibt das andere, Holger wird immer verzweifelter, fühlt sich betrogen und verfolgt. Schließlich greift er zum Telefon der Sekretärin und ruft den Polizeinotruf an. »Verhaften Sie die Leute hier!«, fordert er. »Es sind alles Kriminelle!« Er will mithilfe der Polizei sein Recht, seinen Vertrag, seine Unschuld. Er tobt, er weint. Die Polizei kommt nicht, Holger landet einige Tage später in der Psychiatrie.

Der Staat spielt mit

Nicht nur meine Kollegin von CallOn, die Friseurin, auch einer meiner Kollegen bei ZIU-International ist von der Arbeitsagentur in den Job als Callagent vermittelt worden. Vielleicht weiß die Arbeitsagentur nicht, was sie tut. Als mein Kollege bei ZIU aber den Job hinschmeißt, weil er ihn nicht mit seinem Gewissen vereinbaren kann, und die ganze Geschichte der Arbeitsagentur unterbreitet, wird er nicht etwa belobigt, die Arbeitsagentur informiert weder die Gewerbeaufsicht noch die Staatsanwaltschaft. Sondern sie straft meinen Kollegen ab: Er erhält umgehend eine Sperrzeit. Zu Deutsch: keine Arbeitslosenunterstützung, kein Hartz IV, kein Geld. Er habe das Ende seines Beschäftigungsverhältnisses selbst zu verantworten, so die Begründung.

Das ist leider kein Einzelfall. Im großen Stil vermitteln die örtlichen Arbeitsagenturen Arbeitslose an Callcenter, und die Kommunen zahlen auch noch Wirtschaftsförderung. Die Branche boomt, wo gibt es sonst schon Arbeitsplätze, und dann noch für Ungelernte?

Die Agentur für Arbeit in Halle lud arbeitslose Jugendliche sogar zu einem »Infotag« ein. »Unternehmen informieren Jugendliche über Jobchancen in Callcentern«, hieß es. Weil die Arbeit dort »negativ besetzt« sei, habe man dieser Entwicklung begegnen wollen, weil »gerade junge Leute in dieser dynamischen, innovativen Branche beste Einstiegs- und Karrierechancen haben, weil Jugendliche all das, was die Branche verlangt, häufig bereits durch ihre Ausbildung mitbringen«. Zu dieser Meldung aus Halle passt ein Beitrag von *Report* aus Mainz. Das Politmagazin deckte im Juni 2009 auf, dass Arbeitslose mittlerweise unbezahlte Praktika in Callcentern ableisten müssen. Zum Teil würden die Arbeitslosen, die weiterhin nur Hartz-IV-Bezüge erhielten, mehrere Monate als »Praktikanten« arbeiten und häufig vollwertige Arbeit leisten.

Und die Dienstleistungsgewerkschaft ver.di, die alle Hände voll zu tun hat, damit in den Callcentern nicht alle Dämme von Mindestlohn und Arbeitsschutz brechen, berichtet, dass Kommunen besonders im Osten der Republik häufig die Hälfte der Gründungsinvestitionen übernehmen und die Arbeitsagenturen zusätzlich ein Jahr lang die Hälfte der Lohnkosten. Nach dem Ende des Förderungszeitraums setzen die Callcenter dann die meisten ihrer Agenten wieder vor die Tür und holen sich neue, ebenfalls steuergeldfinanzierte. Bis sie die Fähigsten – bzw. Trickreichsten – beisammenhaben.

Obendrein wird so die Arbeitslosenstatistik beschönigt. Etwa zwei Drittel der Callagenten halten diese Form der Selbstverleugnung meist nur wenige Monate aus und versuchen ihr Glück – von der Arbeitsagentur dorthin gepresst – beim nächsten Callcenter, immer in der Hoffnung, dass es da vielleicht weniger schlimm sein könnte. Man spricht bereits von »Callcenter-Nomaden«.

Seit der ersten Veröffentlichung meiner Callcenter-Recherchen berichten mir viele ehemalige Kollegen, dass sie von der Arbeitsagentur in die fragwürdigsten Callcenter-Jobs gezwungen wurden. »In meiner Heimatstadt (Arbeitslosenquote über dem Durchschnitt)«, schreibt eine Frau, »wurde ich in ein Callcenter vermittelt, das Abos und SKL-Lose rein betrügerisch vertrieben hat. Das Arbeitsamt war ganz begeistert, hat Lohnkostenzuschüsse gezahlt und die ›Ausbildung‹ zum Agenten als zweiwöchige Weiterbildungsmaßnahme bezahlt. Als die Ersten mit dem Job unglücklich waren, durften sie natürlich nicht kündigen.«

Mit der Drohung im Nacken, völlig mittellos dazustehen, steigt die Bereitschaft, sich zum Betrüger ausbilden zu lassen. Umso bewundernswerter, dass sich viele Callagenten aus der Zange befreien, die die Arbeitsagenturen ansetzen, und kündigen. Eine

Zuschrift habe ich allerdings auch erhalten, in der eine ehemalige Kollegin davon berichtet, dass ihr keine Sperrzeit auferlegt wurde, nachdem sie die Arbeit bei einem dieser skrupellosen Callcenter gekündigt hatte. Im Gegenteil: Die örtliche Arbeitsagentur habe dem Laden keine Arbeitslosen mehr vermittelt. Es geht also auch anders.

Das Protokoll eines Teilnehmers der Arge-Werbeveranstaltung, die in Köln stattfand, zeigt allerdings, wie Arbeitsagenturen agieren, die bewusst über die Missstände in den Callcentern hinwegsehen: »17. Juni 2009. Die Veranstaltung sollte um zehn Uhr beginnen. Im Raum saßen neun Erwerbslose, die die Arge geladen hatte. Ihnen wollte sich ein örtliches Outbound-Callcenter vorstellen. Als es nicht pünktlich losging, begannen wir, uns über unsere Erfahrungen als Callcenteragenten auszutauschen. Einige kannten das Outbound-Geschäft nicht aus eigener Erfahrung, und ich berichtete, wie schnell man dort in Betrügereien und Lügen abgleitet, und ermutigte die anderen, kritische Fragen zu stellen.

Dann erschien der 28-jährige Geschäftsführer der Firma und stellte das Portal *pkw.de* vor. Bald tauchten kritische Fragen auf: ob Kaltakquise nicht verboten sei, warum trotz Wirtschaftskrise die gebeutelten Autohändler angerufen werden, um ihnen teure Anzeigen zu verkaufen, wie der Datenschutz sichergestellt werde, ob sich die Firma an die Bildschirmpausenzeiten halte, was das für ein Lohnmodell sei usw., usf. Die Arge-Dame nahm die Firma in Schutz. Der Arbeitgeber bezahle Sozialabgaben und habe daher das Recht, sich hier zu präsentieren. Auf Nachfragen bestätigte sie, wer die angebotene Stelle als Callagent ablehne, müsse mit einer Sperrzeit rechnen. Sonderregelungen für Callcenter gebe es nicht.«

Dass die Branche von staatlichen Stellen gefördert wird, hat sicherlich auch damit zu tun, dass der Staat beim Outbound mitverdient. 1,3 Milliarden Euro setzen die Süddeutsche und die Norddeutsche Klassenlotterie pro Jahr um; die Bundesländer lenken davon in ihre Kassen jährlich immerhin 300 Millionen Euro. Ein erheblicher Teil der Lose wird per Telefon abgesetzt, sagen die Manager der staatlichen Lotterien und beschwören horrende

Einnahmeausfälle, sollte die Telefonwerbung verboten oder erheblich erschwert werden. Soll denn die magere öffentliche Hand auf das Geld verzichten, nur des Anstands und betrogener Telefonkunden wegen? Also bitte Rücksicht!

Rücksicht nimmt auch CallOn. Auf der Mitarbeitertoilette hängt eine Mitteilung der Teamleitung, Verträge »mit Geburtsjahrgängen unter 1920 dürften nicht abgeschlossen« werden. Man könnte zynisch werden und beklagen, ob denn ab 89 Jahren niemand mehr das Glück verdient, das CallOn verkauft. Man könnte noch zynischer werden und fragen, ob das nicht eine skandalöse Altersdiskriminierung ist, sozusagen ein bösartiger virtueller Führerscheinentzug für die Fahrt zum Jackpot. Aber man könnte natürlich auch ganz versöhnlich sagen: Anständig, CallOn. Wer älter als 89 ist, wird es ja ohnehin nicht mehr allzu lange machen. Da ersparen wir also beiden Seiten unnötigen Ärger. Und das hat doch wirklich Stil.

Der Aufschrei und die Einsamkeit

Nach der Veröffentlichung meines Callcenterberichts schrien die Lobbyisten der Branche auf. »99 Prozent arbeiten seriös«, versicherte der Präsident des Call Center Forums Deutschland. Taktisch geschickter reagierten die Vertreter der beiden anderen Branchenorganisationen, Deutscher Direktmarketing Verband e. V. und Kundendialog in Deutschland e. V., und räumten ein, dass ihren Erkenntnissen nach etwa 25 Prozent »schwarze Schafe« unter ihnen seien. Aber die Arbeit der Großen der Branche, so waren doch alle überzeugt (oder taten wenigstens so), sei nicht zu beanstanden. Und natürlich wurde darauf hingewiesen, dass wir doch alle von den anständigen Callcentern profitieren.

Das mag auf die Inbound-Branche mehr oder weniger zutreffen. Nicht alle zielen darauf ab, Kunden mit »cold calls«, falschen Versprechungen und Psychodruck in schwer kündbare Verträge zu zwingen. Und außerdem: Wer kriegt nicht gern jemanden an die Strippe, wenn er seine Scheckkarte sperren lassen will – Sache eines typischen »Inbound«-Callcenters. Wobei nicht verschwiegen werden soll, dass für die Beschäftigten in den »Inbound«-Callcentern ähnliche Bedingungen herrschen wie bei ihren ruppigen Schwestern, den »Outboundern«. Es geht in der schönen neuen Arbeitswelt eben doch zu wie im Frühkapitalismus oder bei der spätkapitalistischen Fließbandarbeit: Der Arbeitsdruck ist extrem, der Lärm in den kostengünstigen Großraumbüros kaum zu ertragen. Und das Entscheidende: Immer mehr Callcenter, die bislang nur Anrufe entgegengenommen haben, werden umgepolt und mit Verkaufsgeschäften profitträchtiger gemacht.

Und wie ist das bei den »untadeligen« Großen der Branche? Die ECS-Group – das ist ein Großer, ein wahrhaft europäischer Großer mit Präsenz gleich in vier EU-Ländern,[17] der mit dem Verkauf von Leuchtstoffröhren, Reinigungsmitteln und »Hochleistungs-Druckpatronen« nach eigenen Angaben 43 000 Unternehmen in Europa froh gemacht hat. Entsprechend wirbt das Unternehmen in Stellenanzeigen, die in Kooperation mit der Bundesagentur für Arbeit erscheinen, für den Verkauf »von Unternehmen zu Unternehmen«.

Die ECS-Group ist, nach eigenen Angaben, »führend« in ihrem Segment und hat ihren Sitz dort, wo es sich gehört, »im Herzen Europas, wo sie in einem der Top-Prestige- und Geschäftsgebäuden residiert«. Und das ist – Sie ahnen es – der KölnTurm, das moderne Wahrzeichen der rheinischen Domstadt. So besitzt die ECS-Group also alle Voraussetzungen, um zu den Guten zu gehören.

ECS heißt »European Cleaning Support«, in deutscher Übersetzung klingt das ein wenig irritierend: europäische Reinigungshilfe. Nun ja. 100 Anrufe pro Tag hat ein ECS-Callagent im KölnTurm täglich zu absolvieren, so lautet die Vorgabe seines Arbeitsvertrages. Hundertmal hat er ungefragt irgendwelchen Unternehmen seine Hilfe beim Saubermachen anzubieten. Helfen gegen den Dreck soll ein hochkonzentriertes Reinigungsmittel, dessen Hersteller nicht verraten wird. Das Mittel wird mit 500 (!) Teilen Wasser verdünnt und ist dann einsatzbereit. Die Callagenten müssen, je nachdem, wer ihnen da ans Telefon gerät, die *besonderen* Fähigkeiten des Universalreinigers loben – und diese »besonderen« Fähigkeiten entfaltet das Produkt überall, im »Sanitärbereich, in der Gastronomie, in Krankenhäusern, in Bädern, auf Fußböden aller Art, in Küchen, auf Glas, Gummi, Linoleum oder Keramikfliesen, bei der Reinigung von Treppen, Baugeräten« usw., usf.

Die Callagenten müssen dann behaupten (und im Internet gibt die Firma das ihren Kunden sogar schriftlich): »Unsere Reiniger sind umweltfreundlich und selbstverständlich biologisch abbaubar.« Das ist dreist gelogen. Denn in Wahrheit darf das Reinigungsmittel »nicht ins Grundwasser gelangen, da ökologische Schäden entstehen können«; es »muss als Sondermüll entsorgt werden« (so die interne Produktinformation).

Die ECS-Group vertreibt mit den gleichen telefonischen Drückermethoden auch Produkte wie Leuchtstoffröhren und Druckerpatronen, angeblich besonders günstig und qualitativ hochwertig, tatsächlich Billigstware, die in jedem Baumarkt erheblich günstiger zu erwerben ist.

Auch bei der ECS-Group ist der Druck auf die Callagenten so hoch wie die Verkaufspropaganda verlogen. Wer unter zwei Abschlüssen täglich bleibt, dem droht die Kündigung. Kein Wunder, dass die Telefonverkäufer mit allen Mitteln auf Vertragsabschlüsse hinarbeiten. Aufputschmittel bis hin zu Kokain sollen sie in die gewünschte euphorische Stimmung versetzen. Einer der Agenten hat mir die folgende Geschichte anvertrraut:

»Ich habe die Besitzerin eines kleinen Hotels in Österreich an die Strippe bekommen. Die erzählt mir, als ich ihr unser Angebot unterbreitete, von ihrer kleinen Tochter, die schwer krank sei, zur Kur müsse, und sie führe doch das Hotel allein, könne eigentlich gar nicht mitfahren und habe jetzt auch kein Geld für irgendwelche Sonderausgaben. Mir hat es echt die Kehle zugeschnürt, so mit der Krankheit eines Kindes konfrontiert zu werden. Die Frau hat sich offensichtlich lange nicht mit jemandem ausgesprochen, sie erzählt einfach weiter von dieser chronischen Erkrankung ihrer Tochter. Mir ist das sehr nahegegangen, und ich versuchte, sie irgendwie zu trösten, hatte auch glücklicherweise etwas von einem neuen Medikament gehört, sagte ihr das dann auch. Plötzlich steht mein Teammanager neben mir und raunt mir zu: ›Jetzt biet ihr unsere Sachen an, verdammt, sie ist so weit, los!‹ Ich konnte mich aber nicht einfach aus unserem Gespräch lösen, spreche weiter mit der Hotelbesitzerin über ihre Ängste. Er knurrt von der Seite, mit Blitzen in den Augen, nicht aggressiv, sondern euphorisch: ›Los, Mann, mach jetzt den Deal!‹ Ich steige tatsächlich ein, biete der Frau unser Produkt an, zweimal 25 Liter, Reinigungsmittel und Fettlöser. Sie willigt wirklich ein und sagt auch noch zu allem Überfluss: ›Okay, ich mach's. Ich bin ja so froh, dass mir mal jemand zugehört hat.‹ Bei meinem Teammanager herrscht gierige Freude, der Deal hat 549,50 Euro gebracht! Ich hätte kotzen können vor Scham.«

Was für manchen Leser wie ein Rührstück klingen mag, verweist auf die ganz und gar unromantischen Umstände, unter denen die unsinnigsten Vertragsabschlüsse am Telefon zustande kommen. Immerhin hat diese Hotelbesitzerin gerade 250 000 Liter Reinigungsmittel und Fettlöser (wenn sie das vorgeschriebene Verdünnungsverhältnis von 1 : 500 einhält) erworben, da kann sie drei Leben lang täglich ihr kleines Hotel vom Keller bis zum Dach putzen, falls ihr die österreichische Umweltpolizei nicht vorher die Chemiesoße konfisziert.

Einsamkeit ist etwas, das ein geschickter Callagent sofort ausnutzen muss – sie macht verletzlich, gerade dann, wenn der Angerufene in der anonymen Situation des Telefongesprächs den Mut aufbringt, sich anzuvertrauen. Einsamkeit ist eine Krankheit unserer Gesellschaft: Callagenten werden von sozial isolierten Menschen wie Helfer eingelassen – und diese bezahlen dafür teuer mit Kaufverträgen für allen möglichen Schrott.

Die Branche nutzt dies gnadenlos und sehr bewusst aus. In den Schulungen werden die Callagenten darauf gedrillt, ihren Opfern systematisch ein Gefühl der Nähe vorzugaukeln. Ein Callcenter in Hannover, das Versicherungen verkauft, formuliert das in seinem Leitfaden so: »Frischen Sie alle paar Minuten die Beziehung zum potenziellen Kunden mit freundlichen, entgegenkommenden und persönlichen Worten wieder auf, damit Sie den Gesprächspartner ›fest im Griff haben‹, das heißt, Sie als Agent(in) führen mit einer persönlichen Bindung zum Ziel. Machen Sie ein paar Komplimente wie z. B. über den interessanten Beruf oder die schöne Wohngegend. (›Wo Sie wohnen, möchte ich einmal Urlaub machen!‹) Diese persönlichen Worte können Ihr Schlüssel zum Erfolg sein, weil sich der potenzielle Kunde damit verstanden bzw. geehrt fühlt.«

Wie das auf der anderen Seite, auf der Seite der »Kunden« aussieht, schildert die Tochter eines älteren Mannes: Jede Woche muss sie Bestellungen stornieren, die ihrem 84-jährigen Vater telefonisch aufgeschwatzt werden. Reisen, Wein, Medikamente, SKL-Lose, eine Alarmanlage – sie hat in den letzten vier Jahren Verträge im Wert von 180 000 Euro rückgängig gemacht. Einige Tausend Euro hätte ihr Vater allerdings bezahlen müssen, weil Einspruchsfristen verstrichen waren. Wie viele Menschen, die keinen solchen Schutz haben, werden wohl täglich ausgeplündert? Von Quelle, von Lotteriegesellschaften, Telefonvermarktern und den anderen vielen Tausend Callcentern? Ganze Altersheime werden so systematisch telefonisch heimgesucht und abkassiert.

Zu mir nach Hause kam ein älterer Herr, der sich darüber beklagte, dass er ständig von Callagenten über den Tisch gezogen würde. »Ich bin eigentlich beeinflusst worden von der Liebenswürdigkeit, meistens von Frauen. Die möchte ich eigentlich nicht so abwürgen, sondern freundlich sagen, ich habe kein Interesse. Es ist dann immer wieder von Geschenken die Rede gewesen. ›Sie erhalten ein Geschenk, wenn Sie das und das und das …‹, also wenn ich entsprechend positiv reagiere. Ich habe erst später das Risiko bemerkt, denn es sind im Grunde ja keine Geschenke, sondern ich habe irgendeinem überteuerten und unnützen Vertrag zugestimmt.« Dann erzählt mir Herr K. von einem dieser Verträge, ein Telefonvertrag. Just in diesem Augenblick klingelt sein Handy. Herr K. stellt es laut, damit ich mithören kann. »Hallo, Herr K. Sie sind ja bei uns seit 1999 Kunde, und wir haben festgestellt an Ihren Rechnungen, dass Sie von Ihrem Handy ins Festnetz telefonieren«, sagt eine weibliche Stimme.

Ein Filmteam ist zufällig anwesend und dokumentiert den Überrumpelungsversuch.[18] Es ist verrückt. Immer wieder kommt es mir so vor, als ob höheren Orts jemand Koregie führt. Zum

Glück bin ich Skeptiker und Agnostiker. Es ist dann doch wieder mal Zufall gewesen!

»Ja«, antwortet Herr K. der weiblichen Stimme.

»Und da zahlen Sie im Moment 49 Cent die Minute, und ab sofort würden Sie nur vier Cent die Minute zahlen.«

»Dann sind Sie doch bitte so lieb«, meint Herr K., »das ist ganz interessant, was Sie mir sagen, dass Sie mir das vielleicht schriftlich schicken.«

»Sie kriegen das sowieso schriftlich, das würde ich jetzt machen. Ich würde das eben nur noch mal auf Band aufzeichnen, dass es sich hier um diese Option handelt, zu Ihrer Sicherheit, damit Sie das schriftlich nach Hause bekommen, und Sie können sich das noch mal in Ruhe durchlesen. Das ist eine Option, die Sie nur drei Monate nutzen können.«

Ich schlage Herrn K. vor, mir das Telefon zu geben. »Entschuldigung«, melde ich mich, »wenn ich mich da einmische, ich bin ein enger Freund, und er ist ein älterer Herr, und ich will ihm behilflich sein. Wo sind seine Vorteile jetzt, das hat er nicht verstanden. Er ist ja zufrieden mit seinem bisherigen Telefontarif.«

»Eine Option, die wir anbieten, die würde drei Monate laufen.«

»Warum machen Sie das telefonisch? Am Telefon kann man sich doch wirklich nicht entscheiden, ob was positiv oder negativ ist. Da werden doch heute Hunderte Tarife angeboten. Wo ist denn der Vorteil zu anderen Gesellschaften? Man möchte ja auch gerne vergleichen.«

»Na ja, andere Gesellschaften bieten diese Sachen auch an, aber Sie sind ja bei uns im Vertrag.«

»Ich rufe Sie zurück, ja?«, antworte ich. »Welche Telefonnummer haben Sie?«

»Das sage ich Ihnen nicht.«

»Wie, Sie sagen mir das nicht?«

»Ich finde Ihre Art irgendwie sehr seltsam, ich habe mich nun wirklich sehr anstrengend mit Ihnen unterhalten. Aber ich denk, ich komm da einfach nicht weiter.«

»Aber wenn Sie mir Ihre Telefonnummer sagen, machen wir vielleicht den Vertrag. Hallo?« Sie hat aufgelegt.

Wie ist das Wetter in Fürth?

Die Callagenten zahlen für so viel Dreistigkeit, Verlogenheit und Schleimerei, die nicht als solche rüberkommen darf, sondern ernst gemeint und anteilnehmend ankommen muss, natürlich auch, nur mit anderer Münze: mit Schuldgefühlen oder dem allmählichen Abdriften in Zynismus und Brutalität – denn Brutalität muss man es nennen, wenn die Callagenten gewissenlos die Einsamkeit und Bedürftigkeit anderer ausnutzen.

Wer Hemmungen hat, bei dem sorgt der Arbeitgeber dafür, dass er nicht aus der Spur läuft. Bei vielen Callcentern werden die Gespräche mit den »Kunden« aufgezeichnet, auch bei Call-On. Und wer zu viele Hänger hat, wird einbestellt. Von wegen »flache Hierarchie«. Walter Services, ein weiterer Großer der Branche mit Hauptsitz in Karlsruhe und beauftragt von namhaften Firmen und Institutionen wie Unicef oder T-Mobile, macht es nicht anders. Die Callagenten bei Walter Services müssen sich klaren Vorgaben unterwerfen. Jeder muss z. B. zehn Angerufene pro Stunde davon überzeugen, sich Kataloge eines bestimmten Auftraggebers zuschicken zu lassen. Für einen anderen Auftraggeber müssen die Callagenten ausschließlich Rentner anwählen, Kunden eines Versandhandels. Ihnen müssen sie überteuerte Bettwäsche zu einem »Sonderpreis« anbieten.

Davon erzählt Herbert, 48 Jahre, ein Kollege von CallOn, gelernter Bürokaufmann und immer wieder auf Arbeitssuche, weswegen er dann immer wieder in Callcentern landet: »Ich musste im Callcenter »Bade-König« in Köln Badewannenlifte an Senioren zum vierfachen Preis verkaufen. Normalerweise werden die Kosten ja von der Krankenkasse übernommen, das ist so ein Stuhl, der kostet im Fachgeschäft vier-, fünfhundert Euro. Unser Lift aber nicht. Er besteht aus einem straffen Nylonband, das ist an einer Wandseite über der Wanne befestigt, und wird von einem Motor eingezogen. Und dann werden die Leute von diesem Band rausgehoben aus der Wanne. Dieses Band mussten wir für 2000 Euro verkaufen! Die meisten haben natürlich gesagt: Das brauchen wir nicht. Aber du kriegst doch welche rum. Bedötschte gibt es immer.«

Wenn bei Walter Services einmal die Arbeit knapp ist, werden die Callagenten – selbstverständlich ohne Bezahlung – nach Hause geschickt; dann kann der Beschäftigte schon mal tagelang ohne Einkommen zu Hause hocken und warten, bis er wieder einbestellt wird und weiter »kontrolliert« verkaufen darf. Die Anrufe werden regelmäßig aufgezeichnet und ausgewertet. Eine Kollegin formuliert es in einem Brief an mich so: »Plötzlich dürfen die Mitarbeiter nicht mehr sagen, was sie wollen, ein Standard wird eingeführt, spezielle Sätze müssen gesagt werden. Und die Teamleiter müssen die Mitarbeiter kontrollieren. Werden die sogenannten Arbeitsanweisungen vom Mitarbeiter nicht umgesetzt, gibt es eine Abmahnung. Will sich der Mitarbeiter nicht mit den wörtlichen Vorgaben identifizieren, kommt die Kündigung.«

Die Branche argumentiert, »Leistungskontrolle« und »Qualitätsförderung« seien bei Telefonverkäufern nicht anders zu machen. Darin liegt das Problem. Verkaufsgeschäfte, die der Kunde gar nicht nachgefragt hat, bei denen er die Ware nicht sehen oder anfassen kann und nicht einmal eine Abbildung davon vor sich liegen hat, können nur optimiert werden, wenn die Verkäufer Bedenken – auch die eigenen – erfolgreich zerstreuen. Das geht nur mit Kontrolle und Druck, die zum System des Outbound gehören wie der Schliff zur Armee.

Das Ganze rechnet sich für die Firmen. Wie wäre es sonst zu erklären, dass viele Callcenter ihre Mitarbeiter, die bislang mit Inbound, also der Entgegennahme von Kundenanrufen, beschäftigt waren, ins Outbound-Geschäft drängen? »Jedes Inbound-Gespräch muss in ein Verkaufsgespräch umgewandelt werden«, so schildert es ein Kollege vom ADAC-Callcenter, zuständig für den ADAC-»Regional-Club Hansa« (Hamburg und Mecklenburg-Vorpommern). Die Callagenten haben Statistiken über die abgeschlossenen Verkaufsverträge zu führen; wer zu wenig nachweist, dem wird die Kündigung nahegelegt. Stoßseufzer eines Mitarbeiters: »Der Umsatz pro Mitglied muss gesteigert werden – ob das den Interessen der Mitglieder entspricht, ist zweitrangig.« Seine Berliner Kollegen durften sich über eine E-Mail ihrer Vorgesetzten freuen: »Hallo zusammen, bisher hat uns ja Hansa geschlagen, aber wir sind am Ball und werden bis aufs Blut kämpfen!!«

Mit anderen Worten: Nicht nur die Beschäftigten im jeweiligen Center werden in Konkurrenz um höhere Umsatzzahlen mit dem Verkauf ADAC-eigener Produkte getrieben, sondern auch die verschiedenen Callcenter gegeneinander. So muss jeder Mitarbeiter über seine Verkäufe täglich eine Statistik anlegen, »motivierende« Einzelgespräche zur Verkaufssteigerung sind an der Tagesordnung.

Überhaupt stehen die Callcenter in heftiger Konkurrenz zueinander und jagen einander die Aufträge ab.[19] Mit Dumpingangeboten (auf Kosten der Gehälter) und mit dem Vorspiegeln umfassender Datensätze (auf Kosten bestehender Verbote) sollen Auftraggeber eingeworben werden. Natürlich laufen dann »coldcalls«, auch beim ADAC.

Mehr Verkaufsgeschäfte durch Callcenter ist der allgemeine Trend, ob bei Telefonverträgen, Versicherungen, beim ADAC oder sonst wo. Die »Callcenter Trendstudie 2007« hat herausgefunden, dass 75 Prozent der befragten Callcenter die Kosten weiter senken wollen und dass »die Auftraggeber verstärkt auf Outbound setzen. Das Inbound-Volumen bleibt konstant.«[20]

Ein Lied davon singen konnten auch die Callagenten bei Quelle-Neckermann, ebenfalls ein Mitglied des Call Center Forums Deutschland. Mit 6000 Beschäftigten war Quelle-Neckermann ebenfalls kein Kleiner der Branche. Auch die dortigen Beschäftigten wurden gezwungen, Kundengespräche in Verkaufsgespräche umzuwandeln. Von einer »Steigerung der Kundenausschöpfung im Teleshopping« durch »Up- und Cross-Selling-Prozesse« salbaderte der verantwortliche Marketingmanager. Drei Abschlüsse pro Stunde waren Zielwert – natürlich im Interesse der Kunden, die sie mit »Schnäppchen« ködern sollten. Kunden wurden ungefragt angerufen, um ihnen nicht mehr nur Quelle-Produkte anzubieten, sondern auch Lottolose, dubiose Gewinnspiele und Versicherungen. Ein leitender Mitarbeiter bei einem Quelle-Callcenter berichtet mir: »Zusatzverkäufe müssen nun im höchsten Maße getätigt werden. Nein, nicht der passende Bestseller zum Bücherregal, sondern Fremdprodukte. NKL, SKL, Lotto und diverse andere dubiose Gewinnspiele wie auch Versicherungen müssen nun der lieben Omi, die eigentlich nur den neuen Katalog bestellen möchte, angeboten werden! Halt! Nicht nur angeboten – Leistung und Umsatz zählt –, sondern verkauft werden!«

Der Konkurrenzdruck in der Branche, die Jagd nach mehr Umsatz und Profit wird gnadenlos auf dem Rücken der Beschäftigten ausgetragen. Und das ist ganz wörtlich gemeint. Quelle z. B. hat sein Callcenter in Berlin geschlossen, nur um den Beschäftigten anzubieten, sie könnten nebenan, beim neuen, »unabhängigen« Callcenter für eine Urlaubswoche weniger pro Jahr und 400 Euro weniger pro Monat anheuern.

In Istanbul hatte Quelle-Neckermann ebenfalls ein Callcenter. Dort saßen deutschsprachige türkische Rückkehrer, die dazu verdonnert waren, Kunden, die lediglich ein bestimmtes Produkt aus dem Katalog bestellen wollten, Lotterielose und sonstiges unnützes Zeug aufzuschwatzen. Damit es glaubhaft erschien, dass sie sich im Stammhaus in Fürth befanden, mussten sie über die aktuellen Wetterverhältnisse dort informiert sein.

Outsourcing nennt man das, was in Berlin und Istanbul passiert – in der Callcenterbranche verläuft das Outsourcing häufig als schnelles Wegsterben und noch schnelleres Wiederauferstehen in neuem Gewand. Zum Teil mit demselben Mobiliar und mit denselben Führungskräften. Nur erhebliche Teile der ohnehin mageren Callagentengehälter sind beim Umzug auf der Strecke geblieben.

Einen Haufen Kreativität

Arndt brauchte nicht lange, dann war er eine Spitzenkraft, hat verkauft, was das Zeug hält, alles und mit jedem Argument. Bis er hingeworfen und eine eigene Homepage eingerichtet hat für alle, die sich in Callcentern gemobbt, verraten und verkauft fühlen, und für Kunden, die ebenso genervt sind.[21] Und auch bei den Aktionen der Gewerkschaft ver.di ist er dabei.[22]

Er hat mir seine Geschichte erzählt:

»Ich war neugierig, hatte schon viel von Callcentern gehört und wollte auch einmal dort arbeiten. Reden konnte ich, überzeugen auch. Was lag also näher? Eine Freundin nannte mir die Tectum-

Group, eines der größten, als seriös geltenden Callcenterunternehmen in NRW, mit über 3000 Beschäftigten. Ich recherchierte ein bisschen im Internet und fand jede Menge Einträge – die negativen habe ich wohl übersehen. Die Firma präsentierte sich auf ihrer eigenen Seite modern, offen und freundlich.

Ich gab mir richtig Mühe mit der Bewerbung, Lebenslauf, Zeugnisse, Foto. Ich schickte sie als PDF-Datei und dann als Papierausdruck inklusive eigens gebrannter CD hinterher, um Eindruck zu machen. Es war leichter, als ich dachte. Ich erinnere mich, wie wir in die Verkaufspsychologie der Firma eingeführt wurden. Der Teamleiter, ein grinsender, auf Erfolgsmensch getrimmter Anfang Dreißiger, hielt einem von uns, einem jungen Mann Anfang zwanzig, einen Haufen Stifte hin, er solle sich einen aussuchen. Der schaute etwas hilflos, zog sich einen. Der Teamleiter baute sich vor uns auf und fragte, warum der junge Mann überhaupt einen Stift brauche. Wir zuckten die Schultern. Der Teamleiter daraufhin: ›So arbeiten wir! Stellt den Kunden vor die Wahl, sich etwas auszusuchen, und er sucht sich etwas aus. Völlig unabhängig davon, ob er es wirklich braucht.‹

Dann kamen zwei Probetage, unbezahlt, das war okay für mich. Ich freute mich sogar auf den Job und war ziemlich aufgeregt am ersten Tag. Der Erfolgsmensch blätterte noch einmal meine Bewerbungsunterlagen durch und meinte: ›Das sieht gut aus, ich denke, wir werden Sie schleifen können.‹ Ich wurde neben einen der Callagenten gesetzt, ich nenne ihn Frank, und durfte zuhören, ›lernen‹. Irgendwann wurde zum täglichen ›Meeting‹ gerufen, alle mussten sofort aufhören zu telefonieren und versammelten sich in der Mitte des Raumes. Die zwei erfolgreichsten Verkäufer des Tages wurden beklatscht – und die anderen darauf hingewiesen, dass sie sich besser mehr anstrengen sollten, wenn sie auf eine Vertragsverlängerung Wert legen. Das Prinzip der Konkurrenz, dachte ich, Mannomann.

Ich setzte mich wieder zu Frank. Er wollte einem Kunden einen neuen Telefonvertrag inklusive Internetflatrate verkaufen. Das Problem: Der Kunde hatte gar keinen Computer. Beeindruckend, wie Frank reagierte: ›Wenn ich mir als Single eine Küche kaufe, ist dort auch ein Backofen eingebaut. Auch wenn ich nur die Herdplatten benutze. Und wenn ich mir ein Auto kaufe, ist dort ein Aschenbecher eingebaut. Das heißt doch nicht, dass ich mit dem Rauchen anfangen muss!‹ Der Kunde war wirklich überzeugt. Frank verkaufte ihm den Vertrag. Mit Internetflatrate. Nachdem er aufgelegt hatte, sagte er zu mir: ›Es gibt auch einen ohne Internet, aber für den bekomme ich weniger Provision.‹

›Ihr müsst so kreativ wie möglich sein, nur wer selbst brennt, kann andere entzünden‹, hatte unser Teamchef gesagt. ›Die Kreativsten kriegen die meisten Abschlüsse. Und nur die bekommen ihre Arbeitsverträge verlängert.‹ Damit war die Marschrichtung für mich klar. Ich legte mich mächtig ins Zeug. Es ging um eine Kampagne, die wir im Auftrag von Arcor durchführen sollten, den Wechsel von Telefonkunden, die bislang bei der Telekom waren. Ich war zu dem Zeitpunkt noch völlig begeistert. Wenn man neu als Callcenteragent anfängt, identifiziert man sich mit dem Produkt, man ist Arcor, ich war Arcor.

Teil des Vertrages, den wir zu verkaufen hatten, war ein Internetanschluss inklusive eines Modems, ein billiges Standardmodell für überteuerte 20 Euro, das nicht mal die Versandkosten (die noch mal mit 9,95 Euro zu Buche schlugen) wert war. Dass die Kunden ihre alte Telefonnummer verloren, wenn wir sie rüberziehen konnten, erzählten wir natürlich ebenso wenig wie die Tatsache, dass ihr neuer Vertrag sie für volle zwei Jahre an Arcor fesselte.

Die Kunden, die auffälligerweise häufig älter als 60 Jahre waren, von einem Komplettpaket inklusive Internet zu überzeugen, war kein leichtes Spiel. Wir kamen oft nur mit schöngeredeten oder inhaltlich komplett falschen Aussagen weiter. Es gab genügend Leute, die keine Ahnung von ihren bisherigen monatlichen Telefonkosten hatten und denen wir das Blaue vom Himmel versprechen konnten. Ich erzählte den Kunden, die Telekom würde den Grundpreis demnächst verdoppeln, mit Arcor könnten sie ihre monatlichen Kosten halbieren, oder der Standardanschluss bei der Telekom liefe aus, sie hätten bald keinen Anschluss mehr, wenn sie nicht umstellen würden.

Ich kann mich an eine fast 90-jährige Dame erinnern, die monatlich 20 Euro für ihr Telefon bezahlte. Ich bot ihr den Komplettanschluss an, ›unser unschlagbar günstiges All-inclusive-Paket für 29,95‹ mit Telefonflatrate. Den Internetanschluss verschwieg ich, damit hätte ich sie sowieso völlig verwirrt. Sie erwiderte, alle ihre Freunde seien bereits tot, Verwandtschaft hätte sie auch keine mehr. Das Telefon brauche sie nur noch, um ihren Arzt anzurufen. Ich musste aber hartnäckig bleiben, mein Trainer hörte gerade bei mir mit, ein ›Side-by-Side-Training‹. In so einer Situation musst du es bringen, sonst kriegst du danach einen Anschiss. Also drohte ich der alten Dame an, dass ihr Telefon in einigen Tag nicht mehr klingeln werde, wenn sie jetzt nicht umstellen würde. Sie war ganz verzweifelt. Mit einem tiefen Seufzer gab sie schließlich nach, ohne Telefonanschluss könne sie nicht auskommen. Mein Trainer strahlte mich an, er war mit meinen Argumenten zufrieden. Ich bereitete die Unterlagen vor – aber ich habe sie dann in den Müll geschmissen. Allerdings nur, weil ich in dem Monat schon relativ viele Aufträge gemacht hatte, es schadete also meiner Quote nicht, dass ich die alte Dame verschonte.

Es ist eben so: Der Arbeitgeber kommt zu dir und sagt, mach das, egal wie. Und du machst es dann auch, egal wie. Nur einer von uns, ein eher kontaktscheuer Mensch, war grundehrlich. Er war Mitte 50 und froh, bei Tectum einen Job gefunden zu haben. Ihn schien die Höhe seines Gehalts nicht weiter zu interessieren. Von Anfang an war er der Einzige, der jedes Detail des Vertrages genau erklärte. Aber er war auch der Einzige, der oft mit weniger als 700 Euro am Monatsende nach Hause ging. Rückblickend kann ich nur sagen, ich habe Respekt vor ihm. Er hat sich nie verbogen und verkauft.

Ein anderes Beispiel: Kollege Daniel rief einen Kunden an, Herrn Meyer, und behauptete, er sei von der Telekom. ›Wir wollten Ihnen nur kurz mitteilen, dass wir im dritten Quartal eine Grundgebührerhöhung vornehmen werden.‹ Herr Meyer war nicht begeistert. ›Warum wir das machen? Ich erkläre es Ihnen gerne. Sie haben bei uns zu wenig Umsatz, da Sie vorwiegend über Fremdanbieter telefonieren, also müssen wir die Kosten, die uns durch Sie entstehen, wieder ausgleichen. Es geht aber auch nur um acht Euro mehr, inklusive Mehrwertsteuer.‹ Herr

Meyer fluchte. ›Herr Meyer‹, legte Daniel nach, ›unter uns gesagt können Sie hingehen, wo der Pfeffer wächst. Wir haben genügend solvente Kunden und verzichten gerne auf Pfennigfuchser. Wer weiß denn schon, wie es um Ihre Finanzen bestellt ist, wenn Sie ständig Sparvorwahlen benutzen. Vielleicht müssen wir irgendwann bei Ihnen den Gebühren hinterherlaufen.‹ Herr Meyer schmiss den Hörer auf. Ich sah Daniel irritiert an. Er lachte und sagte, er werde Herrn Meyer in ein paar Tagen wieder anrufen. Diesmal als Arcor. Zuvorkommend und mit einem preiswerten neuen Vertrag. Die Kollegen aus der Telekom-Abteilung bei Tectum spielten dasselbe Spiel, nur dass sie sich als Arcor-Mitarbeiter ausgaben.

Ich orientierte mich an Daniel und Frank. Meine Quoten wurden von Tag zu Tag besser, ebenso wie meine ›kreativen‹ Argumente. Ich log irgendwann, dass sich die Balken bogen. Subjektiv aber befand ich mich in einem Stadium ausgeprägter, kreativer Fantasie. Da wurde eben mal die Telekom aufgekauft, die Grundgebühren stiegen ins Unermessliche, unsere Angebote kosteten quasi gar nichts mehr. Als ich die Möglichkeit bekam, die Antragsunterlagen per Fax zuzusenden, stiegen meine Abschlüsse, ich bekam die unterschriebenen Verträge per Fax zurück und rief jedes Mal durch den Raum »Fax!«, damit alle mitbekamen, dass ich wieder einen Abschluss gemacht hatte. Ich war unter die drei besten Callagenten aufgestiegen, in nur drei Wochen.

Irgendwann fiel ich in ein schwarzes Loch. Das atemlose Telefonieren, teilweise 90 Anrufe pro Tag, forderte seinen Tribut. Es war nach einem freien Wochenende: Ich begann montags früh wieder zu telefonieren, und mir war so, als hätte ich eine Stimme im Kopf. Die Stimme sprach schneller als ich, und zwar den Text, den ich eigentlich dem Kunden aufsagen wollte. Ich war verwirrt, konnte mich nicht mehr konzentrieren, redete Unsinn am Telefon. Meine Quote ging bergab, der Teamleiter wollte wissen, was los war.

Als ich ihm sagte, ich könne nicht mehr, ich würde durchdrehen, winkte er ab. ›Quatsch! Du kriegst das hin. Coach mal zur Abwechslung deine Kollegen. Dann kommst du wieder auf den Teppich.‹

Ganz unbekannt schien ihm also dieses Phänomen nicht zu

sein. Ich wurde auf die anderen losgelassen, sollte ihnen unter die Arme greifen, Argumente verbessern, Abschlüsse fördern. Ich machte das spontan so, wie ich es auf dem ›Meeting‹ gelernt hatte, ich sagte der ersten Kollegin, bei der ich saß: ›Das war schlicht scheiße!‹ Mit dem Schocker weckte ich sie tatsächlich auf, sie hörte mir zu, sie bedankte sich schließlich sogar bei mir. Der Teamleiter hatte das mitgekriegt und bestätigte mich: ›Man kann denen nicht oft genug sagen, dass sie scheiße sind. Nur dadurch erreicht man, dass sie Gas geben. Wenn man sie lobt, lehnen sie sich zurück.‹

Ich bekam die Stimme tatsächlich wieder aus dem Kopf und legte erneut los. Ich log noch einen ganzen Monat durch und hatte nicht einmal ein schlechtes Gewissen dabei. Die Teamleitung feuerte mich regelrecht an. Ich machte sogar Überstunden, unbezahlt natürlich, denn Tectum bezahlte keine Überstunden.

Draußen erzählte ich wie meine Kollegen wenig oder gar nichts von unserer Arbeit. Wir wurden ein verschworener Haufen, fast wie eine Sekte, für die andere Gesetze und Moralmaßstäbe galten als für den Rest der Welt. Das alles geschah nicht bewusst. Es geschah einfach. Der Übergang zum routinierten Betrüger war fließend, ein schleichender Prozess. Man hörte bei einem Kollegen ein Argument, baute es ein, merkte, dass man Erfolg hatte, und blieb dabei, vervollkommnete die ›Beweisführung‹. Die ständigen Vergleiche, wer mit den Abschlüssen die Nase vorn hatte, trieb diese Entwicklung weiter. Da nimmt man irgendwann keine Rücksicht mehr auf andere, man blendet aus, dass man die Leute nach Strich und Faden bescheißt. Wir machten uns sogar einen Spaß daraus, das Verarschen von Kunden war ein verbreiteter Abteilungssport, man rief als Telekom an und bat den Kunden, für einen Leitungstest am Telefon zu bleiben. Das konnte durchaus 30 Minuten dauern, der Kunde blieb am Apparat und wartete. Irgendwann schalteten wir uns wieder drauf und fragten, ob er einen Pieps gehört habe. Natürlich verneinte der Kunde, und wir erklärten ihm, dass der Test erfolgreich beendet sei. Und lachten uns schlapp.

Ich bin dann trotzdem aufgewacht. Das kam ganz plötzlich. Anlass war die öffentliche Kritik an den Verkaufspraktiken der

Callcenter, die von der *ZEIT*-Reportage und dem Film ›Bei Anruf Abzocke‹ ausgelöst wurde. Damals hatte Tectum das Lohnsystem so verändert, dass die Callagenten ihr Einkommen nur halten konnten, wenn sie noch mehr Abschlüsse machten. So wurden wir systematisch in noch mehr Betrügereien hineingezwungen. In einem Internetforum drohte ich unter einem Pseudonym, die kriminellen Zustände zu veröffentlichen. Gleichzeitig kam ich mit Günter Wallraff in Kontakt. Er ermutigte mich, die Vorgänge bei Tectum in einem Tagebuch festzuhalten. Die Geschäftsführung merkte, dass es in ihrem Laden rumorte, vielleicht reagierte sie auch auf den zunehmenden äußeren Druck. Jedenfalls lockerte sie das Prämiensystem wieder etwas. Mir reichte es aber trotzdem. Die Ausbildung zum Teamleiter, für die ich vorgesehen war, trat ich nicht mehr an. Ich versuchte nicht mehr, mich rauszureden, ich schmiss den Job hin. Und ich war froh, dem Sumpf des geduldeten Betruges und der sektenhaften ›Ausbildung‹ entkommen zu sein.

Dass es bei Tectum im alten Stil weitergeht, habe ich im Sommer 2009 erfahren. Ver.di berichtete erneut von kaum glaubhaften Übergriffen auf Callagenten dieses Unternehmens. Die Einpeitschersprüche meines Teamleiters, mit denen ich schon traktiert worden bin, sind jetzt geadelt worden: Sie sind mittlerweile auf ›Motivationsschildern‹ gedruckt worden und hängen im Großraumbüro über den Köpfen der Callagenten: ›Nur wer selbst brennt, kann andere entzünden!‹ oder ›Aufgeben heißt, am eigenen Willen gescheitert zu sein.‹ Sektenweisheiten, die immer auch Schuldzuweisungen an alle darstellen, die schlechter arbeiten als die Besten.

Auf Krankmeldungen reagiert die Firma offensichtlich noch heftiger. Zuerst einmal mithilfe ihres ausgetüftelten Entlohnungssystems. Prämienzahlungen wurden an die kollektive Leistung gekoppelt. Und weil das so ist, sacken deine Kollegen gleich mit ab, wenn du krank wirst. Du verkneifst dir also die Krankmeldung. Und fällst du durch Krankheit aus, dann musst du nacharbeiten, damit du deine Prämie erhältst. Dann hat Tectum noch sogenannte Krankenrückkehrgespräche erfunden – eine Bezeichnung, die Übles ahnen lässt. In einem solchen Gespräch *musst* du deine Krankheitsgründe auf den Tisch legen, danach faltet dich der Teamleiter entsprechend zusammen, oder er macht dir klar, dass dein Zeitvertrag nicht verlängert wird.

Die Meldungen vom Juli 2009 berichten auch wieder vom ›Strafe-Stehen‹. Ich kannte das schon aus eigener Erfahrung: Wer zu wenige Abschlüsse zustande bringt, muss im Stehen weitertelefonieren. Das klingt wie Ecke-Stehen in der Schule vor 50 Jahren. Und ist ähnlich demütigend, weil dich alle sehen und wissen: Der hat's nicht gebracht! Von einer anderen ›Erziehungsmethode‹ hatte ich allerdings noch nicht gehört: Teamleiter bringen mit einer Stricknadel ihre Untergebenen, die zu wenige Abschlüsse bringen, ›auf Tempo‹. Wenn man so ein Ding unvermutet in die Seite kriegt – und genauso läuft es den Berichten nach ab, die eidesstattlich bei einem Notar hinterlegt sind –, erschrickst du nicht nur, es schmerzt auch. Und es demütigt.«

Mit Leib und Seele für die Volkszufriedenheit

Wie üblich wies der Firmeneigentümer Hubertus Küpper alle Vorwürfe zurück und meinte, 99 Prozent seiner Beschäftigten seien zufrieden. Über die Presse hat er sich allerdings ungewollt bloßgestellt.[23] Er versuchte die ver.di-Aktionen vor verschiedenen Tectum-Betrieben als »mutwilliges Zerstören von Arbeitsplätzen« darzustellen. Ein bemerkenswertes Verständnis von Demokratie, von Meinungs- und Demonstrationsfreiheit.

Am 9. Juli 2009 ließ Küpper etwa 400 Tectum-Beschäftigte vor dem Gewerkschaftsbüro von ver.di in Bochum demonstrieren. Die Demonstranten wurden »zum Betriebsausflug« eingeladen und während der Arbeitszeit mit Bussen aus den verschiedenen Niederlassungen von Tectum nach Bochum befördert,[24] um unter Beweis zu stellen, wie stolz sie auf ihre Arbeit sind. »Ich spüre eine große Dankbarkeit gegenüber unserem Geschäftsführer, weil er mir in dieser wirtschaftlichen Krise einen sicheren Arbeitsplatz bietet«, ruft einer der Demonstranten ins Megafon. Trillerpfeifen und »Tectum, Tectum«-Rufe antworten ihm.[25] »Sehen so Sklaven aus?« lautet eins der selbst gemalten großen

Köder für Fußballfans – Mitarbeiterwerbung auf Plakaten und im Internet. Links: Tectum-Inhaber Hubertus Küpper, zusammen mit dem Präsidenten von Rot-Weiß Oberhausen

Transparente, unterzeichnet mit »Tectum-Azubis«.[26] »Mein Stuhl – mein Arbeitsplatz« steht auf einem anderen Transparent. »ver.di, du Arschloch!«, ruft einer der Teilnehmer und erntet Gelächter bei seinen Kollegen. »Werden wir wie Sklaven behandelt?«, ruft einer der Organisatoren ins Megafon, und die Menge antwortet: »Nein!« »Haben wir einen guten Arbeitgeber?« – »Ja!«

Und dann trägt einer der Demonstranten einen Text vor, den er in Gemeinschaftsarbeit mit einigen seiner Kollegen von Tectum verfasst haben will:

»Ich bin ein glücklicher Callagent. Ich habe eine einfühlsame Teamleiterin, die immer fürsorglich hinter ihrem Team steht und um das Wohlbefinden ihrer Teammitglieder exklusiv und menschlich sorgt und eine enorme Motivation mit sich bringt.

Ich habe einen Bereichsleiter vom Feinsten. Eine bescheidene, hochgebildete, sehr intelligente Persönlichkeit, die sich für jeden einzelnen Mitarbeiter bei Bedarf Zeit nimmt und deren Anliegen mit großer Ernsthaftigkeit auffasst und handelt.

Ich habe einen Standortleiter, der erst handelt und dann die erarbeiteten Vorteile für seine Mitarbeiter bekannt gibt, ohne leere Versprechungen, der mitarbeiterorientiert ist und somit eine Revolution in dem Unternehmen gebracht hat und somit meine Loyalität in unermessliche Höhe pusht, das Niveau auch beibehält.

Ich habe eine super Personaleinsatz-Planung, die ›alles‹ ermöglicht, was auch einsatztechnisch möglich ist, und somit dafür sorgt, dass ich liebend gerne arbeiten komme.

Ich habe besonnene Qualitätsbeauftragte, deren Einsätze immer zum Dahinschmelzen sind.

Ich habe tolle Trainer, die für hoch motivierte und freundliche Arbeitskollegen sorgen.

Ich habe einen Betriebsarzt, der für die medizinische Versorgung bestens gewappnet ist und auch der Seele guttut.

Also: Ich bin kein graues, erst recht kein schwarzes Schaf, sondern ein glücklicher Mitarbeiter der Tectum-Group, der auch gerne Krankenrückkehrgespräche bei Bedarf durchführt, damit die menschlichen Verhältnisse zu der königlich geehrten Teamleiterin gesichert sind. Die Schmarotzer, die mehr krankfeiern als arbeiten und dafür keine Vertragsverlängerung bekommen, die möchte ich sowieso nicht als Arbeitskollegen haben.«

Möglicherweise ist ja der Mitarbeiter, der diese Zeilen überbordender Freude verliest, in seine »königliche« Teamleiterin verliebt. Aber das ist nicht der Punkt. Das Problem ist, dass diese Ergebenheitsadressen die helle Begeisterung der Demonstranten vor Ort hervorruft. Und keiner pfeift, die Menge wendet sich nicht beschämt ab. Der Redner weiß sich im Einverständnis mit ihr. Obwohl der Text doch stark an Lobhudeleien erinnert, wie sie zu Zeiten und in Ländern »großer Führer« üblich waren und sind. Ist das Selbstsuggestion? Sektenähnliche Unterwerfung? Der trotzige Stolz eines sich bedroht fühlenden Kollektivs von Arbeitnehmern, die um ihren Job zittern?

Hubertus Küpper hat tatsächlich mit der Schließung seiner Betriebe gedroht. Der Vorgänger von Tectum mit Namen Stollcom, dessen Vorstandsmitglied Küpper war, wurde Ende der neunziger Jahre geschlossen. Allerdings nicht ganz freiwillig. Die Stollcom AG & Co. ging nach einem Subventionsbetrug in Millionenhöhe und staatsanwaltschaftlichen Ermittlungen in Konkurs.[27]

Ein »guter Arbeitgeber«? Allein in den letzten eineinhalb Jahren gab es 27 Verfahren vor Arbeitsgerichten gegen Tectum.[28] So ist die Demonstration in Bochum wohl eher ein krasses Beispiel für die »freiwillige« Unterwerfung eines erheblichen Teils der Belegschaft. Charakteristisch für eine schöne neue Arbeitswelt, die ohne die Gewerkschaften auskommen will und die mit dem Grundsatz einer eigenständigen, über den Betrieb hinausreichenden und solidarischen Interessenvertretung nichts zu tun haben möchte. Die vielmehr nur eines im Sinne hat: die »Loyalität« der Gefolgsgenossen »in unermessliche Höhe« zu »pushen«.

Im Internet (unter studiVZ) offenbart der auserwählte Vorzeigeredner der Tectum-Kundgebung übrigens, wie sehr sich seine Arbeitswelt an der »Volksgemeinschaftsideologie« des Nationalsozialismus – oder »nur« am Feudalismus? – orientiert: »Wir sind ein sehr erfolgreiches Team in einem Unternehmen, was für den größten Mobilfunkanbieter Deutschlands ihre professionelle Fachkompetenz anbietet. Unter der perfekten Monarchie der Königin Colette Pfannmüller herrscht ein nobles Königreich, wo alle mit Leib und Seele für eine gesamte Volkszufriedenheit arbeiten.«

Statt Lotto jetzt Telefonverträge

Die übelsten Verkaufsgeschäfte am Telefon wurden bis zu ihrem Verbot 2009 (s. Kasten »Was bleibt? Was ändert sich?«) im Namen von Günther Jauch betrieben. Das erlebten Hunderttausende am eigenen Leib, besser: am eigenen Ohr. Die Schamlosigkeit, mit der Callagenten Lose der Süddeutschen Klassenlotterie (SKL) anboten, sucht ihresgleichen. Die Masche war immer dieselbe: Die Callagenten sollten potenzielle Loskäufer damit ködern, sie wären z. B. durch einen Zufallsgenerator ausgewählt worden und würden in Günther Jauchs Show eingeladen. Man stellte ihnen ein »Taschengeld« von 2000 Euro und die Unterbringung in einem Luxushotel in Aussicht, eine ihnen nahestehende Person sei ebenfalls eingeladen. Jetzt sollten sie nur noch mal in ihren Terminkalender schauen, ob sie bei der nächsten Aufzeichnung der SKL-Show für RTL auch abkömmlich seien. Ach ja, eine Kleinigkeit noch: Voraussetzung für eine Einladung sei natürlich, dass sie jetzt gleich telefonisch ein Lotterielos oder einen Anteil davon kaufen würden. Zahlreiche kleinere Firmen verkauften nach diesem Schema SKL-Lose. Aber auch die »Großen« vertickten SKL-Lose am Telefon, wie z. B. die Quelle-Callcenter.

Die SKL, eine staatliche Lotterie unter staatlicher Aufsicht, die dem Steuersäckel jährlich einige Hundert Millionen Euro zuführt (und Günther Jauch, vom Scheitel bis zur Sohle Inbegriff deutscher Biederkeit, als allgegenwärtigem Werbeträger sicherlich auch ein nicht unerhebliches Salär), hat das nie gestört. Sie hat nach der im Baugewerbe bekannten Methode, die eigene Verantwortung auf Subunternehmer abzuwälzen, mit der eigentlichen Abwicklung des Geschäfts nichts zu tun. Konkret: Sie gab den Losverkauf an die staatlich beauftragten Lotterieeinnahmen ab, etwa 125 im Bundesgebiet. Diese Lotterieeinnehmer beauftragten dann ihrerseits Callcenter und seien damit, so SKL, verantwortlich dafür, dass bei diesen Callcentern alles »seriös« zugeht: von der Auswahl der Telefonlisten bis zum Gespräch und Vertragsabschluss. So stahl sich die SKL aus der Verantwortung, und Günther Jauch als ihr Zugpferd leistete indirekt Beihilfe zum Betrug.

Die Aussage der SKL, sie achte streng auf die Qualität des »Telefonmarketings«, sogar eine Liste der beauftragten Callcenter liege ihr vor, ist eine reine Schutzbehauptung. Denn dann hätte die SKL z. B. Call Now aus Dortmund kennen müssen. Die Firma gab ihren Callagenten schriftlich genaueste Argumentationsketten vor, um potenzielle, aber noch widerborstige SKL-Kunden zu »überzeugen«. So sollten die Callagenten ihr Gespräch eröffnen: »Guten Tag, Müller ist mein Name von der Agentur Weisheit.« – Wirklich, sie sollten sich mit »Weisheit« vorstellen. Mündliche Begründung gegenüber den konsternierten Callagenten: »Seit der Scheiß-Wallraff das Geschäft verdirbt und die Leute immer gleich auflegen, melden wir uns nicht mehr mit Call Now, sondern mit Agentur Weisheit.« – »Schön, dass ich Sie direkt erreiche, Herr/Frau … Wir machen heute die Kandidatenplanung für die 5-Millionen-Euro-Show von RTL mit Günther Jauch. Das ist auch der Grund, weshalb ich Sie anrufe, denn *Sie* haben heute die Gelegenheit, mit einer Begleitung Ihrer Wahl in die kommende Sommershow von RTL nach München eingeladen zu werden.« Nach eineinhalb Seiten unhaltbarer Versprechungen landete der Callagent dann bei der alles entscheidenden Frage nach der Kontonummer und durfte das Gespräch beenden. Und damit alles glatt ging, gab Call Now seinen Beschäftigten noch fünf Seiten Argumentationshilfen für alle Gesprächs- und Lebenslagen mit.

Erwähnte der Angerufene z. B.: »Mein Mann/meine Frau lebt nicht mehr«, so sollte der Callagent heucheln: »Das tut mir aber leid, davon wussten wir nichts. Wie lange ist das denn her? Ich hoffe, Sie haben Kinder, die Ihnen in dieser Situation zur Seite stehen/standen. Herr/Frau … ich habe sehr gute Nachrichten für Sie, denn heute haben *Sie* Glück!« Und dann weiter im Text und nicht vergessen: »Nach jedem zweiten Argument Kontonummer erfragen!« In dieser Firma erhält ein Callagent mit 40-Stunden-Woche einen garantierten Monatslohn von 825 Euro brutto. Falls der Mitarbeiter fristlos kündigt oder ihm gekündigt wird, soll er laut Arbeitsvertrag einen Monatslohn als »Vertragsstrafe« zahlen.

Eine Mitarbeiterin eines anderen SKL-Callcenters berichtet von einer ähnlichen Täuschungsstrategie: »Wir wurden von Anfang an darauf gedrillt, wie wir die Kunden belügen und betrügen müssen. Wir durften unseren eigenen Namen nicht sagen. Falls der Kunde fragt, in welcher Stadt sitzen Sie, da mussten wir eine falsche Stadt nennen. Bei der Frage: Warum ist Ihre Nummer unterdrückt?, mussten wir antworten: Ja, aus dem Grunde, wenn wir Sie nicht erreichen und Sie haben einen Anrufbeantworter und versuchen uns zurückzurufen, können wir nicht weitertelefonieren und anderen Menschen zu ihrem Glück verhelfen.«

Sie hat wörtlich mitgeschrieben, wie die Teamleiterin die Neu-
eingestellten instruierte:

»Guten Tag, Frau Meier, wir machen zurzeit die Zuschauer- sowie die Kandidatenplanung für unsere 5-Millionen-Euro-Show
bei RTL mit Günther Jauch. Hier werden die Kandidaten durch
ein limitiertes Auswahlverfahren ermittelt, und da haben Sie
wirklich also ganz schön Glück gehabt. Ich erklär mal kurz den
Ablauf. (…) Das alles erzähl ich euch jetzt so, weil, wenn ich telefoniere – dann erzähl ich das meinen Kunden, um ihnen das
Wasser im Mund zusammenlaufen zu lassen …

Der Kunde fragt uns auch: Woher haben Sie meine Adresse?
Auf diesen Einwand reagieren wir: Haben Sie schon mal eine
Spende gemacht? Oder auch: Haben Sie eine Payback-Karte? Ich
sage – und damit kommt ihr am allerbesten weg –, die 5-Mil-
lionen-Euro-Show wird ja von RTL und der Süddeutschen Klassenlotterie produziert. RTL ist ein reicher Sender, aber so zweimal fünf Millionen Euro auf unsere Bevölkerung verteilen kann
er natürlich auch nicht. RTL hat ja immerhin noch andere Ver-
bindlichkeiten. Deswegen hat er sich mit der Süddeutschen Klassenlotterie zusammengetan, d. h., beide produzieren diese Sen-
dung seit sechs Jahren. Und die Süddeutsche Klassenlotterie ist
staatlich, und die hat natürlich die Möglichkeit, nur die limitier-
ten Mitspieler herauszusuchen, die berechtigt sind, mitzuspie-
len. Also behauptet, die Adresse wird uns von der Süddeutschen
Klassenlotterie zugeschickt.«

Ich hatte Herrn Jauch öffentlich vorgehalten, dass er für den
alltäglichen Telefonterror der SKL-Losverkäufer eine besondere und ganz persönliche Verantwortung trägt. Er sollte sich, so
mein Vorschlag, in seinen Sendungen klar und deutlich von solchen Machenschaften distanzieren. Wie die Arzneimittelwer-
bung zwangsweise mit dem Satz enden muss: »Zu Risiken und
Nebenwirkungen lesen Sie die Packungsbeilage und fragen Sie
Ihren Arzt oder Apotheker«, sollte Günther Jauch in seinen
SKL- und NKL-Werbeauftritten zu dem Satz verpflichtet werden:
»Wenn Sie am Telefon unter meinem Namen zu Loskäufen veranlasst werden sollen, legen Sie zu Ihrem eigenen Schutz auf oder
wenden Sie sich an die nächstgelegene Verbraucherschutzstelle.«

Eckard Schulz, der Eigentümer von CallOn, bestätigte nach den Veröffentlichungen meiner Recherchen über SKL und Jauch in einem Gespräch mit mir: »SKL ist Betrug pur.«

»Was würden Sie sagen, wie viel Prozent dieser Callcenter machen das betrügerisch?«, habe ich ihn gefragt.

»Alle«, sagte er lakonisch.

»Alle?«

»Alle«, sagte Schulz, der es wissen muss. »Sonst kriegen sie es nicht hin. Früher waren es die Drücker, heute ist es das Telefon.«

Der Hausjurist von CallOn, Griebsch, qualifizierte im *Kölner Stadt-Anzeiger* Callagenten so: »Jeder Verkäufer ist ein potenzieller Betrüger.« Griebsch hatte das entschuldigend gemeint. Frei nach Laotse, der der Website von CallOn fernöstliche Weisheit leihen muss: »Nur wer seine Ziele kennt, findet den Weg.« Oder auch: Alles ist möglich, alles ist erlaubt.

Jetzt ist angeblich nicht mehr alles erlaubt. Jetzt, das ist Juni 2009. Zwei neue Gesetze wurden verabschiedet. Denn angesichts der heftigen Kritik, die nach meinen Veröffentlichungen und Stellungnahmen im Frühjahr und Sommer 2007 über die Outbound-orientierten Callcenter hereingebrochen ist, hat die Politik tatsächlich reagiert. Zuerst wurde zum 1. Januar 2008 der neue Glücksspielstaatsvertrag beschlossen, der die Telefon- und Fernsehwerbung für Lottoverkäufe verbietet (bzw. einschränkt, denn die Ziehung der Lottozahlen ist nicht davon betroffen). Sogar die SKL-Show zog sich nach mehreren Rechtsstreitigkeiten im Mai 2009 aus dem Fernsehen zurück; nur im Internet ist Günther Jauch noch in diesem Job zu sehen. Ob der Glücksspielstaatsvertrag Bestand haben wird, ist allerdings noch nicht endgültig geklärt. Zwar haben die Gerichte den Vertrag für verfassungskonform erklärt, aber möglicherweise kippt die Europäische Union ihn noch nachträglich.

Die Branche hat auf die Verbote sofort reagiert und steigt nach Informationen der Verbraucherzentrale Berlin um: »Die Praxis zeigt, dass Unternehmen, die bisher Telefonwerbung für Lotto-Produkte betrieben haben, jetzt für andere Leistungen zum Telefon greifen. Die in Berlin ansässige ZKV Marketing GmbH bietet nun unter dem Namen ›Preisspitzel‹ angeblich verbilligte Einkäufe aller Waren. Die DTD Dienstleistungs GmbH, Speyer, bewirbt – als Gewinnmitteilung getarnt – jetzt telefonisch eine sogenannte Urlaubsflatrate.«[29]

Im Juni 2009 wurde dann das »Gesetz zur Bekämpfung unerlaubter Telefonwerbung« beschlossen.[30] Die wichtigsten Vorschriften: Erstens darf kein Callcenter mehr bei Anrufen seine Nummer unterdrücken (das kann bis zu 10 000 Euro kosten), zweitens muss der Angerufene auf irgendeine Weise ausdrücklich in derartige Anrufe eingewilligt haben (wenn nicht, kann das den Anrufer bis zu 50 000 Euro Bußgeld kosten), und drittens darf der Käufer den am Telefon geschlossenen Vertrag widerrufen, wenn er Zeitschriften oder Lottolose gekauft (das darf also nach diesem Gesetz jetzt doch wieder sein!) bzw. sich an einen neuen Strom-, Wasser- oder Telefonanbieter verkauft hat.

Hat es nun ein Ende mit den »cold calls«, den unerwünschten und ungenehmigten Anrufen? Wohl kaum.

Das Gesetz hatte gerade den Bundestag passiert und wartete noch auf die Bestätigung des Bundesrates und die Veröffentlichung im Bundesgesetzblatt, war also noch nicht in Kraft, als die Branche schon das Beste aus den wenigen Verschärfungen bei Verkaufsgeschäften per Telefon zu machen versuchte. SNT, nach eigenem Bekunden mit 4600 Beschäftigten eines der größten Callcenterunternehmen Deutschlands, legte ein »Merkblatt« vor, dessen Abschlusskapitel lautet: »Wie können Sie die gesetzliche Neuregelung zu Ihrem Vorteil umsetzen?«

Ganz im Sinne der Branche, offensiv und positiv zu denken, schreibt SNT dort unter anderem über das Verbot, die eigene Rufnummer zu unterdrücken: »Die Rufnummernanzeige sollte nicht nur dazu genutzt werden, dem Gesetz Genüge zu tun. Sie kann als ein durchaus interessantes Marketinginstrument gesehen werden. Durch die Möglichkeit, unter der angezeigten Rufnummer zurückrufen zu können, erhöhen sich die Verkaufschancen, da der Endkunde aus einem gewissen Interesse zurückruft, und sei es nur aus Neugierde. Dieser Rückruf bietet die Möglichkeit, aus dem zuvor vermeintlich erfolglosen Outbound-Call einen erfolgreichen Inbound-Call zu machen. Voraussetzung ist jedoch, dass der Mitarbeiter, der diesen Call entgegennimmt, die erfor-

Was bleibt? Was ändert sich?

▪ Den »cold call«, den unerwünschten Werbeanruf, hatte die Rechtsprechung schon seit Jahren verboten – ohne Erfolg. Das »Gesetz zur Bekämpfung unerlaubter Telefonwerbung« vom August 2009 zieht da nur nach. Es droht aber immerhin mit einer Strafe von bis zu 50 000 Euro, wenn ein Callcenter bei Leuten anruft, die das nicht ausdrücklich erlaubt haben (z. B. durch das berühmte Kreuzchen bei Umfragen, Gewinnspielen usw., womit sie sich mit der entsprechenden Nutzung und Weitergabe ihrer Daten einverstanden erklären). Bei Verstößen gegen das Verbot muss nach der neuen gesetzlichen Regelung der Staat tätig werden, der einzelne Verbraucher wird nicht mehr alleingelassen – aber er muss natürlich trotzdem den Prozess anschieben. Ob sich viele Menschen diese Mühe machen, die Callcenter also wirklich auf unerlaubte Anrufe verzichten müssen, bleibt deshalb abzuwarten.

▪ Genauso muss sich erst zeigen, ob das Verbot der Rufnummernunterdrückung greift. Denn da der Gesetzgeber nicht sagt, welche Nummer im Display des Verbrauchers auftauchen soll, kann es theoretisch auch eine tote Leitung sein oder eine 0900er-Abzocker-Nummer. Das Merkblatt von SNT ist auch hier erfreulich offen: »Das Gesetz schreibt nicht vor, ob eine Person, ein Anrufbeantworter oder eine ausgefeilte IVR [Einzelwortkennung] antwortet, ob das Gespräch geroutet [d. h. weitergeleitet] wird oder ob es überhaupt entgegengenommen werden muss.« Die teure 0900er-Nummer hat SNT für alle interessierten Callcenter übrigens auch im Angebot.[31]

▪ Auch der nachträgliche Widerruf eines am Telefon abgeschlossenen Vertrages, der jetzt bei Zeitungs- und Lottogeschäften (für längerfristige Lottogeschäfte galt das Widerrufsrecht ohnehin schon) möglich wird, bürdet dem Verbraucher die Arbeit auf. SNT bemerkt dazu süffisant: »Es wird in diesem Bereich mit den auch in anderen Bereichen üblichen Stornoquoten zu rechnen sein.« Die Verbraucherverbände fordern nach wie vor, dass am Telefon nur ein Vertragsvorgespräch geführt werden kann. Der eigentliche Vertrag müsse schriftlich abgeschlossen werden. Das gilt aber nach dem neuen Recht nur, wenn man den Strom-, Gas- oder Telefonanbieter wechselt. Und hier bedeutet »Schriftform« auch nur, dass die Kündigung des alten Anbieters durch den neuen dem Kunden schriftlich angezeigt werden muss. In allen anderen Fällen klebt der Verbraucher noch immer am Fliegenfänger. Und wer nicht rechtzeitig »seinen« Zeitschriften- oder Lottovertrag widerruft, muss zahlen.

derlichen Informationen besitzt, um den Rückruf kampagnenspezifisch zu bearbeiten. Fazit: Rückrufe können erfolgreich Geschäftsabschlüsse fördern.«[32]

Das klingt munter und vergnügt. Und wahrscheinlich haben die Callstrategen von SNT völlig recht. Gegen ihr Geschäft ist einfach kein Kraut gewachsen. Jedenfalls nicht, wenn es ein so harmloses ist wie das »Gesetz zur Bekämpfung unerlaubter Telefonwerbung«. Denn es erlaubt den Abschluss von Kaufverträgen am Telefon weiterhin, die Forderungen von Verbraucherverbänden und anderen, solche mündlichen Verträge, jedenfalls oberhalb von Taxiruf und Pizzadienst, schlicht und einfach zu verbieten, wurden in den Wind geschlagen.

Aber immerhin: Die Kündigung langfristig bindender Verträge mit Telefon-, Strom- und Gasanbietern bedarf jetzt der Schriftform. Doch auch dies Gebot hat einen Pferdefuß. Denn es gilt nur dann, wenn Sie den Anbieter wechseln. Wenn Ihnen Ihr bisheriger Telefonanbieter, Gas- oder Stromlieferant einen schlechteren Vertrag aufschwatzt als bislang: Pech gehabt. Da wieder rauszukommen ist ebenso kompliziert wie in der Vergangenheit.

Ein Verbot von Vertragsabschlüssen am Telefon hat die Branchenlobby also verhindert. Das werde Arbeitsplätze vernichten! In der Tat. Aber betroffen wären davon nicht die Minderheit der Callcenter und ihre Beschäftigten, die verantwortlich beraten, ihren Kunden zur Seite stehen und deren Entscheidungsfindung vorbereiten, die schließlich in einem Vertragsabschluss zu Hause, in Ruhe und schriftlich, gipfeln mag. Betroffen wäre die Mehrheit der schwarzen Schafe. Und da gilt: Wir brauchen keinen Telefonterror, und wir brauchen keine Arbeitsplätze, wo Beschäftigte geknebelt und zu staatlich geförderten Betrügern werden. Im Gegenteil: Wir brauchen den Schutz davor.

Kleine Brötchen für Lidl
Vom schlechten Arbeiten
für schlechtes Essen

Der Brief trug keinen Absender. Eines Morgens lag er in meinem Briefkasten, und es ging darin um die üblen Arbeitsbedingungen in einer Brotfabrik. Auf mehreren Seiten wurde genau beschrieben, welche unerträglichen Zustände dort herrschten. Am Ende stand: »Haben Sie bitte Verständnis dafür, dass ich mich nicht zu erkennen gebe. Ich bin Arbeiter, habe Familie und bin auf diese Arbeit angewiesen ...«

Ich bekomme jede Woche aus ganz Deutschland Briefe oder E-Mails, in denen Menschen mir schildern, welchen Schikanen sie Tag für Tag bei der Arbeit ausgesetzt sind, oder sie stehen bei mir vor der Tür, um mir ihr Leid zu klagen. Ich kann nur selten selbst aktiv werden und erst recht nicht, wenn ein Informant nicht bereit ist, aus seiner Anonymität herauszutreten. In diesem Fall sollte sich die Sache aber anders entwickeln: Ein paar Wochen später klingelte das Telefon; der Anrufer berichtete von Mobbing, willkürlichen Entlassungen und Unfallgefahren – in derselben Brotfabrik. Und der Mann schlug mir vor: »Finden Sie einen jüngeren Arbeiter, der sich bei uns bewirbt. Dann wird er sehr schnell feststellen, was hier los ist.« Ich bat den Anrufer um seinen Namen, schlug ihm ein Treffen vor, fragte nach zusätzlichen Details. Aber er wehrte ab: »Wenn rauskommt, dass ich mit Ihnen gesprochen habe, fliege ich raus. Mit Kritikern machen die hier kurzen Prozess.« Dann klickte es im Telefon. Er hatte aufgelegt.

Schließlich kam mir ein Zufall zu Hilfe. Ein Freund, den ich seit Jahren nicht mehr gesehen hatte, lud mich ein, ihn zu besuchen. Er wohnt im Hunsrück, nicht weit von dieser Brotfabrik. Ich beschloss umzudisponieren. Denn eigentlich bereitete ich gerade eine neue Reportage aus der »schönen neuen Arbeitswelt«

vor und wollte demnächst in einem Großbetrieb in Norddeutschland anheuern. Mein Freund bot mir an, ein Zimmer in seiner Wohnung zu beziehen und für die Zeit meiner Reportage sein altes, unauffälliges Auto gegen meine schrottreife, verbeulte Kiste mit Kölner Kennzeichen zu tauschen.

Ich habe wirklich öfter das verdammte Glück, dass ich zum richtigen Zeitpunkt den richtigen Menschen begegne. Und dann bin ich losgezogen. In den schönen rheinland-pfälzischen Hunsrück, wo Wein und Billiglöhne wachsen. Nicht ohne zuvor einen Blick ins Internet geworfen zu haben; und natürlich, ich fand »meine« Firma:

»Tradition seit mehr als 600 Jahren«, warb auf ihrer Homepage mit ansprechendem Design die Großbäckerei »Gebr. Weinzheimer Brot GmbH & Co. KG«.

Und weil die Fabrik wirklich – da lügt die Werbung ausnahmsweise einmal nicht – mitten im Hunsrück liegt, genauer: am Rande des Luftkurortes Stromberg, sah ich mir zuerst einmal das kleine Städtchen an.

Stromberg liegt nicht weit von Bingen am Rhein, hat eine eigene Autobahnausfahrt auf der A 61 und nennt sich »Heimat des Deutschen Michel«. Den Ort durchfließen gleich drei Bäche, kurvig und tief geht es von der Autobahn hinunter ins Tal mit seinen »romantischen Burgen, idyllischen Waldwegen«, so die Werbebroschüre der Touristeninformation, mit »Höhenfreibad, temperiert auf 23 Grad«, »Wohn- und Freizeitpark« mit »Tennis-, Reit- und Golfhotel«. Man könne auch »lukullisch speisen: in der ›Stromburg‹ beim Fernseh- und Promikoch Johann Lafer«.

Aber ich war nicht zum Vergnügen, sondern zum Malochen hierhergekommen. Und ich war neugierig auf die Arbeit bei Weinzheimer. Immerhin gehörte die Firma seit einigen Jahren zum »System Lidl«, nämlich zu den Lieferanten des Lebensmitteldiscounters, der ständig negative Schlagzeilen produzierte, weil er aus seinen Mitarbeitern Höchstleistungen herauspresste, weil er sie auch noch überwachte, weil er ihnen gewerkschaftliche Rechte verweigerte und dessen Konzernherr Dieter Schwarz auf diese Weise mit seinen mehr als zehn Milliarden Euro Ersparnissen zum viertreichsten Deutschen emporstieg. Weil Lidl

Inmitten des Hunsrücks, am Rande der Stadt Stromberg, wird seit dem 14. Jahrhundert die Tradition der Mehlverarbeitung gepflegt.

1897 wurde aus der traditionellen Mühlenbäckerei eine Brotfabrik, die seit 1900 auch überregional "Original Hunsrücker Brot" über weite Teile Deutschlands vertreibt.

Home

Wir über uns

Virtuelles Museum

Kontakt

Anfahrt

1965 wurde die Firma von Hans Westerhorstmann, Düsseldorf, übernommen und durch zahlreiche Neubauten erweitert. Seit 1989 hat sich der Betrieb den Bedürfnissen der Endverbraucher angepasst und sich auf halbgebackene Produkte spezialisiert. Ein moderner Maschinenpark und motivierte Mitarbeiter helfen unsere Produkte bundesweit und im europäischen Ausland zu vertreiben.

Q ualifizierte Mitarbeiter
   backen im Einklang mit der Backkunst unsere Produkte

U nbedenklichkeit
   durch ständige interne und externe Qualitätskontrollen

A usgesuchte Rohstoffe
   werden sorgfältig und schonend zu unseren Produkten verarbeitet

L ange Frischhaltung
   ohne Konservierungsstoffe, durch modernste Verpackungstechnik

I nnovativ
   durch neue Produkte und modernste Technik

T radition
   seit mehreren Generationen mit der Bäckereitradition verbunden

Ä hrensache
   ist unser täglich Brot

T ransporte
   flexible und termingerechte Versorgung mit unseren Backwaren

nach oben

Selbstdarstellung von Weinzheimer im Internet

also wie eine frühkapitalistische Profitmaschine arbeitet, wie zu Zeiten, als Menschenrechte nichts galten und Arbeitsrechte noch nicht erfunden waren.

Wie Lidl mit seinen Lieferanten umsprang, darüber wusste ich damals noch nicht viel. Wie groß die Zahl seiner Zulieferer ist, gibt Lidl nicht bekannt. Es sind sicher Hunderte – in den Filialen von Lidl gibt es mehr als 1500 Produkte. Viele Produkte, die wir kaufen, werden bekanntlich nicht mehr in Deutschland hergestellt, sondern zum Beispiel in China, Indien oder Rumänien, wo man den Arbeitern weniger zahlt, wo sie weniger gut oder gar nicht versichert sind und weniger gut oder gar nicht gegen Gefahren geschützt. Wie reagiert ein Betrieb, der in Deutschland produziert, auf den Kostendruck? Kann es sein, dass die Arbeitsbedingungen der sogenannten Dritten Welt längst Einzug gehalten haben in unsere »schöne neue Arbeitswelt«?

Ich will es wissen. Auf der Homepage von Weinzheimer steht, dass in der Firma »qualifizierte Mitarbeiter im Einklang mit der Backkunst backen«. Ich bin zwar weder qualifiziert, noch verstehe ich etwas von Backkunst, dennoch rufe ich an, um mich als Arbeiter anzubieten. Von einem Angestellten erfahre ich, sie suchten »20 bis 30 Jahre alte Männer, die robust sind und belastbar« – also nicht mich. Ich gebe vor, 51 Jahre alt zu sein statt 65, und habe mir die Identität eines Freundes entliehen.

Aller Anfang ist schwer

Falsche Haare und ein schwarzer Oberlippenbart verjüngen mich. So schwinge ich mich im Rennfahrerdress und mit windschlüpfrigem Helm auf mein schnittiges rotes Rennrad mit eindrucksvollem Triathlonlenker und fahre so direkt vor die Verwaltung der Großbäckerei. »Mein Name ist Frank Kimmerle, ich soll hier eingestellt werden«, stelle ich mich selbstbewusst der Dame am Empfang vor. Sie mustert mich verwundert, drückt mir ein Formular in die Hand und wimmelt mich mit den Worten ab: »Dann füllen Sie das hier erst mal aus und legen Ihre Zeugnisse dazu.« In diesem Augenblick kommt eine etwa 35-jährige Frau dazu, gepflegt und bestimmt im Auftreten. Sie wird von der Empfangsdame als Gattin des Inhabers begrüßt. Ich wende mich an sie: »Man hat mir gesagt, ich könne sofort hier anfangen. Ich bin die 50 Kilometer von zu Hause mit dem Rennrad gekommen!« Aber auch ihr ist mein Auftritt nicht geheuer, sie weicht aus: »Mag schon sein, aber ich habe noch zu tun.«

Sie will gehen, da lege ich noch eins drauf: »Ich weiß ja, dass Sie jüngere Leute suchen. Aber ich mache Triathlon und habe den Ironman geschafft: 3,8 Kilometer schwimmen, 180 Kilometer Rad und den Marathon noch obendrein, da ist die Arbeit für mich wie lockeres Training. Ich kann Ihnen außerdem ein sportärztliches Attest vorlegen, in dem mir das biologische Alter eines 30-Jährigen bescheinigt wird.« Ich habe mich vorbereitet und seit einigen Monaten reichlich Ausdauer- und Krafttraining absolviert, dennoch übertreibe ich gewaltig. Die Kernpunkte aggressiver Gesprächsführung kommen mir in den Sinn, die ich im Callcenter bei meiner letzten Recherche gelernt habe. Ich fand es widerwärtig, diese Methode am Telefon anzuwenden, aber jetzt kommt sie mir zugute. »Den anderen nicht zu Wort kommen lassen! Gegenenergie aufbauen! Unvermeidlichkeit suggerieren! Positive Bilder erzeugen. Auf den Abschluss drängen!«, höre ich meinen »Ausbilder« von damals, als stünde er hinter mir.

Also gebe ich noch mal Gas (ich hatte erfahren, dass bei Weinzheimer Arbeiter ohne Entlohnung ein bis zwei Wochen probeweise arbeiten mussten): »Ich kann die ersten Tage ja umsonst hier arbeiten, damit Sie sich ein Bild machen können. Und Sie gehen keinerlei Risiko ein.« Und wirklich: Meine Dreistigkeit siegt. Die Chefin bleibt stehen, wendet sich mir sogar zu, ich entdecke eine Regung in ihrem Gesicht, und sie fragt tatsächlich: »Haben Sie schon mal im Schichtsystem gearbeitet?« – »Ja, am Fließband bei Ford und bei Siemens im Akkord«, antworte ich wahrheitsgemäß und verschweige, dass das fast 40 Jahre zurückliegt. »Dann erscheinen Sie morgen um acht zur Frühschicht«, sagt sie, »normalerweise ist Schichtbeginn um sechs.«

Ich bin drin. Für 7,66 Euro Stundenlohn brutto nach der unbezahlten Probezeit. Das liegt sogar noch unter der Bezahlung im Callcenter. Dafür hat man immerhin Arbeit, hier in dieser Region, wo die Arbeitslosenquote hoch ist und die Jobs rar sind. Netto bleiben den Arbeitern von den 7,66 Euro allerdings weniger als sechs Euro. Der Verdienst fast jedes vierten Vollzeitbeschäftigten in Deutschland liegt inzwischen unter der offiziellen Niedriglohnschwelle von weniger als 9,61 Euro im Westen bzw. weniger als 6,81 Euro im Osten. Damit hat Deutschland einen höheren Anteil an Niedriglöhnern unter den Beschäftigten als Großbritannien und nur noch einen wenig geringeren als die USA.

Am ersten Morgen begrüßt mich die Chefin selbst mit Handschlag, dafür ohne Vertrag. Den gibt es weder heute noch später. Die Chefin überreicht mir eine weiße Arbeitshose und ein T-Shirt mit kurzen Ärmeln. Ich frage, ob man darin im Winter nicht friere. »Wenn es Ihnen zu kalt ist, müssen Sie eben schneller arbeiten.« Dann überlässt sie mich meinem Schicksal und meiner Schichtführerin.

Als ich mich meiner neuen Vorgesetzten, einer resoluten Mittvierzigerin, vorstellen will, übersieht sie meine ausgestreckte Hand. Ich hatte angenommen, sie würde mir dies und jenes erklären und mich zumindest durch den Betrieb führen. Stattdessen läuft sie zu einem Schaltkasten und drückt hektisch auf mehrere Knöpfe. Auch die anderen Kollegen nehmen kaum Notiz von mir. Jeder ist mit sich selbst beschäftigt oder vielmehr mit dem, was Maschine und Band ihm abverlangen. Ich werde zu zwei Kollegen und einer Kollegin ans Endband gestellt. So weit die offizielle »Einweisung« in den Arbeitsalltag bei der Firma »Gebr. Weinzheimer Brot GmbH & Co. KG«, derzeitiger Inhaber: Bernd Westerhorstmann.

Die Brotfabrik Weinzheimer produziert in Wahrheit Brötchen. Was auch nicht schlecht sein muss, nur hat es mit dem Werbespruch, hier werde seit 1897 »Original Hunsrücker Brot« gebacken, nicht viel zu tun. Was hier gebacken wird, sind Aufback-Brötchen in Tüten. Die Abteilungen der Fabrik sind denn auch überschaubar: Teig mischen und anrühren; Öfen beschicken und Brötchen backen; Öfen leeren und Brötchen verpacken. Aber das kriege ich erst im Laufe der nächsten Tage mit.

Am Endband bei Weinzheimer

Allmählich registriere ich: Ich befinde mich am Ende der Verpackungsstraße. Die Brötchen sind in eine luftdichte Folie eingeschweißt, die mit Kohlendioxid aufgebläht wurde. Die prallen Tüten strömen unentwegt mit immer gleicher Fließgeschwindigkeit der Mündung des Bandes entgegen. Zwei Arbeiter verstauen die Packungen am Bandende in Kartons, knallen einen Deckel drauf und stapeln sie dann auf Paletten. Jetzt erhalte ich zum ersten Mal eine handfeste Instruktion. Der Kollege neben mir erklärt, ohne aufzublicken und die Mechanik seiner Handbewegungen zu unterbrechen, was wir tun müssen: »Haltbarkeitsdatumsstempel kontrollieren, fehlerhafte Brötchen aussortieren, schlaffe Packungen vom Band runternehmen und aufreißen! Die sind nicht prall genug mit Kohlendioxid gefüllt.« Na ja, denke ich, nichts Ungewöhnliches. Fließbandarbeit halt. Und ich packe zu, schaue hin, reiße auf – oder nicht, werfe in die Kartons und so weiter und so fort. Nach einer Viertelstunde merke ich allerdings: Diese Arbeit ist nicht fehlerfrei zu erledigen. Es geht alles viel zu schnell. Aber vielleicht, so hoffe ich, kann ich mein Tempo steigern.

Ich stehe ungefähr eine Stunde am Band, da geht plötzlich ein Geschrei los. Eine Sirene heult auf, und meine beiden Kollegen rennen fluchend in die Nebenhalle. Die Schichtführerin brüllt mich unvermittelt an, ich solle hinterher. »Schnell, schnell, helfen, helfen!«, ruft sie ganz verzweifelt und schubst mich. »Bleche vom Band runter, Tempo, Tempo!« Nebenan steht der glühende Backofen, aus dem die Bleche sich auf das Band schieben. Unsere Aufgabe ist es, die heißen Bleche mit den herunterpurzelnden Brötchen wieder vom Band zu nehmen und in fahrbare Gestelle zu schieben. Jedes Blech misst 80 mal 60 Zentimeter und ist mit 42 Brötchen beladen. Ein Kollege wirft mir ein paar zerfetzte Handschuhe zu, und ich verbrenne mir als Erstes die rechte Hand. Beim Hochstemmen der Bleche über dem Kopf zischt es auf der Haut meines rechten Arms und am Kinn, und es bilden sich dicke Brandblasen. Alle meine Kollegen, so erfahre ich später, haben sich diese Brandverletzungen zugezogen.

164

Jetzt springt auch noch die stählerne Kette des Bandes ab, und nun ist richtig die Hölle los. Brötchenbleche schießen weiter aus dem heißen Ofen auf uns zu, und etliche fallen krachend auf den Boden. Die Kollegen brüllen sich an, zwei greifen mit den Händen ins laufende Band, um die Kette wieder in die Halterung zu bekommen. Dabei kam es schon zu schlimmen Verletzungen. Das erfahre ich allerdings erst nach zwei Wochen, nachdem ich selbst schon mehrfach in das laufende Band gegriffen habe. Endlich scheint alles wieder im Lot, die Produktion läuft weiter, das Chaos lichtet sich, und ich kehre zurück in meine Halle. Ich habe keine Zeit, meine Verbrennungen unter kaltem Wasser zu kühlen und die Schmerzen zu lindern. Ich befürchte schon, fortan wie ein Rind gebrandmarkt zu sein; aber zum Glück verheilen und verblassen die Verbrennungswunden nach einigen Wochen wieder.

Verletzungen gehören bei Weinzheimer zum Arbeitsalltag. Wir sind hier so etwas wie die Gemeinschaft der »gebrannten Kinder«, mit Wunden an den Armen oder auch am Oberkörper. Erst nach einer Woche erfahre ich von dem Notausknopf, der seitlich des Bandes angebracht ist. Aber den dürfen wir nur im alleräußersten Notfall betätigen, das wissen die Kollegen. Denn wird er gedrückt, bleiben die Brötchen zu lange im Ofen, werden zu dunkel und sind nicht mehr zu verwenden. Mit großem Nachdruck warnt mich ein Kollege, ein gelernter Bäcker, unbedingt die Finger von diesem Knopf zu lassen. Darauf achtet auch der Eigentümer und Geschäftsführer der Firma, der sich zum Unglück seiner Beschäftigten selbst zum Unfallbeauftragten ernannt hat.

In den Wochen, in denen ich in der Brötchenfabrik arbeite, erlebe ich die Pannen und Blockaden wie ein ständig wiederkehrendes Naturereignis: Bleche müssen vom Band, Brötchen fliegen durch die Luft und liegen auf dem Boden, wo wir sie aufsammeln müssen, damit sie später entsorgt werden. Die Bleche verziehen sich nämlich mit der Zeit in der Hitze des Ofens, und wenn sie sich verzogen haben, blockieren sie das Band, es kommt zu einem Stau, auch weil die Anlage mehr als marode ist. Ein Betriebsschlosser hat mich aufgeklärt: »Die holen hier das Letzte aus

Mensch und Maschine raus und sparen an allem. Lidl bestimmt die Lieferquote. Für jede nicht gelieferte Palette zahlt Weinzheimer eine Konventionalstrafe von 150 Euro, zuletzt waren es mal über 15 000 Euro.« Ein Backblech kostet 70 Euro, und so frage ich einmal einen Schichtleiter, ob man denn nicht neue kaufen könne, um die dauernden Staus zu vermeiden. »Ihr seid billiger als neue Bleche«, ist seine Antwort.

Entsprechend hoch ist die Unfallquote. Es gibt zwar ein Unfallbuch, aber da werden längst nicht alle Blessuren und Verletzungen eingetragen. Da keiner auf die Unfallgefahren aufmerksam macht und auch keine Warnschilder angebracht sind, ist es nur folgerichtig, dass immer wieder die gleichen Unfälle passieren. Bei Reinigungsarbeiten – nach einer Blockade am Band prasselten mir die Brötchen wie Geschosse um die Ohren – stoße ich mir an einem nicht abgesicherten Abdeckblech den Kopf. Leicht benommen und mit blutender Stirn arbeite ich weiter.

Erst später – in einem unbeobachteten Moment – wage ich es, das Unfallbuch durchzublättern: Einem Betriebsschlosser ist an derselben Stelle einige Monate zuvor das Gleiche passiert. Ich besuche ihn nach der Arbeit, und er erzählt: »Ich hatte eine stark blutende Schnittwunde und eine Gehirnerschütterung. Der Schichtführer verweigerte mir Erste Hilfe, entschuldigte sich aber immerhin: ›Tut mir leid, ist keine Zeit für da!‹ Er musste den Backofen leer fahren, sonst wären die Brötchen kaputtgegangen. Nachdem ich den Erste-Hilfe-Kasten selber gefunden hatte, stellte ich fest, dass kein Wundversorgungsmaterial vorhanden war. Erst nach Arbeitsende um 14 Uhr durfte ich ins Krankenhaus fahren. Allein. Dort wurde eine Gehirnerschütterung festgestellt, und eine Stunde lang wurde ich fachgerecht versorgt.«

Tatsächlich sind sich alle Kollegen, mit denen ich gesprochen habe, darüber einig, dass sich Betriebsklima und Arbeitsbedingungen drastisch verschlechtert haben, seit Weinzheimer ausschließlich für Lidl produziert. Die Fabrik ist diesem einen Großabnehmer auf Gedeih und Verderb ausgeliefert. Und der Eigentümer gibt den Druck knallhart an die Beschäftigten weiter. Wenn Lidl mehr bestellt, kommt es vor, dass wir zwei oder drei Wochen ohne freien Tag durcharbeiten müssen. Im Extremfall haben Kollegen 420 Stunden im Monat bis zum Umfallen ge-schuftet. Umgekehrt, wenn bei Lidl Flaute ist, dürfen wir zu Hau-se bleiben – ohne Geld! – und müssen sehen, wie wir über die Runden kommen. Die Firmenleitung von Weinzheimer zahlt in solchen Fällen nichts, keinen Ausfall, keine Wartezeit, keine Ruf-bereitschaft, rein gar nichts. Auch gesetzliche Feiertage – selbst Weihnachten, Neujahr, Ostern oder der 1. Mai – wurden bei der Gehaltsabrechnung immer wieder unterschlagen.

An meinem vierten Tag erfahre ich plötzlich, dass ich erst mal nicht weiterarbeiten soll. Die Auftragslage sei im Moment nicht so günstig. Erst in einem Monat soll es weitergehen. Um weiter-arbeiten zu können, ersinne ich gemeinsam mit meinem Freund, dem Kabarettisten Heinrich Pachl, eine List: Fortan ist er mein »Betreuer« eines frei erfundenen EU-Programms »50 plus«, in dem ältere Arbeiter getreu der Devise »Erst fordern, dann för-dern« unentgeltlich in Firmen arbeiten und dafür von der EU entlohnt werden.

Ich fürchte, die Geschichte könnte auffliegen. Eine Suche im Internet nach dem Namen meines Betreuers, er nennt sich Min-sel, oder ein Anruf in Brüssel würden genügen. Aber Eigentümer und Betriebsleiter wollen die Sache offenbar allzu gerne glauben. Erfülle ich ihnen doch einen Traum: Ich bin ein Arbeiter, der kei-nen Cent kostet.

Ausbeutungsterror durch Abhängigkeit

Ich frage mich, wer für das »Billig-billig«-System von Lidl letzt-lich verantwortlich ist. Mit Billiglöhnen werden Billigbrötchen zu Billigpreisen und in Billigqualität an den Verbraucher gebracht. Warum kaufen die Kunden diese altbackenen Aufbackbrötchen, die obendrein nicht gut schmecken und nicht gerade gesund-heitsförderlich sind? Ja, sie sind in der Tat billig, zumindest auf den ersten Blick. Pro Brötchen zahlt der Kunde 10,5 Cent. Aber er muss immer gleich zehn Stück kaufen. Er muss sie außerdem selbst aufbacken, was Zeit und Strom kostet.

Mittlerweile stammen zwei von drei Broten aus der Supermarkttheke, bei Brötchen sind es etwas weniger. Waren, die natürlich schon allein wegen der Anfahrtswege länger liegen und mit allerlei fragwürdigen Methoden haltbar gemacht werden. Liegt es an der Unbedarftheit und am fehlenden Verbraucherbewusstsein der Kunden? Oder hat es mit deren dürftigem Einkommen zu tun? Sicherlich treibt die »Geiz-ist-geil«-Mentalität auch viele Besserverdienende zum Billigangebot der Discounter, und auch sie nehmen die zum Teil mangelhafte Qualität der Produkte hin. Sicher ist es verständlich, dass ein Hartz-IV-Empfänger solche Billigbrötchen kauft. Es wäre aber ähnlich günstig, zu ganz gewöhnlichem Brot vom Bäcker um die Ecke zu greifen, der noch selbst backt. Und sicher schmackhafter.

Denn unsere sogenannten Ciabatta-Brötchen verdienen den Namen nicht. Die Verpackung suggeriert, dass sie aus Italien kommen, »Ital d'oro« steht darauf. Echter italienischer Ciabatta-Teig müsste mindestens acht Stunden vorgären, um die typisch lockere Struktur und den unnachahmlichen Geschmack zu entwickeln. Die Weinzheimer-Brötchen gären nur etwas mehr als eine Stunde vor. Werden sie nach einigen Wochen Lagerung aufgebacken, sind sie hart und knochentrocken.

Der Begriff »Ciabatta« ist nicht geschützt, und Weinzheimer darf seine Brötchen so nennen. Die Kollegen können täglich eine Packung Aufbackbrötchen unentgeltlich mit nach Hause nehmen. So gut wie keiner macht Gebrauch davon. Ein gelernter Bäcker aus der Teigmacherei meint: »Meine Frau und meine Kinder weigern sich, die zu essen, die verlangen frische Brötchen vom Bäcker.«

Laut Produktbeschreibung auf der Rückseite der Packungen ist unter »Zutaten« auch Traubenzucker angegeben. Während eines Produktionsstillstandes ging ich einmal hinüber zu den Kollegen in den Teig- und Backbereich und fragte »zur Stärkung« nach einem Löffel Traubenzucker. Keiner wusste davon. Als ich den Schichtführer auf einen Kübel mit weißem Pulver aufmerksam machte und arglos bemerkte: »Sieht doch verdammt nach Traubenzucker aus!«, steckte er zum Probieren seinen Finger hinein, leckte daran und spuckte aus – es war Natron. Werksleiter K., den ich danach fragte, beschied mir: »Nein, Traubenzucker gibt's hier nicht.«

Ich habe mich erst nach meinem Brötchenabenteuer intensiver mit dem System der Abhängigkeiten im Lebensmittelsektor befasst. Dass Lieferanten von den großen Supermarktketten an die Wand gedrückt werden und die dort Beschäftigten unter krassesten Formen von Ausbeutung leiden, hat auch das EU-Parlament festgestellt.[33] In seiner Erklärung kritisiert es unter anderem, »dass große Supermärkte ihre Kaufkraft dazu missbrauchen, die an Zulieferer (sowohl innerhalb als auch außerhalb der EU) bezahlten Preise auf unhaltbare Niveaus zu drücken und ihnen unfaire Bedingungen zu diktieren«. Dieser Missbrauch habe »nachteilige Folgewirkungen sowohl auf die Qualität der Beschäftigung als auch auf den Umweltschutz«. Die Discounter- und Supermarktketten lassen ihre Produkte verstärkt in Billiglohnländern herstellen; bis in die Ukraine, Indien oder China reicht ihr Lieferantennetz. Die Globalisierung, die keinen Arbeitnehmerschutz kennt, macht es möglich und zwingt auch die hiesigen Betriebe in den Wettlauf der grenzenlosen Ausbeutung.

Wie das bei der Brotfabrik Weinzheimer aussieht, erleben die Kollegen seit Jahren: Meist wird der karge Lohn zu spät überwiesen; die übliche Begründung: Lidl sei daran schuld, weil sie die Firma zu spät bezahlt habe. »Letztes Jahr«, erzählt mir ein Kollege, »hatten wir unser Geld für November erst am 19.12. auf dem Konto. Meistens werden einige Tage gar nicht bezahlt. Nämlich dann, wenn die Anlage wegen Pannen oder Reparaturen stillsteht. Dann kommt es vor, dass Kollegen 30 oder 50 Kilometer von weit her angefahren sind und vor dem verschlossenen Fabriktor stehen.«

Daniel Tewes, ein ehemaliger Produktionsleiter, hat mir Folgendes berichtet: »Ich war sieben Jahre da, und zum Ende meiner Zeit ging es dann los, Personalabbau, Überstunden wurden nicht mehr bezahlt, die Leistungen hochfahren. Ich war auch für die Personalplanung zuständig und musste den Kopf hinhalten, wenn die Leute ihre Überstunden nicht bezahlt bekamen. Wenn dann jemand vor dir sitzt, der zehn Stunden täglich arbeitet, also 60 Stunden die Woche, und dann vielleicht noch an seinem Wochenende angerufen wird und noch mal zehn Stunden arbeiten muss und mich trotzdem am Monatsende fragt, warum er nur 1000 Euro bekommen hat und wie er davon seine Miete bezahlen soll – was soll ich da sagen? Das war dann nichts mehr für mich.«

Aber auch wenn Lidl die Bedingungen diktiert, die Firma Weinzheimer setzt aus freien Stücken noch eins drauf. Sogar firmenöffentlich und ohne jedes Schamgefühl – wenn sich der Herr der Brötchen nämlich per Aushang an seiner Untertanen wendet. Ein Beispiel (Schreib- und Grammatikfehler im Original):

»Sehr geehrten Mitarbeiterinnen und Mitarbeiter,

Wie allseits bekannt, ist die Firma Lidl mittlerweile unser einziger Kunde
An dieser Stelle möchte ich schon mal folgendes los werden: Bei Reklamation seitens der Firma Lidl werden die Beträge jeweils an der nächsten Rechnung abgezogen. Dieses ist in dieser Woche der Fall, da über 150 Paletten, das sind anderthalb Tage Produktion, oder 50 000 Packungen schimmelig gemeldet wurden. Dieser Umstand ist für die Geschäftsleitung nicht vorhersehbar, aber nachvollziehbar. Der Schimmel entsteht durch unsauberes, ungenaues Arbeiten. Wenn ich sehe, wie die Räumlichkeiten und Maschinen nicht gereinigt werden und die Mitarbeiter meinen sich nicht an vorgeschriebene Prozesse halten zu müssen, aber dann ihrem Lohn hinterher jammern, den rate ich in Zukunft seine eigenes Handel und den Umgang mit seinem eigenen Arbeitsplatz zu überdenken. Ich, die Firma Lidl und allen Endkunden habe für diese Arbeitsauffassung keinerlei Verständnis. Auch wird hier seit geraumer Zeit die Arbeitsauffassung durch Krankmeldungen ersetzt, so dass im Endeffekt die Mitarbeiter bestraft werden, die Ihren Lohn durch ordentliche Arbeit erwirtschaften. Also bitte ich alle Mitarbeiter/innen sich über die Situation klar zu werden, und endlich für den eigenen Arbeitsplatz Verantwortung und Sauberkeit zu übernehmen, damit in Zukunft die Löhne gesichert sind.

Mit freundlichen Grüßen
B. Westerhorstmann
Geschäftsführer«

Der Schimmel blüht

Die Leidtragenden der Marktmacht großer Discounter – fünf von ihnen setzen in Europa über 70 Prozent der Lebensmittel um – sind nicht nur die Lieferanten und die Beschäftigten, sondern ebenso die Verbraucher. Auch wenn mitunter die Schimmelbildung bei den Lidl-Brötchen rechtzeitig entdeckt und auf Kosten der Beschäftigten bei Weinzheimer »bereinigt« wird, der Schimmel entsteht in der Stromberger Brotfabrik keineswegs durch »ungenaues oder unsauberes Arbeiten«, sondern blüht hier permanent – davon konnte ich mich selbst überzeugen und kann es durch Fotos belegen – an schwer zugänglichen Stellen der Anlage, rieselt an verrotteten Eisenteilen herunter oder entwickelt sich im Gärschrank.

Thorsten Scholz ist Mechatroniker. Ihn graust es, als er mir bei sich zu Hause von seiner Zeit bei Weinzheimer erzählt: »Der Gärschrank, wo die Teigrohlinge durchlaufen, war voll mit Schimmel. Ist klar, da wird ja eine gewisse Temperatur erzeugt, ein gewisser Wasserdampf: Da gehen nicht nur die Brötchen auf, davon ernährt sich auch der Schimmel, wenn man ihn lässt. Das war eklig, richtig eklig. Als ich das gesehen hab, war Schluss mit Weinzheimers Brötchen. Ich hab keins mehr runtergekriegt.«

Die Arbeiter trifft keine Schuld. Sie sind im ständigen Einsatz und malochen – durch die immer wiederkehrenden Pannen auf Trab gehalten – bis zur Erschöpfung. Unser Soll pro Schicht sind 40 Paletten. Durch die dauernden Blockaden und die damit verbundene Mehrarbeit ist das meist nicht zu schaffen. Auch von jungen, sehr kräftigen Kollegen bekomme ich zu hören, dass sie nach der Arbeit total ausgelaugt seien und sich kaum noch zu etwas aufraffen könnten. Auf der Strecke bleibt – für zusätzliches Personal ist anscheinend kein Geld da – die Sauberkeit. Der Verbraucher kriegt es ja nicht mit. Denn die ach so naturreinen Brötchen, die »ohne Konservierungsstoffe« hergestellt werden (Eigenwerbung), enthalten Fungizide zur Abtötung von Schimmelpilzen mit einem Gewichtsanteil von 0,5 Prozent in der Backmischung. Deshalb sind sie nicht deklarierungspflichtig. Aber trotzdem da.

Ich selbst werde mit einem älteren Kollegen eingeteilt, den Schwarzschimmel aus den Fugen einer gekachelten Wand zu entfernen. Es ist eine mühselige und vergebliche Arbeit, denn spätestens nach einer Woche bildet sich der Schimmel erneut. »Warum wird die Wand nicht fugenlos isoliert, dann könnte man sie weniger zeitaufwendig abspritzen oder dampfstrahlen?«, frage ich den Kollegen. »Man sollte es dem Westerhorstmann mal vorschlagen. Das wäre ja schließlich auch für die Brötchen nicht schlecht … und für die, die sie essen.« Mein Kollege winkt müde ab: »Da könnte man einiges an Verbesserungen und Arbeitserleichterungen vorbringen, aber das ist hier unerwünscht. Ich habe es einmal versucht und bekam zu hören, ich sei hier zum Arbeiten, das Denken solle ich mal gefälligst ihm überlassen.«

Das System Lidl: die pure Unterdrückung

Lidl zahlt pro Zehnerpackung Aufbackbrötchen 49 Cent – dafür muss Weinzheimer frei Haus liefern – und verkauft sie im Laden für 1,05 Euro. Sieht man vom Lidl-Eigentümer ab, sind alle Beteiligten Leidtragende. Ich rechne sogar den Werksleiter dazu, der die Kollegen zu scheuchen hat, aber selbst überfordert ist und weiß, dass er wie sein geschasster Vorgänger jederzeit gefeuert werden kann, wenn ein billigerer und noch willigerer Erfüllungsgehilfe gefunden wird.

Und der Firmeninhaber von Lidls Gnaden? Er wird von allen, die ihn kennen, als arrogant und überheblich dargestellt. Aber war er immer so? Oder ist er so geworden, und was hat ihn dazu gemacht? Die wenigen Male, die ich ihn durch seinen Betrieb stolzieren sah – dabei grüßt er niemanden, teilt nur Kommandos aus oder bedeutet einem durch Fingerzeig, dass die Schnauzbartbinde verrutscht sei, die man aus Hygienegründen tragen muss (absolut lächerlich angesichts der Schimmelkulturen!) –, erschien er mir in seiner Zweimetermassigkeit wie in sich selbst gefangen.

Nur einmal, als er zufällig an meinem Arbeitsplatz vorbeikommt, wendet er sich direkt an mich und erteilt mir im Vorbeigehen mit tonloser Stimme den Befehl: »Hol mal die elektrische

»Tradition seit mehr als 600 Jahren« – die Großbäckerei Weinzheimer
im Hunsrück

Ameise.« Er meint damit einen Gabelstapler, den ich allerdings nicht ohne vorhergehende Einweisung fahren darf. Als ich ihn frage, wo das Gefährt zu finden sei, macht er eine abfällige Handbewegung und lässt mich stehen.

So unnahbar Westerhorstmann seine Werkshallen durchschreitet, so entschieden und engagiert widmet er sich virtuell und aus der Ferne dem Geschehen in seiner Produktionsstätte. Denn auch das Überwachungs- und Bespitzelungssystem Lidl hat Einzug gehalten in seine Backstraßen. Ursprünglich zur Kontrolle der technischen Abläufe gedacht, hat er seine Hallen mit Kameras bestückt, um von überall auf der Welt via Internet und mit persönlichem Passwort seine Mitarbeiter überwachen zu können. So stellt er sogar des Nachts seine Allgegenwärtigkeit unter Beweis. Einmal hat er von seinem Schlafzimmer aus einer Schichtführerin, die gewerkschaftlich aktiv war, eine Abmahnung erteilt. Denn er hatte auf seinem Bildschirm registriert, dass sie statt einer weißen eine graue Arbeitshose trug.

Was treibt einen Menschen dazu, eine Firma so zu führen? Ist es wirklich nur der Druck, der von Lidl kommt? Welchen Teil der Schuld trägt er selbst? Einige Arbeiter in der Fabrik glauben, dass er einzig daran interessiert sei, in der Zeit bis zu seinem Ruhestand das Maximum aus dem Betrieb herauszupressen, und sich deswegen weder um neue Maschinen noch um neue Bleche kümmere.

Vielleicht lässt sich aus seinem Umgang mit Tieren schließen, was für ein Mensch Westerhorstmann ist. Gleich neben der Fabrikhalle hält er etwa 20 afrikanische Buckelrinder. Im Betrieb heißt es, sein Vater, von dem er die Fabrik erbte, habe ihm die Pflege per Testament auferlegt. Sicher ist, dass die Tiere dort leiden, sie stehen bis über die Knöchel im eigenen Kot, weil er die Kosten spart, um den Stall ausmisten zu lassen. Eines Tages, es ist Karfreitag, entdecke ich, dass dort ein soeben geborenes Kalb liegt. Ich hebe es aus dem Kot und Schlamm, trage es ins Freie und reibe es ab: Es lebt noch. Am selben Tag erfahre ich von einem Kollegen, dass das Neugeborene elendig verreckt ist.

Insgesamt herrscht bei der Fabrikbäckerei Weinzheimer das System Lidl. Dieser Supermarktkonzern hat es geschafft, dass von

174

seinen 3250 Filialen in Deutschland lediglich sieben einen Betriebsrat haben. In einem Fall wurde sogar eine Filiale geschlossen, um die Gründung eines Betriebsrats zu verhindern. Auch der Brötchenfabrikant im Hunsrück drohte mit Schließung seines Betriebs, bzw. mit Entlassungen wegen »betriebsbedingter Teilautomatisierung«, um Stimmung gegen eine geplante Betriebsratswahl zu machen.

Bereits die erste von ihm unter Vorwänden immer wieder hinausgezögerte Betriebsversammlung geriet zum Fiasko. Er versuchte den Wahlvorstand, der das Vertrauen fast der gesamten Belegschaft genoss, als inkompetent hinzustellen und lächerlich zu machen. Die Kollegen hielten ihm die gesundheitsruinierenden Arbeitszeiten vor und begründeten damit die Notwendigkeit eines Betriebsrats; einer berichtete, er habe 30 Tage am Stück arbeiten müssen. Der Brötchenfabrikant feixte: »Na super, dafür haben wir ja auch mal zwei Wochen nix zu tun!« Als die Kollegen nicht auf seinen »Scherz« eingingen, sondern weiter ihrem Ärger Luft machten, schmiss er sie schlicht und einfach raus: »Das ist meine Firma, ich mache jetzt von meinem Hausrecht Gebrauch!«

In der Folgezeit versuchte er, die Wahl eines Betriebsrats mit Drohungen zu verhindern. Ein vietnamesischer Kollege mit befristetem Arbeitsvertrag wurde mehrfach zur Geschäftsleitung beordert und sollte sich als Vertrauens-Betriebsrat der Firma aufstellen lassen. Dann könne positiv über eine Verlängerung seines Vertrages entschieden werden. Unliebsamen Mitarbeitern wurde die Kündigung angedroht, sollten sie sich an der Wahl beteiligen.

Alban Ademaj, der es schließlich dennoch wagte, sich zum Betriebsratsvorsitzenden wählen zu lassen, erinnert sich: »Ich wurde von den Arbeitskollegen gebeten, mich aufstellen zu lassen, weil sie großes Vertrauen zu mir hatten. Doch schon während der Wahlvorbereitung wurden wir so oft abgemahnt und als dumm und unwissend dargestellt, dass ich mehrmals kurz davor war, alles hinzuschmeißen. Als ich zu meinem großen Erstaunen die meisten Stimmen bekommen hatte, ermutigte mich das weiterzumachen. Wir versuchten als Erstes, die gröbsten Verstöße abzustellen, doch jeder Versuch und Vorschlag wurde abgeblockt. So wollten wir zum Beispiel unsere Stundennachweise ausgehändigt bekommen, weil viele den begründeten Verdacht hatten, dass Stunden unterschlagen wurden. Denn der Betriebsleiter konnte über den PC die Stundenzahl manipulieren. Ich konnte ihn überführen, da ich meine Stunden immer aufgeschrieben hatte.«

Der 27-jährige Ademaj wurde nach seiner Wahl systematisch unter Druck gesetzt, bekam eine Abmahnung nach der anderen – obwohl er vorher nie wegen seiner Arbeitsleistung kritisiert worden war. Er wurde versetzt, musste Springerdienste leisten und wurde auf jede mögliche Weise schikaniert. Schließlich hat er aufgegeben und sein Amt niedergelegt: »Ich dachte, wenn ich zurücktrete, dann lässt er mich wenigstens in Ruhe meine Arbeit machen.« Weit gefehlt! Ademaj wurde zur unbeliebtesten Arbeit, zum Einpacken am Endband, versetzt. »Palettenkontrolle. Da findet man immer was, wenn man will. Als sie aber beim vierten Mal bei mir immer noch nichts gefunden hatten, fragte ich die Frau des Inhabers, die mich kontrollierte, spöttisch: ›Gibt's beim fünften Mal, wenn wieder alles okay ist, wenigstens 100 Euro Prämie?‹«

Aber dann fanden sie doch etwas. Sie stellten einen neuen Kollegen neben ihn und lasteten dessen Fehler Ademaj an. Außerdem erteilten sie ihm eine Abmahnung wegen angeblich falscher Rezeptur des Teigs, obwohl er zu diesem Zeitpunkt nachweislich in der Verpackung gearbeitet hatte. Als er schließlich eine Tüte mit lebenden Kakerlaken, die ein Kollege gesammelt und neben seinem Arbeitsplatz platziert hatte, zur Seite schaffte, wurde ihm das zum Verhängnis. Zu dieser Zeit wurde nämlich ein Lidl-Kontrolleur erwartet, dem sollte die Tüte nach Ademajs Ansicht besser nicht in die Hände fallen. Aber gerade wegen dieser Tüte wurde dem Arbeiter fristlos gekündigt: Störung des Betriebsfriedens. Seinem Nachfolger, der die zweithöchste Stimmenzahl erhalten hatte, Savas Daci, und der lange Jahre Vorzeigearbeiter gewesen war, erging es ähnlich. Nachdem er seinen Posten angetreten hatte, wurde er mit Abmahnungen überhäuft.

Auch Daci und seiner Stellvertreterin wurde schließlich fristlos gekündigt, diesmal mit dem Zusatz: »Die Zustimmung des Betriebsrates liegt vor.« Die mit nur acht Stimmen an sechster Stelle

176

gewählte Chefsekretärin Beate M. war nämlich mittlerweile zur Betriebsratsvorsitzenden aufgestiegen. Sie genoss das volle Vertrauen des Firmeninhabers und hatte jetzt Gelegenheit, es unter Beweis zu stellen. Fortan trat sie als Zeugin gegen ihre eigenen Kollegen auf.

»Jetzt hat der Westerhorstmann endlich den Betriebsrat, den er sich wünscht. Der zu allem Ja und Amen sagt und der jede Schweinerei mitmacht!«, sagt der zuständige Sekretär Harald Fascella von der Gewerkschaft Nahrung-Genuss-Gaststätten aus Darmstadt und stellt sich die Frage: »Ist ein Betrieb, in dem ein solches Ausmaß an Willkür und Menschenverachtung herrscht, überhaupt noch erhaltenswert?«

Der Mensch ist nichts?

Wenn Lidl Druck macht, werden Erholungszeiten nicht eingehalten und Arbeitschutzbestimmungen außer Kraft gesetzt. Dann kommt es vor, dass jemand um sechs Uhr von der Nachtschicht kommt, 40 Kilometer nach Hause fährt und zur Spätschicht um 14 Uhr wieder antreten muss. Die vom Gesetzgeber vorgeschriebene mindestens elfeinhalbstündige Erholungszeit gilt hier nicht.

Vom Gesundheitsschutz ganz zu schweigen. Auch hier ist Weinzheimer ein Beispiel für einen allgemeinen Trend, in diesem Falle für die Art und Weise, wie der bundesweite Krankenstand in den letzten Jahren immer weiter gedrückt wird. In dieser Firma erhalten zum Beispiel ausländische Kollegen – und das ist die Mehrheit der Beschäftigten – im Krankheitsfall häufig keine Lohnfortzahlung. Also arbeiten sie auch krank weiter.

Als der Kollege Heinz D. auf dem Weg zur Arbeit mit seinem Moped einen Unfall hat, Prellungen und eine Gehirnerschütterung davonträgt, schleppt er sich aus Angst vor Entlassung dennoch an seinen Arbeitsplatz. Nach drei Stunden hält er es vor Schmerzen nicht mehr aus und bittet den Werksleiter, ihn ins Krankenhaus fahren zu lassen. Dies wird ihm großzügigerweise gestattet. Nach der Krankenhausbehandlung findet er in seinem

Briefkasten ein Kündigungsschreiben der Firma vor. Der Werksleiter, vom Firmeninhaber beauftragt, hatte sich die Mühe gemacht, die 25 Kilometer zu ihm nach Hause zu fahren, um ihm die Kündigung schnellstmöglich und höchstpersönlich zuzustellen.

Wie Westerhorstmann über die Gesundheit seiner Arbeiter denkt, ist dem bereits zitierten Aushang zu entnehmen: Es »wird hier seit geraumer Zeit die Arbeitsauffassung durch Krankmeldungen ersetzt, so dass im Endeffekt die Mitarbeiter bestraft werden, die ihren Lohn durch ordentliche Arbeit erwirtschaften«. Das Gegenteil ist der Fall: Die Arbeiter fürchten sich davor, sich krankzumelden, weil Westerhorstmann Krankheitstage häufig nicht bezahlt und weil er schon etliche Kranke aus dem Betrieb gemobbt hat.

Dabei sind die Arbeitsbedingungen bei Weinzheimer im wahrsten Sinne des Wortes selbst krank. Kein Wunder also, dass Arbeitsschutz und Arbeitssicherheit keine Rolle spielen. Eine meiner Hauptaufgaben besteht darin, stundenlang fehlerhafte Tüten aufzuschlitzen und die Brötchen wieder aufs Band zu kippen. Diese Tüten sind nicht mit Luft, sondern mit Kohlendioxid prall gefüllt, sodass ich diesem Gas, das nur in geringer Konzentration harmlos ist, schutzlos ausgesetzt bin. Schon nach kürzester Zeit verursacht diese Arbeit Kopfschmerzen. Die Augen brennen, die Kehle trocknet aus. Ich sehne mich nach Frischluft, aber die gibt es hier nicht.

Es ist ohnehin heiß hier – im Sommer klagen die Kollegen über Temperaturen um die 60 Grad. Es gibt keine Frischluft- und Absauganlage und keine geöffneten Fenster. Früher, als noch hin und wieder ein Fenster geöffnet werden durfte und ein paar Vögel in die Anlage flogen, machten Firmenchef und Produktionsleiter mit Luftgewehren Jagd auf die verirrten Tiere. Dann gab es auch eine Zeit lang eine Lüftungsanlage. Aber die wurde abgestellt, um Strom zu sparen.

Benno Fuchs, ein ehemaliger Betriebselektriker, hat das Verbot selbst entgegennehmen dürfen: »Ja, die Klimaanlage, die war sehr schön, und ich habe sogar selbst jedes Jahr die Filter gewechselt, damit alles in Ordnung ist, damit sie funktioniert. Zum Schluss durften wir sie nicht mehr anstellen. ›Die Leute können ruhig ein bisschen schwitzen‹, meinte Westerhorstmann zu mir.«

Den vielleicht widerwärtigsten Fall von Mobbing erlebte ein Mann namens Ottmar Thiele. Er arbeitete seit 33 Jahren in der Firma, als der Chef ihn zwingen wollte, eine Änderungskündigung zu unterschreiben, die ihm 500 Euro weniger im Monat beschert hätte, dafür aber Schwerstarbeit im Schicht- und Nachtdienst. Obwohl Thiele nicht unterschrieb und trotz eines ärztlichen Attests, wonach ihm wegen einer Herzerkrankung weder Nacht- noch Spätschicht zugemutet werden dürfe, wurde er zum Schichtdienst gezwungen. Er wurde in die Produktion versetzt und musste schwere Paletten von Hand schieben. »Alles im Dauerlauf«, erzählt er heute. »Die wollten, dass ich von selbst gehe. Ich habe kaum noch geschlafen, Tag und Nacht an die Firma gedacht.«

Wie der Betrieb mit der Gesundheit seiner Mitarbeiter umgeht, erlebe ich am eigenen Leib. Beim Tütenaufschlitzen bin ich wegen des Kohlendioxid-Dunstes in kürzester Zeit wie benommen und klatschnass geschwitzt. Plötzlich werde ich abkommandiert und soll im durchgeschwitzten dünnen Hemd nach draußen. Dort müssen Plastikkörbe mit Abfallbrötchen in einen Container gekippt werden. Zwei Stunden werde ich für die Schlepperei brauchen, wird mir gesagt. Das würde mir nichts ausmachen, schließlich habe ich neben Langlauf auch Krafttraining gemacht, um in der Brötchenfabrik zu bestehen, aber ich befürchte, mir eine Lungenentzündung zu holen, denn draußen hat es gefroren, und die Luft ist klirrend kalt.

Also gehe ich in das Büro und bitte die Frau des Firmeninhabers, mir wenigstens einen Kittel zur Verfügung zu stellen. Das hätte ich besser nicht getan. Denn anstatt um meine Gesundheit und die Erhaltung meiner Arbeitskraft besorgt zu sein, beruft sie sich auf die strenge Einhaltung der Lidl'schen Hygienevorschriften. »Ich könnte Ihnen jetzt sofort eine Abmahnung erteilen!«, ignoriert sie meine Bitte. »Sie haben sich an die Vorschriften zu halten und dürfen in Ihrer sterilen Kleidung die Halle nicht verlassen.« – »Aber man hat mich doch ausdrücklich rausgeschickt.« – »Sie haben sich an die Vorschriften zu halten«, unterbricht sie mich streng und schaut ungerührt zu, wie ich mich in eisiger Kälte mit ihren mistigen Brötchen abschleppe.

Dasselbe Spiel wiederholt sich einige Tage später, als mich Werksleiter K. von meinem kohlendioxidgeschwängerten Heißluftarbeitsplatz wegholt und durchs Freie führt, um mich in eine eisige Halle zu beordern, wo die Mehlsilos stehen. Dort soll ich den Mehlstaub beseitigen. Mein dünnes Hemd ist zum Auswringen nass. Der Werksleiter bemerkt das und fragt mich, ob ich denn keinen Kittel gestellt bekommen hätte. »Nein, davon war nie die Rede, steht mir denn einer zu?« – »Lassen Sie mal«, korrigiert er sich, »machen Sie Ihre Arbeit!«

Diese Gleichgültigkeit ihrer Gesundheit gegenüber haben auch andere Mitarbeiter zu spüren bekommen. Zum Beispiel sollte einmal ein Schlosser in einem defekten Mehlsilo Schweißarbeiten ausführen. Ein unverantwortliches Ansinnen, denn ein einziger Funke kann eine Verpuffung und eine tödliche Explosion auslösen. Nur durch die Androhung, die Berufsgenossenschaft zu informieren, konnte er sich diesem wahrhaft lebensgefährlichen Auftrag widersetzen.

Von der Schamlosigkeit, mit der in diesem Betrieb über die Gesundheit der Beschäftigten hinweg produziert wird, bleiben auch die leitenden Angestellten nicht verschont. Als wieder mal nach einer Panne die heißen Bleche vom Band fliegen und die Brötchen haufenweise den Boden bedecken, eilt – durch Sirenengeheul alarmiert – der Werksleiter in mein düsteres, stickiges Revier und weist mich an, schleunigst die Brötchen zusammenzufegen, in Körbe zu verfrachten und in den Container zu schaffen.

»Fegen Sie auch die Brötchen unter dem Band weg!«, befiehlt K. Unter das Gestänge des laufenden Bandes zu kriechen, ist mir zu risikoreich. Bis zum Boden sind es nur 60 Zentimeter, nicht viel Platz für einen ausgewachsenen Mann. »Das ist doch gefährlich«, wage ich einzuwenden. »Kann ich das nicht machen, wenn das Band wieder mal stillsteht?!« – Da habe ich ihn wohl in seiner Ehre getroffen. »Stellen Sie sich immer so dumm an?«, entgegnet K. »Passen Sie auf, ich mach Ihnen das jetzt mal vor!« Und schon reißt er mir den Schrubber aus der Hand und kriecht unters Band. Als ich ihm mit meinem »Triathlon« imponieren wollte, hatte er geprahlt, er habe in seiner Jugend mal in einer Auswahlmannschaft der Eintracht Frankfurt mit Thon und anderen Kickerassen zusammengespielt und sei eine ganz große Nummer gewesen. Davon merkt man inzwischen nicht mehr viel. Er ist vom Körpervolumen her viel ungeeigneter als ich, unters Band zu kriechen. Und da hat ihn auch schon die Kette erfasst und zieht seinen Kittel ins Band. Er strauchelt und wird mitgezogen. Ich springe mit einem Satz hinzu, reiße mit voller Kraft an seinem Kittel und befreie ihn aus seiner misslichen Lage. Das ölverschmierte Stück Stoff werfe ich in den nächsten Abfallkübel.

Der Werksleiter ist ganz blass geworden vor Schreck, sein Stolz verbietet ihm, sich bei mir zu bedanken, wortlos geht er an mir vorbei, bückt sich nur kurz am Abfallkübel, um das Beweisstück für seine gefährliche, unverantwortliche Aktion wieder an sich zu nehmen. Ich folge ihm unbemerkt und sehe, wie er den ölverschmierten Kittelfetzen in einem anderen Hallenabschnitt in einen Kübel wirft. Da hole ich ihn mir später wieder heraus und behalte ihn als Andenken. Zu meiner Schande muss ich gestehen, dass ich – kaum hatte ich ihn befreit – mit böser Freude an das Ende von Max und Moritz denken musste.

Zahllos sind die Geschichten von der Entwürdigung der Arbeiter: Ein Kollege erzählt mir, wie sie ohne Atemschutzgerät Glaswolle in den Backofen einbringen mussten: »Der Backofen aus dem Jahr 1965 hatte gebrannt. Die Feuerwehr hat's gelöscht und die Isolationsglaswolle mit schwerem Atemschutzgerät entfernt. Wir mussten dieselbe halb verkohlte Glaswolle stundenlang von Hand wieder in den Ofen reinpfriemeln. Das Einzige, was sie uns zur Verfügung gestellt haben, waren ein Besucherkittel aus Vlies und ein Mundschutz aus dem Baumarkt für 99 Cent, der die Fasern nicht abhält. Dabei weiß doch jeder, dass Glaswollfasern krebserregend sind!«

Es gibt Tage, da produziert die marode Anlage fast 20 Prozent Ausschuss. Das bringt entsprechend gefährliche Situationen und viele kleinere oder größere Verletzungen mit sich. Der Betrieb missachtet die Beschäftigten und ihre Gesundheit auf extreme Weise. Zur Ursache gibt es unterschiedliche Ansichten. Einige meinen, so sei das eben, den Letzten bissen die Hunde: Lidl zahlt zu wenig, Westerhorstmann will das wenige für sich, also lässt er das Band viel zu schnell laufen. Andere sagen, es würde reichen, die Bleche, auf denen die Brötchen transportiert werden und die immer wieder verkanten, zu erneuern, wenn sie sich verzogen haben. So ein Blech koste doch bloß 70 Euro! Wieder andere sind der Auffassung, die ganze Anlage sei schrottreif und der Firmenchef würde nicht mehr investieren, weil er es als »reicher Erbe, mit goldenem Löffel im Mund geboren« gar nicht nötig habe, sich mit so einem Betrieb auf Dauer zu belasten. Ich bin zu kurz hier, um mir ein endgültiges Urteil erlauben zu können. Wenn ich hier aufhöre, werde ich den Inhaber selbst danach fragen, hatte ich mir vorgenommen. Leider ist es nicht dazu gekommen. Westerhorstmann hat sich jedem Gespräch verweigert.

Die meisten arbeiten nicht lange in dieser Fabrik. Sie schmeißen hin oder werden rausgeworfen. Nachschub ist genug da. Das weiß der Eigentümer natürlich genau. Ein Kollege indischer Herkunft, er kommt aus Kalkutta und hält es schon vier Jahre hier aus, steht nach wiederholtem stundenlangem Blechestemmen kurz vor dem Zusammenbruch. Seine Schulter schmerzt, und er klagt, in letzter Zeit sei sein Blutdruck viel zu niedrig. Aber schlappmachen oder sich krankmelden kommt für ihn nicht infrage. Krank werden bedeutet hier nicht nur, den Rauswurf zu riskieren. Der Kollege fühlt sich auch für die anderen mitverantwortlich. »Wenn du krank bist, dann müssen die anderen noch mehr leisten.« In einer solchen Arbeitshölle nicht die Gefühle der Mitmenschlichkeit und Solidarität zu verlieren – davor habe ich höchsten Respekt.

Meinen schwärzesten Tag habe ich nach etwa zwei Wochen. Es ist der indische Kollege, der mich rettet, denn ich breche fast zusammen. Ich höre, wie mein Herz schlägt, laut und rasend und unregelmäßig. Herzrhythmusstörungen. Ich erkenne sie gleich, weil ich sie schon einmal erlebt habe: vor 15 Jahren, als ich mit dem Kajak auf dem Atlantik in Seenot geriet. Ein Sturm trieb mich aufs offene Meer, ich verlor das Land aus den Augen. So fühle ich mich jetzt auch: Ich sehe kein Land mehr. Mein Kollege merkt offensichtlich, wie schlecht es mir geht. Er übernimmt, ohne ein Wort darüber zu verlieren, einen Teil meiner Arbeit.

»Glaubst du an Wiedergeburt?«, frage ich bei einem kurzen Bandstillstand meinen Kollegen aus Kalkutta. – »Kann schon sein«, antwortet er zögernd. – »Dann kommst du automatisch ins Nirwana und erreichst die höchste Stufe der Inkarnation, wenn du das hier über Jahre erduldet hast«, sage ich und meine es auch so, obwohl ich selbst weder an Wiedergeburt noch an Auferstehung glaube.

Seltsamerweise kommt mir bei dieser Fronarbeit, die endlos erscheint und einem das Letzte abverlangt, wiederholt ein Bibelspruch aus dem Religionsunterricht meiner Schulzeit in den Sinn: Im Schweiße deines Angesichts sollst du dein Brot – bzw. deine Brötchen – verdienen oder wörtlich »essen«!

Nachts träume ich mittlerweile von umherfliegenden Brötchen und Blechen; ich weiß, dass ich kaputtginge, wenn ich hier auf Dauer weiterarbeiten müsste. Als mich abends der Freund, der mir seine Identität geliehen hat, fragt, wie es mir geht, sage ich allen Ernstes, dass ich die Brötchen als meine Feinde betrachte. Wirklich, ich fühle mich wie im Schützengraben, nur dass einem hier keine Granatsplitter, sondern heiße Bleche um die Ohren fliegen. Und dann plötzlich, wenn alles normal läuft, denke ich: Ach, es sind vielleicht sogar ganz anständige Brötchen. Manchmal duften sie sogar. Ich merke, so erzähle ich ihm, dass mir meine Identität verloren geht, ich verliere den Abstand zu dieser Arbeit, ich weiß nicht mehr, was zu Hause los ist, in Köln; ich bin fix und fertig. Genauso wie die Kollegen, die erzählen, dass sie abends vor dem Fernseher regelmäßig einschlafen.

Aber dann gebe ich mir wieder einen Ruck. Sehe, wie die anderen durchhalten. Spüre manchmal so etwas wie ein solidarisches Miteinander. Irgendwann einmal habe ich unwillkürlich während der wenigen ruhigen Arbeitsphasen die Internationale zu pfeifen begonnen und die erste Strophe »Wacht auf, Verdammte dieser Erde …« vor mich hin gesummt. Es besteht wohl keine Gefahr, dass der Inhaber oder einer der Chefs die Melodie kennt. Als ich also laut die alte Hymne der Arbeiterbewegung pfeifend einen Gestellwagen, schwer mit leeren Brötchenblechen beladen, im Laufschritt vor mir herrolle, reagiert ein türkischer Kollege.

Er schaut sich um, ob ihn auch keiner sieht, zwinkert mir zu und hebt kurz die geballte Faust.

An diesem Tag kommt mir das Wort »Streik« in den Kopf. Man muss etwas tun gegen diese Ungeheuerlichkeiten. Man kann etwas tun! Die Erste, die ich anzusprechen wage, ist eigenartigerweise meine Schichtführerin aus den ersten Tagen. Sie hat sich gewandelt. Sie schreit uns nicht mehr an, ist in sich gekehrt, verunsichert. Denn sie ist abgemahnt worden. Westerhorstmann hat sie zur einfachen Arbeiterin degradiert, weil sie angeblich zu wenig Leistung bringt. Also hoffe ich, dass meine Streikidee bei ihr auf fruchtbaren Boden fällt. Aber sie sieht mich erschrocken an. »Um Gottes willen, sagen Sie so etwas nicht! Es haben ja schon mal welche versucht, einen Betriebsrat zu gründen. Die sind alle raus, die sind alle weg.« Schnell wendet sie sich von mir ab. Die Angst unter den Geschundenen ist so groß, dass allein der Gedanke an Aufbegehren sie schreckt.

Dafür offenbart sich mir der türkische Kollege, als ich ihn nach der Arbeit unauffällig anspreche. Er ist einer der wenigen noch verbliebenen Gewerkschaftsmitglieder bei Weinzheimer, die sich wie in einem Geheimbund nicht zu erkennen geben dürfen, da ihnen sonst Schikanen, Mobbing und der Rauswurf drohen. Ich komme mir vor, wie sich Proletarier vor 100 Jahren gefühlt haben müssen – oder wird das in zehn, zwanzig Jahren wieder ganz normal sein? Die Verfolgungsmethoden in den Betrieben haben dieses Jahrhundert leider überdauert. Es gibt ein Grundgesetz. Es gibt Arbeitsschutzbestimmungen, Menschenrechte! Bei Weinzheimer im Hunsrück nicht. Die Zustände in dieser maroden Brötchenklitsche sind den Behörden nicht einmal einen kritischen Kontrollgang wert, erst recht keine Intervention. Im Gegenteil. Die Ämter drängen die Leute sogar noch in diese Brötchenfabrik.

Komplizen der Ausbeutung: Ausländerbehörde und Arbeitsagentur

Einen türkischen Kollegen habe ich gefragt, wie er zu Weinzheimer gekommen ist. Er musste dringend eine Arbeit nachweisen, hat er erzählt. Er war arbeitslos geworden, und die Ausländerbehörde hatte ihn vorgeladen. Sie haben ihm die Pistole auf die Brust gesetzt: »Entweder du findest eine Arbeit, oder du gehst dahin zurück, wo du herkommst.« Ich weiß, dass so etwas möglich ist. Das Ausländergesetz, seit 2005 »Zuwanderungsgesetz«, hat einen speziellen Paragrafen dafür. Er erlaubt es den Behörden, einen Ausländer abzuschieben, wenn er Sozialhilfe erhält. Ein Bekannter hat meinem Kollegen gesagt: »Such dir schnell eine Arbeit, sonst schieben sie dich ab!« Weil sein Bekannter schon bei Weinzheimer arbeitete, hat der Kollege sich hier vorgestellt und angefangen.

Oliver, ein anderer Kollege, hat ein Jahr ausgehalten. Er wäre niemals freiwillig zu Weinzheimer gegangen. Aber das Arbeitsamt hat ihn hinbeordert. »Ich hab dann einen Vertrag bekommen, als Betriebselektriker, der nur auf drei Monate ausgelegt war. Obwohl ich eine unbefristete Vollzeitstelle kriegen sollte, das war mir auch vom Arbeitsamt so bestätigt worden. Und dann musste ich erst mit einem Praktikum anfangen, eine Woche lang. Da hab ich nicht mal Geld bekommen. Da musste ich wieder zum Arbeitsamt rennen, und die haben mir noch mal Geld überwiesen, eine Woche länger Stütze eben. Die wussten also Bescheid. Und das ging dann so weiter. Ich habe nach dem Vierteljahr wieder einen befristeten Vertrag gekriegt, danach wieder.«

Oliver weiß auch von einer anderen Einrichtung, die informiert sein dürfte über das, was bei Weinzheimer läuft. Der TÜV nimmt üblicherweise die Maschinen ab, wie zum Beispiel die elektrische Ameise, den Gabelstapler. Der letzte Stempel auf diesem Gerät ist aber schon jahrelang abgelaufen. Nun gut, man muss den TÜV holen, der kommt nicht von selbst. Aber könnte der nicht auch mal die Gewerbeaufsicht informieren, damit die sich den Betrieb mal anschaut? Ich weiß, dass es so nicht läuft – aber die Kollegen im Betrieb fühlten sich tatsächlich von allen mehr oder weniger offiziellen Stellen im Stich gelassen, die sich vielleicht für ihre Situation hätten interessieren können oder sollen. Die Kohlendioxidanlage zum Beispiel stößt giftige Dämpfe aus. Kohlendioxid ist ab einer bestimmten Konzentration in der Luft tödlich. Oliver hat die Konzentration gemessen, er kennt auch den Warnmelder im Betrieb. Aber der ist veraltet. Wenn der zulässige Konzentrationswert überschritten ist, dann ist das bei dem Lärm, der in der Halle herrscht, nicht zu hören. Oder die Backöfen, fünf Meter lang, drei Meter hoch, 3,5 Meter breit. Das sind keine Spielzeuge, die sind gefährlich. Die müssen gewartet und überprüft werden. Der eine bei Weinzheimer ist über 40 Jahre alt und noch mit krebserregender Glaswolle gedämmt. Kümmert das keine Aufsichtsbehörde?

Recht eindeutig allerdings positionierten sich die Arbeitsrichter. Westerhorstmann hat die Arbeitsgerichtsprozesse reihenweise verloren. Zum Beispiel den, den Ottmar Thiele, der Betriebselektriker, angestrengt hatte. Er reichte seine Klage ein, weil er nach seiner Weigerung, die Änderungskündigung zu unterschreiben, immer schlimmer schikaniert wurde. Am nächsten Tag erteilte die Firma ihm Hausverbot. »Die Chefsekretärin kam morgens in die Werkstatt, verlangte meine Stempelkarte und meinen Schlüssel. Doch kaum war ich zu Hause, rief der Betriebsleiter an, ich müsse am nächsten Tag wieder zur Spätschicht antreten. Ich hab das gemacht, aber bekam dann nach vier Stunden härtester Arbeit plötzlich keine Luft mehr, hatte panische Angst, mein Herz krampfte sich zusammen. Ich musste sofort zum Arzt.«

Nach einjährigem Prozess bekam Thiele recht. Die Änderungskündigung war unbegründet und unwirksam. Der Unternehmer hatte trotzdem seinen Sieg errungen, denn Thiele verzichtete darauf, wieder eingestellt zu werden. Er gab sich mit einer siebenmonatigen Gehaltsnachzahlung zufrieden, nachdem der gegnerische Anwalt trickreich suggeriert hatte, dem Betrieb stehe womöglich ein Insolvenzverfahren bevor.

Ich habe Ottmar Thiele gefragt, was seiner Meinung nach die gerechte Strafe für solch einen Menschenschinder wäre. »Es müsste ein Gesetz geben«, sagt er, »dass so ein Mann mindestens acht Wochen in der Produktion arbeitet, unter den Bedingungen, die er zu verantworten hat.«

Eine fristlose Kündigung ohne Vorwarnung und ohne ersichtlichen Grund traf schließlich auch einen früheren Betriebsleiter. Als er auf Wiedereinstellung klagte, schickte der Brötchenfabrikant den neuen Werksleiter und seine Betriebsrätin zu den Mitarbeitern. Sie sollten mit ihrer Unterschrift bekunden, dass sie die Arbeit niederlegen würden, sollte der Gefeuerte wieder eingestellt werden. Einem Schlosser, der seine Unterschrift verweigerte, wurde gedroht, er werde entlassen, falls man den Geächteten wieder einstellen müsse.

Weinzheimer hat schon vieles überstanden. Auch die in einem Lebensmittelbetrieb vorgeschriebenen Kontrollen; niemals habe es ernsthafte Beanstandungen gegeben. Das ist fast unerklärlich. Aber nachdem mein Bericht im *ZEITmagazin* erschienen und in der ARD der Film über Weinzheimer gelaufen war, reagierte immerhin die Staatsanwaltschaft Bad Kreuznach. Man habe zwei Ermittlungsverfahren eingeleitet, wegen möglicher Hygieneverstöße und wegen fahrlässiger Körperverletzung.

Die Folgen – und immer noch kein Ende

Das Ermittlungsverfahren wegen der fragwürdigen Hygiene bei Weinzheimer ist mittlerweile eingestellt worden. Man habe keine hinreichenden Verdachtsmomente gefunden. Nur allzu verständlich, nachdem nach meiner Veröffentlichung eine mehrtägige Reinigungsaktion stattgefunden hatte. Die Ermittlungen wegen fahrlässiger Körperverletzung laufen zwar noch, aber es steht zu vermuten, dass sie dasselbe Schicksal erleiden. Weil sich alles zum Besseren gewendet hat?

So schien es auf den ersten Blick. Oder besser: auf den zweiten Blick. Denn auf die Veröffentlichung in der *ZEIT* antwortet Westerhorstmann zunächst nur mit Empörung, Dementis, Lügen und einer Klagedrohung – mit alldem, was ein ertappter allmächtiger Firmenchef so an großsprecherischen Reaktionen parat hat.

Ich stelle mich vor das Werkstor, als die *ZEIT* erscheint, und verteile die ersten Exemplare an meine Kollegen. Denn ich habe das Gefühl, ich könne sie nicht einfach im Stich lassen. Dem »EU-Beauftragten«, meinem Freund Pachl, hatte K., der Werksleiter, anlässlich seines Besuchs erklärt, ich sei nicht »intrigierbar«. Ich nehme an, er meinte: integrierbar, was ich aus seinem Mund als Kompliment verstehe. Ich war K. nicht geheuer. Vielleicht war ihm auch zugetragen worden, dass ich dem einen oder anderen Kollegen kritische Fragen gestellt und auch offen meine Meinung vertreten hatte. Ich gab K. beim Abschied die Hand: »Vielen Dank für alles, ich hab viel gelernt hier und werde von mir hören lassen.« K. sagte nichts, sondern knurrte nur etwas, dann heulte schon wieder die Alarmsirene, und er eilte zum Kühler, der wieder mal blockierte.

Und doch ist in den kurzen und doch so langen vier Wochen eine Verbindung entstanden, die ich durch meine Präsenz vor dem Werkstor noch einmal deutlich machen will. Ich habe in diesem Monat fünf Kilo abgenommen (von 70 auf 65 Kilo bei 1,82 Körpergröße) und bin erleichtert, denn ich bin mit meinen Kräften am Ende. Aber mir steht eine Szene vor Augen, die sich kurz vor meinem Weggang ereignete: Ein neuer Arbeiter steht in der Halle, alleingelassen. Und er schreit, weil er sich verbrannt hat. Keiner hilft, alle schuften weiter. Genauso stand ich am ersten Tag am Band. Nur dass für mich der Albtraum immer ein absehbares Ende hatte. Für ihn nicht.

Ich werde schließlich vom Werksgelände verwiesen. Aber natürlich half das Westerhorstmann nicht. Es dauerte zwei Wochen, dann entschuldigte sich der Firmeninhaber und Geschäftsführer unter dem Druck der Öffentlichkeit für die »Fehler der Vergangenheit«. Ohne im Einzelnen anzugeben, für welche. Und es blieb nicht bei bloßen Worten. Der von seiner Chefsekretärin geführte Betriebsrat trat zurück. Ein neuer Betriebsrat wurde gewählt, der das Vertrauen der Kollegen hatte. Und die Löhne wurden erhöht, um 24 Prozent, rückwirkend zum 1. Mai – das hatte sogar Stil, bekanntlich ist das der internationale Feier- und Kampftag der Arbeiterbewegung. Alles schien ins Lot zu kommen. Es hatte ja auch zahllose Presseberichte gegeben, Diskussionen über Diskussionen, ich war in den einschlägigen Talkshows diverser Fernsehanstalten zu Gast. Da war wirklich Empörung zu spüren, vielleicht waren auch Kunden von Lidl darunter; Gewerkschafter haben protestiert, Leserbriefe geschrieben, sich eingemischt, Menschen, denen Arbeitsrechte und Arbeitsbedingungen etwas bedeuten, und auch Verbraucher, denen sich der Magen umdrehte angesichts solch widerwärtiger Zustände in einer Industriebäckerei.

Auch Lidl konnte sich dem Druck nicht mehr entziehen und musste seinen Aufsichtsratsvorsitzenden Klaus Gehrig in die öffentliche Auseinandersetzung schicken. Der ging zwar auf meinen Vorschlag nicht ein, doch einmal gemeinsam mit mir bei Weinzheimer eine Schicht zu arbeiten (Gehrig stritt die üblen Zustände bei seinem Lieferanten rundherum ab und leugnete auch seine eigene Verantwortung), und er mochte mir in der Talkshow von Johannes B. Kerner nicht einmal die Hand geben. Wörtlich: »Einem Herrn Dingsda gebe ich doch nicht die Hand.« Aber darüber konnte ich nur lachen. Gehrig hatte sich mit Ignoranz und Überheblichkeit ins Abseits manövriert.

Entscheidend war: Es geschah etwas. Die Kolleginnen und Kollegen konnten aufatmen. Die Bude machte weder zu – die inflationäre Androhung von Westerhorstmann, wenn es Kritik und Forderungen gab –, noch versandete die öffentliche Aufregung über so viel Frühkapitalismus, Ekelbrötchen und Unrecht mitten im hochzivilisierten und demokratisch blank gewienerten Deutschland. Obwohl die Stellungnahmen manchmal auch etwas Heuchlerisches hatten, nach dem Motto: Das da in Stromberg, das mit Weinzheimer muss eine Ausnahme sein. Das sollte doch besser schnell beendet werden; so was ist schlecht fürs Image und schlecht fürs eigene Wohlbefinden.

Ich glaube, deshalb haben manche Verantwortliche den Konflikt schnell entschärfen wollen. Besonders bei Lidl. Denn es hat Gespräche mit Westerhorstmann gegeben, und der Discounter drängte auf Verbesserungen. Vorzeigbare Verbesserungen. Nicht, dass ich Vertrauen zum Geschäftsgebaren des Einzelhandelsmultis hätte. Denn dort wird ja regelmäßig nach jeder Enthüllung – zum Beispiel im Lidl-Schwarzbuch von ver.di – Besserung gelobt.

Die Überwachungskameras werden dann abmontiert und später bessere wieder neu installiert. Zusätzlich werden noch die Krankenakten der Mitarbeiter ausgespäht.

Bei Weinzheimer war es nicht anders. Die Überwachungskameras wurden tatsächlich abmontiert. Heute sind sie wieder da und filmen weiter, kontrollieren jeden Handgriff der Beschäftigten und verletzen deren Persönlichkeitsrechte.

Die Lohnerhöhungen hat Westerhorstmann allerdings nicht zurückgenommen, auch Überstunden- und Feiertagsarbeit wird weiterhin – jedenfalls bis zu diesen Tagen, an denen ich an diesem Buch schreibe – bezahlt. Selbst die Arbeitszeitbestimmungen werden eingehalten. Weinzheimer ist jetzt Mitglied im Arbeitgeberverband, ist also verpflichtet, die Tarifvereinbarungen mit der Gewerkschaft Nahrung-Genuss-Gaststätten (NGG) zu respektieren. Er hat die Löhne im Mai 2008 sogar, ein geschickter Schachzug, 20 Cent über den Tarif angehoben. Dafür zahlt er die von der NGG erstrittenen Lohnerhöhungen erst einmal nicht – so scheint es, als hätte der Lohnkampf der Gewerkschaft für die Beschäftigten bei Weinzheimer keinen Nutzen.

Die entscheidende Maßnahme von Westerhorstmann aber war: das Selbstbewusstsein der Belegschaft brechen.

Als Erstes lud der nimmermüde Ausbeuter von Stromberg alle Beschäftigten, die während des Konfliktes Gewerkschaftsmitglieder geworden waren – immerhin die Hälfte der Belegschaft –, persönlich und einzeln vor. Er hielt jedem von ihnen eine Versicherungspolice vor die Nase, eine Rechtsschutzversicherung. Die sei viel weitgehender als der Rechtsschutz bei der Gewerkschaft. Die Gewerkschaft sei doch nur an Problemen am Arbeitsplatz interessiert. Und die gäbe es ja jetzt nicht mehr. Er, Westerhorstmann, würde die Prämien der Rechtsschutzversicherung für jeden einzelnen Beschäftigten übernehmen. Dafür könne er dann doch wohl verlangen, dass man aus der Gewerkschaft austrete?! Und dann legte er den Mitarbeitern einen Vordruck hin, den sie unterschreiben sollten: ihren Austritt aus der Gewerkschaft. Westerhorstmann machte deutlich: Wenn du nicht unterschreibst, bekommst du keine kostenlose Rechtsschutzversicherung, dafür aber einen ganzen Haufen Probleme. Kapiert!?

Zehn Kollegen »kapierten«, schlossen die Rechtsschutzversicherung ab und traten aus der Gewerkschaft aus. Die Hälfte von ihnen ist allerdings heimlich wieder eingetreten. Der Betriebsrat blieb auf sich gestellt, rannte sich den Kopf ein beim Chef, bekam keine Fortbildungen genehmigt. Das Aufatmen, das durch den Betrieb gegangen war, drohte einer neuen Bedrückung zu weichen.

Es kam sogar zu tätlichen Übergriffen auf zwei unbeugsame, gewerkschaftlich aktive Kollegen, als eines Nachts der Chef mit seiner Frau und seinem Produktionsleiter erschien und die Kollegen, die gerade mal wieder einen Bandstau behoben und die ungenießbaren Brötchen entsorgt hatten, wütend und provozierend anbrüllte. Der Produktionsleiter ließ sich sogar dazu hinreißen, einer Kollegin mit dem Finger ins Gesicht zu stoßen. »Es war unerträglich, entwürdigend«, hat mir diese Kollegin später berichtet.

Eins hat Westerhorstmann den Kollegen dennoch nicht nehmen können: die Erfahrung, dass etwas zum Besseren gewendet werden kann. Diese Erfahrung bleibt vielen. Und sicher wird diese Erfahrung zu anderer Zeit oder an anderer Stelle erneut Früchte tragen.

Unfeine Küche
Ausbeutung in der Edelgastronomie

»Gehirnamputierter Wichser« ist eigentlich nicht die feine Art der Anrede. Aber sie gehört zum Repertoire des Kochs Hans Krüger*, der in der Küche des Nobelrestaurants Wartenberger Mühle nahe Kaiserslautern das Sagen hat. Mitunter packt er seine Lehrlinge, die gerade den Salat zupfen, schmerzhaft im Genick oder knallt ihnen den Soßenlöffel auf die Finger. Einem der Auszubildenden ließ er von Kollegen einmal mehrere Eimer Wasser über den Kopf schütten. Völlig durchnässt fuhr der Junge bei acht Grad mit dem Mofa nach Hause.

Da allerdings wurde einem anderen Auszubildenden klar, dass er nicht mehr alles schlucken wollte. Carsten E. war 16, als er im August 2007 seine Ausbildung in der Wartenberger Mühle begann. Er selbst konnte zwar den körperlichen Attacken des Küchenchefs ausweichen. Aber er wollte die Zustände einfach nicht mehr hinnehmen. Diese Zustände, mit denen sich auch Behörden und die Staatsanwaltschaft beschäftigten, haben mit der erklärten Philosophie der Wartenberger Mühle nicht viel zu tun. »Höflichkeit und gutes Benehmen gehören im Berufsleben zum guten Ton«, heißt es in der Selbstdarstellung des Hauses.

Die Wartenberger Mühle, ein Landhotel mit Gourmetrestaurant, liegt rund 15 Kilometer nördlich von Kaiserslautern im idyllischen Lohnsbachtal. Das Anwesen, ein restaurierter Dreiseithof ursprünglich aus dem 16. Jahrhundert, ist umgeben von Wiesen, im Sommer speisen die Gäste auf einer mediterranen Terrasse im Kräutergarten. Und in der Überzeugung, man habe mehr zu bieten als gutes Essen und exquisite Weine, können sich Interessierte

---

* Name geändert

sogar im Organisieren eigener Geschäftsessen schulen lassen, für 128 Euro das »Einsteiger-Seminar Kulinaria« belegen und »den richtigen Umgang und die Kommunikation mit Ihren Gästen bei Tisch« erlernen. Bei Erfolg erwirbt man ein entsprechendes »Abschlussdiplom«.

Der Geschäftsführer der Wartenberger Mühle, Martin Scharff, hat sich einen Stern im Gourmetführer Guide Michelin erkocht, im Gault Millau, dem »Reiseführer für Genießer«, bekommt Scharffs Restaurant 14 Punkte. Und etwas Kritik: »Wir vermissen auffallend häufig die wesentlichen inneren Werte: Geschmack, Aromenklarheit und Harmonie.«

Aber sind nicht ganz andere Werte in der Wartenberger Mühle verloren gegangen? Oder ist alles nur halb so schlimm? War vielleicht die Familie des Kochlehrlings Carsten E., die sich im Juni 2008 mit einem Brief an mich gewandt hatte, nur etwas überempfindlich?

Angehende Köche bezogen schon im Märchen Prügel. Auch wenn der Schlag in *Dornröschen* wegen eines hundertjährigen Schlafes nicht gleich ausgeteilt wurde – am Ende traf den Küchenjungen die Ohrfeige doch. »Das ist einfach so in der Küche«, sagen Eingeweihte. Und wer ein aktuelleres Buch, Anthony Bourdains *Geständnisse eines Küchenchefs,* gelesen hat, versteht, dass in der Spitzengastronomie Frontkämpfermentalität vonnöten ist, um den Erwartungen des verwöhnten Publikums zu genügen.

Carsten ist auch heute, mit 18 Jahren, ein zurückhaltender, stiller junger Mann. Keiner, der Streit sucht oder aufbraust. Lange habe er die verbalen Attacken des Küchenchefs über sich ergehen lassen, sagt er, genau wie die anderen Lehrlinge. Meist sprachen sie untereinander auch gar nicht darüber, aus Scham. Bei den kurzen Atempausen draußen vor der Küche wurde höchstens gewitzelt über diese Geschichten. »Das ist eben so«, hieß es auch unter den Lehrlingen. Einmal hatte Carsten einen weinenden Kollegen trösten wollen. Dieser hatte aber nur mit den Schultern gezuckt und war ein paar Tage später nicht mehr zur Arbeit erschienen. »Der hat sich verdrückt, der Schwächling«, höhnte Chefkoch Hans Krüger. »Der hat nichts auf der Pfanne, der hat zu feine Händchen, die Memme.«

Carsten gab weder den Löffel noch das restliche Arbeitsbesteck ab, sondern arbeitete weiter. Irgendwann aber erzählte er seinen Eltern von den Übergriffen. Diese intervenierten mehrfach bei den Inhabern der Mühle, Martin Scharff und seiner Frau Anja. Im Juni 2008 kam es dann zu einem Gespräch. Zu diesem Zeitpunkt war Carsten bereits ein knappes Jahr bei der Wartenberger Mühle beschäftigt.

Scharff, ein Mann Anfang vierzig, der 1991 mit 25 Jahren zum jüngsten Sternekoch Deutschlands gekürt wurde, tritt selbstbewusst auf, als hochgelobter Koch ist er Kritik offenbar nicht gewohnt. Die Schilderungen von Carsten weist er zornig als unwahr und anmaßend zurück. »Sie haben kein Verständnis für die gehobene Gastronomie«, wirft er den Eltern von Carsten an den Kopf. In seiner Küche sei alles in Ordnung. Allerdings habe womöglich Carsten ein Problem. Dieser werde nämlich von seinen Kollegen bemitleidet, weil seine Eltern sich einmischen würden.

Bei diesem Termin zwischen Carstens Eltern und dem Besitzer der Wartenberger Mühle kam noch ein anderes Thema zur Sprache: die Arbeitszeiten. Sie sind in der Gastronomie generell ein Problem, denn ein Restaurant ist kein Amt mit festgelegtem Dienstschluss. Den Gästen wird besonders in teuren Restaurants noch spät abends aufgetischt, und nach Küchenschluss muss aufgeräumt werden, damit am nächsten Tag das erste Frühstücksei oder die erste Mittagssuppe pünktlich serviert werden können.

Arbeiten bis zum Umfallen

Carsten hat seine Arbeitsstunden regelmäßig aufgelistet: Die maximale Wochenarbeitszeit türmte sich für ihn schon innerhalb der ersten fünf Monate auf sagenhafte 80,5 Stunden – doppelt so viel wie erlaubt. Im Durchschnitt lag seine Wochenarbeitszeit bei immerhin noch 55 Stunden. Damit wurden die gültigen Grenzen regelmäßig um mindestens 15 Wochenstunden überschritten.

Maßstab ist der schriftliche Ausbildungsvertrag von Carsten, der sich an den einschlägigen Tarifvertrag hält und 38,75 Stunden als Regelarbeitszeit vorsieht. Das Jugendarbeitsschutzgesetz untersagt regelmäßige Arbeitszeiten über 40 Wochenstunden. Und selbst das Arbeitszeitgesetz für volljährige Arbeitnehmer schreibt die 40-Stunden-Woche fest und lässt nur dann maximal zehn Arbeitsstunden pro Tag gelten, wenn diese Überstunden im Laufe eines halben Jahres ausgeglichen werden.

Doch diese Begrenzungen werden auf der Wartenberger Mühle offensichtlich nicht ernst genommen. Intern gelten andere Regeln als die schriftlich vereinbarten, die der Industrie- und Handelskammer vorgezeigt werden. Die Ausbildungsleitung rückt gleich zu Beginn der Ausbildung mit den echten Arbeitszeiten in der Küche heraus. Danach beginnt die Arbeit der volljährigen und der minderjährigen Auszubildenden um 9.00 Uhr und dauert bis 14.00 oder 15.00 Uhr; falls es eine Mittagspause gibt, geht die Arbeit um 17.00 Uhr weiter und endet nicht vor 23.00 Uhr. Meistens wird es später. Schon diese »Regel«, die der Küchenchef verkündet, bedeutet: Täglich müssen die Auszubildenden mindestens elf Stunden arbeiten, womit die zulässige Höchstarbeitsgrenze – erst recht für minderjährige Azubis – deutlich überschritten wird.

Ein Auszug aus Carstens Auflistung, eine beliebige Woche im Dezember 2007, nicht besser oder schlechter als alle anderen: Montag 4,5 Stunden, Dienstag frei, Mittwoch 11 Stunden 45 Minuten, Donnerstag 12,5 Stunden, Freitag 16 Stunden 45 Minuten, Samstag 7 Stunden, Sonntag 9 Stunden 15 Minuten. An vier Tagen notiert Carsten: »keine Pausen«. Insgesamt hat er in dieser Woche mehr als 61 Stunden gearbeitet. Und das an sechs Wochentagen, obwohl gesetzlich die Fünftagewoche gilt. In diesem Fall tut Scharff mit einem kleinen Trick dem Gesetz Genüge: Er wertet Montag und Samstag einfach als »halbe Tage«.

Als Carstens Eltern Martin Scharff auf die Arbeitszeiten ansprechen, leugnet er zunächst rundheraus und behauptet, bei ihm gebe es keine Überstunden. Erst als die Eltern die Auflistung ihres Sohnes vorlegen und darauf hinweisen, wie oft sie nachts auf ihren Sohn haben warten müssen, bis er endlich aus der Küche kam, lenkt der Chef der Mühle ein. Und verbindet damit gleich eine Drohung: »Ich kann Carsten natürlich acht Stunden am Tag arbeiten lassen. Dann schält er aber nur Kartoffeln.« Aha.

Carsten E., Auszubildender in der Wartenberger Mühle

Überstunden gibt es also deshalb nicht, weil – so muss man folgern – in der Mühle noch der frühkapitalistische Zwölf-Stunden-Arbeitstag gilt, ohne den kein Lehrling etwas lernt.

Das würde auch ein anderes Phänomen erklären: Bezahlt wird der überlange Arbeitstag nämlich nicht. Keine einzige Überstunde wird vergütet oder durch Freizeit ausgeglichen.

Ich war natürlich schockiert, als ich im Frühjahr 2008 durch einen Brief von Carstens Eltern von diesen Arbeitszeiten erfuhr. Vor allem als mir Carsten und einige seiner Kollegen erzählten, was das konkret bedeutet. »Ich kann kaum noch Freunde besuchen«, meinte er, »und das Fußballspielen im Verein habe ich auch drangeben müssen. Ich habe überhaupt keine Kraft mehr dazu. Wir haben ja alle vier Wochen Berufsschule, eine Woche im Block. Aber auch in dieser Zeit müssen wir nach Schulschluss meistens noch in den Betrieb. Wieder bis 22, 23 oder 24 Uhr, und am nächsten Morgen ist Schule. Wenn einer von uns im Unterricht einschläft, sagt die Lehrerin nur, lass ihn weiterschlafen, der ist von der Wartenberger Mühle.«

Ich hatte Martin Scharff telefonisch darauf hingewiesen, dass solche überlangen Arbeitszeiten gesetzeswidrig und gesundheitsschädlich sind. »Wo kämen wir denn hin, wenn ich das Jugendarbeitsschutzgesetz einhalten würde? Dann könnten wir den Laden gleich dichtmachen«, antwortete mir der Sternekoch.

Tatsache ist: Die Gourmetmühle funktioniert nicht ohne Auszubildende. Ohne sie bricht der Laden zusammen. Sie stellten im Sommer 2008 fast die Hälfte der Belegschaft: 24 von 50. Ein äußerst fragwürdiges Konzept, denn das Berufsbildungsgesetz verpflichtet den Arbeitgeber dazu, das Verhältnis von Fachkräften zu Auszubildenden in einem sinnvollen Maß zu halten, um eine »fachgerechte Ausbildung« zu ermöglichen. In der Mühle sind aber von den 26 Beschäftigten ohne Ausbildungsvertrag nur etwa ein Drittel Fachkräfte im Sinne des Berufsbildungsgesetzes, sodass eine Fachkraft häufig drei oder vier Auszubildende zu »betreuen« hat.

»Morgens«, erzählt eine ältere Servicemitarbeiterin, »lass ich die Kinder« – sie lacht und korrigiert sich – »die jungen Leute rein. Ich bin immer eine der Ersten, und wenn die Auszubildenden kommen, schließe ich ihnen die Hintertür auf. Die sind meist völlig unausgeschlafen, ungekämmt und in zerknitterter Kleidung. Es ist wirklich ein jämmerlicher Anblick. Die Zimmermädchen des Hotels, die im Umkleideraum der Köche putzen und aufräumen müssen, haben sich schon öfters über die Unordnung dort aufgeregt. Denen sage ich immer: Schimpft nicht, die müssen zwölf Stunden arbeiten. Ist doch klar, dass sie danach ihre Klamotten nur noch in die Ecke pfeffern können.«

Die Auszubildenden im Service haben genauso wahnwitzige Arbeitszeiten und werden genauso gnadenlos ausgebeutet wie die Köche. Auch im Service stellen sie zwei Drittel der Belegschaft, auch hier läuft nichts ohne sie. Tanja, die nach ihrem Abitur ein paar Jahre gejobbt und mit 22 Jahren ein Kind bekommen hatte, begann mit 24 Jahren ihre Ausbildung bei der Wartenberger Mühle. »Schon am ersten Tag musste ich 15 Stunden arbeiten«, erzählt sie. »Ich habe die ganze Zeit Gläser poliert. Es war ein Brunchtag. Am Abend war ich fix und fertig, aber ich bin dabeigeblieben. Obwohl ich meinen Sohn, der damals 18 Monate alt war, kaum noch gesehen habe. Meine Schwiegermutter hat auf ihn aufgepasst, mein Mann war ja auch auf der Arbeit. Ich habe die Zähne zusammengebissen und meine Schichten abgeleistet. Oft sechs Tage in der Woche. Wobei wir gar keine richtigen Schichten hatten, wir mussten bleiben, solange wir gebraucht wurden.« Im Service musste sie die ganze Zeit stehen und laufen. Irgendwann bekam Tanja eine Venenentzündung. Ein Bein war bis zum Knie blau. Die Schmerzen waren so stark, dass sie zum Arzt wollte. »Ich müsse noch eine Stunde machen, sagte mir damals Mitinhaberin Anja Scharff, die Chefin im Service ist. Aber daraus sind vier Stunden geworden. Dann erst konnte ich gehen. Mein Mann musste mich abholen, weil ich das Gaspedal im Auto nicht mehr heruntertreten konnte. Der Arzt hat mich zwei Wochen krankgeschrieben.« Im Attest stand: »Wegen Überlastung.« Der Arzt warnte Tanja, sie solle sich schonen, weil sie sich sonst eine gefährliche Thrombose zuziehen könne. Am dritten Tag ihrer Krankschreibung rief Frau Scharff Tanja an und bestand darauf, dass sie zur Arbeit kommen solle. Tanja blieb zu Hause. Doch schon am ersten Tag ihrer Rückkehr musste sie wieder elf Stunden arbeiten.

Die gesundheitlichen Folgen überlanger Arbeitszeiten haben auch andere Auszubildende zu spüren bekommen. Die 16-jährige Nora erlitt am Arbeitsplatz einen Zusammenbruch und musste mit dem Krankenwagen abtransportiert werden, nachdem sie mehrere Tage lang zehn bis zwölf Stunden gearbeitet hatte. Auch Carsten klappte auf der Arbeit zusammen und wurde vom Arzt für mehrere Tage »wegen Erschöpfung« krankgeschrieben. Marie, eine andere Auszubildende im Service, hatte nach einer 18-Stunden-Schicht auf dem Weg nach Hause einen Autounfall und erlitt Prellungen und Schnittverletzungen. »Ich versuchte mich krampfhaft wach zu halten, aber ich muss am Steuer kurz eingeschlafen sein. Da verlor ich die Kontrolle über den Wagen und landete im Straßengraben.« Am nächsten Tag war sie trotzdem wieder im Betrieb.

Für alle Mitarbeiter reduziert sich das Leben auf die Arbeit. Tanja erzählt, dass ihre Ehe in die Krise geriet: »Ich war nur noch fertig, schlecht gelaunt, kam irgendwann in der Nacht nach Hause, am nächsten Tag musste ich wieder früh raus. Ich mochte meinem Mann auch nichts mehr erzählen von meiner Arbeit, ich hatte einfach genug, wollte kein einziges Wort mehr darüber verlieren. Das hat es aber nicht besser gemacht.«

Der Standpunkt von Martin Scharff, den er noch einmal in einem Gespräch mit Carstens Familie und der IHK Pfalz unterstreicht: »Solche Arbeitszeiten sind in der gehobenen Gastronomie üblich, die Ausbildung in der Wartenberger Mühle ist eben etwas anderes als eine Ausbildung in einem einfachen Gasthof.« Außerdem könne die gehobene Gastronomie nur existieren, wenn sie die (offiziell gar nicht geleisteten) Überstunden nicht bezahle. Arbeitszeit, so muss geschlussfolgert werden, ist in der Wartenberger Mühle die ganze Lebenszeit. Der Rest ist Schlaf.

Es änderte sich also nichts. Weder in der Mühle noch bei den vielen Außenterminen, bei denen die M. Scharff's Gastronomie GmbH präsent ist. Sein Unternehmen versorgt nicht nur Gäste der Berlinale, sondern ist auch auf der Frankfurter Buchmesse präsent, macht das Catering für private Feiern und bekocht – unter anderem für Opel und Porsche – Stars und Sternchen aus Politik und Showgeschäft. Auch auf solchen Events müssen die Auszubildenden schuften. »Bei Bambi-Verleihungen haben wir 24 Stunden durcharbeiten müssen. Und wenn wir alle 14 Tage bei den Heimspielen in der VIP-Loge beim 1. FC Kaiserslautern bedient haben, waren wir manchmal von morgens zehn bis nachts um drei da. 18 Stunden ständig auf den Beinen, ohne etwas zu essen zu bekommen«, erzählt Tanja. Sie kontaktierte daraufhin ebenfalls die IHK Pfalz, Zweigstelle Kaiserslautern. »Der Zuständige, Jörg Sievers, meinte, da werde sich nicht viel ändern. ›Besser ist, Sie trennen sich.‹ Das hat er mit einem Achselzucken einfach so gesagt!« Jörg Sievers weist diesen Vorwurf zurück. Er habe sich so nie geäußert. Er vertrete grundsätzlich die Position, zehn Prozent unbezahlte Überstunden in einer Arbeitswoche seien in der Gastronomie wohl nicht zu umgehen. Alles darüber hinaus müsse bezahlt oder durch Freizeit ausgeglichen werden. Das sage er auch Auszubildenden, die ihn um Rat bitten.

Ich hatte mich im Sommer 2008 eingemischt und Gespräche nicht nur mit Martin Scharff, sondern auch mit der Industrie- und Handelskammer Pfalz, mit dem Gewerbeaufsichtsamt und mit der Staatsanwaltschaft geführt. Und hatte gehofft, die Situation durch meine Intervention zum Besseren zu wenden. In etlichen Fällen, die an mich herangetragen werden, gelingt dies, und ich kann mir eine Veröffentlichung sparen. Beim Sternekoch Scharff war es vergebliche Liebesmüh. Ich hatte ihn telefonisch mit den Vorwürfen konfrontiert und ihn eindringlich gebeten, für menschlichere Arbeitsbedingungen zu sorgen. Wenn das geschehe, würde ich von einer Veröffentlichung absehen. Im Übrigen sei ich auch bereit, als Vermittler zwischen Carsten, seinen Eltern und ihm tätig zu werden. In dem zwanzigminütigen Telefongespräch ließ mich der Firmenchef allerdings kaum zu Wort kommen. Er polterte selbstherrlich drauflos, nach dem Motto: Mir kann keiner was. Er genieße ein hohes Ansehen bei Politikern, Firmen und Behörden. Und: »Ein Lehrling muss sich anpassen und hat zu gehorchen!« Mag sein, doch diese Form der

Unterwerfung, von der Carsten und andere berichteten, ist dann doch noch etwas anderes.

Ich fühlte mich in dieser Sache an ein altes Urteil erinnert, das Richter Manfred Engelschall aus Hamburg gegen meine in dem Buch »Der Aufmacher« veröffentlichten Recherchen als »Hans Esser« bei der BILD-Zeitung in Hannover fällte. Er erklärte diese Recherche für illegal, weil sie »ein verbotener Blick in die Küche« sei, dort hinein also, wo die BILD-Zeitungsartikel zusammengebraut wurden. Engelschall weiter: Auch einem Gastrokritiker sei nicht gestattet, in die Küche des von ihm getesteten Restaurants einzudringen. Es müsse ausreichen, als Gast die Qualität der Speisen im Restaurant zu testen. Das Bundesverfassungsgericht hob dann am Ende des Rechtsstreits das Urteil des Hamburger Richters mit der Begründung auf, dass auch die Küche nicht tabu sei, wenn dort »gravierende Missstände« vorlägen, wenn es dort heißer hergehe, als das Gesetz erlaubt.

Aber in diesem Fall musste ich ohnehin nicht ins Reich der Köche eintauchen, andere haben die Zustände dort lange genug erlitten und in hinreichender Deutlichkeit geschildert.

Gutes Geld für gute Arbeit?

Martin Scharff zahlt seinen Azubis immer das gleiche Geld. Egal, ob sie wirklich einmal »nur« 40 Stunden arbeiten sollten oder ob sie 50, 60, 70, 80 Stunden oder mehr pro Woche für ihn schuften. Die Überstunden werden gemacht, obwohl es verboten ist, und werden nicht bezahlt. Was natürlich ebenso verboten ist. Denn wenn schon Überstunden, dann gilt auch hier das Prinzip der Gegenseitigkeit: Arbeit gegen Lohn.

Als ausgleichende Ungerechtigkeit für kostenlose Überstunden behält der Gourmetchef 80 Euro für das Mitarbeiteressen ein. Der schon zitierte Bekenntnisbericht von Anthony Bourdain erzählt von grausigen Mahlzeiten, die den Köchen und dem Servicepersonal in der Branche ziemlich häufig zugemutet werden. In der Wartenberger Mühle ist das nicht anders. Tanja erzählt: »Das Essen, was wir bekamen, war nie frisch, häufig gab es Spaghetti mit Tomatensoße oder übrig gebliebenes Essen der Gäste von den Vortagen. Einmal warf der Vorgänger unseres jetzigen Küchenchefs tiefgekühlte Hühnchen in den Abfalleimer, weil sie schon zwei Jahre abgelaufen waren. Scharff hat das gesehen und sie wieder rausgeholt. Wir sollten sie essen.«

Die Mutter eines anderen Auszubildenden, der es neun Monate auf der Wartenberger Mühle ausgehalten hatte, schrieb mir dazu: »Ich verstehe ja, dass das Personal kein Menü aufgetischt bekommt. Aber muss das Essen so schlecht sein? Mein Sohn wollte irgendwann nicht mehr mitessen und sich lieber von zu Hause belegte Brote mitbringen. Der Betrag von 80 Euro wurde trotzdem abgezogen, egal, ob dort gegessen wurde oder nicht. Erschwerend kam hinzu, dass die Zeiten für das Personalessen vorgegeben waren und diese so eng gefasst waren, dass unser Sohn es oft gar nicht schaffte, überhaupt etwas zu essen. So kam es vor, dass er von mittags 14 Uhr bis zum nächsten Morgen um 5 Uhr von zwei oder drei Stückchen trockenem Weißbrot lebte.«

Die 80 Euro Abzug für solche Resteverwertung sind offensichtlich ein Bestandteil der Kalkulation. Denn 80 Euro bei 50 Beschäftigten bringen immerhin 4000 Euro pro Monat. Haben oder Nichthaben. Die Gastronomie ist sicherlich kein Wirtschaftszweig, in dem Unternehmer mit Leichtigkeit viel Geld verdienen. Der Konkurrenzdruck ist enorm, die Kosten erheblich, die Ausfälle durch ausbleibende Kundschaft oder schnell verderbliche Ware nur schwer zu kalkulieren. Aber rechtfertigt das diese feudalistischen Zustände?

Die Vergütung für Auszubildende liegt heute brutto bei 464 Euro im ersten Lehrjahr und steigt auf 577 Euro im dritten Lehrjahr. Abzüglich der 80 Euro »Verpflegung« und bei durchschnittlich 60 Wochen-, d. h. 240 Monatsstunden, liegt der Stundenlohn für Auszubildende also zwischen 1,60 und 2,07 Euro. Brutto. Die ausgebildeten Kräfte bezahlt Martin Scharff nicht wirklich besser. Erna Schulz verdiente in leitender Position beim Service pro Stunde 5,36 Euro. Ist es beruhigend, wenn die Untersuchungen über die Lohnhöhe in der Gastronomie sagen: Das ist normal?

»Aber die Trinkgelder muss man doch dazurechnen!«, entgegnen auf solche Kritik üblicherweise die Wirte. In der Wartenberger Mühle gibt es ein besonders undurchschaubares System. Alles kommt in einen Topf, so weit, so gut. Am Monatsende soll er verteilt werden, oft warten die Beschäftigten aber zwei Wochen oder auch schon mal einen Monat länger auf ihr Geld. Wenn jeder der 50 Beschäftigten aus dem Topf, der nach Schätzung von Servicemitarbeitern monatlich mindestens 4000 Euro umfasst, die gleiche Summe bekommt, erhöht sich das monatliche Salär um 80 Euro. Das ist nicht viel.

Und es ist auch nicht gleich viel – denn jeder bekommt etwas anderes. Offengelegt wird die Berechnung nicht, angeblich richtet sich die Höhe des jeweiligen Anteils nach den im zurückliegenden Monat geleisteten Stunden und nach den Jahren der Betriebszugehörigkeit. Aber es gibt auch Abzüge je nach Anzahl der sogenannten persönlichen Minuspunkte. »Über der Registrierkasse lag das ›schwarze Buch‹, da durfte jeder, außer den Auszubildenden im ersten Lehrjahr, Minuspunkte für andere verteilen. Zum Beispiel 100 Minuspunkte für Zuspätkommen oder 200 Minuspunkte für eine schmutzige Untertasse«, berichtet Tanja. Jeder darf also jeden denunzieren, am Ende zählt der Chef die Punkte zusammen. »In einem Monat bekam niemand aus der Küche Trinkgeld, weil einer mal vergessen hatte, das Licht auszumachen. Da haben sich der Chefkoch und der Inhaber das Geld geteilt, das den Köchen zugestanden hätte.« Carsten bekam in eineinhalb Jahren nur zweimal Trinkgeld, insgesamt 134 Euro. Tanja noch weniger. Eine Aushilfsserviererin, die ein halbes Jahr dort arbeitete musste sämtliche Trinkgelder abliefern und ging völlig leer aus. Dafür durfte sie sich die teure Dienstkleidung von ihrem eigenen Geld kaufen. Andere staunten nicht schlecht, als der Sternekoch bei ihrem Ausscheiden verlangte, ihm ihre Arbeitskleidung auszuhändigen, die sie selbst gekauft hatten.

Muss man noch ausdrücklich erwähnen, dass in der Wartenberger Mühle weder Weihnachts- noch Urlaubsgeld gezahlt werden? Dass Beschäftigte, wenn gerade mal eine Flaute ist, nach einem halben Tag nach Hause geschickt werden und ihnen die zweite Hälfte des Tages als halber Urlaubstag angerechnet wird? Aber so ist es.

Gastronomieunternehmen sind ein ganz spezieller Mikrokosmos. Weil ein Tag mit 12 bis 15 Stunden Arbeit ansonsten nur noch zum Einkaufen und Schlafen taugt, beziehen sich die Beschäftigten immer mehr auf ihren Arbeitsort und aufeinander; ihren Wachzustand erleben sie zu neunzig Prozent auf der Arbeit. Auf Gedeih und Verderb wird die Belegschaft aneinandergeschweißt. Einige wohnen in einem von der Wartenberger Mühle angemieteten Haus – gegen Mietzahlung, versteht sich. Das ist gut für Martin Scharff, weil die Leute dort zu jeder Tages- und Nachtzeit abrufbar sind. Wer auch noch neben der Wartenberger Mühle wohnt, ist dem Unternehmen mit Haut und Haaren ausgeliefert. Er hat sozusagen den Übergang vom Leibeigenen zum Sklaven vollzogen.

Trotz der Zustände in der Wartenberger Mühle, die den gesetzlichen und moralischen Grundsätzen Hohn sprechen, werden sie von den meisten Angestellten geduldet. Denn beim Sternekoch Martin Scharff arbeiten zu dürfen erscheint vielen als Auszeichnung, die sich bei künftigen Bewerbungen gut macht. Kritiker haben unter den Kollegen keinen guten Stand. Das liegt nicht nur am undurchschaubaren Trinkgeldsystem, das auch eine Bestrafung aller für das unbotmäßige Verhalten Einzelner erlaubt. Sondern mehr noch am Wartenberger-Gemeinschaftsgefühl, an diesem Zwangskollektiv von Feinschmeckers Gnaden. »Nestbeschmutzer« werden nicht geliebt.

Die Eltern von Carsten bekamen bereits nach dem ersten Gespräch mit Martin Scharff über die ungesetzlichen Arbeitszeiten im Juni 2008 Hausverbot. Carsten wurde seitdem auf üble Weise gemobbt. »Auch heute putze ich nur Salat und erledige die Drecksarbeit«, notiert er in seinem Arbeitstagebuch am 16.8.2008. Zehn Tage später: »Den ganzen Morgen habe ich Salat geputzt. Ich bin das Aschenbrödel, das nur noch aufräumt und die Drecksarbeit macht.« Am 13.9.: »Ich habe eigentlich überhaupt keine Lust mehr, alles aufzuschreiben, obwohl ich weiß, dass es hilft, Herrn Scharff zur Rechenschaft zu ziehen.« Carsten hat die Aufzeichnungen dennoch fortgesetzt und den Anfeindungen standgehalten, wollte nicht einfach aufgeben und das Weite suchen, sondern Verbesserungen für alle erreichen. Eine bewundernswerte Haltung.

Auch Tanja wollte sich irgendwann nicht mehr alles gefallen lassen und wandte sich mit deutlichen Worten an ihre Chefin: »Ich habe Frau Scharff gefragt, warum sie die Dienstpläne nicht so gestaltet, dass wir nicht ständig mehr als zehn Stunden arbeiten müssen. Danach hat sie mich komplett ignoriert. Ich wurde nur noch belauert, um mir Fehler in meiner Arbeit anlasten zu können. Ein paar Wochen später sagte ich Frau Scharff, sie solle ihre Leute zurückziehen. Anderenfalls würde ich sie wegen ›Bossing‹ anzeigen.«

So viel Selbstbewusstsein verschlug der Chefin des Hauses die Sprache. Die Konsequenz: Tanja wurde aus dem Dienstplan gestrichen. »Tanja kommt nicht mehr«, erklärte sie den anderen. Wovon Tanja selbst gar nichts wusste. Sie kam also trotzdem und wurde umgehend gebeten, einen Aufhebungsvertrag mit einem Monatsgehalt Abfindung zu unterschreiben. Sie weigerte sich und ging schließlich 14 Tage später unter besseren Bedingungen: Der Betrieb zahlte ihr drei Monate die Vergütung weiter. Sie wechselte zu einem anderen Gastrobetrieb, bei dem sie gerne arbeitet, wie sie sagt.

Auch Erna Schulz wehrte sich. Allerdings erst nachdem ihr die Chefin im berüchtigten »Chefs-Table« einen Vorschlag unterbreitet hatte. Ein Setting, das für die Betroffenen demütigend ist, denn sie werden in einem Raum, der von allen eingesehen werden kann, an den Pranger gestellt. Erna Schulz sollte drei Monate zu Hause bleiben, bei Fortzahlung ihrer Bezüge, und danach selbst kündigen. Mit 57 Jahren geht man auf solche falschen Lockangebote besser nicht ein. Das dachte sich auch Erna Schulz. »Ich habe die Nacht nicht schlafen können, ich wusste ja auch gar nicht, was ich falsch gemacht hatte. Es gab keinerlei Begründung. Am nächsten Tag erklärte ich, dass ich nicht unterschreiben werde. Da drohte man mir: ›Nun gut, es gibt auch andere Methoden.‹ Von diesem Tag an wurde ich schikaniert. Frau Scharff spionierte mir nach und behauptete zum Beispiel, ich hätte nicht richtig sauber gemacht. Oder sie kam eine Viertelstunde vor meinem Arbeitsende zu mir und verlangte, dass ich noch einmal die Festscheune, einen Veranstaltungssaal, reinigen solle. Ich habe kaum noch geschlafen. Oft habe ich gezittert, einfach so. Dann wurde ich krank. Drei

Wochen schrieb der Arzt mich krank, wegen Bluthochdruck. Am dritten Tag kam eine Abmahnung. Ich hätte die Personaltoilette nicht putzen lassen. Ich widersprach und legte den Putzplan bei, den ich regelmäßig für mich angefertigt hatte, damit ich wusste, wer vom Reinigungspersonal was und wann geputzt hat.«

Als Erna Schulz wieder zur Arbeit kam, gingen die Schikanen weiter. Sie wurde erneut krank, diesmal sechs Wochen. In dieser Zeit ging sie zum Rechtsanwalt und forderte mit seiner Hilfe vorenthaltenen Lohn ein. Weil sie in der Position, auf der sie gearbeitet hatte, einen Tarifstundenlohn von 10,55 Euro hätte bekommen müssen, verlangte sie die Differenz. Über die Jahre waren 18 000 Euro zusammengekommen, die ihr vorenthalten worden waren. Nachdem der Anwalt ein entsprechendes Forderungsschreiben an die Scharff's Gastronomie GmbH geschickt hatte, kam die Kündigung prompt. Auf dem Arbeitsgericht einigte sich ihr Anwalt dann gegen den Willen seiner Mandantin mit dem Anwalt der Wartenberger Mühle auf einen Vergleich. Erna Schulz erhielt nicht einmal zehn Prozent der ursprünglichen Summe: 1674 Euro. Dennoch sagt sie heute: »Ich bin froh, dass Frau Scharff bestraft wurde. Sie weiß das auch. Eine Kollegin erzählte mir, dass der Name Schulz in der Mühle nicht mehr erwähnt werden darf.«

Carsten und seine Eltern waren mittlerweile auch nicht mehr bereit, die ständigen Gesetzesbrüche von Martin Scharff länger hinzunehmen. Zwar hatte Scharff nach dem Gespräch mit dem IHK-Vertreter, Carsten und seinen Eltern Carstens Arbeitszeit entsprechend den gesetzlichen Vorgaben gestutzt. Aber Carsten wollte nicht akzeptieren, dass zwar er selbst weniger arbeiten musste, aber alle anderen Auszubildenden weiter unter überlangen Arbeitszeiten leiden und sogar seine Stunden zusätzlich übernehmen mussten. »Da war ich natürlich ziemlich draußen, und einige Kollegen haben sich dann auch abfällig mir gegenüber geäußert. Ist ja klar«, fasst er die Folgen dieser Extraregelung für ihn zusammen. Die Familie schaltete wegen der andauernden Verletzung des Jugendarbeitsschutzgesetzes erneut die Industrie- und Handelskammer Pfalz in Kaiserslautern ein und wandte sich sogar an die Staatsanwaltschaft. Carsten trat in die Gewerkschaft

Nahrung, Genuss, Gaststätten, NGG, ein, die für ihr Mitglied eine Überstundenvergütung von Scharff's Gastronomie GmbH einforderte. Die Antwort kam prompt: drei Abmahnungen in kurzer Folge, unter anderem, weil Carsten einmal seinen Frühdienst zehn Minuten zu spät angetreten haben soll. Schließlich wollte Scharff einen Aufhebungsvertrag mit seinem störrischen Auszubildenden schließen. Nach weiteren quälenden Auseinandersetzungen zahlte er 2500 Euro Abfindung und 1000 Euro Restlohn, um den kritischen Jugendlichen loszuwerden. Carsten schied im Februar 2009 aus. Er arbeitet heute sehr zufrieden bei einer großen Hotelkette in Frankfurt mit geregelten Arbeitszeiten und einem Ausbildungsplan, der tatsächlich eingehalten wird. Seinen Kollegen in der Wartenberger Mühle drückt er die Daumen, dass es auch für sie irgendwann mal besser wird.

Aufsichtsführende Behörden

Ob die zuständigen Behörden dafür sorgen, darf allerdings bezweifelt werden. Die Arbeitsagentur, so Beschäftigte der Wartenberger Mühle, weiß zwar, dass die Zustände im Haus mehr als besorgniserregend sind. Aber man sieht dort keine Möglichkeit, das Unternehmen zum Beispiel von der Liste der Ausbildungsbetriebe zu streichen – in der Gastronomie sei die Lage eben so. Der Berufsschule sind die Zustände ebenfalls bekannt – schon aufgrund der übermüdeten Schüler im Unterricht. Aber Möglichkeiten, gegen die ständigen Rechtsverletzungen vorzugehen, hat die Schule nicht. Auch die Gewerbeaufsicht Rheinland-Pfalz, genauer die »Struktur- und Genehmigungsdirektion SGD Süd«, kennt die Zustände in der Wartenberger Mühle. Nicht zuletzt durch ein Schreiben der Bürgermeisterin von Kaiserslautern. Sie hatte darum gebeten, vor Ort Erkundigungen einzuziehen. Und der zuständige SGD-Süd-Mitarbeiter Axel Wolf war auch tatsächlich in der Wartenberger Mühle. Ausführlich besprach er die Lage mit der Chefin, Frau Scharff. Er ließ sich auch die Einsatzpläne zeigen und musste feststellen, dass die Firma keine Aufzeichnungen über tatsächlich geleistete Arbeitsstunden führte.

Tanja erinnert sich noch gut an den Besuch des Gewerbeaufsichtsamtes. Sie schilderte Herrn Wolf die Zustände in Scharffs Betrieb, sprach ausführlich über ihre Zehn- und Zwölfstundenschichten und wies darauf hin, dass diese Arbeitszeiten auch für alle anderen Auszubildenden gelten. Ihre Aussagen tauchen im nachfolgenden »Sachstandsbericht« von Herrn Wolf allerdings nicht auf. Der Mann vom Gewerbeaufsichtsamt beendet seinen Bericht lediglich mit der freundlichen Mahnung, »die tarifvertraglichen und arbeitszeitrechtlichen Verpflichtungen einzuhalten«. Bei einer weiteren angekündigten Prüfung vertiefte Axel Wolf seine Recherchen in der Mühle nicht; im Gegenteil, er zählte nur sieben Auszubildende, so seine »Schätzung«. Bei der IHK Pfalz waren zu diesem Zeitpunkt aber 24 Auszubildende gemeldet. Über die Gründe, warum sich der Prüfer so verschätzt hatte, kann man nur mutmaßen. Axel Wolf hat jedenfalls mir gegenüber jegliche Stellungnahme verweigert.

Die IHK Pfalz in Kaiserslautern weiß von den Zuständen spätestens seit Juli 2008. Die Eltern von Carsten, Tanja und andere hatten sie ja informiert. Nach weiteren Interventionen von Carstens Eltern und nachdem ich den Behörden eine bevorstehende Veröffentlichung angekündigt hatte, lenkte die Kammer ein. Sie beurteilt das Verhältnis von Lehrlingen zu Fachkräften in Scharffs Betrieb nunmehr für so unhaltbar, dass sie vorerst keine Lehrlinge mehr dorthin schickt. Eigenartigerweise fing im Frühjahr 2009 dennoch mindestens ein Auszubildender in der Wartenberger Mühle an; zwei weitere begannen im Sommer ihre Ausbildung. Unklar ist, bei welcher IHK sie geführt werden.

Wie gleichgültig der Scharff's Gastronomie GmbH das Verbot der IHK zu sein scheint, belegt die Internetseite der Wartenberger Mühle. Dort sucht Martin Scharff noch im Sommer 2009 Lehrlinge: »Für folgende Ausbildungsberufe stellen wir regelmäßig junge, motivierte Mitarbeiter ab 18 Jahren ein und begleiten Sie auf Ihrem Karriereweg: Hotelfachfrau/-mann; Hotelkauffrau/-mann; Restaurantfachfrau/-mann; Köchin/Koch.« Für die Leute in der Küche bietet die Wartenberger Mühle sogar eine Eliteklasse an: »Mit den erweiterten Berufsausbildungsprogrammen werden die angehenden Köche gezielt auf die Arbeit in der

Spitzengastronomie vorbereitet. Für diese begehrenswerten Jobs wollen die Jeunes Restaurateurs die Nachwuchsköche fit machen. Gemeinsam mit dem Gastronomischen Bildungswerk in Koblenz haben die Jeunes Restaurateurs ein bundesweit einmaliges Ausbildungsprogramm entwickelt. Neugierig?«

Doch. Schon. Besonders darauf, wie das alles rechtlich passen soll. Geht es beim Spitzengourmet weiter nach dem Motto: legal, illegal, scheißegal?

Auch die zuständige Staatsanwaltschaft Kaiserslautern kennt den Betrieb. Sie legte im Laufe des Jahres 2008 eine mittlerweile auf 150 Seiten angeschwollene Akte an, weil eine Strafanzeige von Carstens Eltern wegen Verstoß gegen das Jugendarbeitsschutzgesetz eingegangen war, man ermittelte und befragte Zeugen. Der Anfangsverdacht, dass auf der Mühle systematisch Gesetze verletzt würden, war so gravierend, dass die Staatsanwaltschaft beim Amtsgericht Kaiserslautern einen Antrag auf einen Durchsuchungsbeschluss stellte. Man wollte an die Arbeitszeiterfassungen bei der Wartenberger Mühle kommen. Ein solches Vorgehen sei allerdings, so das Gericht, »nicht verhältnismäßig«. So sah es auch das Landgericht Kaiserslautern und untersagte eine Hausdurchsuchung.

Vielleicht hat es damit zu tun, dass Martin Scharff nach langem Bemühen Mitglied bei den Rotariern geworden ist und dort auf andere Vertreter der besseren Kreise in der Region traf, wie zum Beispiel auf den Präsidenten des Landgerichts?

Die Staatsanwaltschaft bat nach der verweigerten Hausdurchsuchung jedenfalls die SGD-Süd um weitere Ermittlungen, insbesondere darum, die im Restaurant tätigen Jugendlichen zu vernehmen. Was allerdings nicht geschah. Die Staatsanwaltschaft erklärte als Ergebnis ihrer Ermittlungen immerhin, »der Täter« habe »über einen längeren Zeitraum beharrlich« und »zahlreich« gegen das Gesetz verstoßen und die »Arbeitskraft der Betroffenen gesundheitlich gefährdet«. Und stellte am 16.3.2009 das Verfahren ein. Die Begründung war denkbar lapidar. »Das öffentliche Interesse« am Fall sei »beseitigt«, »die Schwere der Schuld« stehe der Einstellung »nicht entgegen«, und der Beschuldigte habe »die Auflage bzw. Weisung erfüllt«. Warum? Scharff hatte 5000 Euro an eine gemeinnützige Einrichtung gezahlt. Außerdem, so die Staatsanwaltschaft, dürften »das strafrechtliche Ermittlungsverfahren und die damit verbundenen Belastungen bereits eine ausreichende Warnung bewirkt haben«. Das örtliche Amtsgericht schloss sich dieser Sichtweise an und billigte den Einstellungsantrag der Staatsanwaltschaft. Und die Generalstaatsanwaltschaft Zweibrücken wies trotz all der offenen Fragen die Beschwerde von Carstens Familie gegen die Einstellung des Ermittlungsverfahrens als unbegründet zurück. Sind also 5000 Euro Ablasszahlung genug, um unter den Augen der Gesetzeshüter weitermachen zu können wie bisher? Und für die zuständigen Behörden hinreichend, um weiterhin den Mantel des Schweigens über die Ausbeutungsverhältnisse in der Mühle zu legen?

Denn mit Ausbeutung und Gesetzesbruch ist im Haus des Sternekochs auch nach dieser Bußzahlung nicht Schluss. Zwar erkundigte sich im April die IHK Pfalz wegen überlanger Arbeitszeiten noch einmal bei den Auszubildenden – und fand keine Beanstandungen. Offensichtlich mochte sich niemand der Befragten dem Kammervertreter anvertrauen. »Wir fühlen uns im Stich gelassen«, meint eine der Auszubildenden. »Die, die den Mund aufgemacht haben, sind ja nun weg. Jetzt ist keiner mehr da, der sich was traut. Wir haben gehofft, dass die Behörden was machen. Die wissen doch Bescheid!«

Für Martin Scharff ist übrigens keines der Geschehnisse Anlass genug, sich öffentlich zu Wort zu melden. Stellung nehmen wollte er daher auch auf die von mir detailliert zur Kenntnis gebrachten Vorwürfe nicht. Sein Rechtsanwalt schrieb, Fragen an Herrn Scharff stellten »eine unzumutbare Belästigung dar«, ja sogar »einen rechtswidrigen Eingriff in das Recht meines Mandanten an seinem Gewerbebetrieb«.

Immerhin äußerte Scharff sich im Rahmen einer Reportage zweier SWR-Journalisten, die am 8.7.2009 unter dem Titel »Betrifft: Traumberuf Koch?« im SWR-Fernsehen ausgestrahlt wurde. Allerdings fabulierte er eher allgemein: »Dieser Beruf hat in erster Linie mit Berufung zu tun. Alle, die heute oben mitspielen, schauen nicht auf die Uhr. Da werden Visionen gelebt und

Dinge umgesetzt, die man mit einem normalen Arbeitstag nicht hinkriegen würde.« Von diesen seinen Visionen spricht Martin Scharff besonders gerne, wenn ihm eine konkrete Stellungnahme abverlangt wird. Aber zu einem Dementi der Vorwürfe reicht es ebenso wenig wie zu einer Entschuldigung oder der Versicherung, man werde die Gesetzesbrüche künftig abstellen. Im zitierten Film springt dem Pfälzer Chefkoch ein Berliner Kollege bei, Tim Raue. Er ist im Sternerestaurant »MA« des Hotel Adlon tätig und spricht ungeniert in die Kamera: »Die Ausbildung als Koch ist nie eine schöne Zeit. Du wirst gebrochen. Das ist, als wenn du zur Armee gehst, du wirst erst mal fertiggemacht. Da müssen wir alle durch. Ich habe auch Scheiße gefressen, drei Jahre lang. Das ist in der Küche einfach so. In der freien Wirtschaft gibt's dafür Worte wie Mobbing. Für mich ist das nur die natürliche Auslese.«

Martin Scharff reagiert nicht einmal auf Berichte der eigenen Fachpresse, zum Beispiel auf die Fachzeitschrift »Top Hotel«, das offizielle Organ des Fachverbandes für Führungskräfte aus Hotellerie und Gastronomie, FBMA. »Top Hotel« berichtete mehrfach anlässlich meiner *ZEIT*-Reportage über die Zustände in der Wartenberger Mühle – aber auch ihr gegenüber zog der Chef des Hauses vor zu schweigen. Wahrscheinlich weil dort ein anderer Sternekoch zitiert wird, dem die hier geschilderten Auswüchse in der Edelgastronomie ein Gräuel sind. ZDF-Fernsehkoch Johann Lafer, dekoriert mit einem Michelin-Stern und 17 Gault-Millau-Punkten, erklärt: »Ich bedaure sehr oft, dass Auszubildende als volle Arbeitskraft eingesetzt werden. Das heißt, sie sind ein fester Bestandteil einer Küchenbrigade. Deswegen haben Betriebe ja auch oft so viele Auszubildende. Das finde ich ganz schlimm, weil die Ausbildungszeit wirklich Lernzeit sein sollte, in der ich mich wirklich ausbilde, in der ich mich bemühe, den Beruf perfekt zu erlernen. Das wird leider oft falsch verstanden!«

»Antworten« ließ Scharff – per einstudierten Interviews auf der Homepage der Mühle – einige seiner Auszubildenden. »Man lernt hier viel«, sagt Julia aus dem Service ins Mikrofon. »Man erlebt viel, man lernt viel«, ergänzt ihre Kollegin Sarina. Dass man hier »sehr gefordert« werde, meint Elena, habe sie zur Ausbildung bei Scharff veranlasst, der »immer gute Stimmung reinbringt«, wie sie versichert. Für Kochlehrling Christopher ist die »Eigenverantwortung« wichtig. »Man lernt Trüffel«, weiß Randy im zweiten Lehrjahr, und für Phillip im ersten Lehrjahr ist alles rundum super: »Das Betriebsklima untereinander ist supergut. Wir verstehen uns supergut. Schon seit dem ersten Tag, an dem ich hier angefangen habe, haben sie mich supergut aufgenommen. Ansonsten ist auch das Arbeitsklima zu den Chefs und den Ausgelernten supergut. Wir verstehen uns untereinander, also es ist eigentlich supergut.«

Julia hat bereits ausgelernt und hält ihre Ausbildung in der Wartenberger Mühle »für die perfekte Grundlage für meinen weiteren Lebensweg«. Pascal stimmt ihr zu und glaubt, dass er mit der Ausbildung bei Scharff in jedem Restaurant eine Stelle bekomme. »Das ist einfach perfekt.« Und sicher sind sich beide, dass Martin Scharff für sie »ein gutes Wort einlegen« werde – egal, wohin für sie beruflich die Reise geht. Pascal resümiert, es seien Jahre gewesen, »auf die man auch stolz sein kann«. Bezeichnend ist, dass sich derselbe Pascal wenige Wochen zuvor dem SWR-Fernsehteam gegenüber noch ganz anders geäußert hatte: »Wenn ich noch zwei Jahre Ausbildung vor mir hätte, würde ich mit Carsten auf die Barrikaden gehen.« Und auch Julia hat im selben Beitrag selbstbewusst und kritisch angemerkt: »Beim Chef muss es doch mal Klick machen, wenn ihm die Ausgelernten weglaufen.«

Zur Kritik an der Wartenberger Mühle wurden die Auszubildenden in Scharffs Video nicht befragt; sie konnten also, selbst wenn sie gewollt hätten, nichts dazu sagen. Was sie machen sollten und was sie gemacht haben, war, den Stolz auf ihre Arbeit zu zeigen, mit ihren Blicken, mit ihrer Haltung, mit ihren Worten: Wir haben es geschafft oder schaffen es noch, wir bringen die Kraft auf, wir werden zu den Gewinnern gehören, wir packen das.

Ich habe nichts gegen den Stolz auf geleistete Arbeit. Aber ich frage mich: Warum macht dieser Stolz so häufig unempfindlich gegen Schwächen, Fehler und Ungerechtigkeiten? Es ist wirklich wie bei der Armee im Kriegszustand – da hat der Chef-

koch im Adlon schon recht: Grabenkämpfe schweißen zusammen, überstandene Gefahren und Herausforderungen auch. Das
wäre auch noch nicht so schlimm. Wenn sich dann allerdings –
wie bei Tim Raue oder Martin Scharff – die berüchtigte Bun-
kermentalität einstellt und sich das Missverständnis ausbreitet,
wer Kritik übe, sei ein Gegner, dann wird der Stolz blind für die
Nöte anderer, will nur noch Gleichgesinnte um sich, verliert die
Fähigkeit zur Selbstkritik, wird überheblich und wirft ein soziales Grundverständnis über Bord: die Solidarität mit den Schwä-
cheren. Die Brutalität gegen sich und andere gehört irgendwann
zum »guten Ton«. Dann ist es wirklich ein Krieg geworden, ein
sozialer Krieg, einer der vermeintlich Starken gegen die vermeintlich Schwachen, einer der »Kameraden« gegen die »Nestbeschmutzer«, einer der verschworenen Gemeinschaft gegen die
anderen.

Beim Kochen und im Restaurant sollte aber nicht Krieg herrschen, es geht schließlich ums Leben, ums gute Leben. Aber das
ist einer bedeutenden Minderheit unter den Truppführern an
Herd und Tafel (oder ist es sogar die Mehrheit?) noch immer
nicht beizubringen. Sie verharren in der althergebrachten stolzen
und eitlen Kriegermentalität.

Im Folgenden sei beispielhaft aus den zahlreichen Zuschrif-
ten von Betroffenen oder deren Angehörigen zitiert, die ich nach
meiner ersten Veröffentlichung in der ZEIT erhielt.

Eine junge Frau schrieb: »Nach dem Abitur 2004 habe ich meine Ausbildung zur Hotelfachfrau mit der Zusatzqualifikation
Hotelmanagement in einem kleinen Sternebetrieb mit Gourmet-
küche am Bodensee begonnen. Dieser Betrieb spiegelt im Wesentlichen das Gesamtverhalten der Geschäftsleitung der Wartenberger Mühle wider: Sämtliche in der Küche nicht fest verankerten
Gegenstände wurden im Jähzorn auf Angestellte geschmissen
(auch ein Messer konnte dabei aus Versehen mal seiner eigentlichen Bestimmung entfremdet werden), es rutschte gerne mal
die Hand aus, von Überstunden, psychischer Unterdrucksetzung
und Gossensprache ganz zu schweigen. Dieses Verhalten des Küchenchefs traf je nach Laune und Alkoholpegel auch die ›Service-
schlampen‹, also u. a. mich.

Natürlich war das alles vollkommen in Ordnung: Lehrjahre sind bekanntlich keine Herrenjahre, und wer das Privileg erwerben will, in einem bundesweit renommierten Haus zu lernen und zu arbeiten, muss sich demütig und dankbar den Gepflogenheiten des Hauses anpassen: Gehaltszahlungen nach Gusto des Arbeitgebers, willkürliche Handhabung des Ausbildungsrahmenplans, fehlende Dienstpläne, keine Erholungsphasen.

Der Wechsel innerhalb der Ausbildungszeit in ein weniger renommiertes, dabei jedoch strukturiertes, gepflegtes Unternehmen, das neben dem Wohl des Gastes auch das der Mitarbeiter nicht außer Acht lässt, hat mir – ebenso wie Carsten E. – die Kraft wiedergegeben weiterzuarbeiten, später dann auch die Freude am Beruf.«

Im Brief einer Mutter hieß es: »Meine Tochter befindet sich im ersten Ausbildungsjahr in einer weltweit operierenden Hotelkette mit gehobenem Anspruch. Auch an ihrem Arbeitsplatz ist es üblich, dass das bestehende Arbeitsrecht mit seinen Schutzvorschriften sowie die vertraglichen Regelungen nicht eingehalten werden:

- Arbeitstage, die die täglich zugelassene Stundenzahl übersteigen,
- keine Pausen und Erholungszeiten,
- arbeiten nach einem achtstündigen Berufsschultag, auch wenn am nächsten Tag Klassenarbeiten geschrieben werden,
- Wochenarbeitspläne mit täglich wechselnden Arbeitsschichten, sodass keine Regeneration mehr möglich ist,
- durchgearbeitete Wochenenden
- unendlich viele Überstunden, die weder durch Freizeit noch durch finanzielle Entschädigung abgegolten werden.

Ich könnte die Liste endlos fortsetzen.

Von den Azubis wird schon nach einigen Tagen erwartet, dass sie die Aufgaben einer ausgelernten Fachkraft mit der gleichen Routine und Geschwindigkeit erledigen. Die Schichten sind oftmals nur mit Azubis besetzt. Schnell führen Überforderung und Belastungen zu Fehlern und Spannungen. Um Kosten zu sparen, werden die jungen Menschen verschlissen. Meine Tochter war zu Beginn ihrer Ausbildung eine motivierte Mitarbeiterin, die gerne mit und für Menschen arbeitet. Inzwischen ist sie so erschöpft und frustriert, dass sie ein baldiges Ende ihrer Ausbildungszeit herbeisehnt.«

Eine andere Mutter schrieb: »Obwohl mein Sohn seine Ausbildung zum Koch nicht in der Sternegastronomie, sondern ›nur‹ in der gehobenen Gastronomie absolviert hat, bestätigt der Artikel voll und ganz unsere Erfahrungen. Auch ich habe die zuständige IHK um Rat gebeten. Man gab mir jedoch zu verstehen, dass in der Gastronomie eigene Gesetze gälten und ich froh sein solle, dass mein Sohn einen Ausbildungsplatz habe.«

Und eine Hotelfachfrau, die heute selbst ausbildet, schilderte folgende Erfahrungen:

»1985 begann ich als Hotelfachfrau meine Ausbildung in einem kleinen Hotel, das weder ein Sternebetrieb noch sonst irgendwie herausragend war. In meiner damaligen Berufsschule in Bad Überkingen haben mir Klassenkameraden aus ganz Baden-Württemberg über ähnliche und noch schlimmere Zustände berichtet – aus allen Bereichen der Gastronomie und Hotellerie, auch der Spitzengastronomie.

Auch wir haben damals die IHK Heilbronn über die Zustände bei uns im Betrieb informiert. In der Schule wurde uns gesagt, man werde uns dort helfen. Nichts! Der zuständige Bearbeiter von der IHK Heilbronn kam, sprach mit dem Eigentümer des Hotels, und wir hatten monatelang danach die Hölle auf Erden, aber er durfte ein Filetsteak Madagaskar ohne Bezahlung verspeisen. Einer der schlimmsten Arbeitgeber gegenüber Azubis sitzt sogar heute noch im Prüfungsausschuss der IHK. Es erstaunt mich nicht, dass sich bis heute nichts an den Zuständen in der Gastronomie oder Hotellerie geändert hat. Die, die durch diese Hölle gingen, tragen dieses Vorgehen dann recht häufig in ihre Betriebe mit hinein.

Auch meine Mutter versuchte zu intervenieren, keine Chance. Eine Kollegin, die damals mit mir lernte, ist heute noch der Überzeugung, dass das Vorgehen unseres gemeinsamen Ausbilders völlig korrekt gewesen sei. Sie wurde damals ständig von unserem gemeinsamen Ausbilder sexuell belästigt. Sie arbeitete mit einer geplatzten Zyste im Unterleib, mit gebrochenem Finger und einigem mehr und wagte nicht sich zu wehren. Nicht nur sie – wir alle, aus Furcht vor noch mehr Repressalien.«

Wer kann an dieser Einstellung in der Gastronomie etwas ändern, wenn sogar die »eigenen Leute« immer wieder in diesem Kreislauf aus Stolz und Brutalität gefangen bleiben und – wie früher als Verteidigung der elterlichen Prügelstrafe – sagen: »Na und? Hat es mir etwa geschadet?«

Aber vielleicht gibt es noch eine andere Kraft, die in der Wartenberger Mühle und anderswo Veränderungen erzwingen könnte: die Gäste, die ruhigen Gewissens genießen wollen. Tatsächlich wächst in der näheren Umgebung der Mühle die Zahl derer, die nicht mehr zum Essen ins pfälzische Wartenberg fahren. Sie besuchen Scharffs Mühle nicht mehr, weil sie die grausigen Lohn- und Arbeitsbedingungen durch ihre Anwesenheit nicht unterstützen wollen. Immerhin müssten sie befürchten, dass ihnen das Essen im Halse stecken bleibt, weil in der Küche womöglich gerade ein minderjähriger Kochlehrling umkippt, der schon zwölf Stunden und länger am Hackbrett oder an den Töpfen schuftet.

Lebensmittel und zubereitete Speisen kann man mit allen Sinnen und bei vollem Bewusstsein nur dann genießen, wenn man weiß, dass diejenigen, die sie herstellen, nicht elendiglich ausgebeutet werden. Wenn ein Küchenmeister wie Martin Scharff trotzdem weitermacht wie bisher, dann fällt auf solches Essen mehr als nur ein Schatten. Dann ist es ungenießbar.

Schöne heile Kaffeewelt
Starbucks ohne Filter

»Wir Mitarbeiter heißen Partner ...« So steht es im »Starbucks Mission Statement«, dem Leitbild der Kaffeehauskette Starbucks. Howard Schultz, Mitgründer des Konzerns, Milliardär und Hauptaktionär, bzw. die von ihm für diese Dinge Beauftragten fahren voller Begeisterung fort: »... weil es nicht nur ein Job ist – es ist unsere Leidenschaft. Gemeinsam begrüßen wir Vielfalt, um ein Arbeitsumfeld zu schaffen, in dem wir alle so sein können, wie wir sind. Wir behandeln einander stets mit Respekt und Würde. Wir verpflichten uns gegenseitig, diesem hohen Standard zu entsprechen.«

Jeder Beschäftigte bei Starbucks kennt das »Mission Statement«, das auf eine Seite passt und in allen Läden der Kette aushängt. Der Vierzeiler über die »Partner«, also über sich selbst und über ihre Kolleginnen und Kollegen, ärgert Iris besonders. Ich kann es nachvollziehen, als sie mir an diesem heißen Sommernachmittag wieder einmal von ihrer Arbeit beim größten Kaffeeausschenker der Welt erzählt.

»Ich glaube nicht, dass die Mitarbeiter simulieren, sie können einfach körperlich nicht mehr. Drei Krankmeldungen auf einmal sind gerade reingekommen. Deshalb ist wieder der komplette Dienstplan umgeschmissen worden, Doppelschichten sind angesagt, mit sogenannten kurzen Wechseln. Das heißt, man kommt aus der Nachtschicht morgens um sieben oder acht und muss direkt in die Mittagsschicht. Oder man schiebt 14-Stunden-Schichten, wie unser Shift Supervisor.«

Ich kenne Iris, eine junge Frau Anfang dreißig, schon einige Zeit. Immer wieder mal sehen wir uns, und sie berichtet aus der trendigen, modernen Welt der globalen Kaffeehauskultur. »Shift

Supervisor?«, frage ich, weil ich mir die Bezeichnungen, mit denen das Unternehmen weltweit seine Mitarbeiter betitelt, einfach nicht merken will.

Der Shift Supervisor ist der Schichtleiter, der zuständig ist für die Arbeitsabläufe und die Einteilung der Mitarbeiter für die verschiedenen Aufgaben. Doch trotz des pompösen Titels erhält er nur 100 Euro im Monat mehr als die gewöhnlichen »Baristas« – so werden bei Starbucks die Mitarbeiter genannt, die hinter der Kasse, an den Kaffeemaschinen und an der Essenstheke stehen und auch sonst alle anfallenden Arbeiten erledigen.

Im Starbucks-Sprech hört sich die Arbeitsbeschreibung für den Schichtleiter so an:

»Der Shift Supervisor
- trägt zur Optimierung der Schichtabläufe bei, indem [er] die Servicepositionen einteilt (Service Deployment) und gemäß den Erfordernissen des Dienstplans Pausenzeiten einteilt. Darüber hinaus unterstützt er den Store Manager/Assistant Store Manager bei der Einteilung der täglichen und wöchentlichen Arbeitszeiten.
- begrüßt jeden Gast und sorgt für eine persönliche Atmosphäre.
- hat ein Gespür für Gästewünsche und empfiehlt dementsprechend jedem Gast das passende Produkt. Damit steigert er die Servicequalität und trägt zur Einhaltung der Absatzziele bei. (…)
- motiviert seine Mitarbeiter, gibt klare Anweisungen und schafft eine Atmosphäre, die geprägt ist von Enthusiasmus, Teamgeist und Einsatzfreude.«

Iris hat schon in einigen Filialen des Schultz-Imperiums gearbeitet; sie war selber ein Jahr lang Shift Supervisor und fand, dass sie für 100 Euro mehr eine Menge Verantwortung, Stress und Arbeit zusätzlich in Kauf zu nehmen hatte: »Ich hab damals im Flughafen Frankfurt gearbeitet und wurde ohne die versprochene Anlernzeit von sechs Wochen bereits nach 14 Tagen ins kalte Wasser geschmissen. Ich hatte natürlich keine Ahnung, wusste nicht mal, wie die Kassenabrechnung zu machen ist, und habe gearbeitet wie verrückt. Mein Filialleiter hat verlangt, dass ich die Frühschicht schon um 3.45 Uhr beginne, unbezahlt, damit ich alle Vorbereitungsarbeiten bis zur Öffnung der Filiale erledigt bekomme. Das musste ich sogar nach einem kurzen Wechsel machen, bei dem ich nach der Spätschicht gleich in die nächste Frühschicht ging, obwohl ich bis 23 Uhr im Laden gewesen war. Da hatte ich nur vier Stunden ›Erholungszeit‹! Der stellvertretende Filialleiter meinte, ich solle gar nicht erst nach Hause fahren, sondern mir besser ein paar Sessel zusammenschieben und mich dort hinlegen. Er hat das selbst auch immer wieder so gemacht. Denn auf den Flughäfen ist oft der Teufel los, besonders in der Reisesaison kann keiner von uns Luft holen.«

Aus anderen Filialen berichten mir Beschäftigte Ähnliches. Ein Schichtleiter hat der ersten Kollegin aus der Frühschicht wiederholt im Schlafanzug die Tür aufgeschlossen – er schlief im Laden, mit zwei Kaffeesäcken als Kopfkissen. So etwas kommt vor, wenn die Schichtpläne wegen der ständigen Unterbesetzung nicht eingehalten werden können. Ein Shift Supervisor erzählt mir, man müsse ständig auf dem Sprung und darauf gefasst sein, »dass dein Store Manager dich noch nachts für die nächste Frühschicht aus dem Bett klingelt. Und das bedeutet für einen Shit (sic!) Supervisor: Deine ganze Zeit gehört Starbucks, weil es ja nicht nur ein ›Job‹, sondern unsere ›Leidenschaft‹ ist! Wobei die Betonung nur noch auf Leiden liegt!«

Shift Supervisor bekommen Verträge, in denen steht, dass mit ihrer Bezahlung alle geleisteten Stunden abgegolten seien. »Als ich mich bei meiner Gewerkschaft vergewisserte«, erzählt mir einer von ihnen, »wurde mir bestätigt, dass ich nach diesem Vertrag keine einzige Überstunde bezahlt bekomme. Ich hab auch nie was gekriegt, obwohl ich häufig mehr als die 40 vereinbarten Wochenstunden gearbeitet habe. ›Du kannst dann ja Überstundenausgleich nehmen‹, meinte mein Store Manager, als ich ihn gefragt habe. Aber das war natürlich illusorisch, bei der permanenten Unterbesetzung.«

Von alldem weiß der Kunde nichts, der bei Starbucks in der Schlange steht und sein Getränk bestellt. Starbucks ist »in«, die Kette, die 2002 in Deutschland ihre ersten Filialen öffnete, expandiert enorm, und die Kundschaft strömt bis heute in die mittlerweile 145 Läden.

Kollektives Wohlgefühl?

Starbucks ist ein Markenzeichen der globalisierten Welt geworden. Überall die gleichen Tassen, die gleichen Farben, das gleiche Interieur, die gleichen Preise – jedenfalls innerhalb eines Währungsgebiets. Auch der Kaffee soll überall die gleiche Qualität haben. Nur die Nixe auf dem Logo hat ihren zu Gründerzeiten blanken Busen und ihren Bauchnabel mittlerweile mit langen Haaren züchtig verhüllt.

Bei Starbucks darf der Gast sitzen bleiben, solange er will, und auch bis Geschäftsschluss sein Notebook traktieren – kein potenzieller Schriftsteller soll vergrault werden, so die Firmenphilosophie. »Wenn unsere Gäste sich zugehörig fühlen, werden unsere Coffee Houses zu einem Hafen, einer Zuflucht vor den Alltagssorgen, einem Ort, an dem man sich mit Freunden trifft. Es geht um Genuss in der Hektik des Alltags – manchmal langsam ausgekostet, manchmal schneller genossen. Aber stets voller Menschlichkeit.« Auch diese warmen Worte kennen die Beschäftigten, denn sie stehen im vierten Abschnitt des »Starbucks Mission Statements«.

Viele Gäste kommen tatsächlich nicht nur des Kaffees wegen, sondern um zu sehen und gesehen zu werden. Die Sessel und Sofas sind bequem, man kann sich richtig reinlümmeln und die Welt da draußen für einige Augenblicke vergessen. So buntscheckig die Herkunftsländer des Bedienungspersonals, so multikulturell die Herkunft der Gäste; man kann es sehen, man kann es hören. Diese Fremdenfreundlichkeit von Starbucks hat einen hübschen Nebeneffekt: Dieser »neue Internationalismus« saugt jede Menge billiger Arbeitskräfte in das Unternehmen. Migranten, Leute, die anderswo geringe oder keine Chancen haben und oft auf sogenannte gebrochene Erwerbsbiografien zurückblicken. Bei Starbucks finden sie einen prekären Arbeitsplatz und vorgeheuchelte Zugehörigkeit; sie sind froh, wenigstens nicht rassis-

222

tisch belästigt zu werden – und müssen sich dafür mit der hier gängigen Ausbeutung abfinden.

Die Standorte der Filialen sind auffällig exquisit, in den besten Lagen der Stadtzentren, dort, wo viel Laufpublikum zu erwarten ist, aber auch gut verdienende Angestellte arbeiten. Egal, ob man in Berlin, Hamburg, Köln oder gar in einer ausländischen Großstadt ein Stückchen »Kaffee-Heimat« sucht: Starbucks ist schon da, so wie die anderen internationalen Ketten, erweckt aber den Anschein des Besonderen – etwas für die Bessersituierten oder diejenigen, die bereit sind, für dieses Lebensgefühl und den überteuerten Kaffee zu bezahlen. Und mit einem eindringlichen Wiedererkennungseffekt: Ein solches Café gibt es sonst nirgendwo. Man kann an der Theke das immer gleiche Lieblingsgetränk oder auch mal etwas anderes aus der überall gleichen Karte bestellen. Es gibt keinen Unterschied, keine Irritation, alles ist Norm.

Irritiert hat allerdings den ein oder anderen Gast, besonders ältere, die Duzerei, die aus dem Mutterland des Konzerns importiert wurde und auch in Deutschland Standard werden sollte. Da wurde der Gast schon bei der Bestellung mit dem Du überfallen (»Was möchtest du?«) und auch gleich nach seinem Vornamen gefragt. Der Barista notierte den Namen auf die Bestellung und musste ihn ausrufen, wenn der Kaffee bereitstand (»Helmut, dein Latte ist fertig!«). Iris fand das grässlich, ständig musste sie erstaunte Gäste von den Vorzügen der lockeren amerikanischen Lebensart überzeugen. Als dann eine 90-jährige Dame bei der Frage nach ihrem Vornamen erschrocken ihre Augen aufriss und nach ein paar Sekunden stammelte: »Nein, den möchte ich Ihnen nicht sagen«, beschloss Iris, sich mehr auf ihr Gefühl als auf die Gute-Laune-Vorschriften zu verlassen. Anderen Baristas muss es ähnlich ergangen sein, denn mittlerweile ist das Du aus den deutschen Filialen von Starbucks weitgehend verschwunden.

Darüber sind viele Baristas froh. Allerdings finden sie, dass sie von ihren Gästen oft ziemlich schlecht behandelt werden, herablassend und unverschämt. Das liege am System, erklärt mir ein Verkäufer: »Die Gäste wissen ganz genau, dass wir uns alles bieten lassen müssen. ›Just say yes!‹ ist der Leitspruch, den alle kennen. Wer ein paarmal hier ist, weiß, dass wir immer lächeln, immer brav und lieb und zuvorkommend sein müssen. Wenn der Kunde schlecht gelaunt, ruppig oder arrogant ist: lächeln. Wenn man sich gegen unverschämte Gäste wehrt, wird man gemaßregelt. Das kriegen Stammkunden natürlich irgendwann mit.«

Das Starbuck'sche Leitbild ist in dieser Hinsicht eindeutig: »Auch wenn wir viel zu tun haben, gehen wir auf unsere Gäste ein, lachen mit ihnen und verschönern ihren Tag, selbst wenn es sich nur um wenige Augenblicke handelt. Natürlich geht es zunächst um das Versprechen, ein Getränk perfekt zuzubereiten. Doch unsere Arbeit reicht weit darüber hinaus. Es geht im Wesentlichen um zwischenmenschliche Beziehungen.«

Die Vorgesetzten sollen die Baristas, die mindestens 80 Prozent der weltweit 170 000 Beschäftigten stellen, kontrollieren, ob auch genügend gelächelt und verschönert wird. Vorgesetzte gibt es drei in jeder Filiale, den Schichtführer, den Filialleiter und seinen Stellvertreter. Sie alle müssen »eine Atmosphäre schaffen, die geprägt ist von Enthusiasmus, Teamgeist und Einsatzfreude«.

Die Hierarchie bei Starbucks ist erstaunlich vielschichtig. Ganz unten die Baristas, die alles machen, was das Geschäft am Laufen hält. Über den Baristas steht der »Shift Supervisor« (Schichtleiter), dann kommt – in der Rangordnung deutlich abgesetzt – der »Assistent Store Manager« (stellvertretender Filialleiter), der »Lohnkosten kontrolliert« und »Verkäufe steigert«, über ihm der »Store Manager« (Filialleiter), darüber der »District Manager« (Bezirksleiter), dann der »Regional Manager« (Regionalleiter), schließlich die Deutschlandzentrale in Essen, das »Support Center«, und über allem die Konzernzentrale in Seattle.

Das Kontrollsystem bei Starbucks ist ausgefeilt. Die Filialen werden regelmäßig von den Bezirks- und Regionalleitern besucht, auch Manager aus der Essener Zentrale schauen gerne unangemeldet vorbei. Und dann gibt es noch die »Snapshoter«.

»Dafür gibt's eigentlich kein deutsches Wort«, erklärt mir Anja, die seit 15 Monaten als Barista arbeitet. »Die Snapshoter sind besonders hinterhältige Kontrolleure, die ungefähr einmal im Monat kommen und natürlich Ergebnisse liefern müssen, indem sie uns Fehler nachweisen, die zu Abmahnungen führen. Sie geben sich nicht zu erkennen, kommen ganz normal an die Theke und bestellen. Meistens Cappuccino oder Caffè Latte und Caramel Macchiato.« Das ist kein Zufall, denn diese Getränke müssen nach den Vorgaben der Zentrale in Seattle stets im exakt gleichen Verhältnis von Wasser, Kaffee und Milch gemischt werden. Nur dann bringen sie das vorgeschriebene Gewicht auf die Waage. Und dieses Gewicht notieren die Kontrolleure.

»Die Snapshoter kommen immer zu den Stoßzeiten. Und wenn Rushhour ist, fünfzig Leute da stehen und wir unterbesetzt sind, passieren Fehler beim Abwiegen. Wir können das gar nicht schaffen. Und dann gibt's Punkteabzug.«

Punkteabzug? So richtig verstanden hat Anja das Punktesystem bis heute nicht, aber es hängt wie ein Damoklesschwert über der Belegschaft. Denn die Filialen werden gegeneinander in Konkurrenz getrieben. Wer die meisten Punkte hat, steht oben, erhält womöglich sogar eine Gratifikation – das war allerdings nach Auskunft der Baristas, mit denen ich sprechen konnte, in keinem ihrer Läden bislang der Fall. Wer aber unten landet, wem Punkte nach solchen Kontrollbesuchen abgezogen werden, der kommt auf die Abschussliste: Da kann schon mal der Store Manager fliegen, weil der von ihm geleitete »Store« zu weit unten steht, es kann aber auch der ganze Laden dichtgemacht werden. Denn bei Starbucks schließt man »unrentable« Läden genauso schnell, wie man neue Filialen eröffnet. In der Wirtschaftskrise seit 2008 hat Starbucks in Deutschland zehn Läden geschlossen – und an anderer Stelle 18 neue aufgemacht.

Die Snapshoter füllen ein Protokoll mit vorgegebenen Rubriken aus. Snapshoter sind oft Studenten, die sich mit den Abläufen im Laden nicht auskennen. Die Baristas bekommen die Protokolle nicht zu Gesicht, wissen aber, dass die Snapshoter beschreiben, ob man an der Kasse, wie vorgeschrieben, innerhalb von drei Sekunden, nachdem der Gast den Laden betreten hat, Augenkontakt aufgenommen hat. Ist das nicht der Fall, gibt es einen Punktabzug. Ebenso, wenn nicht gelächelt wird, wie es Pflicht ist. Wenn die Kassenschublade länger als die festgelegte Anzahl von Sekunden offen ist, wird auch das notiert. Und natürlich Sauberkeit, Staub auf den Bilderrahmen, richtig eingeräumte Kuchentheke usw. Irgendwann erhält der Store Manager dann per E-Mail die Auswertung des Kontrollbesuchs. Und einen Anschiss, wenn er nicht 100 Prozent der erreichbaren Punkte erzielt hat.

Trotz Arbeit arm

Die Baristas sind für alles zuständig: Bestellungen annehmen, Kasse machen, Getränke zubereiten und rausstellen, abräumen, aufräumen, die Essenstheke und die Kühlsachen auffüllen und einräumen. Das alles soll nach einem Rotationsplan ablaufen, den morgens der Schichtleiter aufstellt. Aber sehr oft wird der Rotationsplan gar nicht erst erstellt oder nicht eingehalten, weil viel zu wenig Personal da ist. Jorge, ein 20-jähriger Barista: »Und das bedeutet: Der eine macht acht Stunden Kasse, ohne Unterbrechung, die anderen machen den Rest.«

Iris hat mir drastisch geschildert, was das konkret bedeutet: »Im Frankfurter Flughafen, unter der Kuppel, wo sich die ganze Hitze staut, und das ohne Klimaanlage, da hab ich mir hinter der Theke die Schuhe ausgezogen, ich konnte nicht mehr stehen, die Füße waren geschwollen und taten höllisch weh. Wir konnten uns keine Minute, keine Sekunde hinsetzen, ausruhen, ein wahnsinniger Betrieb, viel zu wenige Leute und dann ständig die Tipperei in die Kasse. Ich bin zu Hause einfach nur noch umgefallen.«

Wegen der systematischen Unterbesetzung in den Filialen gibt es ein ständiges Problem mit den Pausen. Selten werden sie eingehalten, häufig können die Baristas überhaupt keine Pausen machen. Dann gibt es natürlich auch Streit unter den Kollegen, erzählt Iris. »Alle sind am Ende, genervt, die körperliche Erschöpfung und der Schlafmangel bei manchen tragen dazu bei. Man kann überhaupt nicht raus aus der Mühle, jedenfalls nicht in Stores, die gut laufen. ›Sozialräume‹ oder irgendwelche Pausenräume gibt es ja nicht, in den Gastraum können wir uns mit unserer Uniform ja auch schlecht setzen.«

Die neuen Baristas werden nach den internen Vorgaben angelernt und geschult. Auch später noch fallen immer wieder Schulungen an. Das klingt nach Qualifizierung. Aber die Schulungen, bei denen Anwesenheitspflicht besteht, finden außerhalb der Arbeitszeit statt und werden nicht bezahlt. Die Kosten für den Einzelnen? Anja sieht das so: »Wenn ich nicht pünktlich rauskomme, mache ich 50 bis 60 Stunden pro Woche. Dann abends noch diese Kurse, in meiner Freizeit! Das ging immer wieder bis in die Nacht. Das schlägt sogar bis in die Freundschaften durch. Ich konnte mich ja gar nicht mehr bei Leuten melden. Die dachten, ich bin von der Bildfläche verschwunden. Immer nur Starbucks, Starbucks, Starbucks.«

Dass die Beschäftigten das überhaupt mitmachen, liegt wohl daran, dass viele von ihnen keine Ausbildung haben, nur nebenher arbeiten oder nicht wissen, wie sie sich wehren sollen.

Der Bruttostundenlohn der Baristas von acht Euro mag für einen studentischen Zuverdienst gerade noch annehmbar sein – wenn damit das Bafög aufgebessert wird. Die meisten Teilzeitkräfte bei Starbucks gehören allerdings zu den »working poor«, zu denen, die trotz Arbeit arm sind. Ohne Zusatzeinkünfte reicht der Starbucks-Lohn nicht zum Leben. Wer vollzeitbeschäftigt ist, eine kleine Minderheit, geht mit monatlich etwa 1000 Euro netto nach Hause. Für die tägliche Arbeitsintensität ist der Job gnadenlos unterbezahlt.

»Was wir alles schlucken, ist schon schlimm«, sagt Jorge, einer der vielen Ausländer unter den Baristas. »Aber es gibt nirgendwo gewerkschaftlichen Widerstand, es gibt nur zwei Betriebsräte, einen in Berlin, einen in Frankfurt. Und über gemeinsamen Protest oder so etwas reden wir nicht.« Anja ergänzt: »Einmal haben sich drei Frauen von uns beklagt, weil sie sich ständig angetatscht fühlten, von Vorgesetzten, von Kollegen und sogar von Kunden. Das wurde vom Store Manager mit einem Achselzucken quittiert. So sei das eben, wir sollten uns nicht so anstellen, bei der Arbeit käme man sich eben näher.«

Bei Starbucks hat man es überhaupt mit dem Körperkontakt. »Immer, wenn dir ein Vorgesetzter etwas erklärt, legt er dir die Hand auf die Schulter, wir nennen das den ›goldenen Griff‹«, erzählt Iris. »Die machen immer einen auf big family. Die wollen das einem regelrecht eintrichtern: ›Hier hilft einer dem anderen, wir sind ein Team, und nur im Team sind wir stark.‹ Für mich sind das Sektensprüche. Die Wirklichkeit sieht doch ganz anders aus. Die meisten von uns haben nur befristete Verträge und lassen sich umso mehr gefallen.«

Dass die Beschäftigten noch in keiner deutschen Starbucks-Filiale aufbegehrten, erleichtert es den Strategen in der Zentrale, immer neue Spar- und Rationalisierungsmaßnahmen durchzusetzen. Die letzte Rationalisierungswelle 2008 brachte (mit wenigen Ausnahmen) zum Beispiel das Aus für die externe Reinigung der Toiletten. Seitdem muss die jeweils letzte Schicht am Tag oder in der Nacht das Kloputzen zusätzlich übernehmen. Proteste wurden abgewürgt, in jedem Restaurant und jeder Kneipe sei das mittlerweile so, mussten die Store Manager ihre Belegschaften anlügen.

Die neue Praxis kann angesichts der strengen Hygienevorschriften, die hierzulande für öffentlich zugängliche Räumlichkeiten gelten, ziemlich unangenehme Konsequenzen für die Firma haben. Und natürlich machen die Baristas, die »Meister der Espressomaschine«, wie Starbucks gern heuchelt, das Kloputzen nicht zu ihrer Herzensangelegenheit. Da werden die falschen Lappen und Putzmittel genommen, da werden Klo, Handwaschbecken und Kacheln nicht ausreichend geputzt.

Die Fluktuation bei Starbucks ist enorm. Kaum einer hält es hier länger als ein Jahr aus – ähnlich wie in den Callcentern. Die Krankenrate ist überdurchschnittlich. »Auch mein derzeitiger Shift Supervisor schiebt andauernd Doppelschichten«, berichtet Jack, ein Barista mit Erfahrungen in vier verschiedenen Filialen. »Der geht von uns noch rüber zum Store in Terminal 2 und macht die Kasse, weil die auch unterbesetzt sind. Wir werden auch rumgeschickt. Wenn in Darmstadt zwei krank sind, müssen wir die Lücke stopfen, und die Kollegen hier müssen noch mehr arbeiten. Alle sind frustriert. Es ist ein miserables Arbeitsklima, jeder ist fertig.« Jack arbeitet derzeit am Frankfurter Flughafen, die Zustände dort sind schlimm, sagt er. Wenn man die Baristas wenigstens in Ruhe lassen würde! »Aber ständig funken die Oberen dazwischen, mit mehr oder weniger unsinnigen Anweisungen und Vorschlägen.«

Das Misstrauen gegen ihre Beschäftigten muss groß sein bei den Oberen von Starbucks. »Wir dürfen, wenn wir an der Kasse arbeiten, kein Portemonnaie dabeihaben. Das ist doch irre! Als würden wir uns das Geld da reinschaufeln.« Iris schüttelt den Kopf. »Außerdem kriegen wir Probleme, wenn wir zu oft Stornos haben. Wir loggen uns ja mit unserer Mitarbeiternummer ein. Bei zu vielen Sofortstornos müssen wir ein Protokoll schreiben. Und wenn wir Pech haben, bekommen wir eine Abmahnung. Ich hab an einem Tag mal dreißig Sofortstornos gehabt, weil so viele Gäste ihren Kaffee in der falschen Größe bestellt haben. Soll ich denen sagen, ihr müsst das jetzt nehmen, sonst krieg ich eine Abmahnung!?«

Wir schaffen uns ein »Arbeitsumfeld … in dem wir alle so sein können, wie wir sind. Wir behandeln uns mit Respekt und Würde«, heißt es im Leitbild von Starbucks. Seit der Krise 2008, in der der Konzerngewinn eingebrochen ist, hat Starbucks seine Rationalisierungsexperten wieder in die Filialen ausschwärmen lassen. Sie sollen den Beschäftigten beibringen, wie sie noch schneller arbeiten können. Das Konzept ist ähnlich wie bei McDonald's und den anderen Fließband-Schnellrestaurants. Da wird abgemessen, an welcher Stelle die Aromazusätze stehen müssen, der Griff zu den Tassen wird optimiert, die Schritte von der Kaffeemaschine zur Ausgabetheke werden gezählt und der Abstand von der »Paistry« (der Gebäck- und Snacktheke) zur Kasse vermessen. Einer der wenigen Arbeitnehmervertreter bei Starbucks in den USA protestierte öffentlich gegen die neue Rationalisierungswelle. Die Mitarbeiter würden »in Roboter verwandelt«, das Café werde »zu einer Fabrik«.

Die *Financial Times Deutschland* meldet, der Konzern habe in den durchgecheckten US-Filialen »die Zahl der Bedienvorgänge um neun Prozent erhöht«. Mit der Stoppuhr und anderen »Optimierungsvorgängen« konnte der Gewinn wieder auf 150 Millionen US-Dollar pro Quartal gesteigert werden.

»Warum ist Schultz so großherzig?«, fragte eine US-amerikanische Wirtschaftszeitung kürzlich, ganz ohne Ironie. Sein Vater sei ein armer Schlucker gewesen, der bei seinem Tod nichts vorzuweisen hatte, war die Antwort des Unternehmers. »Er wurde ausgepresst und nicht respektiert. Er hatte keine Krankenversicherung und keine Unfallversicherung. Mit Starbucks wollte ich eine Art von Unternehmen aufbauen, in dem mein Vater nie die Chance hatte zu arbeiten und in dem die Leute respektiert werden.« Das US-Magazin *Fortune* hat ganz im Sinne dieser familiären Schmonzette Howard Schultz zu einem der 50 besten Arbeitgeber gekürt.

Die US-Gewerkschaft IWW verschickte daraufhin einen Protestbrief an den Herausgeber der Zeitschrift und stellte fest:

»1) 100 Prozent der Beschäftigten in den Läden von Starbucks in den USA (Baristas und Shift Supervisors) sind Teilzeitangestellte ohne eine garantierte Mindestanzahl von Wochenstunden.

2) Nur 40,9 Prozent der Beschäftigten bei Starbucks sind krankenversichert, wohingegen es Wal-Mart, deren erbärmliche Versicherungspraxis bekannt ist, immerhin auf 47 Prozent bringt.

3) Die Starbucks-Baristas verdienen einen absoluten Niedriglohn im Bereich von sechs, sieben oder acht US-Dollar pro Stunde, je nach Stadt und Filiale.

4) Die Bundesbehörde für Arbeitsbeziehungen (NRLB) hat in mehreren Fällen Beschwerde wegen Einschüchterung und Diskriminierung von Gewerkschaftsmitgliedern gegen Starbucks eingelegt.«

Zur Krankenversicherung, die Schultz angeblich so am Herzen liegt, berichtet ein Mitarbeiter, der im Internet die Seite www.ihatestarbucks.com (»Ich hasse Starbucks«) eingerichtet hat, dass ihm zahlreiche Arbeitsverträge vorliegen, in denen die Wochenarbeitszeit auf 19,45 Stunden begrenzt wurde – eine Viertelstunde unterhalb der Schwelle, ab der ein Arbeitgeber seinen Angestellten zur Krankenversicherung anmelden muss.[34]

In Deutschland gilt die Krankenversicherungspflicht glücklicherweise auch für 400-Euro-Jobber oder andere Teilzeitkräfte, die bei Starbucks in der Mehrheit sind. Gegen Kranke wird allerdings das kollektive »Wir-Gefühl« eingesetzt. In speziellen »Meetings« wird das Führungspersonal im »richtigen Umgang« mit erkrankten Arbeitnehmern geschult. Man solle zu Hause anrufen, sich freundlich erkundigen, Simulanten ausfindig machen, Druck aufbauen und das Gefühl vermitteln, ohne den Kranken käme »das Team« in Schwierigkeiten.

Iris hat solche Schulungen mitgemacht. Und als sie selbst krank wurde – ihr Arzt hatte ein Burn-out-Syndrom festgestellt, weil sie wegen der Doppel- und Wechselschichten monatelang unter Schlafmangel gelitten hatte –, ließ sich ein Kollege, ebenfalls Schichtleiter, per SMS gleich am zweiten Tag mit einer solchen ans »Wir-Gefühl« appellierenden Intervention bei ihr vernehmen: »Iris, ich finde es voll scheiße, dass du uns schon wieder so hängen lässt. Wir als Team haben dir voll vertraut, und du machst alles wieder kaputt. Was soll das denn? Ich muss wieder drei Doppelschichten machen wegen dir. Wenn du so was machst, dann haben wir einfach keinen Bock mehr.«

»Wir wollten ein Unternehmen, das Profit und soziales Gewissen miteinander versöhnt«, hat Howard Schultz in einem Interview gesagt.[35] Ein bemerkenswertes Bekenntnis, gehört Schultz doch zu den Unternehmern, die für ihre Gewerkschaftsfeindlichkeit bekannt sind. Der Konzern kündigt regelmäßig in seinen Filialen aktiven Gewerkschaftern, sicherlich, weil deren Arbeit Früchte trägt.[36] Starbucks USA musste zum Beispiel nach verlorenen Gerichtsprozessen 100 Millionen Dollar Trinkgelder, die das Management einbehalten hatte, an die Beschäftigten auszahlen.

Bereits zweimal, 2006 und 2008, wurden internationale Kampagnen gestartet, um auf die gewerkschafts- und arbeitnehmerfeindlichen Praktiken bei Starbucks aufmerksam zu machen. Beide Kampagnen fanden ihren Widerhall auch in Deutschland, wo Mitglieder der IWW (»International Workers of the World«) Flugblätter vor Starbucks-Filialen verteilten. Spanische Gewerkschaften schlossen sich dem Protest an, weil das Unternehmen auch dort mit Kündigungen Protest und Widerstand gegen seine Geschäftspolitik mundtot machen wollte.[37]

In Deutschland ist der Organisationsgrad in den Starbucks-Filialen extrem niedrig. »Der Druck ist heftig«, sagt Guido Zeitler, in der Zentrale der Gewerkschaft Nahrung Genuss Gaststätten (NGG) für Starbucks zuständig. »Das Unternehmen ist nicht einmal Mitglied im Arbeitgeberverband der Branche und deshalb auch nicht tarifgebunden.«

Trotz der menschenunwürdigen Verhältnisse, unter denen Starbucks-Beschäftigte arbeiten, ist der Konzern eigentlich nur einmal in seiner Firmengeschichte ernsthaft negativ in die Schlagzeilen geraten: wegen seiner ausbeuterischen Beziehungen zu den Kaffeebauern Äthiopiens. Offensichtlich hat Howard Schultz aus diesem Konflikt seine Schlüsse gezogen.

Öko und Fair Trade – gut fürs Geschäft

Die Kaffeebauern sind inzwischen Schultz' Freunde geworden – wenn man den Beteuerungen von Starbucks Glauben schenkt. Dabei hat der Konzern jahrelang äthiopische Kaffeebauern um bessere Einnahmen gebracht, weil er deren exklusive Sorten selbst vermarktet und auf ihren angestammten regionalen Herkunftsnamen ein Patent angemeldet hatte. Die Folge: Die Bauern konnten ihren Kaffee nicht mehr mit der entsprechenden Herkunftsbezeichnung verkaufen. Die internationale Nichtregierungsorganisation Oxfam setzte daraufhin eine weltweite Kampagne in Gang und erzielte 2007 einen Erfolg gegen Starbucks. Die Firma zog ihren Patentantrag zurück und machte damit den Weg für den selbstständigen Verkauf der exklusiven Kaffeesorten durch die Kaffeebauern selbst bzw. durch eigene Handelsorganisationen frei.

Wer bei Starbucks anfängt, muss sich in den unbezahlten »Ausbildungs«-Seminaren Filme über den Kaffeeanbau und über das soziale Engagement von Starbucks in den Dörfern der Bauern anschauen; von »Farmer Support Centern« des Konzerns wird berichtet und von fairen Einkaufspreisen in den Kaffee anbauenden

Ländern – kurzum, von einer schönen heilen Kaffeewelt. Von der Niederlage, die der Konzern vor zwei Jahren einstecken musste, erfährt man in den firmeneigenen Schulungen nichts. Die Beteuerungen der Unternehmensführung in Seattle, dass sie den Kaffeebauern so viel Gutes tut, beeindrucken Kunden und Beschäftigte. Die Vorstellung, hier handele endlich mal einer der Großen gegen die übliche Regel, dass im internationalen Warenhandel der Westen den Profit einsteckt und für den Süden nur der Hunger bleibt, verschafft ein gutes Image – und das ist natürlich auch verkaufsfördernd.

Starbucks kündigte Ende 2008 an, man werde 2009 doppelt so viel fair gehandelten Kaffee einkaufen wie bisher. Damit würde der fair gehandelte Kaffeeanteil, der 2008 noch bei fünf Prozent des Gesamteinkaufs von 170 Millionen Kilogramm gelegen hatte, auf zehn Prozent steigen. Das würde mehr Geld für die Kaffeebauern bedeuten, denn der Verkaufspreis für zertifizierten fairen Kaffee muss zehn US-Cent pro Pfund (zwanzig Cent bei Biokaffee) über dem jeweiligen Weltmarktpreis liegen und darf nicht unter 1,25 US-Dollar pro Pfund sinken. Außerdem muss das Geld nach den Vorgaben der Zertifizierungsorganisationen unmittelbar an die Produzenten gehen, die vom Weltmarktpreis ansonsten nur einen Bruchteil sehen.

Der Weltmarktpreis für Kaffee lag im Juli 2009 bei 1,13 Dollar pro Pfund. Damit bewegt er sich noch immer auf einem sehr niedrigen Niveau, das den Bauern kaum erlaubt, von ihrer Arbeit menschenwürdig zu leben. Die USA hatten in den neunziger Jahren das internationale Kaffeeabkommen mit seinen Preis- und Mengenabsprachen verlassen und damit einen rasanten und nachhaltigen Preisverfall ausgelöst. In den achtziger Jahren hatte das Pfund Rohkaffee noch bis zu 1,70 US-Dollar gekostet, dann begann der Sturz auf unter einen Dollar, einige Jahre lag er sogar unter 50 Cent.

Am aktuellen Preis gemessen ist der Aufschlag von zehn Cent für fair gehandelten Kaffee erheblich – gemessen am Preisniveau der achtziger Jahre und den Bedürfnissen der Kaffeeproduzenten ist er wenig bis nichts. Bei etwa 600 Millionen Dollar, die Starbucks 2008 insgesamt für seinen Kaffeeeinkauf zahlte (1,50 Dollar pro Pfund für den relativ teuren Kaffee zugrunde gelegt, den Starbucks nach eigenen Angaben einkauft[38]), würde es den Weltkonzern 40 Millionen Dollar kosten, seinen gesamten Kaffeeeinkauf »fair« zu gestalten (was das Unternehmen nach eigenen Angaben bis 2015 erreichen will[39]). Eine Zusatzausgabe, die bei einem Jahresumsatz von 2,4 Milliarden Dollar kaum ins Gewicht fallen würde.

2008 hat Starbucks bei dem angegebenen Fünfprozentanteil für fair gehandelten Kaffee nur 0,02 Prozent seines Umsatzes als milde Gabe an die Kaffeebauern verteilt. Im wahrsten Sinne des Wortes Peanuts. Aber ihr geschäftsfördernder Wert ist umso höher. Denn mit dem offensiv beworbenen Fair-Trade-Siegel kann Starbucks sein Image bei den Kunden und in der Öffentlichkeit polieren.

Ein Kaffeekonzern auf Expansionskurs

Starbucks war nicht immer das, was es heute ist. Gegründet wurde das Unternehmen von ein paar Freaks aus San Francisco, die es nach Seattle verschlagen hatte und die 1971 dort ein Kaffeegeschäft eröffneten. Sie benannten es nach dem legendären Steuermann aus Herman Melvilles Roman »Moby Dick«. Bis 1981 hatten sie es auf drei Filialen gebracht, alle verkauften Kaffeebohnen, aber keine Getränke. Bis 1982 Howard Schultz kam, der zuvor Verkaufsleiter einer Haushaltsgerätefirma war. Zwei Jahre nach seinem Eintritt ins Unternehmen durfte er endlich seine erste Café-Bar eröffnen, von der er den Eigentümern die ganze Zeit vorgeschwärmt hatte. Der Laden lief prächtig, aber die drei Gründer wollten nicht expandieren; ihnen war die Kaffeeliebhaberei wichtiger als das dicke Geschäft. Schultz trennte sich deshalb und machte unter eigenem Namen weiter.

Starbucks expandierte auch ohne sein Zutun gemächlich und verfügte 1987 über ein knappes Dutzend Läden. Da kehrte Howard Schultz zurück und kaufte das Unternehmen im selben Jahr mit von Investoren bereitgestellten 3,8 Millionen US-Dollar. Jetzt konnte er allein, ohne die verträumten Bremser aus Kalifornien, scinen Siegeszug beginnen. 1989 gab es bereits 55 Starbucks-Filialen, 1996 expandierte Schultz ins Ausland und brachte das Unternehmen an die Börse, zehn Jahre später verfügte der Konzern über 14 000 Filialen in mehr als vierzig Ländern.

Starbucks ist mit einer Dynamik gewachsen, die selbst McDonald's erblassen lässt. »Er verbreitet sich über den Erdball wie ein Virus«, heißt es auf der »ihatestarbucks«-Website. Unter diesem Virus leidet die individuelle Vielfalt der Kaffeehauskulturen. Der erfolgreiche Kampf des US-Giganten gegen die ortsansässige Konkurrenz hat schon manches alteingesessene Café zur Aufgabe gezwungen.

Dafür hat der Konzern eine ausgetüftelte »Cluster«-Strategie entwickelt. Danach werden die Städte sozusagen im kollektiven Ansturm genommen. Nicht mit einem, sondern gleich mit vier, fünf, sechs Filialen, möglichst dicht beieinander im Zentrum, damit sie sofort das Straßenbild prägen und die Konkurrenz verdrängt wird. So kann ganz nebenbei die Belegschaft leichter von einer zur anderen Filiale umdirigiert werden, wenn schwankende Umsätze oder der Krankenstand es erfordern. Man kann sie auch besser gegeneinander in Stellung bringen und so den Einsatz für die »eigene« Filiale steigern. »Dahinter steht die Idee«, schreibt Naomi Klein in ihrer Streitschrift »No Logo!«, »dass man ein Gebiet mit Läden sättigt, bis der Wettbewerbsdruck so groß ist, dass der Absatz selbst in den einzelnen Starbucks-Filialen zurückgeht. Je näher die Verkaufsstellen beieinanderliegen, desto mehr kommen sie einander ins Gehege – sie schlachten sich sozusagen gegenseitig.« Klein zitiert aus dem Geschäftsbericht von Starbucks: »Das Management ist der Ansicht, dass diese ›cannibalization‹ [Kannibalisierung] aufgrund der steigenden Absatzzahlen und der wachsenden Rendite bei der Investition in neue Verkaufsstellen gerechtfertigt ist.«[40]

Der Erfolg dieser Strategie, des gezielten Verdrängungswettbewerbs, der die Einzelhandelskonkurrenz reihenweise zum Opfer fällt, geht auch auf den Einsatz unlauterer Mittel zurück. Starbucks setzt nämlich nach Informationen von Insidern erhebliche Geldmittel ein, um Hausbesitzer dazu zu bringen, ihren aktuellen Pächtern zu kündigen und das so frei gemachte Objekt stattdessen an Starbucks zu vermieten. Von Prämien ist die Rede und natürlich von höheren Pachtzinsen, die Starbucks zu zahlen bereit ist.

Das kollektive Wohlgefühl, das Starbucks seinen Gästen verspricht, wenn es ihnen »Heimat« in der anonymen, globalisierten Welt vorgaukelt, ist nichts anderes als ein verlogener – und höchst profitabler – Kult. Hier haben wir ein Musterbeispiel für die »schöne neue Welt«, die diesem Buch den Titel gegeben hat: Die mächtigen Akteure überhöhen das Interesse der Konsumenten an schneller, günstiger Versorgung mit dem Traum von vermeintlicher Individualität. Mit großem Pomp wird die Normierung von Geschmack als globale »Kultur« gefeiert und gegen die Interessen der Beschäftigten an anständiger Bezahlung und humanen Arbeitsbedingungen in Stellung gebracht. Wenn es zu Widerstand kommt, wird er mit dem Hinweis auf die »Einzigartigkeit« der gemeinsamen Marke und die Ideologie der »großen Familie« oder, wenn das nichts mehr hilft, mit Kontrolle und Kündigungen gebrochen. Regionale, meist kleinere Konkurrenten werden mit unlauteren Mitteln aus dem Feld geworfen und am Ende des ganzen Prozesses riesige Reichtümer angehäuft. Aus Gründen gezielter Verkaufsförderung werden davon ein paar Brosamen hinunter zu den Armen in der Dritten Welt gestreut.

Ich habe Starbucks mit detaillierten Fragen zu den Problemen in seinen Filialen konfrontiert – u. a. zu der Beschäftigung auf Stundenbasis, zu den Schulungen außerhalb der Arbeitszeit, der ständigen Unterbesetzung und den nicht vergüteten Überstunden. Nach acht Tagen intensiver innerbetrieblicher Debatte in der Deutschlandzentrale und nach Rücksprache mit der Europazentrale in Amsterdam – so die Begründung, warum die Antwort so lange auf sich warten ließ – kam folgendes Schreiben; es zeigt, dass Starbucks seine Beschäftigten außer mit Niedriglöhnen und schlechten Arbeitsbedingungen mit unglaublich viel Gesülze quält:

236

»FINAL

28. August 2009

Starbucks Coffee Deutschland Statement zum Thema Partner (Mitarbeiter)

Die Menschen, die für Starbucks arbeiten, sind das Herz und die Seele unseres Unternehmens. Wir schätzen und respektieren jeden unserer 1136 Partner (so nennen wir bei Starbucks unsere Mitarbeiter), denn ohne deren tägliche Arbeit wäre unser Erfolg nicht möglich. Starbucks pflegt einen respekt- und würdevollen Umgang mit seinen Partnern. Durch unterschiedliche Maßnahmen wie etwa den jährlichen Partner Review (so nennen wir unsere jährliche Befragung zur Zufriedenheit der Partner) nehmen wir Rücksicht auf die Dinge, die uns die Partner mitteilen möchten. Sollten einzelne Aspekte einmal nicht den Prinzipien unseres Leitbildes entsprechen, haben die Partner darüber hinaus die Möglichkeit, sich anonym an eine Beratungsstelle im Unternehmen zu wenden. Wir respektieren die freien Entscheidungen unserer Partner und halten uns selbstverständlich an alle rechtlichen und arbeitsrechtlichen Aspekte, wie etwa zur Einrichtung von Betriebsräten. Zusammen machen wir Starbucks zu einem Ort, an dem jeder von uns er selbst sein kann. Wir sind stolz auf das offene und direkte Verhältnis zu unseren Partnern und arbeiten kontinuierlich daran, Starbucks als Arbeitsplatz für unsere Partner zu verbessern.«

Die Bahn entgleist
Ein Staatskonzern auf Geisterfahrt

Im Frühjahr 2009 wurden fast täglich neue Enthüllungen über die Bahn veröffentlicht: Hunderttausende Mitarbeiter waren jahrelang ausgespäht worden, ihre Kommunikation innerhalb des Unternehmens und nach draußen, ihre Kontodaten; Arbeitscomputer wurden regelmäßig widerrechtlich durchforstet, die Krankendaten der Beschäftigten gesammelt und ausgewertet.

Ein Jahr zuvor hat mich ein leitender Mitarbeiter der Deutschen Bahn AG (DB) kontaktiert. Er kommt nicht in eigener Sache, er will die Geschichte eines Mannes erzählen, der in anderer Position, aber auf gleicher Ebene arbeitet und dessen Schicksal ihn empört. Er bringt Kopien vertraulicher Unterlagen mit, die den Fall veranschaulichen.

Ich habe in letzter Zeit häufiger erlebt, dass sich höhere Angestellte, einmal sogar ein Vorstandsmitglied eines Konzerns, mir anvertrauen. Einige kommen, um sich zu entlasten, fast wie bei einer Beichte – Absolution kann ich ihnen allerdings nicht erteilen –, andere, weil sie sich von einer Veröffentlichung Genugtuung für erlittenes Unrecht erhoffen oder erreichen wollen, dass üble Machenschaften in ihrer Firma abgestellt werden.

»Ich bin nicht der Einzige, dem das alles übel aufstößt«, beginnt mein Besucher, nennen wir ihn Herrn P. (weil er anonym bleiben soll wie auch meine anderen Gewährsleute aus der Deutschen Bahn), seinen Bericht. »Leider spricht kaum jemand offen darüber, was der Bahnvorstand veranstaltet, um seine Kritiker mundtot zu machen. Aber mir reicht es jetzt.«

Im Frühjahr 2004 war der Mann, von dem mir P. nun erzählt, von seinem Vorgesetzten einbestellt worden, der im Vorstand für die Abteilung »Politische Beziehungen« zuständig war. »Der Vorstand kam sofort zur Sache und verlangte völlig überraschend von meinem Kollegen, er solle sich krankschreiben lassen und dann am Ende des Jahres in Frührente gehen. Mein Freund war begreiflicherweise konsterniert, ja, regelrecht geschockt. Ich kenne ihn schon viele Jahre, und ich weiß: Er ist einer von denen, die nie krank sind, höchstens eine Grippe alle paar Jahre. Er ist fit und sportlich aktiv, seine knapp sechzig Jahre sieht man ihm nicht an. Außerdem hat er gut zu tun, ich selber kriege auf der Arbeit höchstens seine Sekretärin ans Telefon, er ist immer auf Achse. Bei uns in der Bahn gibt es spezielle Verbindungsleute in die Politik, sogenannte Konzernbevollmächtigte, die ständig engen Kontakt zwischen dem Bahnvorstand und den Regierungen und Ministerien der Bundesländer halten und als Scharnier zwischen Bahn- und Landespolitik fungieren. Die großen Bundesländer werden von je einem Verbindungsmann betreut, die kleineren zusammengefasst. T., mein Kollege, war für Nordrhein-Westfalen zuständig und hatte weder von der Landesregierung noch aus dem Bahnvorstand jemals Kritik an seiner Arbeit gehört. Im Gegenteil, er hatte für seine Leistungen Jahr für Jahr eine hohe Gratifikation erhalten.«

Zum Beweis zieht Herr P. aus dem mitgebrachten Aktenordner die Bescheinigungen hervor, vom Vorstand unterzeichnet. T. habe die »persönlichen Leistungen zu hundert Prozent erfüllt«, lese ich im »Aufzeichnungsbogen zum Führungsgespräch einschließlich Zielvereinbarung für leitende Angestellte«. Die Gratifikation lag je nach Jahr bei 30 000 bis 40 000 Euro, zusätzlich zum festen Salär von rund 100 000 Euro. Nichts, was man einem »Minderleister« oder Versager hinterherwirft, auch nicht bei der Bahn.

Mein Besucher fährt fort: »Er kam damals zu mir, und ich habe ihn darin bestärkt, den Vorschlag seines Vorgesetzten abzulehnen. Er war sich auch ohne meinen Zuspruch völlig sicher. Dafür brauche er die Bedenkzeit nicht, die man ihm gnädigerweise einräumen wollte. Das Stärkste aber war: Mein Kollege schob mir dann einen Brief mit den Worten über den Tisch: ›Den haben sie bereits abgeschickt. Und mir haben sie frech ins Gesicht gesagt, mir bliebe gar keine andere Wahl, als ihrem Vorschlag zuzustimmen. Sie hatten mich vor vollendete Tatsachen gestellt.‹ Ich muss wohl ziemlich irritiert geguckt haben, ich verstand gar nichts. Als ich allerdings das Schreiben las, mit dem Briefkopf des Vorstandsvorsitzenden Hartmut Mehdorn und von ihm unterzeichnet, wurde ich blass.«

P. blättert weiter in seiner Akte und zieht den fraglichen Brief hervor. Jetzt ist es an mir zu staunen. Dort steht: »... das Land Nordrhein-Westfalen ist für uns als Kunde und Partner von herausragender Bedeutung. Diesem Anspruch wurde die Leistungsqualität der Deutschen Bahn AG ... in den vergangenen Monaten nicht immer gerecht. Dies bedauern wir und arbeiten intensiv an einer Verbesserung von Qualität und Pünktlichkeit. In diesem Zusammenhang besetzen wir die Funktion des Konzernbevollmächtigten neu. Herr T. wechselt aus gesundheitlichen Gründen in den vorzeitigen Ruhestand.« Gerichtet war das Schreiben an den damaligen Regierungschef von NRW, Peer Steinbrück, und seinen Verkehrsminister.

Ein schier unglaublicher Vorgang: Der Vorstand der Bahn erklärt einen Angestellten Dritten gegenüber für krank und enthebt ihn seines Postens. Aber der Brief ist zweifellos echt. Doch warum demütigte man einen verdienten Mitarbeiter derart?

»Damals wurde die Bahn immer unpünktlicher«, erläutert mir Herr P. »Auch im Bundesland meines Kollegen. Die Kritik an der Bahn wuchs, öffentlich und in der Politik. Er hatte zwar mit den Verspätungen nichts zu tun, er hatte ja gar keinen Zugriff auf das logistische und operative Geschäft der Bahn. T. war politischer Verbindungsmann, und in dieser Funktion hätte er die öffentliche Kritik offenbar im Vorfeld ersticken sollen. Besonders war ihm angekreidet worden, dass er eine Demonstration der damals oppositionellen CDU mit Jürgen Rüttgers an der Spitze vor dem Kölner Hauptbahnhof nicht verhindert habe. Der Vorstand hatte ihn als Bauernopfer auserkoren und begleitend zu dem Brief an die Landesregierung mündlich verbreitet, er trage die Verant-

Dr. Hartmut Mehdorn
Vorsitzender des Vorstandes

Herrn
Peer Steinbrück
Ministerpräsident
des Landes Nordrhein-Westfalen
Staatskanzlei
Stadttor 1

40190 Düsseldorf

6. April 2004

Sehr geehrter Herr Ministerpräsident,

das Land Nordrhein-Westfalen ist für uns als Kunde und Partner von herausragender Bedeutung. Diesem Anspruch wurde die Leistungsqualität der Deutschen Bahn AG in Nordrhein-Westfalen in den vergangenen Monaten nicht immer gerecht. Dies bedauern wir und arbeiten intensiv an einer Verbesserung von Qualität und Pünktlichkeit.

In diesem Zusammenhang besetzen wir die Funktion des Konzernbevollmächtigten für das Land Nordrhein-Westfalen neu.

Herr   wechselt aus gesundheitlichen Gründen in den vorzeitigen Ruhestand.

Ab dem 1. Mai 2004 wird Herr Reiner Latsch Ihr neuer Ansprechpartner in allen Belangen der Deutschen Bahn AG sein. Herr Latsch verfügt aufgrund seiner bisherigen Tätigkeiten als Konzernbevollmächtigter der DB AG in Schleswig-Holstein und Hamburg sowie als langjähriger Leiter der Unternehmenskommunikation der DB Netz AG über umfassende Kenntnisse und Erfahrungen im gesamten DB-Konzern.

Wir sind daher überzeugt, dass Herr Latsch die Zusammenarbeit mit Ihnen und der gesamten Landesregierung konstruktiv zum Wohle der Kunden in Nordrhein-Westfalen gestalten wird.

Herr Latsch wird sich zeitnah bei Ihnen persönlich vorstellen.

Mit freundlichen Grüßen

Deutsche Bahn AG   Tel. 030 243-61100
Potsdamer Platz 2   Fax 030 243-61155
10785 Berlin   hartmut.mehdorn@bahn.de

wortung für die zunehmenden Verspätungen der Bahn. So wollte man den dafür eigentlich zuständigen Bahnvorstand aus der Schusslinie bekommen.«

Tatsächlich kam die Bahn ihrer Aufgabe, Menschen von hier nach dort zu transportieren, und zwar pünktlich und sicher, immer schlechter nach. Kein Wunder. Innerhalb von zehn Jahren hatte man die Zahl der Beschäftigten bei der Bahn halbiert, von 400 000 auf 200 000; Zurückhaltung bei notwendigen Investitionen kam hinzu. Eine Sparpolitik, die zu längeren Wartungsspannen im Schienennetz und bei den Sicherheitsanlagen und am Ende zu mangelnder Pünktlichkeit führte. Der Zweck all dieser Maßnahmen: Die Bahn sollte, um private Investoren anzulocken, auf Teufel komm raus schwarze Zahlen schreiben und zumindest auf dem Papier satte Gewinne vorweisen.

1994 hatte diese Politik begonnen. Die Bahn, so beschloss die damalige schwarz-gelbe Bundesregierung unter Helmut Kohl, sollte als staatliches Verkehrsunternehmen zerschlagen und privatisiert werden. Zuerst wurde die Deutsche Bundesbahn in eine Aktiengesellschaft umgewandelt, die Deutsche Bahn AG. Danach sollten die Aktien, die damals in öffentlicher Hand waren, an Privatinteressenten verkauft werden. Das Bahngesetz von 1994 und alle folgenden »Reformen« waren beschlossen worden, obwohl andere Länder längst vorgemacht hatten, dass der Zwang, für die Aktienbesitzer beständig hohe Profite einfahren zu müssen, das Ende eines flächendeckenden und preiswerten öffentlichen Verkehrssystems bedeutet. In England hatte die Bahnprivatisierung zur Folge, dass weite Teile des Landes vom Eisenbahnnetz abgekoppelt wurden, das Gleiche war in den USA und in Argentinien geschehen. Überall begann das Schienennetz nach der Privatisierung zu verrotten, die Verspätungen nahmen zu, die Zahl der Unfälle ebenso, in England besonders drastisch. Kennern war deshalb klar: Privates Profitdenken und eine »Bahn für alle« stellen einen unlösbaren Widerspruch dar.

Hartmut Mehdorn war 1999 von SPD-Kanzler Gerhard Schröder zum Vorstandsvorsitzenden der Bahn gemacht worden und sollte den Privatisierungskurs des Unternehmens beschleunigen. Schröder und Mehdorn waren Duzfreunde und hatten gemeinsam mit Wolfgang Clement, dem ehemaligen NRW-Ministerpräsidenten und späteren Wirtschaftsminister in der zweiten Schröder-Fischer-Regierung, Pläne zur Privatisierung staatlicher Unternehmen geschmiedet.

»Und da lässt man jemanden wie Ihren Kollegen einfach über die Klinge springen?«, will ich von meinem Gegenüber wissen.

Herr P. nickt. »Es hat mich schon sehr getroffen, das muss ich zugeben. Obwohl ich ja der Tragödie nur zusah. Damals bestand der Zweck der Übung nicht darin, meinen Freund fertigzumachen. Das kam erst später. Jetzt war er erst mal nur das Bauernopfer und sollte mitspielen. Viele unter den leitenden Angestellten haben die Sache mitbekommen, und jeder konnte sich denken, dass er vielleicht selbst mal Opfer einer so üblen Intrige werden könnte. Ich finde es konsequent, dass mein Freund das nicht schlucken wollte. Er war über dreißig Jahre bei der Bahn, erfolgreich und angesehen, da schmerzte ihn eine solche Behandlung ungemein.«

Herr P. blättert weiter in der Akte und zeigt mir Gesprächsnotizen seines Freundes. »Auf keinen Fall will ich mit solch einem Betrug aus dem Berufsleben ausscheiden«, lese ich. »Ich hätte mich doch sogar strafbar gemacht, wenn ich krankgespielt und mich in die Frührente gemogelt hätte.«

»Sehen Sie«, unterbricht mich mein Informant, »er dachte nicht daran, sich dieser Erpressung zu beugen. Er hat ihnen das klar und deutlich gesagt. Und von jetzt auf gleich hat man ihm sein Büro genommen, seine Sekretärin, seinen Dienstwagen, sogar sein Telefon haben sie abgestellt und ihn in eine Art Besenkammer einquartiert. Er hatte fortan nichts mehr zu tun Man hat ihm sogar gesagt, er würde wahrscheinlich jeden Prozess gegen die Bahn gewinnen. Aber der Vorstand säße am längeren Hebel, Geld spiele keine Rolle, man werde ihn finanziell austrocknen und ruinieren: ›Wir machen dich einfach platt.‹«

Als dem Vorstand klar wurde, dass T. beabsichtigte, sich juristisch zur Wehr zu setzen, folgten weitere Gespräche; man versicherte ihm, ihn ›seinen Kenntnissen entsprechend‹ anderweitig unterzubringen. Hauptsächlich aber drängten die Vorständler darauf, er solle sich frühverrenten lassen, sie boten ihm eine Abfindung an und schlugen ihm vor, er könne doch ›auf Bandscheibe machen‹ oder vielleicht ›irgendwas am Kopf‹ haben. Man drohte ihm sogar.

»Ich weiß das noch wie heute«, sagt P. »Mein Freund stand vor mir, als er von einem dieser Gespräche erzählte, und sagte wörtlich: ›Wenn ich nicht mitspiele, wollen sie mich in einem zweiten Brief an den Ministerpräsidenten persönlich für die Verspätungen verantwortlich machen. Das ist doch skandalös. Das ist doch eine schlichte Erpressung!‹, erregte sich Herr T. Und ich konnte ihm nur zustimmen.«

Sein Freund sei darauf aus Selbstachtung nicht eingegangen. Erst als er einen Anwalt eingeschaltet habe, hätten sich die Verantwortlichen in einem der Gespräche zum Schein dazu bereit erklärt, die ›Krankerklärung‹ in dem Schreiben an den Ministerpräsidenten ganz offiziell zurückzunehmen. »Aber das geschah nicht. Stattdessen erhielt er zwei Monate nach dem Brief und seiner Umsetzung in die besagte Besenkammer die Kündigung.« Abgewickelt wurde die »Umsetzung« über die DB JobService GmbH, intern als »Pool der Heimatlosen und Entrechteten« bezeichnet.

Als T. sich mit einer Kündigungsschutzklage wehrte, begann die Bahn, ihn monatelang mit Dreck zu bewerfen. Jeden Vorwurf konnte er entkräften, aber die Anwürfe und die verweigerte Arbeitstätigkeit zehrten ihn völlig aus. Er wusste jetzt, was die Drohung ›Wir machen dich platt‹ bedeutete. Der leitende Angestellte T. ist auch noch bei der Bahn und steht kurz vor der Rente. Aber seit damals führt er ein Schattendasein, hat nichts mehr zu tun und erhält dennoch seine vollen Bezüge. Der Vorstand ist vor Gericht mit der Kündigung nicht durchgekommen, weigert sich laut Herrn P. aber, seinem Freund eine Aufgabe zu übertragen, und hält ihn damit von seinen Kollegen fern.

Ganz unabhängig von Herrn P. vertraut sich mir ein anderer leitender Angestellter aus der 14. Etage im Berliner Bahntower an, dort, wo sich die politische Abteilung befindet und so mancher unter Mehdorns Schreckensregiment litt. Er erzählt mir eine ähnliche Geschichte über Mobbing auf höchster Ebene und bestätigt damit den Verdacht, dass der Bahnvorstand in den obersten Etagen des Konzerns systematisch missliebige Mitarbeiter ausrangiert und kaltstellt. Der Manager, von dem er mir berichtet, arbeitete als Verbindungsmann der Deutschen Bahn zu politisch Verantwortlichen. Ihm wurde von heute auf morgen sein Aufgabenbereich entzogen, ohne Angabe eines Grundes. Sein »Fehler«? Auch er war ein Kritiker der Privatisierung à la Mehdorn.

Der leitende Angestellte hatte sich einen sehr genauen Überblick über das Finanzgebaren der Bahn verschafft. Seine Kernthese: Die Bahn manipuliert seit 1994 ihre Bilanzen, indem sie die jährlichen Zuschüsse der öffentlichen Hand für Sanierung und Investitionen unterschlägt und auf diese Weise das Bahnvermögen künstlich herunterrechnet. Aufgrund dieses Rechentricks sinken die Abschreibungen und steigen die Gewinnmargen, die der Konzern veröffentlicht. Außerdem wird der Verkaufspreis der Bahn künstlich gesenkt – sehr zur Freude potenzieller Investoren, die für ein größeres Sachvermögen als offiziell ausgewiesen viel weniger bezahlen müssten. Verschleuderung von Volksvermögen kommt dabei am Ende heraus: Etwa 100 Milliarden Euro Anlagevermögen tauchen in den aktuellen Bilanzen der Bahn AG nicht mehr auf, hat der Bahnmanager ausgerechnet.

Ein anderer Kritikpunkt dieses für den Bahnvorstand zu klugen politischen Kopfes: Die Bahn wolle ihren Börsengang mit einem gefährlichen Verzicht auf regelmäßige Sanierungs- und Wartungsarbeiten beschleunigen. In internen Dokumenten werden diese für Fahrgäste, Lokführer und Bahnbegleitpersonal bedrohlichen Einsparungen mit beschönigenden Worterfindungen bedacht. Da ist von »Spreizung der Inspektionsintervalle« die Rede und von der »Optimierung« der Wartungsintervalle. Die Laufwerkskontrollen z. B. sind aufgrund der »Intervallspreizungen« bei den ICEs innerhalb von zwei Jahren nicht mehr alle 4400, sondern nur noch alle 8000 Kilometer vorgenommen worden. Das Einsparvolumen wird stolz mit 82 Prozent angegeben.

Ein gefährlicher Stolz: Am 9. Juli 2008 entgleiste ein ICE, als er den Hauptbahnhof Köln verließ. Der Grund: Eine Radsatzwelle (= Achse) war gebrochen. Es handelte sich nicht um einen »Gewaltbruch« aufgrund eines einmaligen Ereignisses, sondern mit großer Wahrscheinlichkeit um einen Ermüdungsbruch; entsprechende Risse waren aufgrund mangelnder Wartung und Kontrolle nicht rechtzeitig festgestellt worden. Wäre die Achse bei voller Fahrt gebrochen, hätte es ein zweites Eschede mit vielen Toten gegeben. Bei dieser ICE-3-Reihe wurden die Radsatzwellen nur alle 300 000 Kilometer überprüft; erst nach dem Unglück wurde das Intervall auf Druck des Eisenbahnbundesamtes auf 60 000 Kilometer verkürzt.

Die S-Bahn Berlin, Tochter der Deutschen Bahn, erlebte im Sommer 2009 ihren eigenen Achsbruch, und Zehntausende Berliner kommen seitdem zu spät zur Arbeit, zur Schule und wieder nach Hause. Hunderte Wagen – über die Hälfte des Gesamtbestandes – mussten von der Schiene genommen werden, weil die Bahn die geforderten verkürzten Kontrollen nach einem Unfall nicht umgesetzt hatte. Auch hier waren Wartungsintervalle immer weiter gestreckt, Werkstätten geschlossen und dagegen protestierende leitende Mitarbeiter aus der Führung gedrängt worden. Zudem reinvestierte der Bahnkonzern die von der S-Bahn eingefahrenen Gewinne nicht, sondern überwies sie auf das eigene Konto und schmückte sich für Privatisierung und Börsengang mit geschönten Gewinnzahlen. Allein 2008 flossen 56 Millionen Euro von der S-Bahn zum Mutterkonzern, für 2010 waren mehr als 100 Millionen geplant[41] – eine Ausplünderung, die begleitet wurde von Vertuschungen und Lügen – und dicken Beraterverträgen.[42] Dem in Sicherheitsfragen Aufsicht führenden Eisenbahnbundesamt gegenüber hatten die Verantwortlichen falsche Angaben gemacht, um ihre Manipulationen zu verbergen.

Anfang September 2009 weitete sich in Berlin das S-Bahn-Verkehrschaos dramatisch aus. Nur noch ein Viertel der S-Bahnen entsprachen den Sicherheitsstandards. Drei Viertel der Züge mussten aus dem Verkehr gezogen werden. Diesmal waren es die Bremsen, die versagten. Wiederum Folgeerscheinung des Mehdorn`schen Sparkonzepts. Werkstätten waren geschlossen worden, um Kosten zu sparen. Auch Klaus Wowereit (SPD), der Regierende Bürgermeister von Berlin, sah in den Vorfällen einen Beleg für die negativen Folgen des Privatisierungskurses. »Mit Blick auf kurzfristige Überschüsse wurde ein unakzeptabler Verschleiß in Kauf genommen«, sagte er.

Für die langjährigen leitenden Mitarbeiter der Bahn sind die

Methoden, die die Konzernführung in die Berliner S-Bahn exportiert hat, kein Geheimnis. Doch die meisten machen ihr Wissen nicht öffentlich. Wenn doch mal jemand durchblicken lässt, dass diese Politik Menschenleben gefährdet, bekommt er es mit der Bahnobrigkeit zu tun – wie der DB-Verbindungsmann bei Parlament und Regierung.

Dieser Mann war den Bahnchefs nicht zuletzt deshalb ein Dorn im Auge, weil er von den Dossiers wusste, die die Abteilung Konzernstrategie unter Leitung von Alexander Hedderich über Politiker angelegt haben soll. Keine Dossiers, wie man sie braucht, wenn man sich in der politischen Landschaft nicht verirren will, sondern Material, das man auch gezielt für Beeinflussungen und Erpressungen einsetzen kann. Helfer beim Sammeln der Informationen: das Ehepaar Regina und Jens Puls, beide langjährige leitende Mitarbeiter des Bundeskriminalamts, bevor sie bei der Bahn für »Sicherheit« zuständig wurden. Wegen zahlreicher Verfehlungen haben sie den Konzern auf Veranlassung des neuen Bahnchefs Rüdiger Grube mittlerweile verlassen müssen.

Ein Opfer eines solchen Dossiers wurde möglicherweise der verkehrspolitische Sprecher der SPD-Bundestagsfraktion, Uwe Beckmeyer. Bis zum 21. September 2006 war er ein entschiedener Gegner der Bahnprivatisierung nach Mehdorns Konzept. Dann plötzlich, innerhalb einer Woche, wandelte er sich zum Befürworter. Warum diese blitzschnelle Meinungsänderung? Weil man ihm, so der Verdacht eingeweihter Kreise, an jenem 21. September ein Dossier vorgelegt hatte, in dem die Bahnstrategen »Anrüchiges« aus seiner Zeit als Senator in Bremen gesammelt hatten?

Beckmeyer selbst sagt, ihm persönlich sei kein Dossier vorgelegt worden. Aber er sei, wie viele seiner Kollegen, davon ausgegangen, dass Verantwortliche bei der Bahn (auch für ihn steht Alexander Hedderich im Mittelpunkt) solche Dossiers über Politiker angelegt hätten. Sie seien mit unlauteren Mitteln und zu unlauteren Zwecken gesammelt worden. Auf ihn sei jedoch kein Druck ausgeübt worden, er habe seine bisherige kritische Position zur Privatisierung der Bahn nach einem langen Gespräch mit Verkehrsminister Tiefensee korrigiert. Nur als Unterstützer einer

Privatisierung sei es ihm möglich gewesen, auf den weiteren Verlauf der Dinge noch Einfluss zu nehmen.

Nun, seitdem die alten Pläne für den Börsengang dank Wirtschaftskrise erst einmal wieder vom Tisch sind, kritisiert Beckmeyer die Bahnprivatisierung wieder grundsätzlicher. Was womöglich daran liegt, dass auch einige Verantwortliche der Bahn von ihren Sesseln geräumt worden sind und die besagten Dossiers mitgenommen haben. Vielleicht hat Hartmut Mehdorn die Dossiers in seinem heimischen Tresor. Das würde verständlich machen, warum ihm die Politik einen solch ehrenvollen Abgang bereitet hat und der Mann sogar ein Comeback als externer Berater der Bahn erlebt.

Duckmäusertum und Beraterverträge

Über Mehdorns Politik habe ich auch mit einem leitenden Angestellten gesprochen, der für den Bahnvorstand gearbeitet und seine Kündigung hingenommen hat; er ist seit Jahren anderweitig beschäftigt. Aber er hat den Beginn der Ära Mehdorn aus allernächster Nähe erlebt. Wir treffen uns in einem Café, ziehen uns in die hinterste Ecke zurück, und mein Gesprächspartner, Herr N., beginnt erst zu reden, als er sich unbeobachtet fühlt.

»Mehdorn hat kurz nach seiner Inthronisierung in rascher Folge wichtige Leute im ersten und zweiten Führungskreis durch seine eigenen ersetzt. Das ist nicht unüblich in Großbetrieben, wenn der Chef wechselt. Mehdorn hat aber mehr gemacht. Unter seiner Ägide wurde die Zahl der Führungskader vervielfacht und ihre Gehälter teilweise auf abenteuerliche Weise erhöht. Er hat das Gehalt zahlreicher leitender Angestellter und auch einiger führender Betriebsratsfunktionäre in wenigen Jahren bis um das Zehnfache gesteigert. Er selbst hat sich ja auch von 750 000 auf 1,8 Millionen Euro pro Jahr hochdotieren lassen.«

Ist es »da oben« wirklich so, wie man es in einem Fernsehkrimi vorgeführt bekommt: Selbstbedienung, Bestechung, eine durch Beziehungen und viel Geld zusammengeschweißte Interessengemeinschaft?

»Gleichzeitig«, fährt N. fort, »errichtete Mehdorn ein außerordentlich repressives Regime nach innen. Er stellte als Erstes sicher, dass die Abteilung Revision ihm als Vorstandsvorsitzenden unmittelbar unterstellt wurde. Und er machte in den Betriebsleiterbesprechungen deutlich, dass er keine Widerworte dulden würde. Die Forderung, ihm unbedingte Gefolgschaft zu leisten, nahm so skurrile Formen an, dass die in solchen Besprechungen anwesenden Leitungskräfte am Ende der Sitzung aufzustehen und sich einer nach dem anderen nach vorn zu begeben hatten, um auf einem großen Plakat mit ihrer Unterschrift zu bestätigen: ›Wir stehen zu den Unternehmenszielen!‹ Ich habe es nicht glauben wollen, als mein direkter Vorgesetzter mir davon berichtete. Es war wie in einer Sekte.«

»Günstlingsgebaren, Schleimerei und Duckmäusertum, finanziell gut abgefedert« hätten in der Mehdorn-Ära das Klima geprägt, erzählt Herr N. weiter. Ihm selbst wurde gekündigt. »Es gab keine Begründung. Nur den Hinweis: ›Sie wissen ja, dass Sie sich beim Chef unbeliebt gemacht haben.‹ Ich war, ehrlich gesagt, froh. Ich passte da einfach nicht mehr rein. Ich war auch mit dem Privatisierungskonzept von Mehdorn nicht einverstanden. Auf seinen ›Führungsstil‹ wollte ich mich schon überhaupt nicht einlassen. Das hatte ich ihn mehr als einmal spüren lassen. Deshalb habe ich mich auch nicht gegen die Kündigung gewehrt. Ich hatte genügend Alternativen und bald wieder einen gut dotierten Job.«

Aber Mehdorn verfolgte den Geschassten auch auf seinem weiteren beruflichen Weg. »Ich weiß nicht, ob er mich gefürchtet hat. Das wäre eigentlich lächerlich. Aber er hat bei meinem nächsten Arbeitgeber verhindert, dass ich meine Ansichten zur Bahnprivatisierung in einem öffentlichen Vortrag vorstellen konnte. Mein neuer Chef bat mich kurz vor dem Vortragstermin zu sich. Er sei über einen Mittelsmann von Mehdorn in Kenntnis gesetzt worden, dass es erheblichen Ärger mit der Deutschen Bahn geben könnte. Nun gut, ich habe den Vortrag nicht gehalten. Das war mir die Sache nicht wert. Aber mein Vertrauen in das Funktionieren der Demokratie hat einen Knacks bekommen, das muss ich sagen.«

Weshalb hatte Mehdorn so viel Einfluss, so viel Macht, will ich wissen. Er gilt als Choleriker, als Diktator, vor dem viele zitterten, als ein Alleinherrscher, der keinen Widerspruch duldet. Aber dass sein Arm so weit reichte?

»Mehdorn konnte«, so mein Gegenüber, »mit großen Beträgen um sich werfen. 2,5 Milliarden Euro überweist die Bundesregierung Jahr für Jahr für die nötigen Investitionen und Sanierungsarbeiten an die Bahn. Dieses Geld bedeutet Macht. So gut ausgestattet konnte der Bahnvorstand nicht nur die ihm wichtigen Beschäftigten im Unternehmen an sich binden, sondern auch dafür sorgen, dass ihn Entscheidungsträger aus Wirtschaft und Politik hofierten. Zuliefererbetriebe, die unterschiedlichsten Dienstleister und Politiker besonders aus den Bundesländern waren auf dieses Geld aus. Die Verkehrsminister in den Ländern hatten großes Interesse daran, dass die Bahn das jeweilige Schienennetz pflegte und ausbaute. Damit konnten sie bei den Wählern punkten. Mehdorn hatte erheblichen Spielraum und konnte entscheiden, in welcher Region wie viele Millionen ausgegeben wurden. Also stellten sich potenzielle Auftragnehmer und die Länderverantwortlichen aus Politik und Verwaltung gut mit ihm. Und er genoss seine Macht.«

Tatsächlich bedachte Mehdorn ehemalige Landes- und Bundespolitiker mit hoch dotierten Beraterverträgen. Den Exverkehrsminister von Brandenburg zum Beispiel, den SPD-Mann Hartmut Meyer, oder den ehemaligen Bundesverkehrsminister Reinhard Klimmt, ebenfalls SPD. Auch der ehemalige Verkehrs- und Innenminister von NRW, Franz-Josef Kniola, gehörte zu Mehdorns Beratern, die er auch als »Ombudsmänner« bezeichnete, ebenso Klaus Wedemeier, Bremens vormaliger Bürgermeister – auch sie beide Sozialdemokraten –, oder der frühere bayerische Finanzminister Georg von Waldenfels (CSU) und Jürgen Heyer (SPD), ehemaliger Verkehrsminister von Sachsen-Anhalt.

Mehdorn geriet mehrfach in Korruptionsverdacht, staatsanwaltschaftliche Ermittlungen begleiteten seine Karriere, schadeten ihm aber nicht – bis er dann im März 2009 das Handtuch warf.

»Im Unternehmen verschärfte Mehdorn, der seine Leute gelegentlich auch anbrüllte und bedrohte, das Marschtempo, um den Börsengang durchzuziehen«, berichtet Herr N. »2005 waren einige bahninterne Informationen in dieser Angelegenheit nach draußen gelangt, und Mehdorn bestellte die Abteilung Konzernsicherheit zu sich. Er schiss sie regelrecht zusammen, denn man hatte nicht herausfinden können, wo das Leck war. Die Abteilung Konzernsicherheit war dem Vorstandsmitglied Otto Wiesheu unterstellt, dem ehemaligen bayerischen Staatsminister von der CSU. Und Mehdorn schickte nun seine eigene Abteilung, die Revision, los, um herauszufinden, wer von den Beschäftigten in welcher Weise die Öffentlichkeit über die Pläne zur Privatisierung der Bahn informiert hatte.«

Damals wurde das Spitzelprojekt »Leakage« (Leck) geboren, dessen Zweck ausdrücklich nicht darin bestand, interne Korruptionsfälle aufzudecken, sondern Kommunikationswege zu ermitteln, auf denen sich privatisierungskritische Mitarbeiter miteinander oder mit Außenstehenden austauschten. Das hat Mehdorn zwar bis zum Ende seiner Tätigkeit im Konzern bestritten, aber die Ermittlungsberichte der Däubler-Gmelin/Baum-Kommission bestätigten den Skandal.

Wir sitzen schon über eine Stunde zusammen, da erzählt mein Informant so ganz nebenbei eine Geschichte, die sich wie eine Episode aus einem totalitären Regime anhört: »Wir auf der oberen Führungsebene wussten oder ahnten zumindest doch, dass wir bespitzelt wurden. Und viele leitende Angestellte, die mit dem Mehdorn-Kurs nicht einverstanden waren und sich austauschen wollten, trafen sich nur noch außerhalb der Konzernräumlichkeiten. ›Wir sehen uns gleich‹, haben wir uns zugeraunt und dann den Tower verlassen. Ich bin zum Beispiel mit der S-Bahn zwei Stationen gefahren und habe gewartet, bis mein Gesprächspartner eintraf. Der ging dann runter, während ich noch ein paar Minuten auf dem Bahnsteig blieb und mich nach Konzernmitarbeitern oder anderen Verdächtigen umschaute. Erst dann folgte ich meinem Kollegen, und wir setzten uns irgendwohin, wo die Nachbartische frei waren. Manchmal haben wir uns auch nach Feierabend getroffen. Aber wenn ich Kollegen zu mir nach Hause einlud, mussten sie ihr Auto ein paar Straßen entfernt abstellen.

Es war wie im Krimi! Und es wurde mit den Jahren noch schlimmer.«

Ein Revisor, der sich mir anvertraute, schilderte ähnlich »konspirative« Treffen. Er verabredete sich mit Kollegen, wenn sie offen reden wollten, grundsätzlich außerhalb des Bahntowers, in irgendeiner Kneipe. Er schrieb anderen aus dem Konzern grundsätzlich keine privaten E-Mails. Und auch für die Kommunikation nach draußen nutzte er, wenn es um persönliche Dinge ging, nicht den Arbeitscomputer. Obwohl das nicht verboten war; eine entsprechende Betriebsvereinbarung hatte man tunlichst vermieden. Die »private« Kommunikation war am Arbeitsplatz üblich und geduldet – nach allem, was man heute weiß, eben weil die Verantwortlichen hofften, private E-Mails abfangen zu können.

Auch die Betriebsräte, jedenfalls sofern sie konzernkritisch eingestellt waren, verzichteten meist auf jedes persönliche Gespräch in der Berliner Unternehmenszentrale und mieden die Firmencomputer. Als bekannt wurde, dass der Bahnvorstand die Gewerkschaft Deutscher Lokomotivführer (GDL) während ihres Streiks 2007 nicht nur abgehört, sondern Mails der GDL zur Streikvorbereitung abgefangen und verschwinden lassen hatte, sind wohl dem Letzten die Augen über das Spitzelregime am Potsdamer Platz geöffnet worden.

Kritiker der Privatisierung werden geschasst

Die Kündigungen kritischer Mitarbeiter häuften sich, während Hartmut Mehdorn seinen strategischen Plan weiter vorantrieb, die Bahn an die Börse zu bringen, um mit dem frischen Geld der Anleger einen weltumspannenden Logistikkonzern aufzubauen. Häufig begründete die Personalabteilung Kündigungen mit E-Mails, die die Betroffenen verfasst haben sollten – entweder war der Inhalt des elektronischen Briefes gegen die Bahnprivatisierung gerichtet, oder der Adressat war als Gegner der Privatisierung bekannt oder womöglich gar ein Journalist.

Andere Informanten haben mir das Kündigungsschreiben vorgelegt, das an einen Herrn A. gerichtet war. Darin werden allein sechs »Adressaten« genannt, an die der Bahnmitarbeiter geschrieben und die er mit internem Material über den Börsengang versorgt haben soll, darunter einen Journalisten, der für die *tageszeitung* arbeitet. Die Mitteilung über die sofortige Suspendierung vom Dienst und das gleichzeitige Hausverbot für den Mitarbeiter war von der damaligen Personalchefin Margret Suckale unterschrieben.

Im Fall des gekündigten Mitarbeiters A. bekam die Bahn recht vor dem Arbeitsgericht. A. wurde sogar wegen Geheimnisverrats auf Bewährung verurteilt und musste den Konzern verlassen. Er hatte ungeschickterweise einen gerichtlichen Strafbefehl wegen Geheimnisverrat akzeptiert und bezahlt, weil man ihm gesagt hatte, damit habe es dann seine Bewandtnis. Außerdem werde man großzügigerweise darauf verzichten, seine Frau von dem Liebesverhältnis zu unterrichten, das er mit der Sekretärin eines Vorstandsmitglieds unterhielt. Im Kündigungsschutzverfahren legte die Bahn den Strafbefehl jedoch vor – das Arbeitsgericht lehnte die Klage daraufhin ab.

Die Bahn hat Herrn A. auf üble Weise hereingelegt. Dabei hatte er keine internen Ausschreibungsunterlagen oder private Daten ausgespäht und verraten. Er hatte sich auch nicht korrumpieren lassen und anderen Geld oder Aufträge zugeschustert. Er hat nur seine staatsbürgerliche Pflicht getan und die Öffentlichkeit zu informieren versucht, wie da ein Unternehmen, das über mehr als hundert Jahre von uns allen aufgebaut und finanziert worden war – nämlich mit den von uns entrichteten Fahrpreisen und unseren Steuergeldern –, also gesellschaftliches Eigentum, das zum staatlichen Tafelsilber gehörte, an geldgierige Investoren, Hedgefonds und Shareholder aus aller Herren Länder ausgeliefert werden sollte.

Ich bekam die Akte einer weiteren Mitarbeiterin zu sehen. Ihr wurde gekündigt, weil sie angeblich ebenfalls Geheimnisverrat begangen hatte. Bemerkenswert ist, wie sie ins Visier der Ermittler geraten war. Die Konzernführung hatte sich nicht gescheut, unter ihrer Bettdecke zu schnüffeln.

Ich zitiere aus dem Kündigungsschreiben: »Die Arbeitnehmerin zählt Herrn A. zu ihrem ›Freundeskreis‹. Die Äußerung lässt unter Berücksichtigung der nachfolgend geschilderten tatsächlichen Anhaltspunkte darauf schließen, dass sie eine deutlich engere Beziehung zu Herrn A. pflegt, als sie tatsächlich öffentlich zugeben möchte. Für eine Reise nach Z., gemeinsam mit Herrn A. und Herrn B., einem gemeinsamen Freund, hat die Arbeitnehmerin die Zimmerbuchung vorgenommen. Die Teilnehmer haben zu dritt nicht drei Einzelzimmer, sondern ein Doppelzimmer und ein Einzelzimmer bewohnt.«

Die Personalabteilung der Bahn, gestützt auf die Schnüffelei der ihr zuarbeitenden Stellen, breitete aber nicht nur vermutete private Beziehungen dieser Frau aus, sondern nahm die Mitarbeiterin auch noch in Sippenhaft. Wörtlich aus der Kündigungsbegründung: »Nach alledem geht die Arbeitgeberin davon aus, dass die Arbeitnehmerin zu Herrn A. eine außereheliche Liebesbeziehung unterhält. Vor diesem Hintergrund sind auch die jahrelangen schweren Vertragsverletzungen und Straftaten zulasten der Arbeitgeberin durch Herrn A. beachtlich.« Unter »Straftaten« verstand die Personalabteilung die angebliche Weiterleitung von als betriebsintern deklarierten Dokumenten zur Bahnprivatisierung.

Die Kündigung war erfolgreich; die Rechtsverletzungen, die dazu geführt haben, sind bis heute nicht geahndet und die Verantwortlichen nicht zur Rechenschaft gezogen worden.

Der beabsichtigte Neben-, vielleicht sogar Haupteffekt dieser Kündigungen bestand darin, andere kritisch eingestellte Mitarbeiter einzuschüchtern. Sie waren gewarnt: Die Unternehmensführung scheute keine Unwahrheit, keine öffentliche Bloßstellung, keine Erpressung und auch keine Kosten, um ihre Politik durchzusetzen. Viele, vielleicht die Mehrheit der leitenden Angestellten des Konzerns sprachen sich gegen die Privatisierung Mehdorn'scher Prägung aus, wenn auch nur hinter vorgehaltener Hand. Nachdem im Unternehmen bekannt geworden war, wie der Vorstand diese Kündigungen durchzog, traute sich kaum noch jemand, seinen hoch dotierten Job aufs Spiel zu setzen. »Mit den Wölfen heulen ist die Devise gewesen. Und die Daumen drücken, dass es doch nicht klappt mit der Vorstandsstrategie«, sagt mir ein Manager im Rückblick.

Eine Niederlage erlebte der Konzern im Fall eines Mitarbeiters aus dem Bereich Personenverkehr Infrastruktur. Ihm war vorgeworfen worden, er habe kritische Bemerkungen seines Chefs über den ungenügenden Zustand des Schienennetzes per E-Mail an Kollegen weitergeleitet. Das war zu diesem Zeitpunkt in den Augen der Verantwortlichen ein Kapitalverbrechen. Denn der Konzern wollte als piekfeiner, total sanierter und höchst produktiver Betrieb an die Börse. Nicht auszudenken, wenn bekannt werden würde, wie sanierungsbedürftig beispielsweise das Schienennetz war, eine Folge von Mehdorns Personalabbau- und Einsparpolitik!

Auch einem Mitarbeiter im Vorstandsbereich Politische Beziehungen sollte mit der Begründung gekündigt werden, er habe eine kritische E-Mail verschickt. Diese sei dann von *Spiegel Online* zitiert worden. Diesmal kam die Bahn mit der Kündigung vor Gericht allerdings nicht durch. Nicht etwa deswegen, weil man den Beschäftigten ausgespäht hatte und die Kündigung schon deshalb nicht rechtens gewesen wäre, sondern nur, weil dem Mitarbeiter der Kontakt zum *Spiegel* nicht nachzuweisen war.

Aber auch dieses verlorene Verfahren erfüllte seinen Zweck und verstärkte das Klima des Schweigens und Wegduckens im Konzern. Auf diese Weise errichtete der Vorstand ein zutiefst undemokratisches, duckmäuserisches Regime im Innern, um die fragwürdige Privatisierungspolitik gegen den Sachverstand eines Großteils der Mitarbeiter durchzusetzen. Alle Mittel wurden dazu eingesetzt: Mobbing, Kaltstellen, Kündigen, Rufmord, Datenspionage.

Rufmord und Datenmanipulation

Im Frühjahr 2009 treffe ich Herrn V., der ein führender Mitarbeiter der Revisionsabteilung bei der Bahn war. Er wollte als Betriebsrat kandidieren und vertrat in Sachen Privatisierung und Bespitzelung der Bahnbeschäftigten eine kritische Position. Außerdem hatte er in einem Revisionsbericht von 2002 die Bestechung der Bahngewerkschaft Transnet und ihrer Bildungsvereinigung durch die Bahn AG aufgedeckt.

Die Transnet finanzierte sich, besonders nach dem Aderlass zahlender Mitglieder, zu erheblichen Teilen über ihre Bildungsgesellschaft BTB, und zwar mit einem Trick: Sie ließ sich überteuerte Seminare für ihre Bahn-Betriebsräte von der Deutschen Bahn bezahlen. Über diese Fremdfinanzierung von Transnet heißt es im Revisionsbericht 2002: »Auffällig waren die Kostenunterschiede der einzelnen Anbieter. Die Kosten der Transnet-eigenen Bildungsgesellschaft BTB lagen um 33 Prozent über den Kosten vergleichbarer Seminare der GdL [Gewerkschaft Deutscher Lokomotivführer].« Weitere Aufschlüsselungen des gesamten Schulungsaufwands von 5,8 Millionen Euro von Januar bis August 2001 nimmt der Revisionsbericht nicht vor; anzunehmen ist allerdings, dass Transnet entsprechend seiner Mehrheitsposition unter den gewählten Betriebsräten die meisten Seminare abgewickelt hat. Mit seiner Freigiebigkeit hatte der Bahnvorstand aber nicht die Förderung selbstbewusster und kritischer Gewerkschafter im Sinn. Er wollte und bekam eine Gewerkschaftsführung, die nicht nur den Mehdorn'schen Privatisierungskurs stützte, sondern auch den Personalabbau ohne Widerstand durchwinkte. Zahlreiche Betriebsräte wurden dafür mit ständigen Höhergruppierungen und Gewerkschaftschef Norbert Hansen schließlich mit dem Posten des Arbeitsdirektors und dem Vielfachen seines bisherigen Gehalts belohnt.

Auch V. wurde von der Bahn gekündigt. Der Vorwurf wiederum: Betriebsinternes Material sei nach draußen gegeben worden. Die Personalleitung hatte ihn als Komplizen von Herrn A. ausgemacht, dem angeblichen »Kontaktmann« zu Journalisten und anderen Kritikern der Bahnprivatisierung. Zitat aus der internen Anweisung zum Ausspähen von Herrn V. mit dem Vermerk »vertraulich«: »Nach Herrn Dr. Bähr [Leiter der gesamten Revisionsabteilung] vorliegenden Informationen bestand in der Vergangenheit ein sehr enges Verhältnis zwischen Herrn A. und Herrn V. Es besteht der Verdacht, dass Herr V. über Herrn A. vertrauliche Informationen an nicht autorisierte Adressaten weitergegeben hat.« Als »Untersuchungsziel« bestimmt die Anweisung: »Die Maildateien und Daten aus dem X-Laufwerk der Herren A. und V. sowie die Daten des Notebooks von Herrn V.

zu untersuchen, um den Verdacht zu verifizieren oder zu entkräften«.

Die Bespitzelungsaktion brachte nicht den erwünschten Erfolg. Lakonisch ist in den Akten vermerkt: »Der Verdacht bestätigte sich nicht.« Stattdessen, so das Kündigungsschreiben, »ergab die Überprüfung, dass Herr V. über seinen dienstlichen Arbeitsplatzrechner während seiner Arbeitszeit tierpornografische Seiten aus dem Internet aufruft«. Und zwar in absurdem Umfang: viereinhalb Stunden täglich, in einem Großraumbüro mit zahlreichen Angestellten, in dem hoher Arbeitsdruck herrschte! Herr V. bestritt den Vorwurf vehement und vermutete, dass sein Rechner nachträglich manipuliert worden sei. Auch der Betriebsrat konnte den Vorwürfen der Personalabteilung nicht folgen, die unbeirrt verkündete: »Eine nachträgliche Manipulation von Daten und deren Historie ist weder vorgenommen worden noch möglich.«

»Ich stand unter einem ungeheuren Druck, das können Sie sich vorstellen«, berichtet mir Herr V. »Das Übelste war: Man wollte meine Zustimmung zu den Entlassungsgründen mit der Bemerkung erpressen: ›Denken Sie daran, dass noch jemand aus Ihrer Familie in der Firma arbeitet.‹ Gemeint war meine Frau, die seit 1986 bei der Bahn beschäftigt ist. Und wir haben zwei kleine Kinder... Ich habe meiner Frau von all den Vorwürfen erzählt und bin ihr zutiefst dankbar, dass sie von Anfang an zu mir gehalten hat. Wir haben nächtelang darüber gesprochen. Ich habe damals schreckliche Ängste ausgestanden. Am schlimmsten war die Angst, meine Frau könnte mich verlassen. Das war schlimmer als diese widerwärtige Methode der Personalabteilung, mit der sie mich loswerden wollte.«

Ein Indiz dafür, dass V. mit seinem Manipulationsverdacht recht hat, ist der Fall von Frau T. Sie arbeitet an anderer Stelle in der Revisionsabteilung. An ihrem Arbeitsplatz sei es zugegangen wie in einem Science-Fiction-Roman, hat sie berichtet. Der Cursor auf ihrem Dienstcomputer fing zu laufen an, ganz ohne ihr Zutun; von irgendwo aus der Ferne bediente ein elektronischer Eindringling ihren Rechner. »Ich hatte die Chance, den Eindringling beim Löschen eines Dokuments zu beobachten. Wir haben beide um die Bedienung der Maus gekämpft. Der Eindringling hat gesiegt und das Dokument gelöscht.«

Frau T. wusste, dass nicht zum ersten Mal jemand in ihren Dienstcomputer eingedrungen war. Sie habe »Passwort-Ausspähungsprogramme, außergewöhnliche Maileingänge und mögliche Manipulationen an zahlreichen E-Mail-Dokumenten« auf ihrem PC gefunden, hat sie schriftlich bezeugt. Innerhalb eines halben Jahres seien neun wichtige Dokumente von ihrem Rechner verschwunden. Frau T. wandte sich an ihren Vorgesetzten und forderte, dass ihr Computer von solchen Programmen gesäubert werde.

Doch nach ihrer Aussage änderte sich nichts. Sie hat Anzeige bei der Staatsanwaltschaft Frankfurt erstattet; die Vorkommnisse seien »rechtswidrig und verletzen meine Persönlichkeitsrechte«. Die Staatsanwaltschaft stellte die Ermittlungen allerdings ein, zur gleichen Zeit, als der Frankfurter Staatsanwalt Wolfgang Schaupensteiner als »Korruptionsbekämpfer« bei der Bahn angestellt wurde.

Zurück zu Herrn V. Der wollte sich als Revisor nicht damit abfinden, für die Millionenbetrügereien im Bahnverbund, die er aufgedeckt hatte, lediglich ein paar Sachbearbeiter zu belangen. Er wollte an die Auftraggeber in den oberen Etagen herankommen, ohne die solche Deals nicht hätten laufen können: »Die Millionenwerte konnten nicht ohne Anweisung und Hilfe von oben verschoben werden. In einigen Fällen war ich schon recht weit gekommen bei der Recherche. Da waren zum Beispiel die sogenannten DB-Pluspunkte, aufwendige Wartepavillons in kleinen Bahnhöfen. Völlig überdimensionierte Dinger sind das, sie bieten keinen Schutz gegen Regen und Wind und sind völlig überteuert. Oder die Entsorgung von Schotterbelägen! Für die Auftragsvergabe wurden immense Schmiergelder gezahlt und im Gegenzug viel zu hohe Kosten geltend gemacht. Genauso kriminell ist der Verkauf von Gleisbaumaschinen gelaufen.«

V. wagte sich an einen Fall heran, bei dem ein leitender Angestellter der Bahn Beraterverträge in Millionenhöhe an ein Unternehmen vergab, welches nur aus seiner Frau bestand. Ebenso unbeliebt machte er sich, als er aufdeckte, dass am Bahnhof

Frankfurt Flughafen hohe Summen für angebliche, in Wirklichkeit nie geleistete Bewachungsmaßnahmen flossen. Der Begünstigte, ein Politiker aus der Region, konnte sich von diesem Geld ein schmuckes Haus bauen.

V. wurde angewiesen, die Finger von weiteren Recherchen zu lassen. Als er den Chef der Revision aufforderte, den Blick im eigenen Haus endlich nach oben zu lenken, bekam er erhebliche Probleme – und schließlich die Kündigung. Wegen Tierpornografie.

Dass V. gekündigt werden sollte, entspricht der Logik eines Unternehmens, das die Spuren betrügerischer Aktivitäten in den eigenen Reihen verwischen will. Dass das Berliner Arbeitsgericht sich darauf einließ, ist hingegen unverständlich. Der Richter überging sogar die offen zutage tretenden Widersprüche in der Kündigungsbegründung der Bahn. Denn an mehreren Tagen, an denen der Revisor seinen angeblich »perversen Neigungen« im Internet nachgegangen sein soll, hatte er nachweislich im Krankenhaus gelegen oder war auf Dienstreisen unterwegs. Damit hätte die Kündigung eigentlich vom Tisch sein müssen. Herr V. beantragte, die bahninternen Protokolle über seine betriebliche An- und Abwesenheit in den Prozess einzubringen. Doch das Gericht lehnte ab und erklärte die Kündigung ohne weitere Beweisaufnahme für rechtens.

Am Ende hat die Bahn dann doch auf eine Kündigung verzichtet und sich lieber mit einem Jahresgehalt als Abfindung die Zustimmung ihres unliebsamen Mitarbeiters zu einer »einvernehmlichen Trennung« erkauft. »Das war natürlich nicht logisch«, sagt Herr V. »Offensichtlich befürchtete die Personalleitung, die nächste Instanz, also das Landesarbeitsgericht, könnte Licht in die Sache bringen. Ich wollte aber gar nicht mehr weitermachen. Der Gedanke war mir widerwärtig, den ganzen Dreck vor der zweiten Instanz noch einmal über mich ergehen lassen zu müssen und womöglich weiter in einem Unternehmen zu arbeiten, das mich so übel behandelt hat. Ich habe der Auflösung meines Arbeitsverhältnisses zugestimmt. Und ich war auch froh, dass meine Familie aus der ganzen Sache raus war, und vor allem, dass meine Frau ihren Arbeitsplatz behielt.«

Dass sich V. auf den Auflösungsvertrag eingelassen hat, den ihm die Deutsche Bahn anbot, ist nur folgerichtig. Wer mit dem Vorwurf einer so abwegigen Sexualverirrung einmal besudelt ist, muss befürchten, dass er selbst nach einem gewonnenen Prozess in der Öffentlichkeit weiter wie ein Aussätziger behandelt wird. Die Bahn hat auch in anderen Verfahren ganz ausdrücklich mit diesem Kalkül operiert, missliebigen Beschäftigten einen »Vertrauensverlust« anzuhängen und sie auf diese Weise auszugrenzen und bei ihren Kollegen unmöglich zu machen.

V. arbeitet heute bundesweit als Revisor und Unternehmensberater und wird wegen seines unbestechlichen Spürsinns geschätzt.

Ich habe N., den früheren leitenden Mitarbeiter aus dem Vorstandsbüro, gefragt, ob er sich Datenfälschungen im Computer eines missliebigen Mitarbeiters bei der Bahn vorstellen könne. Er halte das durchaus für möglich, sagte N. Aber er glaube nicht, dass es dazu konkrete Anweisungen von ganz oben gegeben habe. »In einem autokratischen System läuft das anders. Da entwickelt sich eine Eigendynamik. Mehdorn hat damals, als er die Konzernsicherheit zur Schnecke gemacht hat, seinen Schergen in der Revision gesagt: ›Ich will Ergebnisse!‹ Und die haben dann geschaut, was sie machen können, und die erwünschten ›Beweise‹ geliefert.«

Auch der ehemalige Betriebsratsvorsitzende der Berliner Konzernzentrale, Ralf Skrzipietz, war ein vehementer Kritiker des geplanten Börsengangs der Bahn. Er hat zahlreiche Manipulationsversuche an seinem Arbeitsplatzcomputer bemerkt. Eines Morgens fand er zum Beispiel den Text von Hitlers »Mein Kampf« auf seinem Rechner vor. E-Mails seien gelöscht worden und vor mehreren Jahren gelöschte Mails plötzlich wieder aufgetaucht. Führt die Spur in den Vorstand? Oder »nur« in die Konzernsicherheit, in die Revisionsabteilung GII, die die Informationstechnik kontrolliert, in den Lenkungskreis Compliance, bei dem es offiziell um die Kontrolle von Verhaltensregeln in Bezug auf die Korruptionsbekämpfung geht? Unter Mehdorns autoritärem Regime scheint ein regelrechter Wildwuchs entstanden zu sein; konzerninterne Spürtrupps wurden gebildet, die sich fieberhaft an die Arbeit machten, bis sie die gewünschten Ergebnisse liefern konnten. Wie sie ihre Ziele erreichten, wollte Mehdorn gar nicht so genau wissen.

Der Betriebsratsvorsitzende jedenfalls war mit seiner Kritik am Privatisierungskurs und der massenhaften Datenspionage gegen Mitarbeiter bei der Konzernspitze unten durch, schließlich wurde ihm mit vierfacher Begründung gekündigt, u. a. wegen angeblichen »Geheimnisverrats«. Auch in diesem Fall hat der Bahnvorstand zwar am Ende die Kündigung zurückgenommen, konnte aber einen seiner entschiedensten Kritiker mit Hilfe eines Vergleichs aus dem Unternehmen entfernen – und alle anderen waren erneut gewarnt.

Die Öffentlichkeit über wichtige Weichenstellungen und Vorgänge in einem Unternehmen zu informieren, das sich im öffentlichen Besitz befindet, galt folglich als »Verrat«. Als befände sich die Bahn im Krieg mit der übrigen Gesellschaft.

Nötigen und kaltstellen

Die frühere Bundesjustizministerin Herta Däubler-Gmelin (SPD) und der ehemalige Bundesinnenminister Gerhart Baum (FDP) wurden im Februar 2009 vom Aufsichtsrat der DB AG als unabhängige Sonderermittler beauftragt, die Datenskandale bei der Bahn zu untersuchen. Ihr Abschlussbericht eröffnet erschreckende Einblicke in das Alltagsgeschäft der Führungsebene dieses Konzerns, hat die Öffentlichkeit aber nicht nachhaltig erschüttert. Die Medien hatten sich bereits anderen Themen zugewandt, und viele Politiker waren froh, dass sich mit der Einsetzung des neuen Bahnchefs Rüdiger Grube die Lage wieder beruhigt hatte.

Hier einige Kostproben aus dem als vertraulich deklarierten Bericht. Einleitend wird ausgeführt, dass sich die »zu bewertenden Akten und Dokumente in einem beklagenswerten Zustand befunden haben« (S. 6). »Seiten waren nicht paginiert.« »Ordner waren in einem teilweise ungeordneten Zustand«, heißt es später (S. 147). Mitunter wurden Akten »unvollständig« vorgelegt oder nachträglich manipuliert: »Für eine nachträgliche Veränderung

der Akten sprechen folgende Besonderheiten ...« (S. 173) Die
Anwälte Däubler-Gmelin und Baum sind auch einem Hinweis
nachgegangen, wonach am Wochenende des 7. und 8. Februar
2009 eine »organisierte und umfangreiche Aktenvernichtung«
stattgefunden haben soll. Bei der Generalstaatsanwaltschaft
Berlin war kurz vor diesem Termin eine Strafanzeige von Mitarbeitern aus dem Bahntower am Potsdamer Platz eingereicht
worden, gegen Mehdorn, Schopensteiner, Bähr und andere Verantwortliche. Darin wurde zur Begründung Folgendes berichtet:
»Seit vierzehn Tagen vernichten wir alle mit dem Datenskandal
im Zusammenhang stehenden Akten, tauschen die Festplatten
und Datenspeicher unserer Arbeitsrechner aus, löschen abge-
legte Dateien und vernichten externe Datenträger.« Dass bei der
Bahn eine Datenvernichtung stattgefunden hat, davon gehen
auch zahlreiche Mitglieder des Bundestagsverkehrsausschusses
aus. Bloß: Was vernichtet wurde – das zu rekonstruieren, sei bislang nicht gelungen.

In Sachen Datenmissbrauch gehen die Sonderermittler u. a.
auf die Causa Hedderich ein und belegen anhand von Dokumenten: Der Leiter der Abteilung Konzernstrategie, Alexander
Hedderich, war mit anderen aus der Führungsetage in ein Kündigungsverfahren gegen einen Mitarbeiter verwickelt, den man
widerrechtlich bespitzelt hatte. Trotz aller Bemühungen konnte
man dem Mitarbeiter aber keinen Vertrauensverrat nachweisen.
Der Beschäftigte gewann zwei Kündigungsschutzprozesse, wurde dann aber widerrechtlich daran gehindert, an seinen Arbeitsplatz zurückzukehren, und bekam auch keine vergleichbare Aufgabe angeboten. Hedderich und andere Verantwortliche – »der
Vorstandsvorsitzende wurde mehrfach über den Sachstand des
Kündigungsschutzverfahrens informiert«, heißt es im Bericht
von Däubler-Gmelin und Baum (S. 174) – folgten der Empfeh-
lung eines Firmenanwalts, der nach der zweimaligen Niederlage
der Bahn vor Gericht in einem internen Vermerk vorgeschlagen
hatte: »Eine Verfahrensniederlage abzupuffern würde bedeuten,
dem Kläger einen Arbeitsplatz zusammenzustellen, der das Stigma des Vertrauensverlustes nicht von ihm nimmt und diesen Sta-
tus quo auch nach außen dokumentiert. Denn die schlechteste

aller Beendigungen dieses Konflikts dürfte sein, zum einen das Verfahren zu verlieren und zum anderen dann präzise diese Verfahrensniederlage auch umzusetzen durch zukünftige Beschäftigung.«

»Dies sind u. E. mit rechtsstaatlichen Maßstäben unvereinbare Empfehlungen des für die DB AG tätigen Rechtsanwalts« (S. 174), lautet der eindeutige Kommentar von Däubler-Gmelin und Baum dazu. Dennoch verfuhren die Bahnoberen wie vorgeschlagen, der Betroffene wurde ohne Telefon und PC in eine Abstellkammer verfrachtet. Der Vorgesetzte des Kaltgestellten vergewisserte sich in den oberen Etagen, daraufhin verfügte der Bereichsleiter Politische Beziehungen in Absprache mit anderen Leitungskadern: »Alles so belassen, wie es ist« (S. 175). Däubler-Gmelin und Baum empfehlen, die Akten zu diesem Fall der Staatsanwaltschaft zu übermitteln. Als ich diesen Fall aus dem Däubler-Gmelin/Baum-Bericht las, fühlte ich mich sofort an die Geschichte von Herrn T. erinnert: das gleiche Muster, die gleiche Bereitschaft zum Rechtsbruch.

Die beiden Sonderermittler bestätigen auch den Verdacht, den ich in der *ZEIT* vom 23. April 2009 geäußert hatte, dass nämlich Bahnbeschäftigte unerkannt in fremde Computer eindringen konnten. Tatsächlich konnten u. a. fünf Mitarbeiter aus der Konzernsicherheit und 13 Mitarbeiter aus der Konzernrevision mithilfe spezieller Software in Rechner anderer Mitarbeiter eindringen und danach die Spuren des Eingriffs verwischen. Diese Möglichkeit »meldete ein junger Mitarbeiter bereits am 26.2.2008 per E-Mail an die Konzernsicherheit. Der Mitarbeiter erklärte uns, dass er zu keinem Zeitpunkt inhaltlich eine Antwort auf seine E-Mail erhalten habe« (S. 188). Laut Däubler-Gmelin und Baum »besteht … kein Zweifel daran, dass Kopien von lokalen Rechnerdaten per Fernzugriff durchgeführt wurden« (S. 189).

Zur Erhärtung des Verdachts, dass die Bahnverantwortlichen nicht nur E-Mails, sondern auch die lokalen Festplatten von Computern ausgespäht haben, kann ich ein Dokument zitieren. Es ist auf den 12. Juni 2006 datiert. Absender ist die Abteilung »Revision und besondere Aufgaben«, namentlich »Dr. Josef Bähr«. Im Text heißt es, »dass die IT/TK-Revision (GII) im Rahmen des

Revisionsprogramms für 2006 vom Vorstand beauftragt wurde, eine Untersuchung zur Wahrscheinlichkeit von Urheberrechtsverletzungen durch Mitarbeiter der DB AG durchzuführen«. Das klingt pompös, es ging aber nur darum, ob sich Mitarbeiter Musik- und Filmdateien illegal aus dem Internet herunterladen. Zu diesem Zweck, erklärt Bähr, werden flächendeckend die »Gruppenlaufwerke und die lokalen Festplatten der Arbeitsplatzrechner untersucht«. Wohlgemerkt, Downloads zu privaten Zwecken waren bei der Bahn nicht verboten – insgeheim wohl sogar erwünscht, um die Massenausspähung der Arbeitscomputer wegen eventueller illegaler Downloads rechtfertigen zu können.

Im zitierten Schreiben versichert der Chef der Revisionsabteilung, dass eventuelle Funde anonymisiert und »mit Abschluss der Revision gelöscht« werden. Dass dies gelogen war, bestätigt der Däubler-Gmelin/Baum-Bericht nachdrücklich. Die Festplatten wurden durchsucht, die Ergebnisse nicht gelöscht, sondern verwendet, um Beschäftigte unter Druck zu setzen.

Wohin fährt die Bahn?

Das Unternehmen Bahn, das ein Global Player werden will, schert sich offensichtlich nicht um Moral und Recht – um das Wohlergehen seiner Mitarbeiter schon gar nicht – und auch nicht um eine nachvollziehbare, saubere Buchführung. Weshalb Eingeweihte fordern: Eine unabhängige Bilanzprüfung der Bahn muss her. Und zwar sofort. Denn wie viele Milliarden Euro bei den Einkaufstouren in aller Welt aus dem hiesigen Vermögen abgezweigt oder aus den zweckgebundenen Investitionsmitteln des Bundes umgeleitet worden sind, wissen heute wohl nur die Finanzjongleure an der Spitze der Bahn, allen voran der Finanzvorstand Diethelm Sack und der ehemalige Bereichsleiter Konzernstrategie Alexander Hedderich.

Mit ihnen, so die kritischen Fachleute im Konzern, kann ein Neuanfang nicht gelingen. Beide waren entscheidende Figuren im Mehdorn'schen Netzwerk und gehen dennoch gestärkt aus dem Revirement nach dem Abgang ihres alten Chefs hervor. Mit diesen Führungskräften, so ist zu befürchten, wird die Bahn weiterhin nicht in der Spur fahren – jedenfalls wenn das Interesse der Kunden an einem pünktlichen, kurztaktigen, flächendeckenden und bezahlbaren Transportsystem der Maßstab ist. Dass jedoch genau das kostengünstig und erfolgreich umzusetzen ist, beweist seit Jahren die Schweizer Bahn, die im Halbstundentakt das bergige Land und seine Städte mit pünktlichen, preiswerten und obendrein noch komfortablen Zügen verbindet. Wer will, der kann, das zeigt dieses Beispiel einer gut funktionierenden Bahn in öffentlichem Eigentum.

Der neue Mann der Deutschen Bahn, Rüdiger Grube, ist ebenfalls Befürworter der Privatisierung und einer »Weltbahn«. Dennoch hat er einigen Verantwortlichen für die Bespitzelungsskandale gekündigt. Wichtige Akteure wie Sack und Hedderich sind allerdings geblieben. Hedderich, so Grube, seien keine Verfehlungen nachzuweisen. »Die Vorwürfe gegen ihn sind haltlos«, zitiert die Presse den neuen Bahnchef. Sind solche Töne ein Hinweis darauf, dass sich das Mehdorn'sche Netzwerk letztlich als stärker erwiesen hat?

Bedauerlich ist, dass die vom Bahnvorstand in der Vergangenheit Kaltgestellten und Gekündigten bislang nicht rehabilitiert wurden, wie Herta Däubler-Gmelin und Gerhart Baum es in ihrem Bericht fordern. Kenntnisreiche und unbestechliche Führungskader und ebensolche Betriebsräte bleiben auf dem Abstellgleis, auf das man sie geschoben hat. Gleichzeitig erlebt der Globalisierungswahn der Bahn einen neuen Schub. Nicht nur hat der Bahnvorstand noch kurz vor Mehdorns Abgang den polnischen Konkurrenten PCC (5800 Mitarbeiter) mit Mitteln gekauft, die für die Sanierung der Bahn hierzulande fehlen. Unter neuer Führung hat die DB AG im Juli 2009 nachgelegt und mit der Russischen Staatsbahn einen Aktientausch und damit eine Überkreuzbeteiligung vereinbart – vorbei an Politik, Parlamenten und Kunden der Bahn, die mehrheitlich gegen solche Art Privatisierung sind.

Rüdiger Grube war selbst in Moskau. Und er kam nicht umhin, Mehdorn mitzunehmen. Der ehemalige Vorstandsvorsitzende hat nicht nur 4,9 Millionen Euro Abfindung kassiert,[43] sondern auch noch einen Beratervertrag von der Bahn erhalten – wie auch die ehemalige Personalchefin Suckale und andere aus dem Mehdorn-Netzwerk.

Für die Überkreuzbeteiligung mit Russland sollen diese »Berater« nach Presseberichten[44] dicke Provisionen einstreichen, ganz im Sinne eines vor Jahren ausgehandelten »Bonussystems«, das den Chefmanagern Millionengratifikationen verspricht, wenn die Privatisierung der Bahn und der Börsengang gelingen. Der russische Deal wird als wichtiger Schritt zu diesem Ziel betrachtet. Auch Rüdiger Grube soll an dieser Bonusregelung beteiligt und auf diese Weise in das alte System eingebunden sein. Entsprechende Meldungen sind bislang jedenfalls nicht dementiert worden.[45]

So gelingt die dringend nötige Abkehr von einer Bahnpolitik nicht, die ein unterdrückerisches System nach innen errichtet und die Interessen der Kunden auf gefährliche Weise missachtet hat sowie das »Volksvermögen« Bahn an der Börse verschleudern will, um einer kleinen Führungsclique aus Bahn und Politik zu privaten Millionen zu verhelfen.

Die Berliner Politik scheint ohnehin kein Interesse an einem sauberen Schnitt und einem echten Neuanfang zu haben. Denn dann bestünde die Gefahr, dass die Mitverantwortung von Politikern aus SPD und CDU/CSU an der Misswirtschaft, den Rechtsbrüchen und am Global-Player-Wahn der Mehdorn-Ära offen zutage träten. Man behilft sich lieber mit einem oberflächlichen Reinemachen und den Kündigungen einiger Verantwortlicher, die es gar zu übel getrieben haben. Von eben diesem Global-Player-Wahn, aus dem heraus es zu den finanziellen Winkelzügen der Bahn, den Bespitzelungs- und Mobbingaktionen und dem gefährlichen Sparkurs bei der Wartung von Fahrtstrecken, Zügen und Waggons kam, hat man sich noch nicht verabschiedet. Das ist der eigentliche Skandal, und er dauert an.

P.S.: Ende September 2009 wird bekannt, dass Mehdorn einen Beratervertrag (gehaltsmäßig einem Aufsichtsratsposten vergleichbar) bei der US-Investmentbank Morgan Stanley angenommen hat. Diese Bank wiederum hatte Mehdorn über Jahre beraten und immer neue Konzepte für die geplante Privatisierung der Bahn ausgearbeitet.

Mit aller Gewalt
Anwälte des Schreckens

Die Zeiten werden härter. Die 35-Stunden-Woche, eine zentrale Forderung der Gewerkschaftsbewegung in den Achtzigern und bis in die Neunziger hinein, scheint unerreichbar, heute arbeiten die Arbeitnehmer wieder mehr als 40 Stunden in der Woche. Zugleich steigt die Lebensarbeitszeit, Urlaub wird durch Betriebsvereinbarungen abgebaut, gekürzt oder gar nicht erst gewährt, Weihnachtsgeld nicht mehr gezahlt, Menschen, die in das Berufsleben einsteigen, erhalten nur noch befristete Verträge. Die Zahl der »working poor«, derer, die trotz Vollzeitarbeit arm sind und zusätzlich Hartz IV beantragen müssen, steigt. Flexibilisierung und Deregulierung sind die Schlagworte der Arbeitgeber, hinter denen sich der Abbau von Arbeitnehmerschutzrechten verbirgt. So werden die Errungenschaften der Arbeiter- und Gewerkschaftsbewegung Schritt für Schritt zerstört.

Und wie immer in Phasen großer gesellschaftlicher Umwälzungen gibt es einen Vorreiterbereich, in dem die Zerschlagung des bestehenden Rechtsgebäudes mit illegalen Mitteln vorangetrieben wird. Da sind Rechtsanwälte willkommen, die eine solche Klassenkampfstrategie von oben zielbewusst und skrupellos vorantreiben und mit dem Schein der Legalität versehen. Von solchen Rechtsanwälten und den Unternehmern, die sie anheuern, handelt dieser Bericht.

»Es begann mit einer überfallartig von der Geschäftsleitung an einem Montag einberufenen Belegschaftsversammlung«, berichtet mir ein Gewerkschafter. »Allen Beschäftigten wurde Anwesenheitspflicht verordnet. Der erste Geschäftsführer trat ans Rednerpult und erklärte, der Vorsitzende des Betriebsrates habe in einem Verhandlungsgespräch gesagt: ›Mir ist es egal, wenn die Firma zusperrt.‹ Dann polterte der Redner los, die Geschäftsgrundlage des Unternehmens sei infrage gestellt, man denke darüber nach, den Betrieb zu schließen. Abschließend forderte er jeden einzelnen Mitarbeiter auf, bis Freitag schriftlich zu erklären, ob er zum Unternehmen stehe und was er von der Äußerung des Betriebsratsvorsitzenden halte. ›Andernfalls sehen wir uns gezwungen, zuzumachen.‹ Nur vier Stunden nach dieser Nötigung stiefelten die Vorgesetzten mit einem Zettel durch den Betrieb, den jeder als eigene Meinungsbekundung unterschreiben sollte. Darauf stand: ›Herr Schulz [so nenne ich hier den Betriebsratsvorsitzenden; G. W.] gefährdet die Existenz der Familien. Ich vertraue ihm nicht mehr.‹ Aber trotzdem unterschrieben die Kollegen nicht, kein Einziger. Immerhin war ihnen ja auf der Belegschaftsversammlung gerade gesagt worden, sie sollten sich bis zum Freitag entscheiden. Und darauf beriefen sie sich jetzt erst mal.«

»Kompetenz in Transparenz« lautet der Werbespruch der Josef Weiss Plastic GmbH.[46] Das Unternehmen mit zehn Millionen Euro Jahresumsatz beliefert Flugzeugbauer, Helikopterhersteller, Autofirmen und Privatleute mit Türen, Fenstern, Hauben, Treppen und Bauelementen aus Plexiglas. Die Bundeswehr gehört zu den Auftraggebern genauso wie Eurocopter, eine Tochter der europäischen Waffenschmiede EADS; und mancher Eigenheimbesitzer, der es sich leisten kann, hat sich von der GmbH mit Stammsitz in Hofolding bei München und Dependancen in Tschechien und Kanada den transparenten Wendeltreppenzugang vom Schlafzimmer zum Pool im Untergeschoss bauen lassen.

Mit Transparenz hat es allerdings wenig zu tun, was sich die beiden Geschäftsführer, die gemeinsam mit ihren Ehefrauen auch Gesellschafter der Firma sind, in Sachen Betriebsratsmobbing haben einfallen lassen. 2004 musste die Geschäftsleitung die Gründung eines Betriebsrats hinnehmen, des ersten in der Geschichte der seit 1949 bestehenden Firma. Als gesetzlich verbriefte Vertretung der Arbeitnehmer im Betrieb soll dieses Gremium dafür sorgen, dass z. B. bei der Festlegung der Arbeitszeit und von Überstunden, bei Versetzungen oder beim Urlaubsplan die Interessen der Beschäftigten berücksichtigt werden. Die etwa 180-köpfige Belegschaft hatte das siebenköpfige Gremium gewählt, weil genau dies zuvor nicht geschehen war. Das passte den Eigentümern ganz und gar nicht, bald kam es zu Streitereien, der erste Geschäftsführer weigert sich seit Jahren, mit dem Betriebsrat zu verhandeln, und schickt seinen Stellvertreter zu den Treffen.

Im Sommer 2009 wurde ein Rechtsanwalt engagiert, Helmut Naujoks, der seine Kanzlei in Düsseldorf unter repräsentativer Adresse, nahe der Königsallee, betreibt und auf seiner Visitenkarte hochtrabend als »dienstleistender Europäischer Rechtsanwalt« firmiert. Er ist einschlägig bekannt als ein Mann fürs Grobe. Seitdem, so die zuständige Gewerkschaft, läuft ein systematisches Mobbing gegen den Betriebsrat, und zwar wie nach einem Drehbuch.

Am Mittwoch nach der erwähnten Belegschaftsversammlung wurden die Mitarbeiter ein weiteres Mal zusammengerufen. Die Geschäftsführung verkündete, der Betriebsratsvorsitzende Schulz habe behauptet, die ihm zugeschriebene Äußerung gar nicht gemacht zu haben. Er habe also den Geschäftsführer der Lüge bezichtigt. Damit sei das Tischtuch endgültig zerschnitten.

Ein aberwitziger Vorgang: Dem Unternehmen drohte von keiner Seite irgendein Ungemach, es florierte und expandierte, die kanadische Zweigstelle wurde gerade aufgebaut. Warum also wurde dieser Konflikt vom Zaun gebrochen? Das Unternehmen, so vermuten viele in der Belegschaft, wollte freie Hand haben für Umstrukturierungen, Versetzungen, Lohnsenkungen oder Arbeitszeitverlängerungen, um die geplante Ausweitung schneller realisieren zu können. Offenbar wollten die Verantwortlichen zurück zu den »guten alten Zeiten«, als man in der Personalpolitik noch ohne jegliche Mitsprache oder auch nur Anhörung der Arbeitnehmervertretung schalten und walten konnte.

Der Betriebsrat war folglich das Hindernis, das es aus dem Weg zu räumen galt – ein heikles Unterfangen, denn immerhin ist die Bildung eines Betriebsrats im Betriebsverfassungsgesetz garantiert; und wer die Arbeit von Betriebsräten »behindert oder stört«, muss – so steht es jedenfalls im Betriebsverfassungsgesetz – mit einer Freiheits- oder Geldstrafe rechnen.[47] Aber wofür gibt es schließlich Spezialisten?

Helmut Naujoks ist seit Jahren im Osten wie im Westen der Republik tätig; ihm eilt ein übler Ruf voraus. Wo er gewirkt hat, hinterlässt er »verbrannte Erde«, Menschen, die gebrochen und oft für den Rest ihres Lebens traumatisiert worden sind. Naujoks hält auch Seminare ab: »Der besondere Kündigungsschutz von Betriebsratsmitgliedern und wie Sie ihn erfolgreich ›durchbrechen‹ können!«, lautet eines der Themen. Ein anderes Seminar bewirbt er mit der Ankündigung: »In aller Ausführlichkeit erläutere ich Ihnen einen Fall aus meiner Praxis, in dem letztendlich ein 15-köpfiger Betriebsrat zum Rücktritt gebracht werden konnte.« Die Seminarteilnehmer, die für 995 Euro plus Mehrwertsteuer Euro ins Dorint Hotel Mannheim und Hannover, in den Frankfurter Hof in Frankfurt, ins Maritim Hotel Köln oder ins Le Meridien Hotel Stuttgart eingeladen werden, sollen zum Beispiel lernen, wie sie »der Blockadepolitik eines Betriebsrates entgegentreten« können.[48]

Was »Blockadepolitik« ist? Naujoks zitiert dazu ein Arbeitsgerichtsurteil, das er sich zu eigen macht und durch eigene Zwischenüberschriften zu einem Fahrplan für effektives Arbeitgebermobbing umdeutet: »Im Gegensatz zu der zunehmenden Schnelllebigkeit von Faktoren, die das Arbeitsleben bestimmen, schützt das Kündigungsrecht das Arbeitsverhältnis in seinem Bestand. Das mit der Durchsetzung von Kündigungen verbundene Verfahren blockiert aus Arbeitgebersicht vielfach eine zügige Anpassung der Beschäftigungsstrukturen an wirtschaftliche Erfordernisse.«[49] Um solche »Blockaden« aufzulösen, geht Naujoks gegen die bestehenden Kündigungsschutzgesetze und andere Arbeitnehmerschutzregelungen vor. Und wenn ein Betriebsrat existiert, der sich gegen solche Umgehungsstrategien zur Wehr setzt, ist auch er ein »Blockierer« – der wegmuss.

Bewährt haben sich dabei diverse Mobbingmethoden, also das ganze Repertoire, mit dem Menschen psychisch drangsaliert, in die Isolation und zur Aufgabe gezwungen werden. Naujoks hat das Buch »Kündigung von ›Unkündbaren‹. Rechtsratgeber für schwierige Kündigungsfälle« veröffentlicht. Im Visier: Beschäftigte, die durch besondere Kündigungsgesetze vor allzu großer Willkür der Arbeitgeber geschützt sind: Schwerbehinderte, Schwangere, Kranke und Betriebsräte. Auf Seite 154 seines Buches stellt Naujoks die lakonische Feststellung des schon zitierten Arbeitsgerichtsurteils vor: »Wird das Mobbing vom Arbeitgeber gelenkt, so geht es in der Regel darum, den Arbeitnehmer auf kaltem Wege zur Aufgabe seines Arbeitsplatzes zu bewegen.«[50]

Bei einem Betriebsrat, der das Vertrauen seiner Kollegen genießt, ist das natürlich nicht so einfach. Den muss man zuerst einmal isolieren – etwa indem man ihn als »Arbeitsplatzkiller« denunziert. Mit der Behauptung, der Betriebsrat sei verantwortlich für angeblich oder tatsächlich drohende Entlassungen, wird die Belegschaft gegen ihn in Stellung gebracht.

Bei der Josef Weiss Plastic GmbH reagierten die Beschäftigten allerdings nicht mit der erwarteten Begeisterung auf die Aufforderung ihres Arbeitgebers, sich von ihrem Betriebsratsvorsitzenden loszusagen. Kein Einziger unterschrieb die besagte Unterschriftenliste (»Herr Schulz gefährdet die Existenz der Familien. Ich vertraue ihm nicht mehr.«). Ein Mitarbeiter wagte auf der zweiten Belegschaftsversammlung sogar die ketzerische Frage, ob denn der Herr Schulz wirklich gesagt habe, was ihm vorgehalten worden sei. Und siehe da, einer der Geschäftsführer musste zugeben, dass diese Aussage so eigentlich gar nicht gefallen war.

Dennoch hingen am Tag darauf überall in der Firma Zettel, unterzeichnet von einer ominösen Gruppe namens »Pro Firma«, mit der Aufschrift: »Herr Schulz, schämen Sie sich!« Wofür sich der Betriebsratsvorsitzende schämen sollte, war zu dem Zeitpunkt allerdings kaum einem Beschäftigten vermittelbar. Die behauptete Äußerung war doch vor der gesamten Belegschaft dementiert und richtiggestellt worden! Der Betriebsrat stellte bei Gericht einen Antrag auf einstweilige Verfügung, um dem Unternehmen verbieten zu lassen, mit Aushängen und Unterschriftensammlungen Unruhe zu schüren.

Am Mittwoch der darauffolgenden Woche (der Freitag war verstrichen, ohne dass die Firmenleitung die geforderten Distanzierungserklärungen hatte einsammeln können) kam es zur Gerichtsverhandlung. Helmut Naujoks, Mitte 40, über 1,90 Meter groß und von wuchtiger Gestalt, trat höchstselbst in Erscheinung. Siegesgewohnt breitete er seine Arme unter der schwarzen Robe aus und wandte sich an das »hohe Gericht«, das allerdings nur ein schlichtes Arbeitsgericht war. Aber der Anwalt aus Düsseldorf liebt solche Posen, die er sich US-amerikanischen Anwaltsserien abgeschaut haben mag und die vielleicht seine Mandanten beeindrucken (»ich vertrete allein Ihre Interessen als Arbeitgeber«[51]).

Die Richterin am Münchner Arbeitsgericht war aber eher genervt und stellte klar: »So geht es nicht.« Dann formulierte sie einen Vergleich, wonach sich die Firma verpflichtete, alle einschlägigen Traktakte und Aushänge gegen den Betriebsrat bis zum nächsten Morgen zu entfernen.

Das geschah auch. Doch die weiteren Aktionen wurden umso perfider. Ein anonymes Flugblatt tauchte auf: Der Vergleich vor Gericht habe nichts geklärt, die Arbeitsplätze seien immer noch nicht sicher. Zwei Tage später zeichnete ein »normaler Kollege« für drei dicht bedruckte Flugblattseiten verantwortlich, die er im Betrieb verteilte. Sie waren gespickt mit Beschimpfungen und gipfelten in dem Vorwurf, der Betriebsratsvorsitzende zettele die ganzen Streitereien an – und das auch nur, weil er den Betrieb verlassen und sich eine möglichst hohe Abfindung erschleichen wolle.

Am Montag darauf wurde die Farce zur Groteske. Die zwölf Abteilungsleiter der Firma veranstalten gemeinsam mit acht Mitarbeitern eine »Mahnwache« auf dem Betriebsgelände mit anschließender Polonaise durch das Unternehmen und forderten den Betriebsratsvorsitzenden auf, er solle nun endlich mit dem Geschäftsführer reden. Eine absurde Forderung, hatte doch der erste Geschäftsführer seit Jahren jedes Gespräch verweigert. Einige Tage später erklärte er sich dann doch bereit, sich mit dem Betriebsrat zu treffen.

Der reagierte freudig überrascht und marschierte mit allen Betriebsratsmitgliedern zum anberaumten Termin. Auf dem Weg zum Geschäftsführerbüro stoppte Naujoks die sieben Männer auf halber Strecke und sagte das Treffen ab: Der Geschäftsführung sei zugetragen worden, dem Betriebsratsvorsitzenden gehe es nur um eine hohe Abfindung für sein lange geplantes Ausscheiden aus dem Betrieb.

Das entsprechende Gerücht war schon gezielt im Betrieb gestreut worden. Doch für die Belegschaft roch diese »Information« zu stark nach einer Stinkbombe aus der Chefetage. Naujoks selbst behauptete dem Anwalt des Betriebsrats gegenüber, den er von einer einvernehmlichen Trennung überzeugen wollte, Schulz habe gesagt, er wolle mit allen Mitteln den Betrieb zerschlagen.

Auch mit dieser Intrige blitzte Naujoks ab. Doch der Advokat gibt nicht so schnell auf. Bei aller Lächerlichkeit und Durchsichtigkeit seiner Interventionen – sein Konzept ist langfristig angelegt und versucht, den Erfolg mit immer brutaleren Mitteln zu erreichen.

»Der Geschehensablauf von Mobbing«, zitiert Naujoks in seinem Buch das besagte Urteil des Landesarbeitsgerichts Thüringen, »ist typischerweise geprägt durch eine im Verlauf erfolgende quantitative und qualitative Zunahme des auf das Opfer ausgeübten Drucks. Kann ein Kompromiss nicht gefunden werden, nachdem die Konfliktursache gesetzt ist, erfolgt in der Regel eine Intensivierung der zunächst auf einzelne Gemeinheiten und Unverschämtheiten beschränkten Verhaltensweisen bis hin zu einer derartigen Häufung, dass das Opfer einem regelrechten Psychoterror ausgesetzt ist.«

Nach dieser Beschreibung, wie »professionelles« Mobbing abläuft, schildert Naujoks, wieder dasselbe Gerichtsurteil zitierend, die Folgen für das Opfer: »Mit zunehmender Dauer stellt sich in der Regel eine Verschlechterung der seelischen und körperlichen Gesundheit ein, die über Schlaflosigkeit, Erschöpfungen, psychosomatische Störungen, Depressionen, traumatische Ängste und ernsthafte körperliche Erkrankungen, im Einzelfall bis zum Selbstmord(versuch) führen können.«[52]

Wie nach diesem Drehbuch erfolgte die nächste Attacke auf den Betriebsratsvorsitzenden Schulz in seinem privaten Umfeld. Sein Arzt hatte ihn für einige Tage krankgeschrieben. Am zweiten Tag seiner Krankheit klingelte es vormittags bei ihm. Schulz wohnte in einem Hochhaus, und er erwartete keinen Besuch, die Post war schon durch. Er schaute vom Balkon hinunter zum Hauseingang. Zwei junge Männer standen dort, Schulz machte Fotos von ihnen und eilte dann nach unten. Dort überraschte er einen der Männer, der sich herausredete, er habe bei einem Herrn Schneider etwas abgeben wollen, der sei aber nicht zu Hause gewesen. Da habe er halt bei ihm geklingelt. Schulz sprach daraufhin mit dem besagten Nachbarn. Der erklärte, bei ihm habe den ganzen Vormittag niemand geklingelt.

Schulz holte die Polizei und schilderte den Vorgang. Die Beamten nahmen die Sache ernst und setzten ein Protokoll auf. Schulz hängte im Eingang des Hochhauses eine Information aus, in der er auf die Möglichkeit hinwies, dass sich Unbekannte Eintritt ins Haus verschaffen könnten. Einen Tag später wurde er von einem Mitbewohner informiert, schon am Vortag seien zwei Männer da gewesen und hätten nach ihm gefragt. Die beiden hätten sich in der Tiefgarage an Schulz' Auto zu schaffen gemacht und seien davongerannt, als er sie angesprochen habe.

Eine Gewerkschaftskollegin, die mich über diesen Vorfall informierte, kennt weitere Fälle: Unternehmensführungen, die mit Naujoks kooperieren, setzen regelmäßig Detekteien ein, um die Privatsphäre ihrer Opfer auszuspähen, auffällig unauffällig, damit es für sie keine Ruhe, keinen Raum der Besinnung und des selbstbestimmten Lebens mehr gibt. »Wir sind immer da, immer bereit, können immer zuschlagen«, lautet die Botschaft der Mobber, wenn sie außerhalb des Arbeitsplatzes, im privaten Feld angreifen.

In Hofpolding ist die Auseinandersetzung noch nicht beendet. Naujoks legt seine Strategie auf Monate und Jahre an. Und er hat damit immer wieder »Erfolg« gehabt, z. B. bei der Kabel BW, einer privatisierten ehemaligen Telekom-Tochter, mit Hauptsitz in

Heidelberg und Dependancen in Ludwigsburg, Reutlingen und anderen Städten in Baden-Württemberg.

Prozessieren bis zum Umfallen

»Der Personalchef von Kabel BW hat am Ende sogar versucht, mich mit einer ›eidesstattlichen Erklärung‹, deren Inhalt nach meiner Überzeugung unzutreffend war, zu kündigen. Die Ermittlungen der Staatsanwaltschaft Heidelberg gegen ihn liefen schon sechs Monate. Leider wurde das Verfahren nach unserem Abgang eingestellt. Aber Monate später, als ich schon längst raus war aus dem Betrieb, rief er mich an und meinte, wir säßen doch in einem Boot.« Roland Renger schüttelt den Kopf über so viel Unverfrorenheit. »Es könnte natürlich sein«, setzt er nach einem Moment des Nachdenkens hinzu, »dass da so etwas wie schlechtes Gewissen aufgeblitzt ist. Der Personalchef war ausgebildeter Einzelkämpfer der Bundeswehr. Vielleicht ist ihm zu Bewusstsein gekommen, dass er sein Kriegshandwerk eins zu eins im Zivilleben umgesetzt hat.«

Der gelernte Soldat war schon bei der Kabel BW tätig, als Georg Hofer im Januar 2003 die Geschäftsführung übernahm. Rechtsanwalt Naujoks wurde geholt, nachdem sich Hofer an Roland Renger, Rita Regenfelder und dem gesamten Betriebsrat die Zähne ausgebissen hatte.

»Unser Geschäftsführer«, sagt Rita Regenfelder, damals zweite Vorsitzende des Betriebsrats, »ist schier verrückt geworden über unser Engagement. Wir haben den Betriebsaufbau von Anfang an mit gestaltet. Wir waren zu 80 Prozent gewerkschaftlich bei ver.di organisiert, und der Betriebsrat hat Tag und Nacht darum gekämpft, dass die Interessen unserer Kolleginnen und Kollegen gewahrt blieben. Wir haben ihnen natürlich auch die ein oder andere Freude bereitet.« Sie lacht und erzählt, dass sie allen Kollegen Kaffeebecher mit ver.di-Aufdruck geschenkt hätten, die dann überall auf den Schreibtischen gestanden hätten. Hofer habe eines Tages erzürnt den Reinigungsdienst angewiesen, die Becher abzuräumen und wegzuschließen.

Dieser Vorgang hatte ausnahmsweise kein rechtliches Nachspiel, es waren einfach schon zu viele Verfahren anhängig. In Heidelberg und Mannheim waren die Gerichte schon über Gebühr mit der Kabel BW befasst, allein Arbeitsrichter Theodor Thewes musste im Laufe der Jahre um die hundert Verfahren abarbeiten, die die Firma dem Betriebsrat aufgezwungen hatte. Seit 1999, dem Zeitpunkt seiner Ausgliederung aus der Telekom, war das Unternehmen mehrfach verkauft worden – die jeweils neuen Eigentümer, Finanzgesellschaften, Anlegerfonds hatten nichts dafür übrig, dass in einem Betrieb von 500 Beschäftigten ein gewählter Betriebsrat gesetzlich verbriefte Mitbestimmungsrechte bei Kündigungen, Versetzungen und Überstunden wahrnimmt.

Mit Georg Hofers Eintritt wurde der Kurs zur Zerschlagung der betrieblichen Interessenvertretung verschärft, der neue Geschäftsführer wollte schon auf der ersten Betriebsversammlung die zuständige ver.di-Sekretärin des Saales verweisen. »Ich werde keine Gewerkschaften in meinem Hause dulden«, eiferte er sich. Dem Betriebsrat riet er, sich von der Gewerkschaft loszusagen; er bringe ja auch nicht den Arbeitgeberverband mit zur Betriebsversammlung. Doch der Betriebsrat verweigerte den Bruch mit der Gewerkschaft.

»Das war für Hofer der Startschuss zum jahrelangen Kampf gegen uns«, sagt Roland Renger. »Uns war klar, dass der Mann noch sehr viel lernen musste. Begriffe wie Flächentarifvertrag oder Haustarifvertrag, Betriebsvereinbarungen oder Betriebsverfassungsrecht … alles Fremdwörter für ihn. Wir hatten den Eindruck, es gehe nur noch um Gewinnmaximierung, Unterwerfung, ja Ausbeutung ›seiner Angestellten‹ und vor allem um persönliche Macht. Als Erstes legte er sechzig Angestellten dringend nahe, den Betriebsversammlungen künftig fernzubleiben. Diese Aufforderung zog das erste arbeitsgerichtliche Verfahren gegen die neue Geschäftsführung nach sich.«

Sämtliche Gerichtsverfahren, die die Geschäftsführung provoziert hatte, indem sie mitbestimmungspflichtige Entscheidungen über Versetzungen, Überstunden usw. dem Betriebsrat nicht mehr vorlegte, wurden gewonnen. Die Arbeitgeberseite hielt den

Betriebsrat mit immer neuen Anträgen und Tausenden Seiten Anwalts- und Gerichtsprotokollen von seiner eigentlichen Arbeit ab und zermürbte ihn so. Naujoks legte gerne Schriftsätze von mehreren Hundert Seiten vor, die wie zusammengebastelt aus lauter Textbausteinen aus dem Computer wirkten. Dazu kamen gezielt inszenierte Gehässigkeiten: Die Geschäftsführung konfiszierte z. B. den Laptop von Roland Renger und Rita Regenfelder. Die erwirkten zwar bei Gericht eine einstweilige Verfügung und bekamen das Gerät wieder, doch auch das kostete wieder viel Zeit und Nerven. Das Unternehmen überzog die beiden mit Abmahnungen und Kündigungen wegen angeblichen »Geheimnisverrats« oder wegen »Verletzung der vertrauensvollen Zusammenarbeit«. Mehr als zwei Jahre lang folgte Klage auf Klage, Abmahnung auf Abmahnung.

Im Herzen sind wir bei euch

»Als sich die Situation immer weiter zuspitzte, litt auch das gute Verhältnis zu den Kollegen. Wir waren ja wirklich eine Gemeinschaft gewesen, wir hatten nach und nach den Betrieb aufgebaut. Und dann huschten die Kollegen nur noch so an uns vorbei, schauten uns nicht mehr an. Später kam dann eine Mail: ›Entschuldige bitte, ich trau mich nicht. Wir sind aber im Herzen bei euch.‹« Rita Regenfelder erzählt das ohne Bitterkeit, denn sie weiß, dass diese Briefe ehrlich gemeint waren. »Wir haben uns mit Kolleginnen und Kollegen auf Autobahnraststätten getroffen, möglichst weit weg vom Betrieb, haben nur noch mit dem Privattelefon kommuniziert. Es kam auch keiner mehr ins Betriebsratsbüro, das immer allen offen stand. Die Geschäftsführung hat Angst und Schrecken verbreitet, in persönlichen Gesprächen hat man die Kollegen unter Druck gesetzt, damit sie sich von uns abwandten. Wer dabei erwischt wurde, dass er mit uns sprach, kam auf die Abschussliste. Eine meiner Kolleginnen ist zu ihrem Chef gerufen worden, weil sie mit mir in der Kantine gesessen und wir uns unterhalten und gelacht hatten. Sie solle den Kontakt zu mir sofort einstellen, sonst müsse man über Konsequenzen nachdenken!

Kollegen wurden sogar zu Hause aufgesucht, um sie einzuschüchtern. Einer wurde von seinem Teamleiter rausgeklingelt, er sollte mitkommen: ›Da hinten im Auto sitzt der Chef, der will mit dir reden.‹ Und er zeigte auf den Feldweg am Rande des Dorfes, wo das Auto stand. Der Kollege wurde ärgerlich und sagte, das erinnere ihn an die Methoden von damals, von denen ihm sein Opa erzählt habe. Daraufhin haben sie ihm gekündigt, weil er seinen Arbeitgeber angeblich in die Nähe der Nazis gerückt habe.

Natürlich sind auch wir unglaublich vorsichtig geworden. Über jeder Mail hast du gebrütet, jedes Wort hast du dir überlegt: Wenn das in falsche Hände kommt, welche Auswirkungen kann das haben? Du warst immer im Hamsterrad, sieben Tage die Woche. Und wenn wir nicht Unterstützung gehabt hätten, wären wir noch früher draußen gewesen.

Das Schlimmste war, dass man uns für den Tod eines jungen Kollegen verantwortlich machen wollte, der im Urlaub gestorben war. Es wurde verbreitet, dass er überarbeitet gewesen sei und daran seien wir schuld, denn wir hätten Neueinstellungen blockiert. Das hatte einen ganz anderen Hintergrund: Das Unternehmen wollte für jede neue, meist jüngere und schlechter bezahlte Kraft einen älteren Kollegen kündigen, die Beschäftigtenzahl war fest gedeckelt. Wir hätten diesem jungen Kollegen also gar nicht helfen können! Es ging uns darum, die Beschäftigtenzahl generell aufzustocken – und das verweigerte die Geschäftsführung.

Ich hab damals immer vor mich hin gesagt: ›Ich bin nicht verrückt, ich bin die Normale.‹ Wir haben lange Zeit nicht durchschaut, dass das einzige Ziel der Gegenseite war, uns fertigzumachen, uns aus dem Betrieb zu werfen. Ich war fast bis zum Schluss überzeugt, wir kriegen das hin, und habe jeden Vorwurf, jedes Schreiben, jede noch so irrsinnige Vorhaltung von denen stoisch abgearbeitet. Ich hatte natürlich auch keine Zeit mehr für die Familie, für meine Freunde; ich bin morgens um halb sechs raus auf die Autobahn zur Arbeit, abends nach acht war ich wieder zurück, aber dann ging es weiter, am eigenen Computer, telefonieren mit den Kollegen, mit denen man noch offen reden konnte. Alles drehte sich nur noch um die Firma. Ich hatte eigentlich nur noch einen ›Ausweg‹ – wenn ich gar nicht mehr konnte, ging ich in den Kindergarten und spielte einen halben Tag mit den Kindern. Unverbogene Menschen erleben! Früher habe ich Kindertheater gemacht. Aber natürlich war daran nicht mehr zu denken.

Der Psychoterror drang bis in mein Privatleben. Trotz großer Unterstützung meiner Familie hat meine Ehe diesem täglichen Stress nicht standgehalten. Ich glaube, dass war sogar ein durchaus beabsichtigter Nebeneffekt von Naujoks Strategie.

»Der Vorsitzende der Einigungsstelle, der angerufen wird, wenn Betriebsrat und Arbeitgeber in einer mitbestimmungspflichtigen Angelegenheit keine Übereinkunft finden, ein Arbeitsrichter, warnte uns bei einem dieser zahllosen Termine: ›Reagieren Sie auf der Straße nicht auf Anpöbeleien, gehen Sie einfach weiter. Aber gehen Sie besser in keine Tiefgarage mehr.‹ Ich dachte, ich bin im Film. Das war doch glatter Wahnsinn!« Rita Regenfelder ist nie mit einer Waffe bedroht oder körperlich attackiert worden, anders als der Betriebsratsvorsitzende der Doppstadt Calbe GmbH in der Nähe von Magdeburg. Der wurde – letzter Akt einer schier unglaublichen Mobbingserie – im Betrieb zusammengeschlagen.

Dafür wurde psychische Gewalt bei Kabel BW derart umfassend gegen den Betriebsrat und Teile der Belegschaft eingesetzt, dass ich hier nur einige wenige Episoden wiedergeben kann. Z. B. die Samstagsbriefe. »Wir haben sie so genannt«, erzählt Rita Regenfelder, »weil sie Samstagsmorgens vor neun von einem Boten gebracht wurden. Es gehörte zur Taktik von Kabel BW, Drohbriefe, Kündigungen und Abmahnungen den Adressaten nicht im Betrieb auszuhändigen, sondern sie ihnen zu Hause am Samstag per Boten zuzustellen, vor der ganzen Familie. Damit man auch sicher sein konnte – das lag auch in ihrem Kalkül –, dass die Ehefrau oder der Partner vom Einschüchterungsversuch Kenntnis bekam – und der Betroffene nicht etwa seine Angehörigen vor den Attacken des Arbeitgebers schützte und die Sache mit sich, seinen Kollegen und seiner Gewerkschaft ausmachte und. Dann war ntürlich das Wochenende versaut.«

Als die Betriebsräte – wieder einmal – gekündigt werden sollten, erhielten sie an einem Freitag eine Warnung von Kollegen, die wussten, dass eine Betriebsrätin schwanger war. Rita Regenfelder rief sofort bei ihr an: Da komme am nächsten Tag etwas Unangenehmes, sie solle sich bitte nicht aufregen. »Als sie den Brief mit der Kündigung am nächsten Morgen öffnete, hat sie nur noch geschrien. Die Wehen setzten vorzeitig ein, sie musste in die Klinik. Die Kündigung einer – noch dazu schwangeren – Betriebsrätin war natürlich absolut illegal, das wusste die Betriebsleitung genau, aber sie hatte ihr Ziel mit dieser Zermürbungstaktik erreicht.«

Der Mann von Rita Regenfelder bekam anonyme Anrufe. Seine Frau habe ein Verhältnis, ob er denn nichts davon wisse. »Mein Mann ist darauf nicht hereingefallen«, sagt sie. Bei der stellvertretenden Betriebsratsvorsitzenden selbst waren anonyme Anrufe in Spitzenzeiten des Konflikts an der Tagesordnung: »Ich erhielt täglich bis zu dreißig Anrufe, abends, nachts. Wenn ich abhob, drückte der andere weg. Es war Terror, gegen die ganze Familie. Mein Mann ist selber aktiver Betriebsrat, aber auch ihm wurde es irgendwann zu viel. Er bat mich, die ganze Sache doch hinzuschmeißen.«

Rita Regenfelder wurde in ihrer Freizeit überwacht und fotografiert, Roland Renger ständig von einem Auto verfolgt. »Die Sicherheit war weg«, erinnert sich Rita Regenfelder heute, »du weißt, sie sind überall, du hast keine ruhige Minute mehr.«

Im Fall von Roland Renger arbeitete man mit der typischen Diffamierung, er handele aus Eigennutz und setze dafür die Arbeitsplätze seiner Kollegen bedenkenlos aufs Spiel. Rita Regenfelder erzählt: »Bei einer Arbeitsbesprechung teilte Hofer in unserem Beisein den KollegInnen mit: Ich weiß, in meinem Unternehmen wird hart gearbeitet. Nur zwei Parasiten befinden sich hier, und die werde ich entfernen.«

Dann wurde Renger auf Schadensersatz verklagt. Der Firma sei ein Schaden von 1,3 Millionen Euro entstanden, weil Renger sich im Fernsehen kritisch zum Unternehmen geäußert habe. Deshalb seien Kunden abgesprungen und teure Werbemaßnahmen erforderlich. Auch mit dieser Klage scheiterte das Unternehmen vor Gericht. Doch der Betriebsratsvorsitzende hatte schlaflose

Nächte und sah sich schon für den Rest seines Lebens mit erdrückenden Schulden belastet.

Der Betriebsrat hielt weiter zusammen. Die Unternehmensführung versuchte verstärkt, andere aktive Gewerkschafter im Betrieb, die nicht den Kündigungsschutz als Betriebsräte hatten, unter Druck zu setzen und zu kündigen, Abteilungen umzustrukturieren und auszulagern.

Der Konflikt spitzte sich weiter zu, als das Unternehmen eine neue Software zur Kundenabrechnung installieren wollte, mit der allerdings auch die Leistungen und die E-Mail-Kommunikation der Beschäftigten untereinander kontrolliert werden konnten. Der Betriebsrat lehnte die Neuanschaffung ab und rief die Einigungsstelle an. Die Geschäftsführung stellte ein Ultimatum, wonach die neue Anlage am nächsten Tag in Betrieb gehen müsse, sonst werde das Unternehmen schließen. Und an die Belegschaft ging die Meldung raus: »Der Betriebsrat will uns in den Konkurs treiben.« »Dann erhielten wir die Kündigung, alle Betriebsräte, wegen Geschäftsschädigung«, erzählt Rita Regenfelder. »Noch bevor wir sie in Händen hielten, ging eine Rundmail an alle Kollegen raus, mit der Meldung, der Betriebsrat sei gekündigt worden. Außerdem wurde allen Betriebsratsmitgliedern eine Schadensersatzklage angedroht; außerdem würde die Geschäftsleitung sie wegen ihrer destruktiven Betriebsratstätigkeit strafrechtlich belangen.«

Auch das war juristisch unhaltbar. Aber unter diesem letzten Ansturm brach der Betriebsratsvorsitzende nun regelrecht zusammen. »Es war einfach viel zu viel, ein richtiger Burn-out«, sagt Roland Renger heute. Im Oktober 2005 hat er, nach vierzig Jahren Betriebszugehörigkeit bei der Post und der Telekom, Kabel BW verlassen, als kranker Mann. »Mein Arzt hat mir gesagt, mach das noch ein halbes Jahr, dann hast du deinen Herzinfarkt oder Schlaganfall. Ich konnte einfach nicht mehr.« So wie es Naujoks in seinem Buch treffend beschreibt: »Mit zunehmender Dauer stellt sich in der Regel eine Verschlechterung der seelischen und körperlichen Gesundheit ein, die über Schlaflosigkeit, Erschöpfungen, psychosomatische Störungen, Depressionen, traumatische Ängste und ernsthafte körperliche Erkrankungen, im Einzelfall bis zum Selbstmord(versuch) führen können.«

Renger war kein Selbstmordkandidat, aber er schlief in den letzten Monaten vor dem Aus nur noch zwei, drei Stunden pro Nacht. Nach dem Ende bei Kabel BW war er wochenlang krank, arbeitete dann einige Zeit lang bei der Telekom und wurde erneut krank. »Ich konnte mir nichts mehr merken, keine Zeitung mehr lesen, die Konzentration war total weg. Ich dachte, irgendetwas wäre körperlich mit mir. Aber es war die psychische Erschöpfung, die körperlich durchschlug.« Die stellvertretende Vorsitzende Rita Regenfelder verließ das Unternehmen zeitgleich aus »gesundheitlichen Gründen«.

Die Taktik der Geschäftsleitung, die Belegschaft aufzuhetzen und zu verängstigen, den Betriebsrat zu terrorisieren und in zahllose Prozesse zu verwickeln, mit denen auf der Gegenseite mehrere Kanzleien befasst waren, war aufgegangen. 700 000 Euro seien dafür bezahlt worden, berichtete die Geschäftsführung auf Belegschaftsversammlungen der Kabel BW. Wie viel davon Naujoks erhalten hat, wissen nur Eingeweihte.

Naujoks propagiert seitdem den Psychoterror bei Kabel BW als seinen »Sieg« – auf seiner Internetseite[53] und bei seinen »Praxisseminaren«. Ein »Sieg«, der ebenso brutal errungen wurde wie sein »Sieg« in Calbe an der Saale.

Mit aller Gewalt

»Gelebte deutsche Einheit praktizieren«, so lautet die Eigenwerbung von Johann Doppstadt und Familie in Calbe in der Nähe von Magdeburg. Die Firma Doppstadt Calbe, ein Hersteller von Schreddermaschinen, hat ihren Stammsitz im sauerländischen Velbert, und zwar »schon immer ohne Betriebsrat«, wie der Firmenpatriarch stolz erklärt.

In der Dependance in Sachsen-Anhalt gehört die Angst zum Arbeitsalltag. Die Arbeitslosenquote in der Saaleregion liegt zwischen zehn und 15 Prozent, die Löhne sind niedrig. Selbst bei Doppstadt, der für die Gegend vergleichsweise gut zahlt, liegen die Löhne um 15 Prozent unter dem einschlägigen Metalltarif. Von den 460 Beschäftigten sind 130 Leiharbeitnehmer (Stand

2008), knapp 30 Prozent also, Leute mit befristetem Vertrag, schlechter bezahlt und unsicherer beschäftigt. Sie sind der Konjunkturpuffer, und wer bleiben oder gar übernommen werden will, der muss sich strecken und gleichzeitig ducken.

Das Spiel mit der Angst um den Arbeitsplatz, perfekt inszeniert, war das entscheidende Mittel von Doppstadt, den zahlreichen Anwälten – unter ihnen Helmut Naujoks. Am Ende engagierte das Unternehmen die auf Medienrecht spezialisierte Anwaltskanzlei Prinz Neidhardt Engelschall aus Hamburg und eine ebenfalls aus Hamburg stammende Medienagentur für die Optimierung der Pressearbeit. Der 2002 von der ganzen Belegschaft noch in großer Einmütigkeit gewählte Betriebsrat wurde bei der Wahl 2006 in eine IG-Metallorientierte Mehrheit und eine arbeitgeberorientierte Minderheit gespalten und 2009 schließlich komplett gestürzt.

Das Drama bei Doppstadt hatte vier Akte. Der erste begann 2003, als das Unternehmen in eine Krise geraten war und die Beschäftigten aufforderte, in tariflich ungebundenen Einzelarbeitsverträgen erheblichen Lohneinbußen zuzustimmen: Die Mitarbeiter sollten auf das Weihnachts-, dann auch das Urlaubsgeld verzichten, zusammen 1,3 Monatsgehälter. Betriebsrat und IG Metall wiesen den Vorschlag zurück. Daraufhin verlegte sich die neue Geschäftsführung, die 2002 in das Unternehmen geholt worden war, auf Einzelgespräche, und dabei wurde man sehr persönlich. Ob er denn sicher sei, wurde z. B. ein Arbeiter gefragt, wie er künftig seinen familiären Verpflichtungen nachkommen wolle, wenn er den Arbeitsplatz bei Doppstadt verliere. Ein anderer wurde mit den Schulden konfrontiert, die er bei der Renovierung seines Häuschens aufgenommen hatte, ein Dritter hatte doch wohl sein Auto noch nicht abbezahlt, oder?

Dennoch gestaltete sich der Abschluss der neuen Einzelarbeitsverträge – mit dem Verzicht auf die bis dahin haustariflich gesicherten Weihnachts- und Urlaubsgeldzahlungen – reichlich zäh. 190 Beschäftigte klagten sogar gegen die Kürzungen, und die Geschäftsführung brauchte fünf, sechs, ja zehn »Vorladungen«, um manche Kollegen zu »überzeugen«. Die Drohungen mit einem möglichen Arbeitsplatzverlust für »Verweigerer« begannen langsam zu wirken. Nach und nach gelang es dem Geschäftsführer und seiner Prokuristin, die Zahl der Einzelarbeitsverträge zu erhöhen – gleichzeitig zogen immer mehr Kollegen ihre Klagen vor dem Arbeitsgericht zurück. Vierzig Beschäftigte allerdings machten weiter und hatten vor Gericht Erfolg, das Unternehmen musste ihnen Urlaubs- und Weihnachtsgeld weiterhin auszahlen.

Dass es nicht um das Überleben des Betriebes ging, sondern dass eine Richtungsänderung in der Unternehmenspolitik angestrebt wurde, zeigte sich bald. Denn die Krise war schnell vorbei, schon 2006 fuhr Doppstadt 4,2 Millionen Euro Gewinn ein, von 2004 bis 2008 verdreifachte das Unternehmen den Umsatz. Die einmal geschlossenen Einzelarbeitsverträge wurden allerdings bis heute nicht korrigiert. Und das Mobbing gegen langjährige Mitarbeiter und Betriebsräte, die nicht bereit waren, auf tarifvertragliche Rechte zu verzichten, wurde im Aufschwung und trotz bester Umsatzzahlen sogar noch verstärkt.

Der Betriebsrat wurde über mitbestimmungspflichtige Vorhaben nur noch selten informiert. Stattdessen flatterte acht Betriebsratsmitgliedern eine Strafanzeige wegen angeblich falscher eidesstattlicher Versicherung ins Haus. Der Betriebsrat hatte gegen die Strategie der Vereinzelung versucht, beim Arbeitsgericht Magdeburg durch eine einstweilige Verfügung die Herausgabe der neuen Arbeitsverträge zu erreichen. In den eidesstattlichen Versicherungen wurde u. a. erwähnt, dass den Betriebsräten bekannt sei, dass Arbeitnehmer von der Geschäftsführung zur Unterzeichnung der Arbeitsverträge gedrängt, ja fast genötigt wurden. Gegen diese Behauptung richteten sich die Strafanzeigen. Nicht ohne den beabsichtigten Erfolg, denn die Betroffenen waren eingeschüchtert. So ein Angriff wäre von der früheren Geschäftsführung undenkbar gewesen, da wurde alles einvernehmlich und friedlich geregelt. Die Strafanzeigen gegen die Betriebsräte wurden vor Gericht nie verhandelt. Zweck der Übung war, Furcht zu säen.

Ob zu diesem Zeitpunkt bereits Helmut Naujoks oder ein anderer der einschlägigen Arbeitgeberadvokaten ihre Finger im Spiel hatten, ist den Beschäftigten bis heute nicht klar. Als sie jedoch vom Vorgehen der Geschäftsführung bei Kabel BW hörten, über die 2005 die Gewerkschaft ver.di erstmals informierte, sagten sie:

Genau wie bei uns! Spätestens mit Naujoks' Auftritt beim Magdeburger Arbeitsgericht im Amtsenthebungsverfahren gegen den Betriebsrat Anfang 2008 aber war es verbrieft: Der »Mann fürs Grobe« war schon längst für Doppstadt tätig.

Dann kam die Betriebsratswahl 2006. Gegen zwei gewerkschaftsnahe Listen wurde eine Gegenliste aufgestellt. Ihr Name: »Zukunft Johann Doppstadt«. Ihre Zusammensetzung: Mitarbeiter, die recht früh die Einzelarbeitsverträge unterschrieben hatten und als Belobigung kleinere Posten im Unternehmen bekamen. Das löste heftige persönliche Fehden aus, sogar Verwandte überwarfen sich. Denn das Argument der Geschäftsführung, nur der Verzicht der Belegschaft werde die Arbeitsplätze sichern, hatte aus denen, die sich davon überzeugen ließen, eine eingeschworene Gemeinschaft gemacht, die in wachsender Feindschaft den Gewerkschaftern im Betrieb gegenüberstand.

Die Liste »Zukunft Johann Doppstadt« errang vier von neun Sitzen im neuen Betriebsrat, ein Erfolg der Arbeitgeberseite – allerdings hatte man die Mehrheit verfehlt. So wurden dem mehrheitlich gewerkschaftlich orientierten Betriebsrat weiterhin Informationen vorenthalten, sodass er wegen jeder mitbestimmungsrelevanten Entscheidung vor Gericht ziehen musste. Zahllose Prozesse, die Nerven und Zeit und natürlich viel Geld kosteten, waren die Folge – was den Betriebsräten anschließend noch als Geldverschwendung vorgeworfen wurde. In der Kantine ließ die Geschäftsführung in den Pausen »Berechnungen« mit einem Beamer an die Wand werfen, wie viele Maschinen mehr hätten gebaut werden können, wenn die Betriebsratsstunden »produktiv« eingesetzt worden wären.

An den Betriebsversammlungen nahm die Geschäftsführung nicht mehr teil, ihre Informationen übermittelte sie der Belegschaft auf eigenen Veranstaltungen, auf denen allerdings keine Fragen mehr gestellt wurden. Die Liste »Zukunft Johann Doppstadt« wurde zum alleinigen Ansprechpartner der Unternehmensführung aufgebaut, man war dem Traum von der arbeitgeberabhängigen, durch keinerlei gewerkschaftliche Unterstützung gestärkten »Belegschaftsvertretung« schon recht nahe[54] – nur störte noch die gewerkschaftsnahe Betriebsratsmehrheit.

Ende 2007 traten die arbeitgebernahen Betriebsratsmitglieder der Liste »Zukunft Johann Doppstadt« öffentlichkeitswirksam zurück. Der Betriebsrat setzte sich danach nur noch aus gewerkschaftlich organisierten Betriebsratsmitgliedern zusammen. Damit war das Feindbild für die Geschäftsführung eindeutig.

Der zweite Akt des Doppstadt-Dramas begann im Februar 2008. Umsätze und Gewinne des Unternehmens stiegen dramatisch. Die Geschäftsführung unterbreitete dem Betriebsrat eine Betriebsvereinbarung zur Zahlung einer Sonderzahlung in Höhe eines Monatsgehaltes, gestreckt auf zehn Monate. Diese Sonderzahlung sollten jedoch nur die erhalten, die in ihren Einzelarbeitsverträgen auf tarifliche Ansprüche und somit drei Jahre lang auf 1,3 Monatslöhne verzichtet hatten. Die anderen, darunter auch die 130 Leiharbeiter, sollten leer ausgehen. Der Betriebsrat, der in einer solchen Frage keinerlei Mitbestimmungsrecht hat, wurde ausgerechnet hier überraschend um Zustimmung gebeten. Der Vorschlag der Geschäftsführung stand allerdings unter der Prämisse »so oder gar nicht«. Gegenvorschläge waren nicht gefragt, es ging ums schlichte Abnicken.

Ein raffinierter Schachzug! Der Betriebsrat konnte nur scheitern. Entweder er stimmte zu, dann verriet er den schlichtesten gewerkschaftlichen Grundsatz, gleicher Lohn für gleiche Arbeit, und gleich noch seine widerständigen Kollegen, die gegen die Streichungen geklagt und sich dafür viel Ärger eingehandelt hatten. Oder er lehnte ab und verdarb es sich mit der Mehrheit, die mit der Sonderzahlung einen Teil der gestrichenen Urlaubs- und Weihnachtsgelder zurückzubekommen hoffte.

Der Betriebsrat tappte tatsächlich in die aufgestellte Falle und lehnte die »Betriebsvereinbarung« ab. Sein Gegenvorschlag, wonach alle Mitarbeiter, einschließlich der Leiharbeiter, eine Sonderzahlung in gleicher Höhe erhalten sollten, wurde von der Geschäftsleitung als nicht verhandelbar zurückgewiesen. Die Geschäftsführung zog das Angebot der Sonderzahlung zurück, mit der Begründung, der Betriebsrat habe die (gar nicht zustimmungspflichtige) Vorlage abgelehnt. Die Hölle brach los in Calbe. Wenig später standen hundert aufgebrachte Mitarbeiter vor der Betriebsratstür und drohten, ihre Kollegen aus dem Fenster zu schmeißen.

Mit dieser erfolgreichen Attacke gegen den Betriebsrat begann der dritte Akt des Schredder-Dramas. Der geschäftsführende Gesellschafter Johann Doppstadt höchstpersönlich trat wenige Wochen später auf einer außerordentlichen, von der Firmenleitung einberufenen Mitarbeiterversammlung ans Rednerpult und verkündete, er werde die Produktion teilweise aus Calbe verlagern, wenn nicht endlich Ruhe herrsche im Betrieb. Zur Begründung verwies er auf eine angeblich von der IG Metall geplante Streikaktion zur Durchsetzung des geforderten Haustarifvertrages – die die Gewerkschaft weder angekündigt noch vorbereitet hatte. Diese unbegründete Drohung – das Unternehmen stand wirtschaftlich blendend da – zeigte die erhoffte Wirkung und versetzte die Belegschaft und die Bevölkerung in und um Calbe in völligen Aufruhr, da von nun an auch die Presse über die Vorkommnisse bei Doppstadt ausführlich berichtete.

Jetzt zogen Patriarch Johann Doppstadt, die Geschäftsführer und die Unterstützer innerhalb und außerhalb des Betriebes alle Register:

- Zwei Amtsenthebungsverfahren gegen den Betriebsrat wurden eingeleitet, auch wenn ihm keinerlei Rechtsverfehlung nachgewiesen werden konnte. Helmut Naujoks, der die Geschäftsführung vor Gericht vertrat, schien das vollkommen gleichgültig zu sein; es kam darauf an, die restlichen IG Metaller nicht mehr zur Ruhe kommen zu lassen.

- 37 Anhänger der »Initiative pro Doppstadt« – so die Neufirmierung der Liste »Zukunft Johann Doppstadt« – verklagten jedes einzelne Betriebsratsmitglied zivilrechtlich auf Schadensersatz wegen »entgangener Sonderzahlung«; ein böser Witz, der nach einigen Wochen verpufft war, aber trotzdem das aufgeheizte Klima weiter vergiftete.

- In einem weiteren gekonnten Schachzug richtete die Geschäftsführung im Juni auf »Bitte« der »Initiative Pro Doppstadt« einen sogenannten Sozialfonds ein, aus dem alle Mitarbeiter, die die Einzelarbeitsverträge unterschrieben hatten, ein halbes Monatsgehalt überwiesen bekamen.

- Die Mitarbeiter, die sich offen zum Betriebsrat und zu den Forderungen der Gewerkschaft bekannten, wurden alle in eine Halle versetzt und so von allen Übrigen isoliert. Innerbetrieblich sprach man von einer »Gettobildung«.
- Die Geschäftsführung heuerte Detektive an, die als »Praktikanten« getarnt wochenlang im Betrieb schnüffelten und vermeintliche Verfehlungen bei der Arbeitsleistung unliebsamer Mitarbeiter protokollierten. Ein Auszug aus seitenlangen Bespitzelungsprotokollen: »In der Zeit von 8.52 Uhr bis 9.04 Uhr legt Herr K. die Arbeit nieder und unterhält sich mit Herrn D. Darüber hinaus haben sich weitere Mitarbeiter miteinander unterhalten. An diesem Gespräch haben auch die beiden Detektive teilgenommen.« Die inkriminierten Gespräche hatten die Detektive als Agents provocateurs also selbst in Gang gesetzt, um sie anschließend als Beweis für den sogenannten Arbeitszeitbetrug vorzulegen. Herr K. erinnert sich: »Diese Detektive haben sich als Praktikanten ausgegeben, die Betriebswirtschaft studieren, und haben uns natürlich in Gespräche verwickelt. Und diese Gespräche hat man dann zum Anlass genommen, um uns Arbeitszeitbetrug nachzuweisen, weil die Gespräche während der Arbeitszeit stattfanden. Diese Mitarbeiter, alle Mitglieder der IG Metall, wurden wegen »Arbeitszeitbetrug« fristlos gekündigt.
- Die Betriebsratsmitglieder, die der Kündigung widersprachen, erhielten daraufhin postwendend die Anhörungsunterlagen für ihre eigene fristlose Kündigung und wurden mit Hausverbot belegt. Auch dies war rechtlich unhaltbar. Aber das störte die Strategen aus der Unternehmensführung nicht; es ging um Psychoterror – der muss keinen rechtlichen Bestand haben, nur die Betroffenen mürbe machen.
- Schließlich wurde die Lokalpresse, die nach anfänglichem Zögern zunehmend kritisch über das Gebaren der Geschäftsführung von Doppstadt Calbe berichtete, gedrängt, Informanten aus dem Betrieb zu denunzieren, und überdies mit Fehlinformationen gefüttert. Als das nichts half (die Informationen wurden nicht abgedruckt), versuchte die angeheuerte Anwaltskanzlei Prinz aus Hamburg, mit zahlreichen »Unter-

lassungsverpflichtungserklärungen« und Gegendarstellungs-
begehren die Zeitung auf Linie zu bringen (was allerdings
ebenfalls scheiterte).

- Doppstadt Calbe versuchte, seinen Feldzug in die Redaktion
  der Lokalzeitung zu tragen, und hatte zu dem Zweck extra einen Pressesprecher engagiert. Der tauchte mit Vorliebe zu den
  üblichen Stoßzeiten in der Redaktion (freitagnachmittags) mit
  undurchsichtigen, als »Sensation« bezeichneten Pressemittei-
  lungen auf und forderte den Abdruck in der nächsten Ausgabe.
  Natürlich handelte es sich um »Nachrichten« im Sinne der Geschäftsführung – und zur Verbitterung der Unternehmensstra-
  tegen gab die Lokalredaktion dem Ansinnen nicht statt, sondern bestand auf Gegenrecherche.
- Die Geschäftsführung kündigte einem Mitarbeiter, weil er einem seiner von oben gemobbten Kollegen empfohlen hatte,
  damit an die Öffentlichkeit zu gehen.

Unter dem Druck der angedrohten Teilverlagerung, aus der
schließlich eine mögliche Werksschließung wurde, gelang es
Doppstadt, dem amtierenden Betriebsrat die Unterstützung seiner Kollegen fast komplett zu entziehen. 300 Beschäftigte, unter
ihnen viele Leiharbeiter, denen man eine Festanstellung in Aussicht gestellt hatte, forderten ihn im Juni 2008 schriftlich zum
Rücktritt auf, und 200 skandierten auf einer »Demonstration«
im Schönebecker Kurpark (nahe Calbe): »Nie wieder Gewerkschaft« und »Betriebsrat gefährdet Arbeitsplätze«. Wer den An-
stecker der »Initiative pro Doppstadt« nicht an den Blaumann
oder den Kittel geheftet hatte, bekam Ärger, die Aktivisten setzten selbst ihre Kinder ein, um Flugblätter gegen den Betriebsrat
in die Briefkästen der Beschäftigten zu stecken. Die Geschäftsführung schaltete halb- und ganzseitige Anzeigen in der Tages-
presse, weil im redaktionellen Teil weiterhin nicht so berichtet
wurde, wie es die Firma gerne gehabt hätte.

Dass der Betriebsrat immer noch nicht aufgab, muss für den
siegessicheren Naujoks eine zusätzliche Herausforderung gewesen sein. Die entscheidenden Verfahren wurden durchgestanden,
das Amtsenthebungsverfahren vom Gericht zurückgewiesen. Das

Stimmungsbild innerhalb der Belegschaft und der Öffentlichkeit änderte sich. Zunehmend äußerten sich Kommunal- und Landespolitiker kritisch zum Konflikt und boten ihre Hilfe zur Vermittlung an. Diese Angebote sowie ein Lösungsvorschlag der IG Metall und des Betriebsrates, wonach unter bestimmten Bedingungen auf einen Haustarifvertrag verzichtet werden könne, wurden von der Geschäftsführung abgelehnt. Gebetsmühlenartig forderte die Doppstadt-Unternehmensleitung: »Wir wollen eine innerbetriebliche Lösung«, Neuwahlen zum Betriebsrat seien der einzige Weg.

In dieser sich zu ihren Ungunsten verändernden Situation bot die Geschäftsführung dem Betriebsrat Verhandlungen zum Ausscheiden aus dem Betrieb gegen Zahlung einer Abfindung an. Der Betriebsrat ließ sich darauf ein und tappte erneut in die aufgestellte Falle. Am Tag danach ließen Geschäftsführung und »Initiative Pro Doppstadt« durch ihren Pressesprecher und auf Flugblättern verbreiten, dass die Betriebsräte eine Abfindung von 1,5 Millionen Euro fordern würden, was von diesen vehement bestritten wurde.

Um der kippenden Stimmung entgegenzuwirken, wurde mit viel öffentlichem Getöse von der Geschäftsführung, angeblich erneut auf Anregung der »Initiative Pro Doppstadt«, ein zweiter Sozialfonds eingerichtet. Danach erhielten im Oktober 2008 wiederum nur die Mitarbeiter, die auf tarifliche Ansprüche verzichtet hatten, ein halbes monatliches Bruttoeinkommen zusätzlich.

Eine ausgewählte Schar von »Gefolgsleuten« kam im August 2008 sogar in den Genuss von Freikarten für ein José-Carreras-Konzert in Magdeburg mit anschließender Übernachtung im Maritim Hotel samt Sektfrühstück.

Auf Initiative der IG-Metall-Bezirksleitung und des Ministers für Landesentwicklung und Verkehr von Sachsen-Anhalt, Dr. Karl-Heinz Daehre, fand im November ein Treffen zwischen Johann Doppstadt, dem IG-Metall-Bezirksleiter, dem Landesminister und dem Staatsminister a. D. und Bundestagsabgeordneten Bernd Schmidbauer, ehemaliger Staatssekretär unter Altkanzler Helmut Kohl und persönlicher Bekannter von Johann Doppstadt, statt. Ziel des Treffens war es, die Zusammenarbeit zwischen der Geschäftsführung, dem Betriebsrat und der IG

Metall am Standort Calbe im Interesse der beschäftigten Arbeitnehmer zu verbessern. Im Dezember 2008 sollten sich Betriebsrat und Geschäftsleitung unter der Leitung von Schmidbauer und einem Vertreter der IG Metall zusammensetzen, um mögliche Handlungsoptionen zur Beilegung des Konfliktes auszuloten.

Doch bei der einberaumten Verhandlungsrunde kniff die Geschäftsführung, auch der Patriarch war nicht zugegen. Durch die Finanz- und Wirtschaftskrise und entsprechende Absatzrückgänge Ende 2008 verschärfte sich bei Doppstadt die innerbetriebliche Situation erneut. Der größte Teil der Leiharbeiter, denen zuvor Festanstellungen in Aussicht gestellt worden waren, wenn sie sich nur eindeutig genug von Betriebsrat und IG Metall distanzierten, wurde nach Hause geschickt.

Kurz vor Weihnachten legte die Geschäftsführung dem Betriebsrat eine Vereinbarung zur Kurzarbeit vor. Direkte Verhandlungen wurden abgelehnt und waren aufgrund der Betriebsferien zwischen Weihnachten und Neujahr auch nicht möglich. Dennoch mobilisierte die Initiative »Pro Doppstadt« Anfang Januar erneut und stellte den Betriebsrat als Blockierer hin.

Unter Begleitung von IG Metall und Schmidbauer wurde schließlich in einem zweiten Anlauf eine Vereinbarung zwischen Geschäftsleitung und Betriebsrat ausgehandelt, in der die Kurzarbeit geregelt wurde – verbunden mit der Verpflichtung für die Geschäftsführung, den Betriebsrat monatlich über den Fortgang der Kurzarbeitsproblematik zu informieren. Dem Betriebsrat gelang es, für die Mitarbeiter einen Kündigungsschutz für die Laufzeit der Vereinbarung festzuschreiben. Zusätzlich wurde festgelegt, dass unter der Begleitung von Schmidbauer und IG Metall weitere Gespräche stattfinden sollen.

Das war Anfang Januar 2009, und das wäre das Ende der Naujoks'schen Strategie gewesen, die auf die Zerschlagung des Betriebsrates abzielte. Denn bei einvernehmlichen Gesprächen zwischen Geschäftsführung, Betriebsrat und IG Metall würde er nicht mehr gebraucht.

Aber es kam anders: Wenige Tage nach der Vereinbarung entschloss sich der Betriebsratsvorsitzende, seine Kollegen im Betrieb persönlich zu informieren. Der Weg zu ihnen führte durch die Waschkaue. Dort lauerte man ihm auf; jemand zog ihm einen blauen Müllsack über den Kopf, er wurde zusammengeschlagen, erlitt ein Gehirntrauma und einen Hörsturz und wurde ins Krankenhaus eingeliefert. Die Täter konnten bisher nicht ermittelt werden.

Kurz nach dem Überfall, der Betriebsratsvorsitzende lag noch krank zu Hause, gaben die Betriebsräte auf und entschieden sich, das »Angebot« der Geschäftsführung anzunehmen und gegen eine Abfindung aus dem Betrieb auszuscheiden.

Damit war der vierte Akt des Dramas eingeläutet. Denn noch immer gaben die Gewerkschafter bei Doppstadt nicht auf, sie forderten mit bewundernswertem Mut eine erneute Betriebsratswahl. Eine Liste mit acht Kandidaten wurde aufgestellt, gegen die »Pro-Doppstadt«-Arbeitgeberliste. Umgehend kündigte das Unternehmen sieben aktiven Gewerkschaftern, darunter vier Kandidaten, fristlos. Begründung: »Verstoß gegen die arbeitsvertragliche Loyalitäts- und Treuepflicht gegenüber dem Arbeitgeber«, so jedenfalls die offizielle Mitteilung in den Arbeitsbescheinigungen für das Arbeitsamt. Erneut eine rechtlich unhaltbare Argumentation. Aber die Betroffenen waren erst mal draußen und mussten sich wieder in den Betrieb hineinklagen. Was nur noch drei taten, die anderen gaben auf und verließen ebenfalls gegen eine Abfindungszahlung das Unternehmen. Bei der Wahl erhielt die IG-Metall-Liste noch einen Sitz, acht Sitze errang die Doppstadt-Liste.

Die danach eingetretene »Ruhe« im Unternehmen ist allerdings trügerisch. Mittlerweile fragen sich immer mehr Kollegen, die vorbehaltlos der »Initiative Pro Doppstadt« gefolgt waren, ob das alles so richtig war. Der neue Betriebsrat hat zwischenzeitlich eine weitere Vereinbarung zur immer noch andauernden Kurzarbeit abgeschlossen, allerdings ohne Kündigungsschutz für die Beschäftigten. Das lässt viele ahnen, wohin die Reise gehen soll.

Die Teilnahme an einem Seminar von Helmut Naujoks ist nicht gerade billig. Für manche Teilnehmer aber sind die 995 Euro plus Mehrwertsteuer ein Klacks angesichts der vermittelten Tricks, Schliche und Winkelzüge, wie man unliebsame Mitarbeiter, vorzugsweise aktive Betriebsräte, loswerden kann, die nach Gesetzeslage eigentlich nur gekündigt werden können, wenn sie strafbare Handlungen begehen.

Naujoks klärt in seinem Buch darüber auf, dass auch die Kündigung eines leitenden Angestellten sinnvoll für den Arbeitgeber sein kann, und zitiert dazu wiederum aus einem Urteil: »In der von zunehmendem Wettbewerbsdruck geprägten Gesellschaft stehen die immer schneller eintretende Überholung von beruflichen Kenntnissen und Fertigkeiten ebenso auf der Tagesordnung wie Fusion und Übernahme kompletter Unternehmen. Insbesondere Letzteres kann im Einzelfall aus Gründen der Sicherstellung der Umsetzung neuer Unternehmenspolitiken den Austausch von leitenden Mitarbeitern erforderlich machen.«[55]

Und wenn dieser Arbeitnehmer, den man da leider loswerden muss, nicht so einfach rausgeschmissen werden kann? Dann heiligt der Zweck die Mittel, besonders wenn der zu Kündigende uneinsichtig ist: »Eine Motivation des Arbeitgebers für die Zielsetzung, das vom Gesetz vorgeschriebene Verfahren zur Beendigung oder Abänderung von Beschäftigungsverhältnissen durch Mobbing zu umgehen, liegt vielfach darin, dass der [da]von betroffene Arbeitnehmer sich den Vorstellungen zur Durchführung des Arbeitsverhältnisses widersetzt oder vom Arbeitgeber oder seinen Vertretern favorisierte Projekte nicht hinreichend unterstützt oder aus sonstigen Gründen auffällig geworden ist.«[56]

Und wenn er nicht auffällig geworden ist, dann macht man ihn eben auffällig. Das ist ja der Sinn von Arbeitgebermobbing, das Naujoks in seinem Buch ausführlich vorstellt.[57] Noch ungenierter geht es allerdings mündlich zu, in seinen »Seminaren, Inhouse-Seminaren, Einzelcoaching und Abend-Kompaktkursen«.[58]

Mittlerweile hat Naujoks Nachahmer bekommen, die Nachfrage ist anscheinend groß. Die Kanzlei »Dr. Schreiner + Partner

GbR«[59] in Attendorn z. B. oder die Kanzlei Krause in Puchheim bei München.[60] Wer Schreiner im Internet besucht, wird von einem beeindruckenden Adler im Sturzflug begrüßt, der gerade die Krallen ausgefahren hat, um sich sein Karnickel, seine Maus oder seinen überflüssigen Angestellten zu packen. Neben dem Bild steht folgender Sinnspruch: »Wir erreichen Ihre Ziele. Das Recht des Stärkeren liegt in der Natur einer jeden Sache. Es gewinnt, wer Technik und Taktik am besten beherrscht. Deshalb machen wir nicht alles, was Recht ist. Sondern in der Hauptsache – Arbeitsrecht. Für Arbeitgeber.«

Auch Schreiner agiert bundesweit und hat sich der Aufgabe verschrieben, Unternehmen dabei zu beraten, wie sie »Unkündbare« loswerden. Neben das nicht ganz sprachsichere Motto »Wir lehren Arbeitgebern Lenken«,[61] mit dem im Internet für »Schreiners Praxis-Seminare« geworben wird, ist eine Illustration platziert, bei der die Hände eines Arbeitgebers eine Menschenfigur an Marionettenfäden führen.

Die Perspektiven und Ziele derart menschenverachtender »Personalführung« werden im Folgenden so geschildert:

»Wo liegen die Grenzen der Mitbestimmung und des Betriebs-

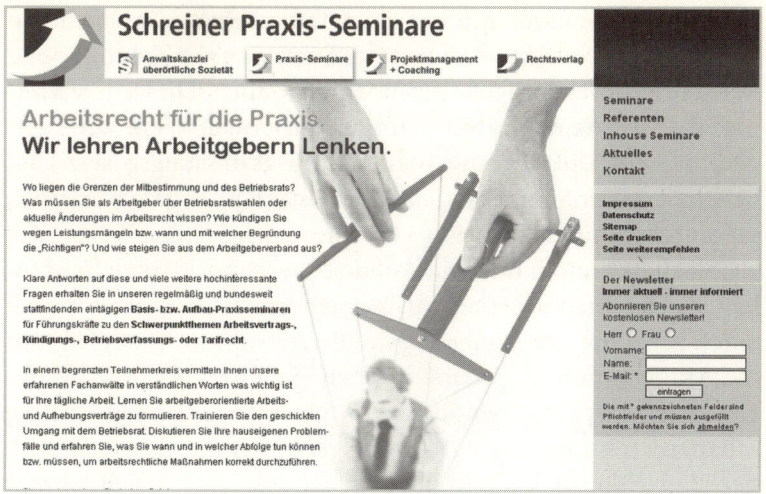

rats? Was müssen Sie als Arbeitgeber über Betriebsratswahlen oder aktuelle Änderungen im Arbeitsrecht wissen? Wie kündigen Sie wegen Leistungsmängeln bzw. wann und mit welcher Begründung die ›Richtigen‹? Und wie steigen Sie aus dem Arbeitgeberverband aus?

Klare Antworten auf diese und viele weitere hochinteressante Fragen erhalten Sie in unseren regelmäßig und bundesweit stattfindenden eintägigen Basis- bzw. Aufbau-Praxisseminaren für Führungskräfte zu den Schwerpunktthemen Arbeitsvertrags-, Kündigungs-, Betriebsverfassungs- oder Tarifrecht.

In einem begrenzten Teilnehmerkreis vermitteln Ihnen unsere erfahrenen Fachanwälte in verständlichen Worten, was wichtig ist für Ihre tägliche Arbeit. Lernen Sie, arbeitgeberorientierte Arbeits- und Aufhebungsverträge zu formulieren. Trainieren Sie den geschickten Umgang mit dem Betriebsrat. Diskutieren Sie Ihre hauseigenen Problemfälle und erfahren Sie, was Sie wann und in welcher Abfolge tun können bzw. müssen, um arbeitsrechtliche Maßnahmen korrekt durchzuführen.

Sie werden sehen: Sie haben Spielraum.

Und Sie halten die Fäden in der Hand.«

Wie sich das live anhört, kann ich mit einem wörtlich festgehaltenen Protokoll und mit eidesstattlichen Erklärungen von Teilnehmern belegen. Referent des Seminars »In Zukunft ohne Betriebsrat« war übrigens der Boss persönlich, Dr. Dirk Schreiner. Ziel des Seminars war ganz unverhohlen, Wege aufzuzeigen, wie ein Unternehmer das Betriebsverfassungsgesetz aushebeln kann. Man müsse sich dabei natürlich »legal« verhalten, betonte Schreiner, um sich vor dem Vorwurf der Anstiftung zu Straftaten zu schützen. Anhand von »positiven« Beispielen wie der Torpedierung von Betriebsräten bei Lidl oder Aldi empfahl Schreiner zielbewusste Betriebsveränderungen, um die Mitbestimmung zu untergraben. Er kreierte ein »alternatives Mitbestimmungsmodell« mit einer sogenannten »Belegschaftsvertretung« (»man kann sich sein eigenes Gesetz für seinen Betrieb machen!«), in die man »ausgesuchte Arbeitnehmer hineinsetzen« solle. Schließlich forderte Schreiner direkt zu illegalem Verhalten auf und empfahl, Mitarbeiterlisten, die für eine Betriebsratswahl benötigt werden, »vorzuenthalten« und den Wahlvorstand zu zwingen, sie sich »auf dem ordentlichen Rechtsweg zu beschaffen«. Bis das erreicht sei, seien »zwei Jahre schnell rum«.

In einem anderen Schreiner-Seminar brachte eine seiner jungen Anwaltskolleginnen folgenden Vorschlag, der ebenfalls ein glatter Rechtsbruch und ein Fall für die Anwaltskammer ist. Sie sagte dort wörtlich: »In einem Schwimmbad [gab es] auch ein ganz schlimmes Betriebsratsmitglied, was denen schon immer quer gekommen ist. Man hätte ihn schon rauskicken können. Der alte Geschäftsführer hatte aber schützend die Hand über ihn gehalten, der neue wollte aber nicht mehr mit ihm. Man hat es dann so gemacht, die wollten sowieso einen externen Dienstleister reinholen und haben dann als leitende Schwimmmeisterin eine Dame von einem externen Dienstleister genommen und das auch mit ihr abgesprochen. Sie sollte ihm ein paar Avancen machen. Sie wollten das entsprechend vorbereiten, dass ... eine sexuelle Belästigung da ist. Das war sozusagen das Ziel.«

Die Falle war geschickt gestellt – bloß geht die Liebe oft ihre eigenen Wege: »Das Problem war nur, dass die Frau nicht ganz so stark war, wie es am Anfang aussah. Die ist dem nämlich tatsächlich verfallen. Sie war nicht bereit, das als sexuellen Übergriff nach außen hin darzustellen.«

Für den Fall, dass dem Arbeitgeber die außerordentliche Kündigung eines Betriebsratsmitglieds – die man bei Gericht durchfechten muss, wenn der Betriebsrat die Zustimmung verweigert – zu langwierig erscheint, hatte die abgebrühte Rechtsberaterin auch andere Tipps: »Da ist der Weg der ordentlichen Kündigung mittels Abteilungsstilllegung der einfachere. Sie können auch einen längeren Weg gehen, der Umstrukturierung. Sie fangen an, ihn zu separieren, in eine bestimmte Abteilung, und die irgendwann outzusourcen.«

Auch das ist ein rechtswidriger Vorschlag. Genauso rechtswidrig sind Provokationen unliebsamer Arbeitnehmer, um einen Kündigungsgrund zu schaffen. Die findige Anwältin schlug z. B. vor, als ein Seminarteilnehmer fragte, wie er einen angestellten Kraftfahrer loswerden könnte: »Ich könnte mir noch als Provokation vorstellen, für die Kraftfahrer, dass man denen vielleicht noch eine Minibar hinstellt und die Polizei dann anruft, wenn die abends dann …«

Die offensichtlich gänzlich skrupellose Anwältin verriet noch einen weiteren beliebten Trick, allerdings verbunden mit der Warnung: »Sie müssen wissen, es steht ein gewisses Risiko dahinter, dass es rauskommt.« Das was rauskommt? Eine sogenannte unechte Abwerbung. Die geht so: »Wenn Sie ein befreundetes Unternehmen haben, mit dem Sie einen Deal machen, dann sagen Sie: ›Passt mal auf, wir zahlen euch das halbe Jahr, aber ihr kümmert euch darum, dass ihr den bei uns wegholt.‹ Dem neuen Unternehmen kann ja nicht viel passieren. Das neue Unternehmen kündigt dann in der Probezeit. Da gibt es keine horrende Betriebszugehörigkeit. Und dann wird auch keine große Abfindung auf Sie zukommen. Wenn man so einen Deal macht und sagt, wir zahlen euch die Zeit, in der ihr ihn beschäftigt und dann nach drei Monaten vor die Tür setzt, wir bezahlen euch auch euren Anwalt, dann kommt Ihr Unternehmen immer noch günstiger dabei weg, als wenn es 13 Betriebszugehörigkeitsjahre als Abfindung abgelten muss.«

Anstiftung zum Betrug ist das, mindestens – durch eine Rechtsanwältin der Kanzlei »Dr. Schreiner + Partner GbR«.

In einem anderen Schreiner-Seminar wurde ein ähnlich infamer Trick empfohlen: »Ich habe gerade einen Fall, da geht es um fünf Manager. Einen wollen Sie loswerden. Den befördern Sie einfach zum Generalmanager. Geben Sie ihm mehr Verantwortung und tausend Euro mehr. Nach kurzer Zeit können Sie als Geschäftsführer entscheiden, das Sie die Aufgaben des Kollegen mit übernehmen möchten. Den Kollegen können Sie jetzt kündigen, da es ja keinen vergleichbaren Arbeitsplatz mehr gibt.«

In einem kürzlich stattgefundenen Seminar der Kanzlei Schreiner ging es darum, einem missliebigen Arbeitnehmer ein Vergehen oder eine Straftat unterzuschieben. Mir liegt das Wortprotokoll vor: »Einen Verdacht können Sie konstruieren. Sie können jemanden einschleusen, einen Praktikanten. Dann haben Sie einen Zeugen, der ist gerichtlich verwertbar. Ein Detektiv ist unproblematisch.«

Auf die Frage eines Seminarteilnehmers, was man mit den Ergebnissen einer illegal aufgenommenen Videoüberwachung machen könne, die ja vor Gericht nicht als Beweismittel anerkannt würde, sagte der Seminarleiter: Die solle man einfach durch einen Zeugen vortragen lassen, ohne auf den Ursprung, die illegalen Videoaufnahmen, hinzuweisen. »Das ist ein probates Mittel. Ich als Seminarleiter darf Ihnen das nicht empfehlen, das ist ja Prozessbetrug. Aber ich sag mal so, faktisch, wenn Sie jemand haben, der glaubhaft versichert, er hat das gesehen, gibt's keine Probleme.«

Dieser Anwalt führt dreißig derartige Seminare im Jahr durch, und keiner hat ihm bisher das Handwerk gelegt. Selbst von den Personalabteilungen aus Städten und Gemeinden, die regelmäßig Mitarbeiter in diese Seminare schicken, ist noch nie Klage gegen diese Sorte Rechtsbrecher erhoben worden.

Dem Psychoterror öffentlich begegnen!

Dass es nicht immer glatt läuft mit der Taktik und dem Drehbuch anwaltlicher Rechtsbrecher, zeigt ein Fall aus Ludwigsburg. Diese Stadt in der Nähe von Stuttgart beherbergt nicht nur Schlösser, Parks und eine Niederlassung von Kabel BW. Ludwigsburg hat auch eine Volksbank. Der Vorstand der Bank hatte Ärger mit dem Betriebsrat und suchte anwaltlichen Beistand, um sich der Betriebsratsvorsitzenden zu entledigen. Man lud Helmut Naujoks zum Gespräch.

Die Betriebsratsvorsitzende war eine aktive Gewerkschafterin, Mitglied der Tarifkommission und schon lange Jahre im Unternehmen beschäftigt. Mit ihrem neunköpfigen Betriebsrat bildete sie ein deutliches Gegengewicht zur Arbeitgeberseite, mit der es allerdings in den Jahren zuvor eine einigermaßen problemlose Zusammenarbeit gegeben hatte. Aber der Tarifvertrag für die Volks- und Raiffeisenbanken war zu dem Zeitpunkt gekündigt, Auseinandersetzungen lagen in der Luft, und der neue Vorstand wollte offensichtlich neue Wege zu einer neuen Rücksichtslosigkeit einschlagen – global, finanzmarktorientiert, antisolidarisch.

Der Vorstand hatte die Betriebsratsvorsitzende als Hauptfeind auserkoren, sie galt als »zu hartnäckig« in der Verfolgung von Arbeitnehmerinteressen. Weil man ihr nicht am Zeug flicken konnte, mussten die bekannten Mobbingaktionen zum Einsatz gebracht werden. Das Drehbuch sah aus wie immer, wenn Naujoks beteiligt ist, angepasst an die besondere Ludwigsburger Situation:

- Zuerst wurde die Vorsitzende des Betriebsrates gerüchteweise und in Kündigungsverfahren beschuldigt, sie habe den Vorstand beleidigt und sich des Spesenbetrugs schuldig gemacht. Beide Vorwürfe waren reine Erfindungen und mussten später zurückgenommen werden. Der Kollegin wurde zusätzlich unterstellt, sie wolle Karriere in der Gewerkschaft machen und zu diesem Zweck die Belegschaft in unsinnige Kampfaktionen gegen den Vorstand hetzen, auch wenn sie damit die Zukunft der Bank aufs Spiel setze. Als der Konflikt im geplanten Sinne es-

kalierte, wurde ihr schließlich auch noch – wie gehabt – vorgeworfen, sie sei ohnehin nur auf eine hohe Abfindung aus.

- Das mittlere Management wurde mit Drohungen in Frontstel-
lung zum Betriebsrat gebracht, wie Angestellte nach dem Ende
des Konflikts bestätigten. Nie mehr, so sagten sie, wollten sie
sich einem derartigen Druck ausgesetzt sehen. Banker in teu-
rem Zwirn, ansonsten dezent im Auftreten und mit guten Ma-
nieren ausgestattet, mussten z. B. in einer fünfstündigen Betriebsversammlung die Betriebsrätin niederbrüllen, wie sich
Kollegen erinnern.

- Es wurde ein virtueller Pranger im Intranet eingerichtet. Hier
sollten Beschäftigte Kritik an der Betriebsrätin loswerden. Die
Einträge waren allerdings so geschliffen formuliert, dass der
Verdacht entstand, sie seien alle ein und derselben Feder ent-
sprungen. Die einzige Kollegin, die es wagte, diese Denunzia-
tionen zu kritisieren, wurde zum Vorstand zitiert, kam nach
einer Stunde weinend wieder und nahm in einem zweiten Ein-
trag ihre Kritik zurück.

- Eine Unterschriftensammlung gegen den Betriebsrat wurde
lanciert. In den Kreis der Initiatoren versuchten die Verantwortlichen mit allen möglichen Druckmitteln gute Bekannte, ja
Freunde der Betriebsratsvorsitzenden zu verpflichten – eins der
perfidesten Mittel des Arbeitgebermobbings. Das gelang in Ein-
zelfällen auch – zum Beispiel mit der Drohung, nach dem Ende
der Ausbildungszeit keine Übernahme anzubieten. Die Liste
kam zustande, und 220 (von 370) Beschäftigten unterschrieben
sie. Manche Kollegin entschuldigte sich später bei der Betriebsratsvorsitzenden, sie habe keine andere Wahl gehabt.

- Die Betriebsratsvorsitzende wurde mit ständigen Vorwürfen
konfrontiert, Fehler begangen zu haben, sie wurde der »Beihilfe zum Hausfriedensbruch« beschuldigt, weil sie ver.di-Vertre-
ter in ihr Büro gelassen hatte.

- Dazu kam der private Terror: Manchmal hatte sie zu Hause Dutzende Anrufe auf dem Anrufbeantworter; sie wurde verfolgt und bespitzelt, schon wenn sie morgens aus dem
Haus ging. Auch hier war dieselbe Mannheimer Detektei tätig, die schon gegen die Mitarbeiter von Kabel BW und Dopp-

stadt eingesetzt worden war. Typischerweise klingelte der Gerichtsvollzieher am Wochenende bei ihr und überreichte ihr den »Entwurf für eine Strafanzeige«. Außerdem erhielt sie einen Drohbrief vom Vorstand, man werde die Betriebsräte aller Volks- und Raiffeisenbanken davon informieren, dass sie eine Betrügerin sei, wenn sie nicht in Verhandlungen zur Aufhebung ihres Arbeitsvertrages einwillige.

- Überdies wurde im Betrieb kolportiert, dass der Volksbank durch den Streit mit der Betriebsrätin mittlerweile ein Schaden von drei Millionen Euro entstanden sei; den Ersatz dieses Schadens werde die Bank bei den Betriebsräten in zivilrechtlichen Verfahren eintreiben.

Diese Aufzählung der Terroraktivitäten ist nicht vollständig – die Beispiele sollen vermitteln, was sich der von Naujoks beratene Vorstand alles einfallen ließ, um den Betriebsrat zu zerstören. Tatsächlich hatten sechs Betriebsräte inzwischen das Handtuch geworfen. Mehrere waren erkrankt: Einer, der wegen eines früheren Unfalls nur ein funktionstüchtiges Auge hatte, erlitt eine Netzhautablösung auf seinem gesunden Auge und drohte zu erblinden. Eine 25-jährige Kollegin wurde mit Verdacht auf Herzinfarkt in die Klinik eingeliefert. Zitat: »Ich bin nachts aufgewacht und habe zu meinem Freund gesagt: ›Bring mich ins Krankenhaus, ich glaube, ich habe einen Herzinfarkt.‹ Ich habe gedacht, das Leben ist vorbei.« Ein anderer bekam einen Tinnitus, ein weiterer litt monatelang an Magen-Darm-Problemen. Damit war der Betriebsrat bereits handlungsunfähig geworden; obwohl Kollegen von der Warteliste nachrückten, bestand das Gremium schließlich nur noch aus sieben statt den vorgeschriebenen neun Mitgliedern.

Auch die Vorsitzende reagierte in der gewünschten Weise: Sie begann, sich vor einem tätlichen Übergriff zu fürchten, musste sich täglich auf der Toilette im Betrieb übergeben, begann, an sich selbst zu zweifeln, und dachte daran, aufzugeben. Extreme Schlafstörungen kamen hinzu, sie schreckte regelmäßig gegen drei oder vier Uhr nachts auf und zermarterte sich das Gehirn. Ihr Mann und ihre beiden Kinder litten ebenfalls unter den Attacken.

Als Reaktion auf den Psychoterror im Betrieb entwickelte sich in Ludwigsburg jedoch eine starke außerbetriebliche Solidarität. Die Gewerkschaft machte den Konflikt öffentlich und stellte klar, dass es bei der Volksbank nicht darum gehe, ob der Betriebsrat Fehler gemacht oder einzelne Kollegen falsch gehandelt hätten. Es gehe in Wahrheit um einen Vernichtungsfeldzug: Ein gewählter Betriebsrat solle eliminiert werden – mit Mitteln, die moralisch verkommen und rechtlich unzulässig seien.

So wurde einer wachsenden Zahl von Bürgern bewusst: Die Volksbank Ludwigsburg betrieb mithilfe skrupelloser Rechtsanwälte eine Art psychologische Kriegführung, um Arbeitnehmerrechte auszuhebeln. Dabei nahmen die Verantwortlichen die Verletzung und Zerstörung der körperlichen und psychischen Integrität vieler Menschen billigend in Kauf. Es entstand ein Bündnis aus Gewerkschaften, Kirchengemeinden und Kunden der Bank. Vor verschiedenen Zweigstellen wurden Mahnwachen durchgeführt und Flugblätter verteilt. Und als das Bündnis ankündigte, man werde vor der jährlichen Vertreterversammlung der Volksbank Ludwigsburg demonstrieren, willigte der Vorstand endlich in den schon lange auf dem Tisch liegenden Vorschlag ein, eine Mediation durchzuführen und den Konflikt im Dialog anzugehen und wenn möglich beizulegen.

Naujoks versuchte zwar noch, die Betriebsratsvorsitzende mit dem Angebot einer sechsstelligen Abfindung zur Aufgabe zu bewegen – aber die Betriebsrätin war nicht käuflich. In einem Gespräch zwischen den Beteiligten, das am 30. April 2007 morgens begann und bis zum 1. Mai nachts um vier Uhr dauerte, rückte der Vorstand von seinem Ziel ab, die Vorsitzende zu kündigen, und nahm alle Vorwürfe gegen sie zurück. Die wegen der vielen Ausfälle nötig gewordene Neuwahl des Betriebsrates konnte problemlos durchgeführt werden.

Diese Neuwahl brachte einen überwältigenden Erfolg für die alte und neue Betriebsratsvorsitzende. Es zeigte sich endgültig, dass die Unterschriftenlisten gegen sie, die gehässigen Intraneteinträge und gemeinen Angriffe aus der mittleren Führungsebene erpresste Aktionen gewesen waren.

Damit war die Psychoterrorstrategie auf der ganzen Linie gescheitert. Sie hatte viel Geld gekostet, Beschäftigte in schwere Krisen gestürzt, krank gemacht und das Betriebsklima nachhaltig geschädigt. Die Beteiligten waren so klug, den Konflikt in langen Supervisionssitzungen aufzuarbeiten. Die entstandenen Verletzungen konnten so weit verheilen, dass im Unternehmen ein normales Arbeiten wieder möglich wurde.

Der katholische Betriebsseelsorger Martin Zahner hat den ganzen Konflikt mit durchgestanden. Noch heute, sagt er, laufe ihm ein kalter Schauer über den Rücken, wenn er daran denke, mit welcher »gewalttätigen Bereitschaft« die Bankstrategen die Gesundheit anderer Menschen aufs Spiel gesetzt hätten. »Ich bin die Macht«, diese Botschaft habe Helmut Naujoks auch vor Gericht ausgestrahlt. »Den Bauch zwischen den Hosenträgern nach vorn geschoben, hat er die Richterin mit Ignoranz und Arroganz zu demütigen versucht. Erst nach und nach wurde mir klar, dass es hier um mehr als um eine profilneurotische Person ging. Hier wurde eine umfassende Strategie betrieben.«

Der Betriebsseelsorger hat den Mobbingopfern zusammen mit seiner evangelischen Kollegin Esther Kuhn-Luz zur Seite gestanden. »Ich habe es in meiner 20-jährigen Berufslaufbahn noch nie erlebt«, sagt er, »wie schnell unter diesen Gewaltmaßnahmen ein Gremium auseinanderfiel, wie das Selbstbewusstsein einzelner Individuen zerbrach und die Menschen es mit heftigen gesundheitlichen Problemen zu tun bekamen. Wir haben Zusammenkünfte organisiert, gemeinsam mit ihren Familien, haben ihnen Mut zugesprochen und sie aufzurichten versucht. Durch die gemeinsamen Treffen und durch die Solidarität der Öffentlichkeit haben wir diesen Prozess aufhalten können. Umso unverständlicher ist mir, dass der verantwortliche Rechtsanwalt in keiner Weise zur Rechenschaft gezogen wurde.«

Auch Pfarrer Paul Schobel, damals Vorgesetzter von Martin Zahner, hat sich in aller Öffentlichkeit gegen die Mobbingangriffe gestellt und mit dafür gesorgt, dass ein breites Bündnis zur Unterstützung der Betriebsräte in Ludwigsburg zustande kam. Er hat sogar verantwortlich gezeichnet für einen Kundenbrief an die Volksbank-Kontoinhaber, worauf ihm die Bank Schadensersatzforderungen androhte. Für ihn hatte der Fall in Ludwigsburg eine neue Qualität, weil nicht ein einzelner überforderter oder bösartiger Unternehmensleiter, sondern ein professionell geschulter Anwalt mit einem ausgearbeiteten Programm die Fäden gezogen und Regie geführt hat. »Hier wurde alles über den Haufen geworfen, was ich als gesellschaftlichen Konsens vermutet hatte, nämlich Arbeitnehmer als Menschen zu respektieren. Unter den Angriffen, die wir erlebt haben, ging dieses Menschenbild in die Brüche. Schutzrechte, Würde – das wurden Fremdworte, vor unseren Augen fand ein regelrechter kultureller Ausverkauf dieser Werte statt. Und der verantwortliche Professionelle kann ohne Probleme an anderer Stelle einfach weitermachen.«

Die Verantwortlichen zur Rechenschaft ziehen

Tatsächlich konnte sich Naujoks aus Ludwigsburg zurückziehen, ohne für sein Handeln Verantwortung übernehmen zu müssen. Er bietet interessierten Unternehmern und Geschäftsführern weiterhin seine speziellen Methoden an, überall dort, wo Menschen wehrlos gemacht werden, sich unterwerfen und resignieren sollen, oft ohne dass die Öffentlichkeit davon erfährt.

Naujoks ist zur Stelle, wenn es darum geht, dass sich Unternehmen von einzelnen unliebsamen Arbeitnehmern trennen wollen. (»Kündigung – ohne Kündigungsgründe« ist ein Seminar betitelt, das er Managern im Rahmen einer »Fortbildung« anbietet.[62]) Carola Lange (Name geändert; G.W.) z.B., die seit vielen Jahren in einem in Hessen ansässigen japanischen Unternehmen tätig ist, wollte man loswerden, weil sie unbequeme Fragen stellte. Mobbingaktionen sollten dazu dienen, sie unglaubwürdig zu machen und psychisch zu brechen. Das Unternehmen, das Naujoks angeheuert hatte, überschüttete sie mit Kündigungen und zahlreichen Klagen, z.B. auf Herausgabe des Firmenwagens, obwohl sie als Außendienstmitarbeiterin beschäftigt war. Naujoks setzte sie mehr als zwei Jahre lang unter juristisches Dauerfeuer. Fünf Kündigungen musste sie überstehen, die Naujoks vor Gericht durchzufechten versuchte. Er verlor allerdings sämtliche Prozesse und legte das Mandat schließlich nieder.

Auch hier arbeitete Naujoks wieder mit seiner Vertrauensdetektei Meng aus Mannheim zusammen. Und zwar auf eine Weise, die das Arbeitsgericht zu der Einschätzung veranlasste, mithilfe dieser Detektei könnten Beweise konstruiert oder gar gefälscht worden sein. Naujoks hatte gestützt auf die Aussagen der Detektei behauptet, Carola Lange habe Unterschriften gefälscht. Das Berliner Arbeitsgericht dazu: »Angesichts der Gesamtumstände ist das Gericht nicht zu der Überzeugung gelangt, die Klägerin habe Unterschriften gefälscht, sondern vielmehr der Überzeugung, der Beklagten [dem Arbeitgeber von Carola Lange, vertreten durch Anwalt Naujoks, G.W.] seien sehr viele Mittel Recht, um sich ohne das Bestehen realer Kündigungsgründe von der Klägerin zu trennen. Dergleichen kann nicht die Billigung der Rechtsordnung finden.«[63]

Die Begründungen der anderen Kündigungen, die Naujoks vertreten hatte, fanden ebenfalls kein Gehör vor Gericht. Ein angeblicher Spesenbetrug (es ging u.a. um zweimal 2,64 Euro, die Carola Lange sich »erschlichen« habe sollte) wurde genauso zurückgewiesen wie Kündigungen aus »Krankheitsgründen« und wegen angeblicher »fehlerhafter Arbeitszeitabrechnungen«.

Damit hatte die von Naujoks Gemobbte zwar gewonnen. Aber sie zahlte für die jahrelangen Rechtsstreitigkeiten mit ihrer Gesundheit. Die Mutter einer minderjährigen Tochter wurde psychisch so schwer krank, dass sie akut selbstmordgefährdet war. Sie wäre tatsächlich im Oktober 2006 von einer Brücke gesprungen, wenn nicht ein zufällig vorbeikommender Passant sie festgehalten hätte. Sie stand bereits auf der Brüstung. Schon mehrere Monate lang hatte sie kein Gehalt mehr bekommen und war völlig verzweifelt. Einer Räumungsklage war gerade in erster Instanz stattgegeben worden, sie musste fürchten, aus ihrer Wohnung zwangsgeräumt zu werden. Noch heute, nachdem der letzte gewonnene Prozess bereits fast zwei Jahre zurückliegt, leidet sie unter den Attacken. Weil ihr Arbeitgeber unter juristischer Beratung von Naujoks ihr immer wieder das Gehalt vorenthalten hatte, ihre Wohnung nach wie vor gefährdet und ein hoher Schuldenberg aufgelaufen ist, kommt sie noch immer nicht zur Ruhe und ist immer wieder arbeitsunfähig erkrankt. Mit einem renommierten Anwalt, der schwerpunktmäßig Mobbingopfer vertritt, bereitet sie eine Schadensersatz- und Schmerzensgeldklage gegen Naujoks vor. Bislang hat der allerdings noch nirgendwo Rechenschaft ablegen müssen.

Noch keine Staatsanwaltschaft hat sich – trotz der einschlägig bekannten Aktionen, an denen Naujoks und andere beteiligt waren – gefunden, die sich an die Ermittlungsarbeit gemacht hätte. Und auch die einschlägigen Berufsverbände unternehmen keinen Schritt, um solche Anwälte aus ihren Reihen zu entfernen. Der Wirtschaftsminister von Baden-Württemberg, Ernst Pfister (CDU), dem Abgeordnete die Tätigkeiten von Naujoks schilderten und ihn zum Eingreifen aufforderten, winkte ab. Ihm lägen keine eigenen Erkenntnisse vor. Eigenartig. Denn Naujoks rühmte sich beim privaten Einzelcoaching mir gegenüber, er habe mehrfach beim CDU-Wirtschaftsrat in Baden-Württemberg referiert.

Doch unabhängig davon, ob in höheren Etagen oder in juristischen Kreisen die Bereitschaft wächst, sich eindeutig gegen gezieltes und geplantes Auftragsmobbing von Arbeitgebern und hoch bezahlten Anwälten zu wenden: Entscheidend ist, dass die kritische Öffentlichkeit Schlussfolgerungen aus den geschilderten Fällen zieht. Wir müssen zur Kenntnis nehmen, dass auf allen Ebenen Arbeitnehmerrechte außer Kraft gesetzt werden und systematischer Psychoterror, der die körperliche und seelische Integrität von Menschen zu zerstören bereit ist, als Waffe eingesetzt wird. Wer als Betroffener solcher Aktionen im individuellen Streit um die eigene Ehre auf sich gestellt bleibt, hat verloren und wird gebrochen. Nur wer solidarische Unterstützung erfährt, hat eine Chance. Und wer draußen steht und mitbekommt, mit welch skrupellosen Methoden Menschen fertiggemacht werden, die es überhaupt noch wagen, sich gegen scheinbar übermächtiges Unrecht zur Wehr zu setzen, muss ihnen beistehen, aufklären und die Täter beim Namen nennen. Solche Vorgänge müssen möglichst früh öffentlich gemacht werden, sonst bleiben die Opfer auf der Strecke, und der Abriss dessen, was einmal Sozialstaat hieß, wird mit ungeahnter Geschwindigkeit fortschreiten.

»Ich habe verstanden, worauf Sie hinauswollen.« – Arbeitgeberanwalt Helmut Naujoks

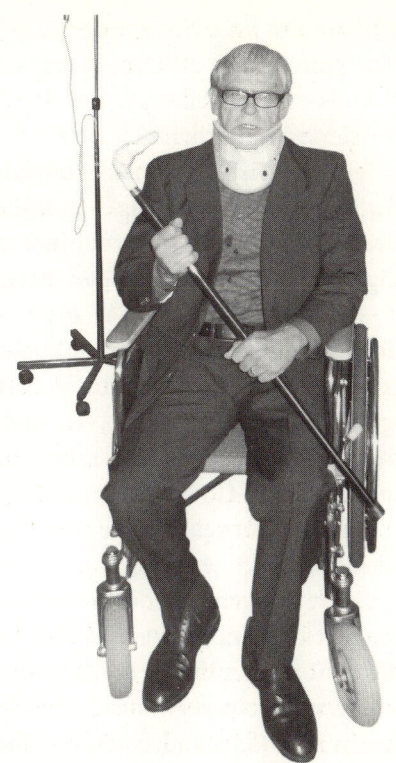

Günter Wallraff als ratsuchender Unternehmer: »Die Braut soll geschmückt werden.«

Epilog: Mit Naujoks im Hotel

Nach all den Recherchen über Naujoks Wirken und Wüten will ich den Mann kennenlernen und aus nächster Nähe erleben, wie er seine Methoden anpreist, ob er sie offen darlegt oder seine Absichten zunächst kaschiert. Deshalb lade ich den selbst ernannten Ausnahmeanwalt zu einem privaten Coaching ein. »Inhouse-Seminare« und »Einzelcoaching« gehören ja zu den Diensten, die er anbietet. In einer Suite in einem der ersten Bochumer Hotels, in der Nähe einer Privatklinik, will ich ihn empfangen.

Zu Anfang sitzt er ein paar Minuten mit meinen Beratern zusammen. Der eine ist Unternehmensberater, der andere, von diesem dazugebeten, ein bundesweit tätiger renommierter Arbeitsrechtler, Prof. Dr. Rüdiger Knaup. »Mein« Unternehmensberater erläutert in knappen Worten, dass ich Mehrheitseigner eines Unternehmens mit 300 Beschäftigten sei und für etwa 90 Millionen Euro meine Anteile verkaufen wolle. Dieser Preis sei bei den interessierten Amerikanern allerdings nur zu erzielen, wenn die Betriebsräte nicht mehr im Unternehmen seien. Sonst würde der Erlös erheblich niedriger ausfallen. Wenn es gelänge, den Betriebsrat aus dem Unternehmen zu entfernen, sollten alle Beteiligten mit einer Erfolgsbeteiligung davon profitieren.

»Dann soll die Braut also geschmückt werden?«, bringt Naujoks es sogleich auf den Punkt. Mit dieser Redewendung wird in einschlägigen Kreisen umschrieben, dass betriebliche Eckdaten geschönt werden sollen – was in diesem Fall heißt: von der Belegschaft gewählte Vertreter rausdrängen, weil sie unschön den Preis drücken. Ein Code, unter »Ehrenmännern«.

Mein Unternehmensberater greift das Stichwort auf und bestätigt: »So ist es, es soll gesäubert werden.« Naujoks zeigt Einfühlungsvermögen: »Der Erwerber wird natürlich einen Schock fürs Leben kriegen, wenn er erfährt, was er da erbt, ist ja ganz klar, da geht der Kaufpreis runter.« Und er gibt zu verstehen, auch ein schwergewichtiger Rausschmeißer seiner Güteklasse macht das nicht im Handumdrehen, das braucht alles seine Zeit: »Es hätte keinen Sinn, jetzt anzufangen, wenn der Kaufvertrag in vier Wochen abgeschlossen wird. Da können Sie keine Braut mehr schmücken. Da brauchen wir schon einen gewissen Vorlauf. Aber wenn wir es machen, müssen wir es auch konsequent durchziehen. Ich bräuchte von Ihnen im Detail ganz bestimmte Eindrücke und Erfahrungen, dann schau ich mir das Ganze genau an und trage Ihnen vor. Es gibt zig Möglichkeiten.«

Er redet sich richtig in Rage: »Ich arbeite zwischen München, Hamburg und Düsseldorf, also bundesweit. Ich denke, warum meine Quote so erfolgreich ist, ich überlasse nichts dem Zufall. Was wir anfangen, ziehen wir auch durch. Es darf nicht sein, dass wir auf der Hälfte der Strecke sagen: Abbruch aus irgendwelchen Gründen. Ich mache so was schließlich jeden Tag. Ich bin ein absoluter Arbeiter und fitter als jemand, der das nur einmal im Monat macht.«

Nach kurzer Wartezeit schiebt mich eine Krankenschwester in

einem Rollstuhl in die Suite. Ich bin auf »Alter« geschminkt, mit falschen Silberhaaren, einer großen schwarzen Brille, habe meinen Schnauzbart abrasiert und mir einen Nadelstreifenanzug geliehen. Ein etwas ungewöhnliches Szenario, das ich gewählt habe, weil ich auf die Schnelle keinen Firmeninhaber hatte finden können, der bereit gewesen wäre, mit mir zusammen dem berüchtigten »Betriebsratskiller« einen adäquaten Empfang zu bereiten. Zum eigenartigen Szenario gehört eine entsprechende Geschichte: Ich bin angeblich Unternehmer mit mehreren Hundert Beschäftigten in der Glassparte, habe unter Alkoholeinfluss einen Autounfall mit Totalschaden verursacht (unten vor der Tür steht »mein« neuer Maserati), trage wegen eines »angebrochenen Nackenwirbels« eine Halskrause und bin Patient in der nahegelegenen Privatklinik.

Naujoks ist die Geschichte anfangs nicht recht geheuer; an meine Berater gewandt sagt er im Vorgespräch – ich befinde mich angeblich noch zur Behandlung in der Klinik –, der Treffpunkt sei doch recht ungewöhnlich. »Momentan überlege ich noch, ob wir hier eine versteckte Kamera haben«, lacht er dröhnend, lenkt aber gleich wieder ein.

Als ich hineingerollt werde, erhebt sich Naujoks schwer aus seinem Stuhl, geht auf mich zu, stellt sich kurz vor und lässt sich wieder auf seinen Sitz fallen. Dann macht er lebhaft und geradezu einschmeichelnd Werbung in eigener Sache: »Ich vertrete ausschließlich Arbeitgeber. Ich mache nur Arbeitsrecht, und zwar ein ganz spezielles Arbeitsrecht. Bei mir fängt die Arbeit erst an, wenn die anderen Anwälte sagen, es geht nicht. In der Regel sind meine Gegner Betriebsräte und die Gewerkschaften. Mein Ziel ist es, dass diese Betriebsräte das Unternehmen verlassen. Davon lebe ich.«

Dass er nicht schlecht davon lebt, ist mir klar. 350 Euro würde er von mir für seine Dienste verlangen, pro Stunde, versteht sich. So viel bekommt ein Hartz-IV-Empfänger im Monat. Da kommt für Naujoks einiges zusammen. Bei Kabel BW hatte die Geschäftsführung auf mehreren Belegschaftsversammlungen erklärt, für die Prozesse gegen den Betriebsrat seien insgesamt 700 000 Euro ausgegeben worden, inklusive Gerichtskosten und der wesentlich niedrigeren Kosten für den Anwalt des Betriebs-rates. Von der Volksbank Ludwigsburg, wo er nicht so lange sein Unwesen trieb, wird er auch eine sechsstellige Summe erhalten haben; bei einem Stundensatz von 350 Euro und 200 oder 300 Arbeitsstunden im Monat kommen schnell 200 000 oder 300 000 Euro zusammen. Natürlich verdienen auch die Mannheimer De-tektei Meng,[64] mit der er regelmäßig zusammenarbeitet, und auch die Hamburger Kanzlei Prinz Neidhardt Engelschall, die die begleitenden Presseprozesse führt, ordentlich mit.

Naujoks gibt sich kämpferisch bei unserem Gespräch: »Meine Aufgabe besteht tatsächlich darin, das Problem zu lösen. Ich ge-höre nicht zu denen, die anfangen und dann sagen, es geht nicht. Wenn ich es richtig verstehe«, fährt er fort, »geht es um eine be-stimmte Anzahl von Personen, die Sie raushaben wollen. Diesen Kreis muss ich kennen.«

Und dann? Ich bin gespannt, wie offen sich Naujoks mir ge-genüber zu Rechtsbrüchen bekennen wird. Denn das, was er nach meiner Kenntnis in den verschiedensten Firmen »leistet«, ist Rechtsbruch – jedenfalls, wenn man die einschlägigen und strafbewehrten Mobbing- und Antidiskriminierungsverbote zu-grunde legt. Ich habe mich nach meinem »Einzelcoaching« da-rüber mit einem der erfahrensten Arbeitsrechtler unterhalten, der Mobbingopfer vor Gericht vertritt und bereits einige Scha-densersatzforderungen erstritten hat, mit Prof. Dr. Klaus Michael Alenfelder. Die deutschen Gerichte begännen zwar erst, sich der Opfer von Mobbing und insbesondere von Arbeitgebermobbing anzunehmen, sagt Alenfelder, aber der Wille des Gesetzgebers sei eindeutig: Mobbingopfer müssen für die ihnen zugefügten Schä-den entschädigt werden.

Naujoks weiß das. Er rückt mir gegenüber mit seinen Berufs-geheimnissen, das heißt mit konkreten Tipps und Tricks, nicht so recht heraus. Andererseits ist eine ganze Menge Geld im Spiel. Eine Erfolgsbeteiligung in Millionenhöhe zusätzlich zu einem Tagessatz von ca. 3000 Euro – das ist schon was. Er weist einer-seits immer wieder darauf hin, dass bei ihm alles nach Recht und Gesetz ablaufe. Andererseits stellt er klar, als ich mein Ziel, den Betriebsrat loszuwerden, mehrfach deutlich mache: »Ich denke, ich habe das schon verstanden. Wenn wir es machen, dann müssen wir es auch durchziehen. Ich werde die Sache auf den Punkt bringen. Mit einer entsprechenden Strategie.« Es hat schon etwas Verschwörerisches, wie wir uns herantasten an das Einverständnis, alles zu unternehmen, um an unser Ziel zu gelangen.

Ich habe plötzlich ein Déjà-vu. Es ist Jahrzehnte her, dass ich mich bei rechtsradikalen Putschisten in Portugal eingeschlichen hatte. Einer der Militärs, mit denen ich als vermeintlicher »Waffenlieferant« verhandelte, war wohl misstrauisch geworden und fragte mich unvermittelt, ob ich den Roman »Die Akte Odessa« von Frederick Forsyth kenne. (In dem Politthriller wird beschrieben, wie ein Reporter eine rechtsradikale Organisation unterwandert.) Zum Glück kannte ich das Buch damals nicht und konnte die Frage unbekümmert verneinen.

Diesmal bringt mich »mein« Rechtsberater Prof. Knaup in Verlegenheit. (Er möge mir verzeihen, dass ich ihn über meine wahre Identität erst im Nachhinein aufgeklärt habe.) Er schaut mich prüfend an und sagt: »Herr Naujoks fragt, ob wir eine versteckte Kamera haben.«

Ich höre nur »Kamera« und sehe mich nun meinerseits veranlasst, mein Misstrauen Naujoks gegenüber zum Ausdruck zu bringen: »Wie, Sie haben hier eine Kamera im Einsatz?!«

Da erschrickt Naujoks, zupft an seinem rotseidenen Einstecktüchlein und rechtfertigt sich: »Nein, es war umgekehrt. Es sollte ein Scherz sein.«

Hauptsache, das »Vertrauen« ist wiederhergestellt.

Also klopfen wir uns noch eine Zeit lang ab, um herauszufinden, wie weit jeder gehen würde. Wer will sich schon gegenüber Fremden offen zum Rechtsbruch bekennen? Man nimmt besser Zuflucht zu den einschlägigen Redewendungen, zu den Codes. Naujoks kommt auf seine Siege zu sprechen: »Neun von zehn Verfahren mache ich erfolgreich. Ich bin seit 13 Jahren im Geschäft.« Und er kommt auf Doppstadt zu sprechen: »Da hat die Produktivität nachgelassen, in der Tagschicht. Da erlaubt die Rechtsprechung, dass Sie Detektive einsetzen können, die sich z. B. als Praktikanten dort aufhalten und schauen, was da los ist. Wir haben das gemacht und vor dem Hintergrund der Ermittlungsberichte der beiden Detektive zwanzig fristlose Kündigungen ausgesprochen. Und alle sind raus.«

Daran stimmt nun so ziemlich überhaupt nichts, wie wir gesehen haben. Aber Naujoks kommt es auf etwas anderes an: Er will mir signalisieren, dass er üblicherweise mit Detektiven arbeitet. Gestützt auf deren Berichte, kann man alle möglichen Kündigungsbegründungen zustande bringen. Das war der Code. Ich stelle mich dumm und frage noch einmal nach.

»Ich kann Ihnen nur allgemeine Tipps geben«, meint Najoks daraufhin, »ein Stichwort für Sie, darüber nachzudenken.« Ich habe verstanden. Der verdeckte Einsatz von Detektiven im Betrieb ist nur erlaubt, wenn hinreichender Verdacht auf eine Straftat besteht. Wenn der nicht besteht und sie trotzdem eingesetzt werden, können ihre Aussagen nicht genutzt werden – es sei denn, sie produzieren selbst »Anhaltspunkte« für das Begehen von Straftaten. So wie im Fall der Kündigung von Carola Lange, der Außendienstmitarbeiterin des japanischen Unternehmens, das auch von Naujoks vertreten wurde.

Dann berichtet Naujoks von dem Fall eines nicht freigestellten Betriebsrats in einem Hotelunternehmen, der angeblich ständig seinen Arbeitsplatz verlasse, um mit den Kollegen zu sprechen. Laut Naujoks könne die extensive Betriebsratstätigkeit, ohne Recht und Gesetz zu verletzen, »in Richtung fristlose Kündigung gehen«. Was, wie mich nach dem Gespräch Prof. Knaup aufklärt, bestenfalls dann möglich ist, wenn die Betriebsratsarbeit nur vorgespielt ist und in Wahrheit eine betriebsfremde Tätigkeit dahintersteckt. Aber Naujoks hat im Auftrag der Hotelleitung nur auf den Verdacht hin eine fristlose Kündigung ausgesprochen, auch wenn er damit vor Gericht wieder einmal scheitern sollte. Worauf es, wie ich inzwischen weiß, gar nicht ankommt. Es geht um das schnelle und überfallartige Handeln, um den Schock, den der Gekündigte erleidet.

Naujoks wörtlich: »Ich hab momentan einen Fall in einem Hotelbereich, der ist Hausdiener im Hauskeeping. Der hat sich, obwohl das Hotel nur 90 Mitarbeiter hat, tatsächlich freigestellt schon seit vielen Jahren. Der macht keine andere Tätigkeit als Betriebsratsarbeit. Wir haben ihm eine fristlose Kündigung ausgesprochen, sodass der Hausdiener demnächst den Gerichtsdiener kennenlernen wird.«

»Ich werde alles dafür tun, dass ich am Ende erfolgreich bin«, resümiert Naujoks zum Schluss unseres Gesprächs, das etwa ein-einhalb Stunden dauert. »Da habe ich eine enorme Eigenmotivation«, fügt er noch hinzu, nachdem er mir zum wiederholten Male versichert hatte: »Ich habe verstanden, worauf Sie hinauswollen.«

Nach dem »Einzelcoaching« schildert Prof. Knaup seinen Eindruck, dass Naujoks, wenn er von seinen Erfolgen berichtet habe, von einem »aggressiven, fast lustbetonten Vernichtungswillen beseelt« gewesen sei, wie er ihn in seiner langjährigen Praxis noch bei keinem Arbeitgeberanwalt erlebt habe. Gebetsmühlenartig beteuert Naujoks, er handele »immer nach dem Gesetz«, so der beobachtende Arbeitsrechtler Knaup. Doch die Angebote von Naujoks, »willkürliche Kündigungsgründe zu konstruieren«, seien deutlich gewesen, sagt Prof. Knaup, und »von erschreckender Bereitschaft, rechtliche Vorschriften zu übergehen«. So wie es ihm das Arbeitsgericht Berlin in das Urteil zu einem der Prozesse geschrieben hat, die Naujoks verloren hat: Der von ihm vertretenen Firma seien offensichtlich »sehr viele Mittel recht, um sich ohne das Bestehen realer Kündigungsgründe von der Klägerin zu trennen. Dergleichen kann nicht die Billigung der Rechtsordnung finden.« Seine Auftraggeber wissen um die Bedeutung von Naujoks Bekenntnissen zum »Gesetz«, sie verlassen sich darauf, dass sein Handeln zumindest strafrechtlich nur schwer anfechtbar ist. »Wenn seine Klienten ihm darin vertrauen, lassen sie ihn machen bzw. machen mit.« Wir haben bei diesem »Einzelcoaching« auch über die Möglichkeit diskutiert, einem unliebsamen Mitarbeiter eine sexuelle Nötigung unterzuschieben, wenn man ihn schnell loswerden will. Wir behaupten, wir könnten im Betrieb sicherlich eine Frau finden, die sich als »Zeugin« zur Verfügung stellen würde, damit der Betriebsratsvorsitzende fristlos gekündigt werden könne. Ob er denn bei der Suche unter den weiblichen Beschäftigten behilflich sein könne, fragen wir Naujoks. Er könne aufgrund seiner Erfahrung doch bestimmt einschätzen, ob solch eine »Zeugin«

vor Gericht die Nerven behalten würde. Naujoks weist das nicht etwa empört von sich, sondern meint, dass man sich das »schon genau anschauen« müsse. »Wenn die Möglichkeit besteht, dann soll man das auch machen.«

Wir trennen uns in bestem Einvernehmen und terminieren eine weitere Besprechung für die kommende Woche direkt in »meiner« Firma, bei der er die Daten und Fakten in die Hand bekommen soll, um im verabredeten Sinne loszulegen.

Vielleicht hätte er dann seine Hilfstruppe mitgebracht: den Düsseldorfer Strafrechtler Sven Thomas, Vertreter der Detektei Meng aus Mannheim und der Hamburger Kanzlei Prinz Neidhardt Engelschall. Dort arbeitet Matthias Prinz, und bis Ende 2008 war dort auch der mittlerweile verstorbene frühere Richter Manfred Engelschall tätig. Matthias Prinz' Vater, Günter Prinz, war *BILD*-Chef, als ich in den siebziger Jahren *BILD*-Redakteur Hans Esser war und von Bild mit Prozessen überzogen wurde, als ich meine Erfahrungen aus dem »Zentralorgan des Rufmordes« im Buch »Der Aufmacher« veröffentlicht hatte. Unter seiner Ägide begingen *BILD*-Opfer Selbstmord – es hat ihn damals nicht zur Umkehr bewogen. Manfred Engelschall war der Hamburger Richter, der diese Prozesse gegen mich entschied – bis er vom Bundesgerichtshof eines Besseren belehrt und meine Methode des investigativen Journalismus ausdrücklich gebilligt wurde. Es ist mir plötzlich alles wieder so vertraut …

Nachbemerkung:
Ganz unten ist überall

Als ich vor drei Jahren entschied, mich erneut in die Rolle von Menschen zu begeben, die in dieser »schönen neuen Welt« ganz offensichtlich zu den Verlierern gehören, ahnte ich nicht, was da alles auf mich zukommen würde. Weder glaubte ich, dass man in einem Callcenter unter dem dort üblichen permanenten psychischen Druck zum Verkaufsbetrüger werden kann, noch hielt ich es für möglich, dass man Obdachlose, unter denen ich eine Zeit lang lebte, bei minus 15 Grad einfach sich selbst überlässt. Ich hielt es auch nicht für möglich, dass Großunternehmen die Arbeitsbedingungen in Zuliefererbetrieben bereits wieder auf ein frühkapitalistisches Niveau abgesenkt haben – als habe es die Gewerkschafts- und Arbeiterbewegung und ihre Erfolge nie gegeben. Und schließlich war mir auch das ganze Ausmaß des alltäglichen Rassismus nicht bewusst, bevor ich es am eigenen Leib zu spüren bekam.

Nicht an allen Stätten der »schönen neuen Welt«, über die ich in diesem Buch berichte, bin ich selbst gewesen. Ich war kein Koch in der Luxusgastronomie, war nie »Barista« bei Starbucks, wurde nicht als Bahnbeschäftigter ausspioniert und aufs Abstellgleis geschoben und war auch kein Opfer von Arbeitgebermobbern und Betriebsratskillern. Aber die Reportagen über die Orte dieser modernen Dramen stützen sich auf zahllose Aussagen, auf die Erlebnisse und Erfahrungen vieler, die mir aus erster Hand berichteten.

Als ich vor über 40 Jahren mit meiner Arbeit begann, erhoffte nicht nur ich, sondern vielleicht die Mehrheit eine stetige Entwicklung hin zu mehr Menschlichkeit und zu mehr Gerechtigkeit. Ich will immer noch mit meinen Reportagen und Büchern dazu beitragen, dass dieser Prozess vorankommt, allerdings mit zunehmender Skepsis. Zu viele Rückschritte haben wir in den letzten Jahren erleben müssen: Die Ungerechtigkeit hat zugenommen, menschlicher sind die Lebensverhältnisse nicht geworden, im Gegenteil.

Mit der neuen Schutzlosigkeit geht die Schamlosigkeit, mit der sich Spitzenmanager und Expolitiker bereichern, einher. Dieser Schicht geht es allein um ihr eigenes Wohlbefinden, um die optimale Versorgung mit Kapital- und Geldeinkünften sowie Steuerprivilegien. Diese wahrhaft asoziale »Parallelgesellschaft« der Schamlosen und Unverschämten geriert sich öffentlich als Gewinner, während Millionen Deklassierter meinen, sich für ihre unverschuldete Armut genieren und schämen zu müssen.

Mittlerweile arbeitet fast jeder vierte Beschäftigte für einen Niedriglohn,[65] die Zahl der Leiharbeiter schnellt nach oben; ihre Arbeitsbedingungen gehören im westeuropäischen Vergleich zu den schlechtesten. Auch dank Wolfgang Clement, Wirtschafts- und Arbeitsminister unter Gerhard Schröder und zuständig für die entsprechenden Gesetze im Interesse der Leiharbeitsunternehmen, der später zu einem der größten dieser Branche auf einen hoch dotierten Beraterposten wechselte.[66]

Michael Rogowski hat schon 2004 als Präsident des Bundesverbandes der Deutschen Industrie gefordert: »Arbeit ist keine feste Größe, sondern eine Frage von Angebot und Nachfrage. Und deshalb eine Frage des Preises. Deshalb brauchen wir auf keinen Fall Mindestlöhne. Im Gegenteil, wir müssen die tariflichen Untergrenzen durchbrechen.«[67] Der sogenannte Chefvolkswirt der Deutschen Bank, Norbert Walter, frohlockte 2008, mitten in der Krise: »Manche von uns werden sich darauf einstellen müssen, künftig einen Lohn zu bekommen, der in Deutschland zum Überleben nicht mehr reicht.«[68] Die rabiaten Vertreter der Armutspolitik verlieren jede Beißhemmung, wofür auch die von skrupellosen Rechtsanwälten beratenen Firmen, deren Praktiken ich im letzten Abschnitt dieses Buches schildere, erschreckende Beispiele sind.

Die Agenda 2010, Hartz IV, Eineurojobber, 400-Euro-Jobs, unbezahlte Dauerpraktika, die Zerstörung gesicherter und langfristiger Arbeitsverhältnisse bei gleichzeitiger Zunahme prekärer Beschäftigungsformen, die Unterhöhlung des öffentlichen Rentensystems – die Politik hat die Vorschläge der Wirtschaft eins zu eins umgesetzt. Und obwohl die Folgen brutal zutage treten: wachsende Kinderarmut, höhere Bildungshürden, mehr Menschen ohne Kranken- und Rentenversicherung, dauerhafte Abkopplung der unteren Schichten von kultureller und sozialer Teilhabe, Altersarmut – bis heute wird von den sogenannten Volksparteien an der neoliberalen Politik des sozialen Kahlschlags nicht gerüttelt.

Aldous Huxley hat in seinem Roman »Schöne neue Welt«, der 1932 zu Beginn der großen Weltkrise erschien, das Bild einer modernen Kastengesellschaft entworfen, in der »Alpha-Plus-Menschen« die Macht innehaben und der Rest der Gesellschaftsmitglieder zu einer homogenen Masse verschmolzen wird. Konsum und Spaßzwang sind im negativen Gesellschaftsentwurf von Huxley die Fesseln, die den Menschen Individualität, Erkenntnismöglichkeiten und Widerstandskraft abschnüren. Heute sind diese Zwänge der »Spaß-« oder »Wohlfühlgesellschaft« so tief verinnerlicht, dass man fürchten muss, die Zukunft gehöre den »DIN-Norm-Menschen«. Solidarische Werte und das kritische Hinterfragen und Nachdenken werden mit Argwohn betrachtet, wenn nicht diffamiert: »Zur Realität gibt es keine Alternativen, basta.«

Deshalb hat es mich bei meinen Reisen in die deutsche Befindlichkeit immer wieder ermutigt, wenn ich auf Menschen traf, die die Hoffnung auf eine bessere Welt nicht verloren haben und auch nicht den Mut, dafür einzustehen. Aber angesichts der Tatsache, dass heute immer mehr Menschen fürchten müssen, »ganz unten« zu landen, sind es noch viel zu wenige.

Anmerkungen

Schwarz auf weiß

1 Günter Wallraff, Zeugen der Anklage, Köln 1979, S. 25
2 http://www.spiegel.de/panorama/justiz/0,1518,540131,00.html
3 »Schwarz auf weiß«, ein Film von Pagonis Pagonakis, Susanne Jäger, Gerhard Schmidt und Günter Wallraff, Captator Film Produktion in Kooperation mit WDR und arte, X-Verleih.
4 So der 7. Bericht der Ausländerbeauftragten der Bundesregierung, S. 110. Der Bericht des Forums Menschenrechte (Rassistische Diskriminierung in Deutschland unterbinden. Parallelbericht an den UN-Antirassismusausschuss zum 16.–18. Bericht der Bundesrepublik Deutschland nach Artikel 9 des Internationalen Übereinkommens zur Beseitigung jeder Form von rassistischer Diskriminierung; o. O. 2008) stellt auf Seite 11 fest: »Die Untersuchung [des Soziologen Wilhelm Heitmeyer; G. W.] ›Vom Rand zur Mitte‹ untersuchte vorrangig das Phänomen Rechtsextremismus. In diesem Zusammenhang fragten die Forscher aber auch fremdenfeindliche und antisemitische Haltungen ab. Dabei stimmten zwischen 34,9 Prozent und 39,1 Prozent fremdenfeindlichen Aussagen ganz oder überwiegend zu; zwischen 13,5 Prozent und 17,9 Prozent stimmten antisemitischen Äußerungen ganz oder überwiegend zu. Werden auch die Befragten hinzugezählt, die fremdenfeindlichen oder antisemitischen Äußerungen zumindest teilweise zustimmten, ergeben sich zwischen 64,1 Prozent und 68,8 Prozent Zustimmung zu fremdenfeindlichen und zwischen 34,5 Prozent und 41,4 Prozent Zustimmung zu antisemitischen Äußerungen.«
5 So z. B. in einem Bericht der Süddeutschen Zeitung vom April 2004; http://sz-magazin.sueddeutsche.de/texte/anzeigen/1777.
6 7. Bericht der Ausländerbeauftragten, a. a. O., S. 109 f.
7 http://www.ari-berlin.org/PE_deutsch_16.pdf.
8 http://www.mut-gegen-rechte-gewalt.de/news/chronik-der-gewalt/mordopfer-aus-templin-ist-138-todesopfer-rechter-gewalt/. Eine kurze Beschreibung der Gewalttaten findet sich unter: http://www.mut-gegen-rechte-gewalt.de/news/chronik-der-gewalt/todesopfer/.
9 http://npd-blog.info/2009/03/09/berlin-rassistische-gewalt-stieg-2008-um-40/
10 Forum Menschenrecht, »Schattenbericht«, S. 62–73
11 Name zum Schutz des Lokals geändert

Unter null

12 www.ohnewohnung-wasnun.de

Bei Anruf Abzocke

13 http://www.heise.de/newsticker/Bankkonten-Datenhandel-nur-Spitze-des-Eisbergs--/meldung/114326.
14 http://www.infosat.de/Meldungen/?msgID=52412.
15 Erläuterungen z. B. für Data Mining: http://de.wikipedia.org/wiki/Data-Mining.
16 http://www.zeit.de/online/2008/30/payback.
17 http://www.ecsgroup.eu.
18 Siehe den Dokumentarfilm »Bei Anruf Abzocke« von Pagonis Pagonakis und Günter Wallraff.
19 http://www.zdnet.de/it_business_erfolge_callcenter_missbrauch_vorprogrammiert_story-39002357-39195138-1.htm.
20 http://www.voip-info.de/news/newsartikel__3017.php; die Trendstudie 2009 sieht die Branche übrigens weiter im Aufwind, verlangt allerdings Anstrengungen, um das schlechte Image aufzubessern: http://www.callcenterprofi.de/pdf/inin_trendstudie_call_contact_center_2009.pdf.
21 http://www.1oglinks.de/.
22 http://1oglinks.de/index.php?page=238.
23 http://www.derwesten.de/nachrichten/staedte/gelsenkirchen/2009/7/1/news-124198000/detail.html.
24 http://www.youtube.com/watch?v=cdlRtTT5x8o&feature=fvw.
25 http://www.youtube.com/watch?v=FHX4yA0Gt3U.
26 http://www.youtube.com/watch?v=kWNYQaDO1Kg&feature=related.
27 http://www.channelpartner.de/news/604884/index.html.
28 http://de.wikipedia.org/wiki/Tectum_Group.
29 http://www.vz-berlin.de/UNIQ124334125614359/link487021A.
30 http://www.bmj.bund.de/cold-calling mit allen Verweisen auf das Gesetz, seine Geschichte und diverse Reden und Handreichungen an Verbraucher.
31 http://www.snt-multiconnect.de/fileadmin/News/2009_04_08_Merkblatt_Gesetz_unerlaubte_Telefonwerbung.pdf.
32 http://www.snt-multiconnect.de/home.html.

Kleine Brötchen für Lidl

33 http://www.europarl.europa.eu/sides/getDoc.do?pubRef=-//EP//NONSGML+WDECL+P6-DCL-2007-0088+0+DOC+PDF+V0//DE&language=DE. In ihrer »Schriftlichen Erklärung zu der Untersuchung des Machtmissbrauchs durch große Supermarktketten, die in der Europäischen Union tätig sind, und zu entsprechenden Abhilfemaßnahmen« heißt es: »Das Europäische Parlament,
A. in der Erwägung, dass in der gesamten EU der Einzelhandel zunehmend von einer kleinen Zahl von Supermarktketten beherrscht wird,
B. in der Erwägung, dass diese Einzelhändler rasch die Kontrolle über den einzig wirklichen Zugang von Bauern und anderen Lieferanten zu EU-Verbrauchern erlangen,
C. in der Erwägung, dass Erkenntnisse aus der gesamten EU darauf hindeuten, dass große Supermärkte ihre Kaufkraft dazu missbrauchen, die an

Zulieferer (sowohl innerhalb als auch außerhalb der EU) bezahlten Preise auf unhaltbare Niveaus zu drücken und ihnen unfaire Bedingungen zu diktieren,

D. in der Erwägung, dass eine derartige Druckausübung auf die Zulieferer nachteilige Folgewirkungen sowohl auf die Qualität der Beschäftigung als auch auf den Umweltschutz hat,

E. in der Erwägung, dass den Verbrauchern dadurch möglicherweise ein Verlust an Produktvielfalt, kulturellem Erbe sowie Einzelhandelsverkaufs-stellen droht (…), ersucht die Kommission, geeignete Maßnahmen, einschließlich Regulierung, vorzuschlagen, um Verbraucher, Arbeitnehmer und Hersteller vor jeglichem Missbrauch einer beherrschenden Stellung oder im Zuge dieser Ermittlung festgestellten nachteiligen Auswirkungen zu schützen (…).«

Schöne heile Kaffeewelt

34 http://www.ihatestarbucks.com/why.php, Punkt 9.

35 http://www.youtube.com/watch?v=f7VHue7ZpyQ.

36 http://www.starbucksunion.org/.

37 http://www.labournet.de/branchen/dienstleistung/gast/starbucks.html.

38 E-Mail der Deutschlandzentrale vom 19.8.2009.

39 Ein Vorhaben, das nicht ganz einfach umzusetzen sein dürfte, die Gesamternte an fair gehandeltem Kaffee betrug 2008 »nur« 65 Millionen Tonnen; gemessen am für 2015 geplanten Einkauf von Starbucks müsste fair gehandelter (und angebauter) Kaffee also in den kommenden fünf Jahren fast verdreifacht werden (http://www.fairtrade.net/fileadmin/user_upload/content/2009/resources/FLO_ANNUAL_REPORT_08-09.pdf).

40 Naomi Klein, No Logo, Frankfurt 2001, S. 147 und 153.

Die Bahn entgleist

41 Siehe z.B. *Tagesspiegel* vom 28.7.2009: http://www.tagesspiegel.de/zeitung/Titelseite-Berliner-S-Bahn;art692,2858387; ebenso ein Fernsehbericht des RBB: http://www.rbb-online.de/kontraste/archiv/kontraste-vom_30_07/verpatzter_neustart.listall.on.printView.on.html.

42 *Tagesspiegel* vom 22.8.2009: http://www.tagesspiegel.de/berlin/Verkehr-Verkehr-S-Bahn;art18614,2879841.

43 http://www.stern.de/wirtschaft/news/abfindung-fuer-ex-bahnchef-49-millionen-euro-fuer-mehdorn-662033.html; der *Spiegel* meldet allerdings wenige Wochen später, der Bahn-Aufsichtsrat prüfe Schadenersatzklagen gegen den vormaligen Bahnchef (http://www.spiegel.de/wirtschaft/0,1518,623857,00.html).

44 http://www.bahn-fuer-alle.de/pages/hintergrund/politische-entwicklung/bestandsaufnahme/spd-fuehrung-hintergeht-mit-bahnaktientausch-die-eigene-partei.php.

45 http://www.bahn-fuer-alle.de/pages/hintergrund/politische-entwicklung/bestandsaufnahme/spd-fuehrung-hintergeht-mit-bahnaktientausch-die-eigene-partei.php.

Mit aller Gewalt

46 http://www.plexiweiss.de/de/index.php.

47 Betriebsverfassungsgesetz § 119
    (http://bundesrecht.juris.de/betrvg/__119.html).

48 http://www.fachseminare-naujoks.de/pdf/092008/ruecktritt15.pdf.

49 Helmut Naujoks, Kündigung von »Unkündbaren«, Düsseldorf 2008, S. 154.

50 ebenda

51 http://www.anwaltskanzlei-naujoks.de/philosophie.html; http://www.fach-seminare-naujoks.com/.

52 Helmut Naujoks, Kündigung von »Unkündbaren«, Düsseldorf 2008, S. 155.
    Naujoks fordert im zitierten Text die Arbeitgeber natürlich nicht explizit auf,
    entsprechend zu handeln. Das wäre strafbar. Mit dem Zitieren des besag-
    ten Mobbingurteils des Landesarbeitsgerichts Thüringen macht Naujoks
    allerdings deutlich, welche Mobbingmethoden Arbeitgebern zeigen kön-
    nen, »dass die von ihr eingeschlagene Zermürbungsstrategie anschlug«
    (S. 158) bzw. wann das Opfer »dem auf ihn ausgeübten Druck nicht mehr
    Stand hält« (S. 162). Naujoks weiß, dass Vorsicht geboten ist, wenn das
    Mobbing den Tatbestand der Körperverletzung erfüllt und damit strafrecht-
    lich relevant wird; entsprechende Urteile sind seit 2001 rechtsgültig. Aber
    Naujoks beruhigt seine Leser: Einerseits könne z. B. die soziale Isolierung
    (als ein wichtiges Ziel von Mobbing) strafrechtlich nicht geahndet werden,
    denn »›Kommunikation‹ kann nicht erzwungen werden«; andererseits wür-
    den Staatsanwälte »in der Regel« Strafanzeigen wegen Mobbing »wegen
    fehlenden öffentlichen Interesses nicht weiterbearbeiten, sondern auf das
    sogenannte Privatklageverfahren verweisen«. So eine Entscheidung wäre
    so gut wie ein Sieg, schlussfolgert Naujoks: »Im Unternehmen könnte es
    dann heißen: ›Seht Ihr, X hat verloren – die Staatsanwaltschaft hat das gan-
    ze eingestellt – er versucht es jetzt über das Privatklageverfahren.« (S. 178)

53 http://www.fachseminare-naujoks.de/pdf/092008/ruecktritt15.pdf: »In al-
    ler Ausführlichkeit erläutere ich Ihnen einen Fall aus meiner Praxis, in dem
    letztlich ein fünfzehnköpfiger Betriebsrat zum Rücktritt gebracht werden
    konnte.«

54 Das Konzept, Betriebsräte durch unverbindliche Belegschaftssprecher zu
    ersetzen wird übrigens von den einschlägigen Anwaltskreisen, zu denen
    Naujoks gehört, mit Begeisterung vertreten. Dazu weiter unten mehr (»Das
    Naturrecht de Stärkeren«).

55 Naujoks, S. 154.

56 ebenda

57 Naujoks zählt an Methoden auf: »Systematischer Psychoterror des Ar-
    beitgebers«, »Strategisches Schikanieren des Arbeitnehmers«, »Bewusste
    Verunsicherung des Arbeitnehmers = Zermürbungsstrategie«, »Psychofol-
    ter durch den Arbeitgeber«, »Fortsetzung der Schikane«, »Reine Quäle-
    rei des Klägers«, »Zwang zur Selbstaufgabe des Arbeitsplatzes« (S. 156–
    170). Naujoks verschweigt nicht, dass Arbeitgeber, die sich beim Mobbing
    dumm anstellen, d. h. nachweisbar rechtsbrüchig vorgehen, vor Gericht
    etwaige Kündigungsschutzprozesse verlieren können. Um das zu verhin-
    dern, bietet er sich seinen Klienten an.

58 http://www.fachseminare-naujoks.com/.

59 http://www.rae-schreiner.de/.

60 http://www.rakrause.de/. Unter der Überschrift »So beenden Arbeitgeber jedes Arbeitsverhältnis« erläutert Krause: »Mit der richtigen Strategie beenden Arbeitgeber auch ›schwierige‹ Arbeitsverhältnisse. (…) In unserem zweitägigen Intensivseminar lernen Sie auch die Alternativen zu Kündigungen und teuren Abfindungen kennen. Sie vertiefen Ihre Kenntnisse und erhalten wertvolle Anregungen – auch zu kreativen Lösungen, die Ihnen bares Geld sparen helfen.«

61 http://www.schreiner-praxisseminare.de/.

62 Naujoks wirbt dafür so: »Vor diesem Hintergrund habe ich einen sechsmonatigen Lehrgang zum ›STRATEGIE- UND KONFLIKTMANAGER‹ entwickelt. Im Rahmen von fünf Intensiv-Seminartagen werden aktuelle Strategieziele bearbeitet: Einführung der 40-Stunden-Woche ohne Betriebsrat; ›Unkündbaren‹ Arbeitnehmern kündigen, ohne horrende Abfindungssummen bezahlen zu müssen; Motivation der Arbeitnehmer steigern durch Kündigung von Arbeitnehmern wegen Schlechtleistung; Krankheitsquote senken; ›*Kündigen – ohne Kündigungsgründe*‹ [Hervorhebung von G.W.]; Kosten des Betriebsrats sowie dessen Einfluss durch Aufzeigen seiner rechtlichen Grenzen verringern; Mitbestimmungsrechte des Betriebsrats bei Investitionsentscheidungen, personellen Angelegenheiten und Umstrukturierungsmaßnahmen aufzeigen; Taktiken entwickeln im Umgang mit dem Betriebsrat; Verhandlungsführung gegenüber Betriebsrat/Gewerkschaft; Die strategische Gestaltung eines Arbeitsvertrages; Strategischer Einsatz von Abmahnung und Änderungskündigung.« (http://www.fachseminare-naujoks.com/)

63 Arbeitsgericht Berlin, Geschäftszeichen 84 Ca 14613/07 vom 13.11.2007

64 http://www.meng-detektive.de/ (Der Leitspruch der Detektei: »Immer einen Schritt voraus.«)

Nachbemerkung

65 Nach der Niedriglohndefinition der OECD gilt als Geringverdiener, wer weniger als zwei Drittel des mittleren Lohns bekommt. In Westdeutschland liegt diese Grenze bei einem Bruttostundenlohn von 9,61 Euro, in Ostdeutschland bei 6,81 Euro. Drei Viertel der Niedriglöhner verfügen über eine Berufsausbildung – ganz entgegen der gängigen Vermutung, das Niedriglohnsegment sei Unausgebildeten vorbehalten. Siehe dazu die Studien der Hans-Böckler-Stiftung: http://www.boeckler-boxen.de/5451.htm und des DGB: http://www.mindestlohn.de/argument/hintergrund/niedrigloehne-in-deutschland/.

66 »Die Adecco-Gruppe ist stets Vorreiter einer modernen Beschäftigungspolitik. So engagiert sich Adecco insbesondere in Deutschland seit Jahren in der Debatte um eine ›Neudefinition der Arbeit‹.« So beschreibt der Global Player, dem Clement für gutes Honorar dient, seinen Auftrag. Im Interview mit dem Magazin Cicero erläutert der ehemalige Superminister, was er unter solcher »Neudefinition« versteht: »Eine Arbeitsmarktpolitik, die auf Flexibilität und Qualifikation setzt und nicht Arbeitsplätze schützt, sondern Menschen fördert und fordert.

67 http://www.welt.de/print-welt/article344555/Hartz_IV_reicht_nicht_aus.html.

68 Zitiert nach einer Rede des ver.di-Vorsitzenden Frank Bsirske: http://www.verdi-news.de/download/FrankBsirskeMaiRede2008.pdf.

Günter Wallraff. Ganz unten. Mit einer Dokumentation der
Folgen. KiWi 176

Bücher können etwas bewegen – dafür liefert »Ganz unten.«
ein einzigartiges Beispiel. Günter Wallraffs Erfahrungsbericht
als Türke Ali wurde mit einer deutschsprachigen Auflage von
inzwischen über 3 Millionen und Übersetzungen in mehr als
30 Ländern nicht nur weltweit einer der sensationellsten
Bucherfolge, sondern entwickelte auch eine »durchschlagen-
de politische Wirkung« (*Süddeutsche Zeitung*).
Die Neuauflage dokumentiert die gesellschaftspsychologischen,
menschlichen und politischen Folgen von »Ganz unten.«.

www.kiwi-verlag.de

Günter Wallraff. Ich – der andere. Reportagen aus vier Jahrzehnten. KiWi 718

Dass Bücher etwas bewegen können, dafür liefern die Arbeiten von Günter Wallraff einen einzigartigen Beweis. Wallraffs Reportagen handeln von unserer Welt, legen den Finger in die Wunde und gewähren einen schonungslosen, oft beschämenden Einblick in die deutsche Realität.

»Das Schreiben kritischer Sozialreportagen hat hierzulande kaum eine große und wirksame Tradition. Insofern ist Günter Wallraff eine Ausnahmeerscheinung.« *Süddeutsche Zeitung*

www.kiwi-verlag.de

B. Engelmann / G. Wallraff. Ihr da oben – wir da unten. KiWi 347

In diesem berühmt gewordenen Buch nehmen Bernt Engelmann und Günter Wallraff die bundesdeutsche Gesellschaft in die Zange. Engelmann ist »oben« zu Besuch bei den Reichen und Mächtigen – und Wallraff setzt sich »unten« als Arbeiter, Vertreter, Bote oder Portier brutalen und verschrobenen Arbeitsbedingungen aus. Sichtbar wird das Ausmaß des Widerspruchs zwischen der Macht der Wenigen und der Abhängigkeit und Ausnutzung der Vielen.

www.kiwi-verlag.de

Günter Wallraff. Der Aufmacher. Der Mann, der bei Bild Hans
Esser war. KiWi 462

1977 erschien Günter Wallraffs inzwischen legendärer Bericht aus
dem Innern der »Bild«-Zeitung zum ersten Mal. In ihm beschreibt
Wallraff, was er in drei Monaten als »Bild«-Reporter Hans Esser erlebte. 1990 wurde »Der Aufmacher« mit Jürgen Prochnow in der
Hauptrolle als französisch-amerikanische Koproduktion unter
dem Titel »The Man Inside« verfilmt.

»So präsent, als wäre es erst gestern passiert.«
Süddeutsche Zeitung

www.kiwi-verlag.de

Günter Wallraff. Zeugen der Anklage. Die ›Bild‹-beschreibung
wird fortgesetzt. KiWi 17

Der »Aufmacher«, Günter Wallraffs Bestseller über seine Erlebnisse als Springer-Redakteur, war erst der Anfang. Jetzt enthüllt
»der Mann, der bei BILD Hans Esser war« die Struktur und jour-
nalistische Praxis eines Meinungskonzerns, dem weder Gesetz
noch Moral Grenzen setzen.

Günter Wallraff. Industriereportagen. Als Arbeiter in deutschen
Großbetrieben. KiWi 250

Anfang zwanzig war Günter Wallraff, als er 3 Jahre lang, von
1963 bis 1965, in Fabriken arbeitete und dabei zum ersten Mal
seine Methode anwandte: Er machte sich zum »Opfer«, »um
über die Situation der Opfer in dieser Gesellschaft schreiben zu
können«. Als die Reportagen erschienen, erregten sie wegen
ihrer schonungslosen Genauigkeit, mit der sie die inhumanen
Bedingungen der Fabrikarbeit beschrieben, im In- und Ausland
Aufsehen.

Mit einem Nachwort von Leo Kreutzer.

www.kiwi-verlag.de

Günter Wallraff. 13 unerwünschte Reportagen. KiWi 725

Reportagen, die die Republik erschütterten ...
Mit »13 unerwünschte Reportagen« begründete Wallraff Ende
der 60er-Jahre seinen Ruf als Autor kritischer Sozialreportagen.

»Wallraff ist nach Erich Maria Remarque wahrscheinlich der
einflussreichste deutsche Autor dieses Jahrhunderts, ein echter (sprechen wir das schmutzige Wort ruhig aus) Systemver-
änderer.« *Willi Winkler, Süddeutsche Zeitung*

www.kiwi-verlag.de

Jürgen Gottschlich. Der Mann, der Günter Wallraff ist. Eine Biographie. KiWi 1133

In ausführlichen Gesprächen mit Günter Wallraff und Weggefährten entstand diese erste Biographie über den bekanntesten deutschen Enthüllungsjournalisten, der als genialer Rollenspieler die andere, die verborgene Wirklichkeit der Bundesrepublik aufdeckte.

www.kiwi-verlag.de

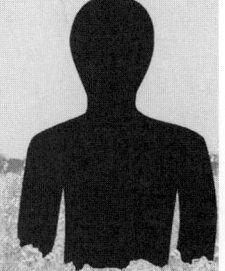